真爱遗事

中国现代爱情观的形成

When True Love Came to China

［英］潘翎 著　宋菁 译

Lynn Pan

广西师范大学出版社

·桂林·

真爱遗事
ZHEN'AI YISHI

When True Love Came to China
©2015 香港大学出版社
版权所有。未经香港大学出版社书面许可，不得以任何（电子或机械）方式，包括影印、录制或通过信息存储或检索系统，复制或转载本书任何部分。

本书简体中文版由香港大学出版社经凯琳国际文化版权代理授权广西师范大学出版社集团有限公司出版发行。
Simplified Chinese rights arranged with Hong Kong University Press through CA-LINK International LLC (www.ca-link.cn).

图书在版编目（CIP）数据

真爱遗事：中国现代爱情观的形成 /（英）潘翎著；宋菁译. -- 桂林：广西师范大学出版社，2025.3. -- ISBN 978-7-5598-7680-5

Ⅰ. C913.1

中国国家版本馆 CIP 数据核字第 20245BL342 号

广西师范大学出版社出版发行
（广西桂林市五里店路 9 号　邮政编码：541004）
网址：http://www.bbtpress.com
出版人：黄轩庄
全国新华书店经销
广西民族印刷包装集团有限公司印刷
（南宁市高新区高新三路 1 号　邮政编码：530007）
开本：635 mm × 965 mm　1/16
印张：26　字数：360 千
2025 年 3 月第 1 版　2025 年 3 月第 1 次印刷
定价：108.00 元

如发现印装质量问题，影响阅读，请与出版社发行部门联系调换。

目　录

致谢　I

第 1 章　爱的前菜　1

第 2 章　孔子与弗洛伊德　15

第 3 章　爱情与西方世界　29

第 4 章　关键词　61

第 5 章　两部爱之杰作　91

第 6 章　茶花女　111

第 7 章　《迦茵小传》与浪漫主义小说　125

第 8 章　爱语　137

第 9 章　两种逃避的方式　153

第 10 章　浮士德、维特和莎乐美　177

第 11 章　艾伦·凯　197

第 12 章　独一无二　219

第 13 章　寻找爱情：郁达夫　247

第 14 章　高举爱情旗帜：徐志摩　273

第 15 章　爱的背叛：张爱玲　303

第 16 章　爱情的凋亡　335

第 17 章　笔落长思　365

注释　377

参考文献　401

致　谢

　　拙著有幸得到众多朋友和同人的建议、帮助与关切，在此我想感谢朝仓和子、玛丽·博伊德、雪莉·布莱恩特、汉诺·赫斯摩、安佳·汤姆逊、林德·约翰逊、李淑媛、理查德·林、倪亦斌和杰佛里·瓦瑟斯特罗姆。同时我还想向斯特凡·艾尔、凯瑟琳·斯特恩、祝淳翔等人表示衷心的感谢，他们在文献方面给予了我慷慨的帮助。我还要感谢米歇尔·莫克尔和卡洛琳娜·波利克为这本书提供的封面设计选择，感谢曹梦芹宝贵的研究帮助，以及肯尼诗美帆——不仅帮忙找到日语资料，还将它们读给我听，对此我感激不尽。

第 1 章

爱的前菜

在今日我国恋爱雏形时代,纯真的恋爱,难于发现。

——

陈光鼎,1926年《妇女杂志》

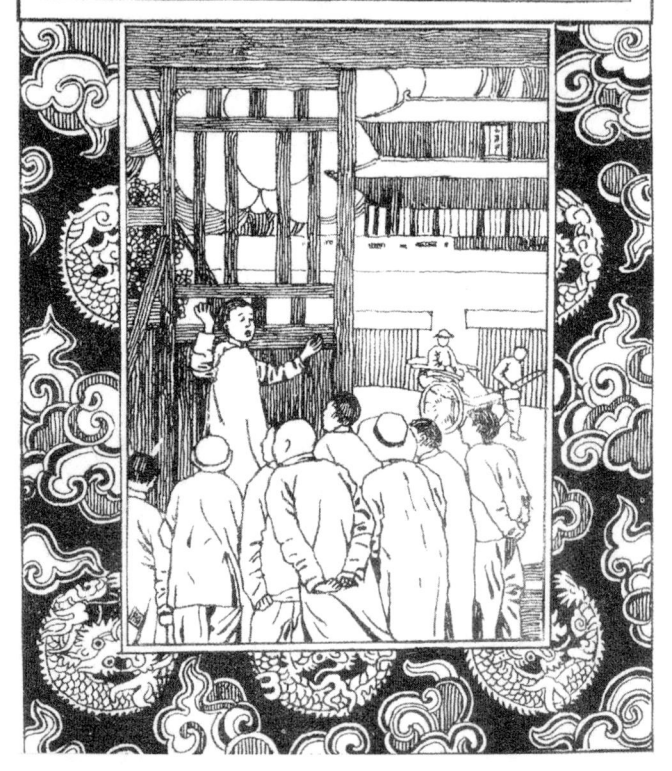

一名学生在北京天安门前集会支持五四运动。1919年，闻一多的插图

你会听到中国人这样说:"我们不重视爱情。"他们的语气并不是自我贬低,而是实话实说。从某种意义上看的确如此:除了一小部分人,中国人在选择结婚对象时,并不认为浪漫爱(romantic love)是最重要的。

虽然这个少数群体很小,但它仍然比20世纪初的时候大得多,那时所有的婚姻都是"父母之命,媒妁之言",没有人在浪漫爱的基础上选择自己的配偶。在知识分子先锋队的敦促下,这个千年习俗早在1949年前就开始发生变化。这一变化正始于本章题词中所提及的1926年的"恋爱雏形时代"。

当然,不为爱情而结婚的人并非对爱情一无所求,无爱的已婚中国男人一直在同歌妓和姜室发展情事,但在知识分子看来,那不是真正的爱情,后者只在行使自由意志和实现男女平等的情况下才存在。"真爱"是一种在男女平等的基础上自由缔结的关系。在中国,两性关系既不自由也不平等,所以中国人"没有恋爱可言"。有人这样评价:"中国人也不明瞭恋爱的意义是什么?所以也不能和中国人说恋爱。"一位评论家认为这些话有点夸大其词:"中国人未始不明瞭恋爱的真意义是什么?"他写道,"真正的恋爱,我们是得不到的;中国底社会是不许有的……这正是中国人悲惨的境遇。"中国社会不允许,因为它仍然被古老的儒家礼教束缚,如同深闺的少女,所以爱的自由根本不存在。我们该如何进步和发展?他问,随后自己给出了答案,那就是我们需要一场"恋爱革命"。[1]

这种革命的呼声很难在一个特别的地方被忽视,那就是上海,中国最西化的城市，英国、美国和法国租界的通商口岸。上海是中国的主要出版中心，所有的书籍、杂志，特别是介绍新式恋爱的外国译作，都在这里得见天日。这类作品在20世纪20年代大量涌现，那是一个特别专注于爱情的时期，例如《妇女杂志》用整期的篇幅来讨论爱情、离婚和择偶问题，还开设了专栏，以便读者就诸如"我之理想的配偶"及"我对男人（或女人）的期望是什么"等问题写信发表自己的看法。[2] 中国人对于爱、性与婚姻的看法在此间产生了具有建设性意义的关键性进展。截然不同的观念一齐涌现出来，西方思想较之本土观念在受过教育的年轻人中抢占了上风。上海出生的作家张爱玲（1920—1995）在写短篇小说《五四遗事》（*Stale Mates*, 1956）时就意识到，这些西方思想确实移植到了中国，但并非完全移植，也并非所有的都是好的。[3]

张爱玲这篇小说的副标题名为"以爱情来到中国时为背景的短篇小说"（A Short Story Set in the Time When Love Came to China），我的书名"真爱遗事"（When True Love Came to China）有意识地呼应了这个标题。她的故事发生在1924年，当时的风尚是称呼年轻未婚女子为"密斯"（小姐），即使没有近视，她们也要戴上圆形的黑框眼镜，把钢笔夹在衣襟上，阅读雪莱的作品。在西湖上划船时，故事的主人公罗先生向20岁的范小姐大声朗读英国诗人的作品，范小姐每每感动时就会紧紧握住女伴的手。

他对她很好，她对他也很好。可命运总是作弄人，他已经结婚了——中国男人在他这个年龄段不可能还是单身。由此，张爱玲称之为"当时一般男子的通病"，并挖苦地说，"差不多人人都是还没听到过'恋爱'这名词，早就已经结婚生子"。罗先生和他的男性朋友们已经听说过爱情，这可以从他们兴致勃勃地无休止谈论自己的爱人、相互展示女孩的信件并在笔迹中分析女孩的个性推断出来。你可能会认为这些毫无意义，但对当时的年轻人来说，这已经足够让他们着迷。爱情在中国是一种新的体验,"就这么一点点,在中国却要走几千年"。

罗先生向范小姐亮明了自己的身份,要范小姐等他,他打算从目前的婚姻桎梏中解脱出来。罗先生提出要和乡下的妻子离婚,立刻引起了双方母亲的惊愕和愤怒,中国的婚姻更多的是家庭问题,而非仅限于夫妻本身。唉,达成协议要花六年时间,这对范小姐来说实在太久了,她26岁了,很快就要变成老处女。如果她不抓紧时间,她甚至连成为所谓"填房"的资格都没有,填房也就是指嫁给鳏夫。范小姐相亲的对象是一个开当铺的,媒人认为干这行的男性算是顶好的。范小姐收到了他送的大钻石订婚戒指,还被带出去吃了大餐。

已经离婚的罗先生一气之下通过媒人的介绍转向王家,王家长女在例行交换照片和适当调查后接受了他的求婚。罗先生在三个月内就结婚了,而范小姐的婚事却告吹了。是因为这个男人比最初想象的要老,还是因为她谎报了年龄?恶意的流言蜚语四起。

罗先生和范小姐的朋友们都希望两人能够遇到,如果他们在月下的西湖边重逢,将是"悲哀而美丽的,因此就是一桩好事"。在皎洁的月光下,罗先生又一次被迷住了。他第二次开始了离婚诉讼,这场斗争的时间不亚于前一次,或许因为"以前将他当作一个开路先锋,现在却成了个玩弄女性的坏蛋"。范小姐和罗先生同甘共苦,对他不是"一味的千依百顺",而是迎合他的心境,阅读他送来的书,并继续对雪莱倾心。

然而,婚后,范小姐就放弃了雪莱而钟情于打麻将,暴露了罗先生不曾了解的一面。她放任自流,不出去打麻将时就穿着没洗过的旧长衫在家里闲逛,在床上嗑瓜子,把瓜子壳吐到床单和地板上。

他们争吵的消息很快传到了亲戚那儿,亲戚们提出了一个简单的解决方案:为什么不把前妻王小姐找回来?罗先生犹豫了,最终被说服了。不出所料,现任妻子范小姐大发脾气,却在王小姐被带回家时表现出宽宏大量的姿态——在王小姐家人看来,王小姐和范小姐平起平坐,既不是小妾,也不是情妇。

如果已有两个妻子了,为什么不能有三个?家族的长辈说,罗先生把第一任妻子接回去才是公平的。罗先生同意了,去乡下把第一任妻子从娘家接回来。虽然这羡煞旁人,但他并不觉得有福气。他有这么多妻子没什么值得庆贺的,因为现在已经是1936年了,"至少在名义上是个一夫一妻的社会"。而当他坦言自己的不幸时,没有一个朋友把这当回事儿。其中一个取笑道:"至少你们不用另外找搭子。关起门来就是一桌麻将。"

对罗先生来说,逆天而行的思想落到了实处。然而从某种程度上说,以一夫多妻告终并非逆天而行——张爱玲嘲笑他不可避免地回归到了祖先那套传统的做法。更重要的是,回归似乎意味着更多的责任而不是享乐,他做了家族长辈或古老的中国传统期望他做的事情。诚然,他是一个开拓者,不止一次,而是两次,为爱情而结婚——这在中国是一件新鲜事;随之又义无反顾地离婚。但这就是他的新自我,相当一部分是由雪莱和进步的新旗帜所激发的自我。他的旧我是另一回事。没有根除自我的办法,它迟早会爆发。毕竟,自我不是在一天之内创造出来的;这种自我,在中国有着千年的根基,要拔除谈何容易。

然而,爱情革命的斗士们敦促说,人们应该振作起来,旧观念应当被连根拔除。必须重塑自我,任何文化构成和性格上的不足都必须通过借鉴外国来弥补。令人沮丧的是,这种不足是普遍的,爱情只是中国人生活的诸多领域之一,从科学到艺术和哲学,都需要西方的参与。许多人认为全盘西化是前进的方向。

张爱玲的《五四遗事》有两个版本，先有英文版，后有中文版，她通过在中文标题中加入"五四"这个日期来告诉我们中国人是从何时开始如此热情地看待西方的。[4]这是一个在中国革命记忆中引发共振的日期，是1919年五四运动的简称。五四运动是一场全面的文学和思想革新，被称为"中国文艺复兴"。

五四运动的导火索是北京天安门前举行的爱国学生示威，以抗议巴黎和会将德国在中国山东的权益移交给日本而不是归还中国的屈辱决议。数以千计的民众走上街头，声讨这是盟国对中国的一次赤裸裸的背叛。他们发现自己的国家在世界上是如此无足轻重，这着实让人恼火。落后使中国变得软弱，而软弱又招致了西方帝国主义和日本帝国主义的掠夺。抗议者问道，我们这个国家如何在20世纪生存下去？

校园集会、街头游行、慷慨激昂的演讲、民族主义和反帝国主义的高涨构成了严格意义上的五四运动。从更广泛的意义上说，它与之前的两项全面的社会变革不无关联。一次是1911年爆发了推翻清王朝的辛亥革命，为中华民国的建立铺平了道路。第二次是1915年的新文化运动，正如其名称所示，这是一场革新中国文化的运动。古老的思维方式、说话方式、个人关系的处理，所有这些都必须被清除。因此，受文言文束缚和约定俗成的理念将被现代白话文解放出来，成为新的思想。自上而下的父子关系、夫妻关系被抛弃，取而代之的是平等及其他新观念。

中国文化的复兴意味着以一种宣泄的方式驱魔，而孔子是这场运动中最合适不过的驱魔对象，这是为了拯救中国。只有这样，中国文化才能从政治、道德和知识的黑暗中走出来，步入"科学"和"民主"的坦途。一旦儒家思想被摒弃，与之相关的思想网络——道德、家庭理念，当然还有与女性相关的理念，也随之被废除。

随着抗议活动愈演愈烈，思想的力量也在一系列新期刊上喷涌而出,这些期刊包括《新青年》《新潮》《新女性》,它们不约而同地呼吁翻开思想的新篇章。为这些期刊投稿或阅读这些期刊的作家、知识分子和进步分子共同组成了"五四一代"。

1919年5月4日是新旧交替的里程碑,这标志着从旧式爱情到新式爱情的转变,诚如弗吉尼亚·伍尔夫所言,"1910年12月前后,人性发生了变化"。当然,这种变化并非像"一个人走出去,看到一朵玫瑰花开了,或者一只母鸡下了一个蛋那般的骤然而明朗。但无论如何,情况还是发生了变化,既然要对此划定出一个界限,我们就把时间定在1910年左右"*5。

除了认为浪漫爱对中国人来说是一个陌生的领域,五四时期的知识分子在思考爱情的时候又在想什么呢?在谈论爱情的时候又会说什么呢?他们思考着,谈论着,要从"封建"媒妁之言的婚姻黑暗暴政中解放出来,谈论着自由意志、个人主义和自主能力。他们谴责不平等和性别双重标准,指出要求女性保持贞洁和忠诚,却容忍男性玩弄女性和一夫多妻是多么的不公平。他们谈论新女性,呼吁她们从儒家的审慎中解放出来。他们拒绝圣洁和伪善,呼唤建立一种基于爱情的、新的、更高的婚姻道德。

人们对"爱"的理解模糊不清。有人认为"爱"是一种委婉的说法,是动物欲望的化身,有人认为它是现实生活中无法实现的理想,另一些人则认为它仅仅是一个时髦的词,背后没有任何实质内容。大家一致认为,在中国文化谱系中找不到这个词的含义,因为在古老的中国成语中,情爱关系总是带有不严肃的色彩,甚至暧昧

---

* 出自伍尔夫《贝内特先生与布朗夫人》一文,编者注。后文中无特别说明的脚注为作者注。

的意味;这种关系要么被感官化或感伤性地视为"风花雪月",要么被认为是在闹着玩。[6]在中国历史上只有两种对待爱情的陈词滥调:一是视其为不道德的东西而唾弃;二是将其看作一场高雅情趣的游戏。[7]高雅情趣源于这样一个事实:在精英文人长期创造和塑造的鉴赏传统中,女性是情色欣赏的对象,就像收藏的艺术品一样;女性的美是供有品位的人士欣赏的,对他们来说,能从女性的美中获得乐趣就是优雅的标志。

至于那些男性写出的小说,并不比他们现实中的做法更好。旧时的爱情故事被进步的五四批评家们抨击为色情或公式化。第一种是让恋人们上头的激情和秘密的性行为;第二种即所谓"才子佳人"式的恋情,将一位有才华的秀才与一位纯洁聪颖的少女配对,最后以美满的婚姻告终。爱情往往是一见钟情,未婚的恋人经常因为未得到满足的欲望而病倒。事实上,无论以何种标准衡量,这都是爱情,但进步评论家的观点是不带感情的,他们认为爱情在中国小说中的不足,不仅因为它不自由,还因为它在某种程度上比性少了感性。

是时候抛弃那种爱了。1926年,一位评论家在考察这一场景时评论道:"平心论之,西方作者于个性观察甚详,故刻画入情理;且西方爱情神圣,恋爱自由,其男女间交际方式至多,非若我国之千篇一律。也因此我国之工言情者,前者以词采为工,近则以悲苦相尚,欲高尚纯洁之作,须于译本中求之矣;彼于情之一字,细针密缕用十二分心思笔力者也。"[8]

在中国,爱情既不"神圣",也不"自由"。本书的宗旨正是要追溯中国的爱情是如何在西方的影响下变成现在这样的。这种影响来自西方的文学、社会理论和心理学作品。由此,国外关于爱的本质的新思想进入了中国人的观念并生根发芽。爱的本质的思想是什么?它们与本土的思想有什么不同?这也是本书试图回答的问题。

不同的是，本土思想常常被认为是有缺陷的，由此出现一个简短的结论：中华民族是一个不善于爱的民族。

这个结论显然是无稽之谈，因为不提高爱的地位或不优待爱情并不一定意味着一个民族缺乏自然的情感。这可能意味着这种情感只是被否认或蔑视了，或者认为其他事情更重要，或者情感就在那儿，只是羞于表达。然而，中国和西方的评论家都有一种明显的倾向，认为中国人不像欧洲人那样热衷于爱情（见第3章）。与欧洲人相比，中国人确实不太擅长对爱情进行一般性的理论研究。那我们该如何理解张爱玲在1969年6月16日*致密友信中的惊人之语——"我们中国人至今不大恋爱，连爱情小说也往往不是讲谈恋爱"？[9]

事实并非如此，想想看，除非她对爱的理解与一般中国人的理解不同。她所说的"爱"是否比中国爱情故事中的人物表达的更多呢？如果是这样，多出来的是什么？中国人想到爱的时候只想到情欲，"更多的东西"只能是非情欲的。但"非情欲"并不是对爱的一个很好的界定。中国人之前没有尝试过对爱下定义，只好从西方作品中寻求指导。

最接近中国爱情分类的是17世纪明末文人冯梦龙编撰的故事、传说和历史轶事选集。由于这些故事归于不同的主题，西方学者将其命名为"爱的解剖"（An Anatomy of Love），但在大多数情况下，爱不会像人一样被划分出那么多种类来——比如说"同性恋"和"游侠"（更多内容见第4章）。

20世纪早期，"鸳鸯蝴蝶派"（鸳鸯与蝴蝶在中国传统中是恋人的意象）通俗小说出版商以"悲恋""苦恋""奇恋""艳恋"等子类标签推出小说，这更不是对爱情的界定。这些标签赋予购书者一些

---

* 文中所述日期疑似有误，依照皇冠出版社2020年出版的《张爱玲往来书信集》，这句话是张爱玲在1969年6月24日致邝文美的信中提到的。——编注

期待，但它们很难描绘出爱的本质和内涵。[10]

相比之下，西方人很容易说出什么是爱，什么不是爱，什么时候是真爱，什么时候不是。他们很快就会把它定义为X而不是Y，爱的关键是什么，爱的证据是什么，并且快速地进行分析。在这一主题上，几乎没有一本书不谈到爱的种类。中国人对于这些方面的关注构成了他们表达情感的新框架。如今，试图通过爱来理解自己感受的中国人几乎没有意识到，这是一种文化建构而非客观现实，它只是一种方式而已，这也许是西方独有的方式，来分割"爱"的语义域。

在为这本书收集资料的过程中，笔者首先想到的是，如果这项研究能够关注爱情语义域的刻画，特别是把中国故事与西方故事放在一起讲述，那就更好了。在对"爱"的语义的不同切分中，对我来说最有意义的是将"坠入（爱河）"或"恋爱"的状态与"爱"区分开来。前者是一种可明确定义的情感状态，是"爱"这个词中唯一可定义的情感状态，它的发生就仿佛被丘比特之箭射中或被雷电击中。法国作家司汤达在他的《爱情论》(De l'Amour)一书中描述了这一时刻："关于爱，最出人意料的是第一步，是一个人头脑中发生的剧烈变化。"[11]最近，约翰·阿姆斯特朗（John Armstrong）在《爱的22种底色》(Conditions of Love)一书中把爱描述为"一种惊人的情感爆发"："我们所有的欲望都集中在那个人身上，注视着那双心爱的眼睛，有点目眩，并看到了——即使只是短暂的一段时间——我们自身的存在和一个幸福的新世界。"[12]

勇敢的美国心理学家多萝西·坦诺夫（Dorothy Tennov）为这一状态创造了一个新词："深恋"（limerence）。她借助访谈和问卷调查在1979年发表了整个研究，并将那本书献给司汤达——她从后者那里引用了"侵入式思维"的描述，这是典型的深恋体验："一个坠入爱河的人持续地、不间断地为爱人的形象所占据。"

坦诺夫发现,这是一种状态,"有些人大部分时间处于这种状态,有些人部分时间处于这种状态,还有一些人从未处于这种状态……"[13]最后这一点让她感到惊讶,但她赶紧向那些从未坠入爱河的人保证,如果把爱定义为关心的话,他们并不是没有爱。你可以表现得体贴,深情,甚至是温柔,在深恋之外。

在深恋至深的时候,其他的情感都被排除在外,其他的人际关系也黯然失色。它不仅仅是性的吸引,但如果没有在身体上完美结合的潜在可能性,也不会有深恋。有回报的感觉可能是深恋者最渴望的,但没有一种狂喜能抵得上在性结合中表达这些。

深恋的绽放和消逝,就其本质而言是短暂的。从持续时间上看,它可能短至几周,长至数年。由深恋引发的亲密关系可能会比它更持久,持续数年甚至一生,但之后维持这些关系的不再是深恋,而是其他类型的依恋。

深恋是非自愿的,不受理性或意志的支配,这也是它被贬低的原因之一。深恋被人们贴上"迷恋""早恋""痴迷""上瘾""破坏性激情""自私的爱",甚至"伪爱"等贬义标签,以致有人猜测(也如多萝西·坦诺夫所猜测的那样),他们自己从未爱过。坦诺夫的书一经出版就受到了学术界的冷遇,直到今天,对她理论的抵制依然存在,心理学家和其他专家等着看深恋在临床上是否会被归为强迫症,还有人想知道如何将深恋与真爱区分开来!

然而,有必要为它创造一个新的术语吗?"不必,"生物人类学家海伦·费舍尔(Helen Fisher)说,"这是经典的、标准的浪漫爱。"[14]费舍尔是研究爱情生物学的世界顶级专家,她将爱情称为迷恋、痴迷的爱、热烈的爱和浪漫吸引。[15]费舍尔认为,随你怎么称呼,它就是大脑中涉及交配、生殖和养育后代的三个相互关联但又截然不同的情感系统之一,另外两个是性欲(或情欲)和依恋(或伴侣之爱)。她利用功能性磁共振成像(fMRI)进行的神经科学研究得出这样的理论：三种情感系统中的每一种都与大脑中特定的神经生物学有关，即浪漫吸引既与高水平的神经递质多巴胺和去甲肾上腺素有关，也与低水平的血清素有关；欲望与睾酮有关；依恋与催产素和血管加压素有关。这三个系统既紧密相连，也独立运作，所以情欲和依恋不需要同时存在，对长期伴侣的深度依恋不会阻止一个人爱上另一个人，也不会阻止一个人受到第三个人的性刺激。你可以同时"爱"上不止一个人，换句话说，对一个人感到伴侣之爱，而对另一个人产生浪漫爱。[16]

用"浪漫爱"这个词来形容深恋的问题在于，并不是每个人的理解都是一样的。此外，虽然深恋指的是一种独特的状态或生活经验，但浪漫爱不仅被理解为经验意义上的，而且是具有历史积淀的一连串观点。我刚开始阅读这一主题时，就遇到了文学家和社会科学家之间的一场激烈又悬而未决的辩论：浪漫爱是不是普遍存在的？它是否远非基本的人性，而是西方特有的一种文化建构？的确，文学家长期以来一直认为，浪漫爱是西方发明的，正如中世纪的典雅之爱（fin'amors）所描述的那样（见第3章）；诗人和小说家创造了这种爱情，并把浪漫爱作为西方个人生活的中心。[17]"坠入情网意味着什么？"不同的时间和空间，会有不一样的答案。相比之下，如果问题是"恋爱（或深恋）的感觉如何"，答案将颇为相似。

尽管坦诺夫将"恋爱"和"爱情"区分开来，但"浪漫爱"并没有被孤立。我之前引用了约翰·阿姆斯特朗对坠入爱河的描述，他把这称为"爱的萌芽阶段"，这意味着爱情还在继续。另一方面，坦诺夫会说阿姆斯特朗的"情感爆发"迟早会结束。人们称其为爱，但也不得不接受这样一个事实，即从本质上说，爱注定不会持久。然而，"爱情是短暂的"这一想法遭到了广泛的抵制。阿姆斯特朗写道，真爱是"一种持久的爱"。[18]

坦诺夫的著述受到冷遇也就不足为奇了。此外，它也与西方古老的爱情观念以及思想家和作家给予的爱情定义背道而驰。西方传统中根深蒂固的观念把爱情分割成爱和情欲（或者说，神圣的和世俗的爱，精神与肉体的对抗）。但在这里，她明确了这种独特的情感状态不单纯是一种性吸引，然而尽管如此，性作为如此强烈的、压倒性的感觉和情感，对体验者来说，它不可能不真实。

对于中国人来说，爱情和情欲之间的区别并不如西方人所认为的那样重要，直到他们以西方的爱情为榜样，才开始分享西方思维中特有的"肉体"和"灵魂"的形而上学二元论。本书所讲述的故事随着中国知识分子（如果不是广大民众的话）逐渐接受西方"灵肉一致"的真爱概念，达到了高潮（见第11章）。

我讲述的主要是20世纪早期的故事，当然也不乏溯本求源的探讨。既有爱情故事，也有"爱"的体验。前者是人们实际经历的而且他人无从知晓的事情，后者是人们讲述自己的体验，讲得最好、最详尽的要数诗人、小说家和散文家。要获取爱之体验的历史性描述，唯一的途径就是研究这些作者留下的日记、信件、自传、故事、文章、小册子、译作等，这些都是故事的主要来源。虽然本书关注的是中国的情形，但爱属于全人类，我希望通过洞察爱在不同文化中的地位和意义，让来自异文化的人士也有所体悟。

第 2 章

孔子与弗洛伊德

君子有三戒：少之时，血气未定，戒之在色；及其壮也，血气方刚，戒之在斗；及其老也，血气既衰，戒之在得。

——

《论语》

提倡婦女放足之標準

河南撫院為破除纏足之害，必須當道者躬行表率，嗣後無論紳宦婦女一律改作圓頭薄底靴，俾民間得資模楷，現已札行布政司會同學集兩司通飭各屬遵照當時即有祥符紳士呂成慎夫人等本身作則提倡女界一時纏足之風漸為之改革云。

按纏足之事起於陳後主嗣後朝廷雖屢頒禁令民間終視為具文呂夫人提倡風行能洗千餘年之陋習可為女中之俊俊者矣。

在一场反缠足运动中，人们敦促那些裹着尖头小脚（右下角）的女孩穿上大号圆头鞋。1908年1月，《图画新闻》

要让真爱来到中国并生根发芽，必须与孔子作斗争，也就是与20世纪初头几十年还支配着夫妻和家庭关系的儒家思想作斗争。上一章讲述的短篇故事中的主人公罗先生，忠实地遵照族中长辈的吩咐行事。这就是儒家思想，父权不容置疑。通过与范小姐结婚，他认同了浪漫爱的理想，相信一个人应该为爱而结婚，但这样做不仅冒险，而且违背了儒家所认为的恰当的行为方式，那是固定的习俗框架所设定的标准。

任何对爱情的追求都必须同谈性色变的儒家道德说教相抗衡、作斗争，这种说教就像英国维多利亚时代或西方传教士所遵从的道德教化。圣人对性并不那么感兴趣，政治，即统治者和被统治者之间微妙的关系，才是他真正关心的。但孔子两千多年前关于性的几句箴言在20世纪依然是文学和历史批评的重要对象，这就是他的影响力。这些言论主要针对孔子在公元前六世纪前后编订的一部诗歌总集《诗经》中"风"的部分。

毫不夸张地说，中国第一部诗歌总集《诗经》与其他儒家经典共同构成了中国传统文化的基石。《诗经》是儒家学者千古以来钻研的经典，在钻研的过程中学者们注解甚多，如今的研究已不可能完全脱离注释的外壳而存在。当然，这不仅仅是顽固的老书虫的行当，也是中国官僚体制的需要。想要当官，就必须在公开的科举考试中拔得头筹。换句话说，中榜者必定拥有多年的儒家学习背景，如果对《诗经》的运用不得心应手则很难被称为书生。

学习儒家意味着不仅要了解经典，还要了解经典以何种方式传授规矩和付诸实践，也就是礼教。只有德才兼备的人，才被认为是合格的管理者。一个人要做到正直与严谨，无须经历地狱之火的折磨，只需通过学习所有经典书籍，将儒家的道德规范内化。道德规范，甚至比正规的法律制度对人更有约束力。子夏曰：贤贤易色，事父母能竭其力，事君能致其身，与朋友交言而有信。虽曰未学，吾必谓之学矣。[1] 孔子重视自制——子曰：以约失之者鲜矣——才智胜于食欲应当是一位得体之人的自然表现。[2] 任何听进孔子这句"饱食终日，无所用心，难矣哉"[3]，并引以为戒、镇定不乱的人，料想应当不会犯太大的错。

20世纪孔子的反对者认为，孔子的语录有很多要解释的地方，尤其是他和他的追随者们所传下来的对性的畏惧。孔子在谈到《诗经》中"风"的某些诗词时不是说过吗，对某些放荡的诗句，他表示不满。两千多年来，难道孔子这个声明没有引发认为他反性的评论吗？有评论家甚至质疑《诗经》是否为孔子所编。如果是圣人所编，怎么可能不剔除那些淫秽的诗句呢？孔子有句名言："诗三百，一言以蔽之，曰'思无邪'。"[4] 很难把这一点与那些淫荡的诗句联系起来。

例如，这些诗句在这部经典中真的毫无意义吗？

> 野有蔓草，零露漙兮。
> 有美一人，清扬婉兮。
> 邂逅相遇，适我愿兮。[5]

这首诗是以一个女子的口吻唱诵的，她在偶然的相遇中爱上了一名英俊男子。仅仅欲望就足以引起儒家学者的道德愤怒，更不用说女性的欲望了。文集里还有很多类似的诗句。例如，在诗歌《邶风·终风》中，失眠与多情的渴望对抗着暴风雨天气的召唤：

> 终风且曀，不日有曀，寤言不寐，愿言则嚏。
> 曀曀其阴，虺虺其雷，寤言不寐，愿言则怀。[6]

虽然这首诗和其他许多诗歌没有受到孔子的针对性谴责，但它们都谈到了年轻恋人。相当多的诗句似乎都与一个春天的节日有关，在这个节日里，男男女女站在溪流两岸求爱。这是一个男女可以毫不掩饰地嬉戏和调情的场合。从那时起，诸如"春思""春心""春觉"等短语就象征着爱情和性觉醒。

在另一首诗中，一个春心萌动的女孩受到了诱惑：

> 野有死麕，白茅包之。
> 有女怀春，吉士诱之。
> 林有朴樕，野有死鹿。
> 白茅纯束，有女如玉。
> 舒而脱脱兮！
> 无感我帨兮！
> 无使尨也吠！[7]

狗的叫声会吵醒父母。男孩和女孩近在咫尺，却无法抚慰彼此。手帕像围裙一样系在腰间，在新婚之夜被象征性地撕破，如同女孩的童贞一般。包裹着的死狍子仿佛象征着恋人之间的结合，也就是男孩把女孩变成了真正的女人。

无论在何种文化中，性总是为禁忌所束缚。世界上没有任何地方的性表达可以不受礼仪规范的约束。在古代中国，性似乎与国家有关。性滥交成了政治动乱的代名词，似乎只有阴谋者或叛乱的煽动者才有可能成为一个放荡者。中国历史学家的本能反应是将国家的混乱归咎于皇帝过度沉迷于后宫。儒家通过反对不恰当的性行为来提倡正确的政治行为。正如《中国古代性文化》(The Culture of Sex in Ancient China, 2002)的作者保罗·拉基塔·戈尔丁（Paul Rakita Goldin）所观察到的，"政治的秩序和无序经常与性的秩序和无序相关联"。[8]

性被解读为政治的另一种方式是将性理解为君臣之间的关系，或神灵与崇拜者之间的关系。这种象征性的解读并不局限于中国人。比如《圣经》中的《雅歌》(Song of Songs)，注释者把"哦，请用你的嘴吻我/因为你的爱比酒更令人愉悦"这样的诗句作为解读上帝与以色列人关系（或基督与教会之间的爱）的隐喻。[9]

从《诗经》和其他古代文献中可以看到，在祭祀仪式中，崇拜者有时会在歌曲中运用性的意象来召唤神灵，用等级结合的隐喻来代表地球人与神的关系。戈尔丁选择以这种隐喻的方式来解读《诗经》的第一首《周南·关雎》。这首诗以雎鸠在小洲上的叫声为起兴意象，然后以这样的诗句结束："窈窕淑女，钟鼓乐之。"字里行间充满了仰慕者对女子疯狂的思念与追求：

> 参差荇菜，左右流之。
> 窈窕淑女，寤寐求之。
> 求之不得，寤寐思服。
> 悠哉悠哉，辗转反侧。[10]

戈尔丁认为性意象隐喻了一个仰慕者对心仪女神的渴望，最后一句的钟声和鼓声呼应了那些招魂仪式上祈祷者发出的声音。她是隐遁的，疏离的，但仰慕者仍试图引诱她并与之交合。[11]

戈尔丁的解读与正统的评论相去甚远。受孔子思想的影响，一代又一代的中国评论家不遗余力地对整首诗进行道德解读。每个识字的中国人都心知肚明圣人对这首诗的评价:"乐而不淫,哀而不伤。"按照正统的说法,这个女孩是王室的妃子,是任何仰慕者无法企及的对象,因为她遵守"男女授受不亲"的道德规范。她离群索居,就像哭泣的雎鸠彼此保持着距离。在道德和政治上,性别隔离的后果是严重的,甚至可以说是为世界所震撼的,评注说,"夫妇有别则父子亲,父子亲则君臣敬,君臣敬则朝廷正,朝廷正则王化成。"[12] "王化成"指的是君王对整个世界进行的完美而彻底的道德改造。

这种解读在当今未免过于牵强,甚至可笑。然而,在古代的思想框架中,鲁莽之爱不仅仅是不计后果的爱恋,也暗示了当时的政府已经偏离了轨道。被遗弃的女子不仅仅是一个弃妇,也是对被误解和不被欣赏的朝臣或官员的一种隐喻。她的抱怨不仅仅是针对丈夫或情人的忽视,也是一种官员对回归理想政府的诉求。的确,把两性关系用于解读其他任何方面,正是孔子提倡的做法。政治是圣人的真正使命,儒家学者在每张床上都能嗅到政治意义和隐喻。如果性可以作为象征,它就不一定是性。

闻一多(1899—1946)反驳道:"这不过是性而已。"他在20世纪30年代为《诗经》撰写的文章中试图证明这一点。

读者会重塑他们读过的每一部经典。他们也可能误读,然后把这种误解传递给后来的读者。读者认为,只要经典被阅读,文本就会得以延续,或得以重构。不过,对《诗经》的不同解读不是个问题,它们和《诗经》本身同样重要,而我关心的是人们对爱情的理解是什么,以及这种理解是如何变化的,这一点再怎么强调也不为过。闻一多的观感让我了解到他的现代观念和传统观念是如何联系在一起的,我感兴趣的不是读者的解读是否正确,而是他们是如何开始这样思考的。

著名诗人、画家、中国古典文学家和政治活动家闻一多敢于在多个方面挑战传统。这些挑战是五四运动中的主要内容,五四运动的反叛者将儒家道德视为眼中钉。1919年五四运动爆发时,闻一多是清华大学学生,刚满20岁。他既是思想上的反叛者,也是街头的抗议者,在北京撰写和分发动员性的小册子。他也是一位优秀的艺术家,为我们留下一幅发表在清华大学年鉴上的插图,画的是一名学生抗议者在北京天安门城楼前对路人进行宣讲。[13]

1922年,闻一多获得奖学金前往美国芝加哥艺术学院深造。他在学校表现优异,1923年学校给他的评价写道:"他是班里最优秀的学生之一,全年成绩名列前茅。"[14] 第二年,他遵从朋友梁实秋(1903—1987)的建议,转到科罗拉多学院。梁实秋是他在清华大学时认识的,我们将在下一章详细介绍此人。

1925年,闻一多回到中国时,他对绘画的兴趣已经被对诗歌的兴趣取代,尤其是新派诗歌。五四运动见证了文言文向白话文和现代汉语的突破。闻一多用白话文创作,赢得了新式先驱实践者的名声。然而,他并没有抛弃经典,不久他开始研究《诗经》。在这个领域,他再次打破了传统,为读者提供了一种全新的解读,这种解读源于他对西方思想的了解,尤其是对西格蒙德·弗洛伊德的认知。

闻一多认为,如果不仔细地去阅读这本经典,你会发现它是"放肆的",确实是完全放肆的!当然,这不是在谴责这本书。我们生活在什么时代?作者生活在什么时代?我们是20世纪的中国人,而他们生活在古代,社会进化的原始阶段。如果我们无法想象他们在那个年代谈论性是多么地坦率和露骨,那我们就有问题了。作为先人,他们不可能把性本能压抑到不能直率表达的程度。然而,这就是所有评论想说服我们的观点。事实上,我们应该感到惊讶的是,这本书并没有更"放肆"。[15]

闻一多分析了书中对性的五种描述方式：明言、隐喻、暗示、联想和象征。这来自弗洛伊德理论的影响。根据这位维也纳大夫对梦的解析，很显然，看起来无害的内容被视为一厢情愿的、明确无误的性冲动象征。闻一多揭开了《诗经》中个别词、短语甚至整首诗的性含义。最为著名的是对鱼的象征意义的解析。他援引了古代文本、民歌和谚语中的语言手法，将鱼解读为性关系的象征；同时也得益于他对民族志的兴趣，发现鱼在其他文化中被当作生育力的暗示，从中找到支持其主张的证据。[16]

并非所有与闻一多同时代的中国人都被他的弗洛伊德式解读说服——梁实秋认为他的解读太偏重于性欲。然而，他对鱼和捕鱼的解读，以及将饥饿视为性欲的解读，今天已被广泛接受。有一首诗《汝坟》，如果不按闻一多的方式来读，就晦涩难懂。这首诗以女性叙述者在河边拾柴或砍柴的画面开始，她思念着她的"君子"，然后无缘无故地加入一节以"鲂鱼赪尾……"打头的诗。夏含夷（Edward L. Shaughnessy）应和了闻一多的解释，认为这表示"一个充血的阳具"，但他肯定不是唯一一个持有此观点的学者。[17]

人们可能会认为，闻一多对心理文学史的热情是特立独行的。然而，这表现出了他那一代人的特点。社会学家兼优生学家潘光旦（1899—1967），也是闻一多的朋友，从事过弗洛伊德在他的经典作品《达·芬奇的童年回忆》(*Leonardo da Vinci and A Memory of His Childhood*, 1910) 中所做的工作，探索一位历史人物的心灵和性行为。

潘光旦在大约17岁时就皈依基督教，他先是在北京的清华学校读书，然后在达特茅斯学院和哥伦比亚大学就读。1926年，他从美国回到中国，先在上海的大学任教。从1934年起，他又回到了北京，在那儿，学生们听到了他关于性的讲座，这是他阅读美国、英国和德国作家作品后，形成的众多主题之一。[18]

这些作品包括前面提到的弗洛伊德；还有霭理士（Havelock Ellis），潘光旦为他写了一个简明传记，并翻译了他的作品；以及阿道斯·赫胥黎，他也翻译该作家的作品；他还读过《圣经》，以及阿图尔·叔本华、让·雅克·卢梭和其他许多作家的作品。在北京读书的时候，潘光旦决定重温17世纪才女冯小青的故事。冯小青于杭州西湖的一个小岛上郁郁而终，留下了一幅肖像和她的11首诗。

冯小青才貌双全——在那个时代，美貌与才华的结合已经成为小说等文学艺术形式中女主人公的典型特征。更重要的是，她的人生是个悲剧：年仅15岁就被卖为妾，随后因丈夫正妻的妒忌而被流放到岛上，两年后患痨病孤独死去。在她那个年代，那个感性的时代（见第4章），悲剧总是发生在那些自诩"多情的人"身上，她的故事激发了传记作者的灵感，到了20世纪，有关她的诗歌和戏剧层出不穷。假如潘光旦更多地关注到这个女人，她也将成为弗洛伊德式分析的对象。

在仔细研读文献、寻找她强迫性自我专注的证据后，潘光旦认为她陷入了一种自恋症，这种病症最早是由维多利亚时代英国性学先驱霭理士发现的。潘光旦对冯小青案例的解释多少引用了弗洛伊德的理论，认为自恋是一种性欲障碍。主人公的内心已经从外部世界撤回，并转向自我，而正是这种转向引发了疾病。对性欲的压制使人几乎失去了情感生活。

潘光旦的这篇文章从本科毕业论文开始逐步拓展为长篇连载文章，于1924年在上海的一本女性流行杂志上陆续刊出，并在1927年成书出版。[19]在随后的几年里多次重印，其中一次是在1990年。第一版的插图由他的朋友闻一多创作，是一幅水彩画，画中的女诗人背对着观众，她的左肩被长袍宽松的褶皱性感地暴露出来。她坐在镜子前，头发蓬乱，脸上流露出一种紧张和寻求关怀的神情，两根长长的手指不安地摸着下唇，愈发突显了她的焦虑。[20]

潘光旦和闻一多一样，也准备在《诗经》中找到能够用新的欧洲术语来解释的性内容，只是他的目的是推进对同性之爱的研究。在他的时代，同性之爱已经被赋予了一个新的、现代的中文名称：同性恋。[21]潘光旦梳理了从《诗经》开始一直到最后一个封建王朝清朝的文献中关于男性之爱的记载，发现在中国历史上有记载的包括帝王在内的同性恋有一个很长的名单。潘光旦小心翼翼地将其列成表格，每一个名字都有文献来源，尽可能地将他们的娈童、宠臣或情人的名字写在相邻的一栏中。[22]

他发现，中国历史上六朝（公元220—589年）时期的证据尤为明显，当时人们对个人的外表和举止特别敏感。六朝有名的美男子潘岳，只要一走上街头，就被女性仰慕者团团围住。外表美得到前所未有的重视，人们广泛使用香水、化妆品、头发和身体上的装饰来增强美感。潘光旦告诉他的学生和读者们，那个时期是中国最接近古希腊的时代。在古希腊，同性恋关系被广泛接受，通常呈现为一种上层社会的老男人和男孩之间的关系（见第3章）。[23]

潘光旦在描写同性恋的时候没有道德说教，几乎带着一种探寻的心态。在翻译霭理士的《性心理学》（*Psychology of Sex*，《性心理学研究》[*Studies in the Psychology of Sex*]的简称）中的性行为目录时，潘光旦热衷于在中国文学资源中寻找与所译文本相似的内容，这使得脚注变成了冗长的注释，几乎使正文黯然失色。尽管很少有中文对应词能难倒他，但"prudery"和"frigidity"这两个英文单词还是让他犹豫了一会儿。最后，由于中国人在生活中往往有许多场景能对应某些谚语或成语，他在脚注中引用了长江下游地区的一个习语来解释第一个词："爱吃梅子假嫌酸。"对于第二个词，他借用了汉语中表示冷、阴郁、死气沉沉的"阴冷"一词，其中"阴"表示中国宇宙论的阴阳两极中的女性力量。创造新词显然是必要的，因为孔子的继承者们只想到拘谨是正直和性纪律的典范，而把性冷淡看作值得赞扬的女性谦虚和贞洁的表现。[24]

这种用外来观念的镐头来挖掘本土矿脉的做法，是除潘光旦、闻一多外的同时代作家也乐于见到的。下一个也是最后一个例子是关于缠足的。如果霭理士是中国人，他可以就这"三寸金莲"写一整本书。如果说欲望的对象是由男人制造的，由文化建构而非生物学赋予的，那这个欲望的对象就是"三寸金莲"。这是一种多么复杂的奴役女性的方式。没有女人可以靠一双残足四处走动，还有什么比把妻子困在家里更能保证她对丈夫的忠诚呢？20世纪前，很少有母亲敢于让女儿不缠足的，因为大脚是被人嘲笑和轻视的，更糟糕的是，大脚姑娘没法找到理想的丈夫。

一个女人踩着高跟鞋走来走去，在今天看来并不是一个吸引人的场景。由于"三寸金莲"在中国文人眼中已经被色情化了如此之久，不缠足的女孩压根入不了男人的眼。你可以想象男人们在想什么，他们在意的不是她的嘴唇、乳房或眼睛，而是她的双足。13世纪著名的杂剧《西厢记》（本书另一章将会详细谈到）中的男主人公第一次看到女主人公，并对她一见钟情，他说道：

> 世间有这等女子，岂非天姿国色乎？休说那模样儿，则那一对小脚儿，价值百镒之金。

又言：

> 且休题眼角儿留情处，则这脚踪儿将心事传。[25]

古代男人对小脚充满了热情，那到了闻一多和潘光旦这一代人就再也没有这种想法了吗？显然不是。后文将会论述到的主要人物郭沫若（1892—1978）写道，《西厢记》的主人公和作者都有恋足癖。早期的文人已经把他们的癖好审美化了，就像今天的鉴赏家对葡萄酒或艺术品的鉴赏一样，他们对小脚也会品鉴一番。潘光旦认为，郭沫若是中国第一个指出恋足就是恋物癖的人士。[26] 依据弗洛伊德的理论，如果发展中的性目标在婴儿期的关键阶段未能实现，它就会满足于一个象征性的替代品，而脚就是这样一种替代品。郭沫若写道，儒家的性压抑是将性欲固定在这种恋物符号上。中国人，或者说中国的上层阶级男性群体是病态的。至于女性，在郭沫若看来，她们显然是出于受虐倾向而接受奴役和性剥削的。

郭沫若并没有任何看轻《西厢记》的作者王实甫的意思，王实甫是十分优秀的剧作家，但在儒家道德对性欲的全盘"曲解"下，王实甫的性偏好怎么可能不转移到一个非正常的性对象上呢？《西厢记》是一部伟大的创作，仔细想来，郭沫若也不敢肯定，如果王实甫压抑的性欲不得不去寻求另一种表达途径，他还会不会创作这部作品。[27] 在这里，郭沫若真正谈论的是升华，以弗洛伊德的手段将性欲能量从正常的性满足转化为更高层次的艺术用途。

尽管如此，"火山喷裂"已经发生，近年来的教育方式唤醒了年轻男女的"个性觉悟"。郭沫若说，制造变态性欲者的旧式礼制已经"如枯枝槁叶，着火即化为灰烬"。尽管他发现了这一点，但他对许多上了年纪的男人和女人仍然为这种性倾向困扰而深感不安。

反缠足运动始于19世纪90年代。这种陋习在极端的残忍之外，也使中国人在全世界面前丢人现眼，受过良好教育的中国人开始把它视为落后的标志，他们极端厌恶强迫妇女缠足的传统。反缠足运动应该说是成功的，因为如此根深蒂固的习俗很少会在这么短的时间内被根除。这一变化生动地反映了中国维护妇女权利运动的速度和强度。然而，对于29岁的郭沫若来说，这来得太晚了。尽管他和他那一代人觉得没有什么比缠足更令人厌恶的了，但他自己却娶了一个小脚女人。他的母亲为他物色了妻子，完全不顾及他的愿望和快乐，更不用说浪漫和爱情了。郭沫若与他的同人正是为反对这种包办婚姻关系而抗争，而"三寸金莲"正是包办婚姻的象征。他们希望下一个里程碑是废除包办婚姻制度。由于这个过程涉及自由择偶，"爱"就这样被推入了大众的视野。

第 3 章

爱情与西方世界

情感唤醒是感官唤醒,而感官的唤醒就是性的唤醒。将情感与性分离的想法是基督教的一种幻觉,这是基督教在古老运动中,反对异教文化所采用的最巧妙但最终行不通的策略之一。基督之爱——精神上的爱,本属于情欲的一部分,但它已经逃走了。

——

卡米拉·帕格利亚(Camille Paglia),《性面具》(*Sexual Personae*)

《妇女杂志》1926年第7期第12卷刊登了一篇关于爱的中文文章，配图《爱与心》(*The Ravishment of Psyche*)，出自法国著名画家威廉·阿道夫·布格罗（William-Adolphe Bouguereau）

著名的东方主义者、布鲁姆斯伯里派代表人物亚瑟·韦利（Arthur Waley）曾说过，"对欧洲诗人来说，男女关系是一件至关重要和神秘的事情。但对中国人来说，这是一种司空见惯、显而易见的身体需要，而不是情感的满足"[1]。虽然其他汉学家和翻译家认为韦利的说法失之偏颇[2]，笔者仍建议大家认真看待他的观点，并将他的言论与张爱玲的观点（引用于第1章）结合在一起考虑，也就是说，中国人不大恋爱，连爱情小说也往往不是讲谈恋爱的。

韦利说的是诗歌，但他所观察到的是现实生活中的真实情况吗？对于历史学家来说，文学作品是否可以被认为是可靠的文献来源，这一点经常受到质疑。这是有道理的：小说不是事实。然而，小说就其本质而言，必须反映人们所处社会的现实生活。小说对周遭的事物做出反应并发出声音，反过来又为人们提供了有想象力的模型。张爱玲的这番话是众多将爱情故事与现实生活联系起来的言论之一。正如我们看到的，韦利自己也模糊了诗人和人的界限。没有哪个作家比C. S. 刘易斯（C. S. Lewis）更能清楚地表达生活与文字之间密不可分的联系，他在其里程碑式的著作《爱的寓言：对中世纪传统的研究》(*The Allegory of Love: A Study in Medieval Tradition*)中写道："如果感情先来，很快就会产生一种文学惯例来表达它；如果惯例先来，很快就会教会实践者一种新的感情。"[3]

韦利的翻译令英语读者们着迷，他在大英图书馆担任东方版画和手稿助理管理员时自学了汉语。然而，他从未到过中国。当他的好友、作家及业余的艺术爱好者哈罗德·阿克顿（Harold Acton）被问及原因时,哈罗德回答说:"哦,是的。亚瑟的计划总是反复受阻。"⁴假如在那个年代,韦利去中国旅行有足够的医疗保障,他会不会在1929年辞去大英图书馆的工作而前往中国呢?如果他去了中国,可能会发现,虽然有人反对他的言论,但更多人是支持他的。有些人会告诉他,他所认为的中国诗歌讲述的内容是真实的——爱对中国人来说并不是最重要的。另一些人则会说,但凡爱情与这些诗歌存在任何关联,那爱就是最重要的了,这些人就是五四一代的作家和进步分子。

关于那一代人对爱情问题的关注,我将另行论述,现在就韦利的思路展开探讨。韦利认为,对于中国诗人而言,男女关系指向了联姻或对身体需求的满足,而不是情感关系。换句话说,这是一个性的问题,当然毫无神秘感可言。他接着说,中国诗人仅仅为友谊保留了这种情感关系。在韦利看来,中国诗人将自己定位为朋友,而不是情人。相比之下,欧洲诗人对爱情的关注不仅体现在真正的情诗中,也体现在所有诗人"以鲁莽直接的方式"表达个性的诗歌中,诗人以浪漫的姿态展现自己。

另一个对韦利的观点持反对意见的是白安妮(Anne Birrell),她翻译的中国南朝爱情诗选《玉台新咏》是企鹅出版的经典之作。安妮认为,所谓中国诗人喜欢写朋友而不是写情人的说法是一个荒诞的观点。⁵尽管韦利知道自己受到了批评,但他仍固执己见地声称,在7世纪到14世纪的中国古典诗歌中,描写浪漫爱的比例很小,这证明他是对的。无论如何,他更喜欢中国古典诗人"简洁而宁静"的形象,因为他们的诗"温柔而沉思",他厌恶那些"光头、怒目"的欧洲诗人,他们的"衬衫在脖子上解开,好像担心随时爆发的情绪会让他们窒息"。⁶

因此,本章开头的题词听起来像是诋毁,但事实证明并非如此。从韦利的另一段话可推断:

> 欧洲人有一种习惯,以牺牲友谊为代价,将爱情理想化,从而使男女关系负担过重。中国人在相反的方向上犯了错,把妻妾仅仅看作生育的工具。他们只向朋友寻求同情和友谊。⁷

听起来多像那些五四进步人士。他们谴责无爱的包办婚姻,对他们来说,包办婚姻只是为了繁衍后代。

韦利对中国男女关系概念的描述是:它没有神秘感,它是欲望型的,而不是情感型的,更不是理想型的。你可能会问,为什么会这样呢?更妙的是,你可以把这个问题反过来问,为什么在西方,男欢女爱被认为是一件神秘的事情,而不是一种显而易见的自然现象?为什么性和情感是不同的?为什么爱情被弄得如此理想化?再回过头来,问题不再是"为什么中国的爱情不像西方的爱情",而是"为什么爱情在西方是这样的"。

这个谜团一开始并不存在,几个世纪后方才显现。罗马诗人奥维德(Ovid)生于公元前43年,他的诗歌《爱的艺术》(*Ars Amatoria*)、《爱的疗治》(*Remedia Amoris*)和《爱的故事》(*Amores*)是讲述西方爱情史的开山之作。坦率地说,这些作品是从感性的角度来考虑的,不带任何后世的浪漫色彩。这代表着性的机会主义和征服的爱,没有任何神秘感。对奥维德的读者来说,爱情不仅是婚外的(因为丈夫和妻子不可能相爱),而且是一场战争,恋人之间进行战争的方式之一就是玩一场相互欺骗的游戏。⁸

《爱的艺术》中文版于1929年问世。译者是24岁的诗人戴望舒,他曾在上海耶稣会创办的奥罗拉大学专修法语,后来去了法国学习。这本书的中文名叫《爱经》,于1932年再版,在简洁的前言中,戴望舒对这本书评价甚高。奥维德的书既能挑逗读者,又不会让他们脑子中充斥着非分之想,戴望舒对作者的钦佩之情油然而生。[9]这本书的出版恰逢其时,因为随着西方小说的大量汉译,中国人对爱情的兴趣在20世纪20年代末和30年代初达到了顶峰。

但奥维德式的爱不是"真爱"。真爱曾是典雅之爱,即11世纪到14世纪法国南部和德国的游吟诗人吟唱的一种宫廷爱情,这种爱也为中世纪的浪漫故事增色不少,如克雷蒂安·德·特鲁瓦(Chrétien de Troyes)的《兰斯洛特》(*Lancelot*)、《帕西瓦尔》(*Perceval*)以及《圣杯的故事》(*The Story of the Grail*),这些故事中的人物,如兰斯洛特骑士、桂妮维亚王后、亚瑟王和圆桌骑士,他们的名字直到今天都家喻户晓。在典雅之爱的惯例中,彬彬有礼的骑士侍奉他的爱人,就像侍奉他的领主一样。戈特弗里德·冯·斯特拉斯堡(Gottfried von Strassburg)在改编《特里斯坦与伊索尔德》(*Tristan and Isolde*)的传说时,也将婚外恋神圣化。

典雅之爱也被刘易斯称为"高度专门化的爱"。[10]它的特别之处在于演化出一种理想,即男人对女人的精神之爱。奥维德式的情人主要以满足肉体欲望为目标,而典雅之爱的情人,尽管表现出同样的爱的外在特征——叹息、颤抖,变得苍白、消瘦和失眠——却在去除了性占有的前提下崇拜他的心上人。这不仅是因为那位女士是已婚人士,还因为骑士对她的仰慕可以使自己成为更出色的人。人们认为,爱有让人变得高贵的力量,人之所以是人而非野兽,是因为人有能力把欲望塑造成这种理想化的形式。在典雅之爱中女性被理想化,这与其说是一种欣赏,不如说是一种崇拜。她值得宫廷的诗人和习艺者为之倾慕,因为她太纯洁,难以企及,以至于无法对他们的爱做出回应。

在12至13世纪教会确立其权威地位之前,纯洁并不是一种理想,而基督教禁欲主义的理想——完全禁绝欲望——渗透到了宫廷诗歌中。对早期的游吟诗人来说,"真爱是纯洁的"这种想法简直是无稽之谈。[11]这样一来,兰斯洛特和桂妮维亚、特里斯坦和伊索尔德之间的爱情都不纯洁了,事实远非如此。但对于神学家和教会改革者来说,即使在婚姻中,性欲也是罪恶的,他们开始净化神职人员,并改变世俗社会的性行为。在牧师的观点中,欲望在某种程度上超过了对物质的自然需求,而作为"肉体"的肉欲,总是为欲望和罪恶的诱惑所笼罩。

正是在这样的背景下,典雅之爱发展起来,最初是在贵族中发展起来的,对他们来说,这不仅是一种文学潮流或寓言体,也是抵制教会对所有性快感予以谴责的一种方式。这让人联想到高雅、无私的纯洁,以及所谓骑士精神涌现出来的贵族行为准则,等等,典雅之爱通过将爱的本身与淫欲明显区分开来,改变了教会对性的敌意,将性转化成一种精神上的渴望,这种渴望是"如此神圣",以至于任何能促进爱情目标的性快感都是美好而纯洁的。[12]因此,典雅之爱对教会的教义和改革家的观点无疑是颠覆性的,因为他们认为欲望是危险的。这是典型的西方"罗马式爱情"的早期版本,在某些西方和受西方影响的地区,这种爱情至今仍与性欲形成了鲜明的对比,但又能控制和净化欲望。[13]

12世纪,牧师安德烈亚斯·卡佩兰纳斯(Andreas Capellanus)将这种爱的规则编入了《典雅之爱的艺术》(*The Art of Courtly Love*),一本备受欢迎的、有影响力的手册。安德烈亚斯告诉读者,就像人必须从动物被教育为文明人一样,肉欲也必须被提炼为爱情:

> 谁会怀疑,从上半身寻求慰藉的人会比从下半身寻求慰藉的人更受青睐呢?因为就下半身的快乐而言,我们与野兽没有任何区别……但上半身,可以说是人的本性所特有的属性,而这是所有其他动物所不具备的本性。所以那些选择下半身的不

配为人,应当像狗一样被赶出爱情。[14]

安德烈亚斯认为,爱情必须是自由选择的,是"两个人通过相互信任和欲望上的一致性结合在一起"的。他坚持认为,夫妻感情并不是真爱,其中一个原因是,它不够隐蔽或偷偷摸摸,不足以燃起激情。爱情也不可能在婚姻中蓬勃发展,因为安德烈亚斯认为嫉妒是"爱的本质,没有它,真爱就不可能存在",嫉妒在婚姻中没有位置,而嫉妒作为爱的防腐剂总是受到恋人的欢迎,是爱的"母亲"和"护士"。嫉妒的一个方面是恋人担心他的爱人对爱的付出不及自己。

安德烈亚斯牧师对"纯爱"这一主题的理解也颇具启发性。他提出,有两种爱,一种是"纯爱",另一种是"混合爱"。第一种"是意识的冥想和心灵之爱,包括亲吻、拥抱、与裸体情人的适度接触,省略了最后的慰藉,因为那些希望纯爱的人不允许这样做"。他所提倡的正是这种爱,经久不衰,不断生长,使人"臻于完美","上帝看不出它有什么过错"。另一方面,"混合爱"从肉体的每一种愉悦中得到期待的效果,并在色欲(Venus)的最后一幕中达到高潮。[15]安德烈亚斯向读者保证,"混合爱也是真正的爱",也是值得赞扬的,但它不会持久,还会冒犯上帝,带来严重的后果。他对两者都赞成,但他声称更喜欢践行纯爱,意思大概是他不会"走完全流程"。

安德烈亚斯似乎能够鱼与熊掌兼得,既维护了"纯洁",又不严格地强调贞洁。他甚至可以与上帝达成和解,只要不交欢,上帝对情欲的亲密关系也不会感到不快。然而,安德烈亚斯后来反悔了,他提出了应该避免爱上女人的理由:侍奉爱情的人不能侍奉上帝,所以你最好保持你身体的纯洁,"为主保持你的躯体不被玷污"。[16]

典雅之爱与中世纪天主教的另一种崇拜并行,那就是对圣母玛利亚的崇拜,当时人们对她的崇拜达到了顶峰。这两种崇拜在大众的心目中变得混淆不清,例如,安德烈亚斯在13世纪的书被译为法文后,除了给原本没有宗教色彩的段落赋予这层含义外,甚至将寻求爱情的女士看作纯洁无瑕的圣母玛利亚。

对于所有这一切的女性神化和圣母崇拜,中国人都打算学习。他们的学习资料来源于一本书——《爱的进化》(*The Evolution of Love*),这本书分别于1913年和1920年两次在柏林出版。作者埃米尔·卢卡(Emil Lucka, 1877—1941)曾是奥地利的一名银行职员,后来成为诗人、小说家和哲学家。他是一名皈依天主教的犹太教徒,后来被纳粹禁止写作。他的书在1917年出版了完整的日文译本,更确切地说,是将英文版译为日文版。第二年,身为成千上万日本留学生中的一员,周作人(1885—1967)在五四进步人士的喉舌《新青年》上发表的文章中,向中国同胞推荐了这本书。我们将在另一章中介绍此人。[17]

而更多的中国人通过厨川白村(1880—1923)认识了卢卡和他的典雅之爱。厨川白村是一位曾在美国深造的日本籍英国文学教授,在1923年的关东大地震中丧生。1921年厨川白村的爱情专著《近代的恋爱观》畅销日本,这本书介绍的都是欧洲作品和作者,受到读者追捧。在中国,1922年上海的《妇女杂志》刊登了该书的简介。[18]在日本接受过教育的记者任白涛(1890—1952)于1923年进行了第一次中文翻译,当时《近代的恋爱观》在日本经历了不下60次的再版。任白涛是一个出色的编辑,他的简译本删除了重复、冗长、混乱和自相矛盾的地方。这本书多次重印,销售时间也很长,1964年新的修订版问世时,距离它首次出版已经过去了40多年。[19]此外,教师兼翻译家的夏丏尊(1886—1946)于1928年出版了厨川白村《近代的恋爱观》的完整译本。

厨川白村说,在他周围,人们都在谈论性,而忽视了爱情的美学和精神意义,他对这种状况非常不满。物质主义和功利主义对人们价值观的影响,促使他写下了这篇文章。夏丏尊认为,这篇文章可以预防中国类似的弊病:某种"一方只喋喋于性欲,一方把恋爱视作劣情游戏"的倾向。[20]

厨川白村在他的第1章中总结了卢卡对爱情演变三个阶段的描述。第一阶段,肆无忌惮的性本能和随意的滥交占了上风。我们的先祖只知道性冲动,这与其他强大的生理冲动没有分别。性冲动是普遍的、非个人的,并非针对某一特定个体,一名女性与另一名女性并没有什么区别。在旁注中,厨川白村观察到儒家的道德模范仍然停留在这个阶段。

随着文明的发展,这种无差别的性行为让位于更加个性化的结合。在中世纪,一些前所未有的情感出现了,一种新的个性化的情感,早期游吟诗人的歌词将其理想化为"贞洁的爱"。为此,情爱生活的第二阶段出现了,首先出现了"形而上学的爱",受基督教的影响,它投射了对上帝的精神之爱,强调了人的灵魂的神圣性。在中世纪,这种精神上的爱被投射到女性身上,成为典雅之爱的崇拜对象。为此,厨川白村解释说,女性被神化了,一跃成为"女王和女神"。女性成为影响灵魂净化的重要主体,厨川白村还引用了但丁在他的爱情作品《新生》(*Vita Nuova*, 1292—1294)中对心爱之人贝特丽奇(Beatrice)的描述,她是"红颜祸水、美德女王"[21]。

厨川白村注意到,法国普罗旺斯是这种新感情的发源地,他把"游吟诗人"(troubadours,英语词库里加入了这个词)称为传播这种感情的人,把"明尼苏达人"(Minnesingers,该词来源于德语)称为"具有浪漫爱情观的人"。他说,中世纪也是禁欲主义的时代,当时感官享乐受到教会的压制,尽管男人崇拜感官享乐的载体——女人。教会可以接受对妇女的崇拜,只要把它变成对圣母玛利亚的崇拜即可。

当然，对他心爱的优雅女士表达纯洁的爱并没有阻止这位游吟诗人追求与他人的感官满足。新的、充满活力的爱与古老的性冲动博弈，但试图通过两者的融合来解决这种紧张关系几乎不可能。女性既是神圣的，又是世俗的，其神性在于把男性的欲望精神化，同时她又是一个陷阱，威胁着男性的灵魂救赎。卢卡说（厨川白村的转述），一个中世纪的人会在理查德·瓦格纳的歌剧《唐怀瑟》（Tannhäuser，参见第13章）对二元论的"宏大"描绘中认识到自己的灵魂悲剧。

在身体与灵魂分离的双重阶段之后，终至第三阶段，身心合一，灵肉一致，彼此间的界限消弭。最初是兽性，终至神圣，爱最终回归人性与个体。卢卡在其论述爱的进化之最终章节时，用"爱与性冲动的统一"作为副标题。[22]中国人深信，这是他们必须追求并为之奋斗的目标，如此方能抵达现代爱情的境界。正如后文所述，中国人最为重视"灵肉合一"，将其奉为真爱的圭臬。

在那个时代，除了对西方事物的迷恋，进步的理念深深根植于五四运动的精神气质之中，因此在爱情以及其他生活领域，逐级递进的上进秩序成为一种强烈的意识。正如新文学的探索者们压缩了欧洲文学的整体周期，用短短十年时间从现实主义、浪漫主义，发展至现代主义，渴望爱情的人们也急于挣脱儒家思想的枷锁，摆脱男女结合仅仅是为了繁衍后代的束缚，实现灵肉合一的一跃。

典雅之爱的第二个思想来源是弗里德里希·恩格斯的《家庭、私有制和国家的起源》（1884），该书于1929年有了完整的中译本（部分内容早在1907年就已开始出现*）。[23]恩格斯这篇著名的文章并非如你所愿大谈特谈典雅之爱，尽管他采用了进化论的方案——作

---

* 文中所述时间疑似有误，按照作者注，此处指发表于《天义报》上的《家庭、私有制和国家的起源》最早的中译片段，该译文应发表于1908年春。——编注

为一个马克思主义者,他必然会这样做,但这是一种经济理论方案,并不适用于典雅之爱。对此,恩格斯确实展开了论述。

他的理论将家庭、家庭形式变化背后的经济力量以及日益不平等的妇女地位编织为一部历史书。他将原始社会的滥交群体婚姻作为第一阶段,母系配对婚姻作为第二阶段,父系大家庭作为第三阶段,资产阶级单配偶制作为最后阶段。

恩格斯说,在资产阶级单配偶制兴起之前,爱情都是在婚姻之外的娼妓身上寻找到的。他所称的"性爱"是骑士精神使之流行起来的。它的萌芽可追溯至中世纪,当时出现了"性爱的第一种历史形态——激情……被视为性冲动的最高形式,也构成了性的具体特征"。这是"侠义之爱",他也称之为"典雅之爱"。但这种爱并不是夫妻之爱;相反,"在普罗旺斯的经典中,这种激情直接指向通奸"。[24]

我们尚不清楚典雅之爱如何融入恩格斯的进化论,但他确实试图将两者联系起来,他说,在资产阶级的形式中,它不再是通奸的爱,而是丈夫和妻子的爱。他认为,在所有已知的家庭形式中,爱情得以发展的唯一形式是资产阶级的单配偶制。资产阶级想要浪漫、欢愉和其他一切,但由于资产阶级的婚姻归根结底是一种金钱关系,爱情只是一个充满理论和诗性的问题。只有废除了资本主义,废除了女性所遭受的父权统治,"我们的性爱"才能得到充分的体现。恩格斯说,性爱本质上是排他性的,当他写性爱的时候,听起来几乎是浪漫的,他把性爱描述为强烈的、持久的、建立在男女平等基础上的关系。但是恩格斯不认为这在资产阶级的婚姻中会有什么好处,因为丈夫对妻子的"所有权"使他很容易对妻子不忠,所以只有在女性身上,这种排他性才会充分实现。对男人来说,双重标准占了上风,资产阶级的单配偶制通常充斥着通奸和卖淫。

在今天,不知道西方是否还有人相信恩格斯的理论,但中国认真地对待了这些理论。事实上,中华人民共和国在1949年后很长一段时间里都秉持着恩格斯的思想。例如,在北京的中国国家博物馆参观的游客们发现,新石器时代的中国被描述为始于母系社会,随着时间的推移和生产力的发展,演变为父系社会。[25]

恩格斯不是典雅之爱的倡导者,中国人也不这么看,但引起中国人兴趣的不是典雅之爱本身,而是它给中国人灌输的某些思想。这一点从1928年出版的《阿伯拉与哀绿绮思的情书》(*The Letters of Abelard and Heloise*)中译本的阅读和理解的方式中可以明显看出来。[26]

思想家德尼·德·鲁热蒙(Denis de Rougemont)说,这些充满激情和雄辩辞藻的信件展现了"我们所知的最早的热恋情人"之间路人皆知的关系。每当讨论典雅之爱的话题时,他的经典作品《爱情与西方世界》(*Love in the Western World*)总会被提起。最著名的莫过于杰出的法国哲学家彼得·阿伯拉尔(阿伯拉)和他天赋异禀的学生埃洛伊丝(哀绿绮思)在1118年第一次见面时。鲁热蒙对此在笔记里写道:

> 正是在这个世纪中叶,人们第一次认识到爱,并鼓励将其视为一种值得培养的激情。热烈的爱情被赋予了一个名字,这个名字后来变得家喻户晓。这就是所谓的典雅之爱。[27]

埃洛伊丝比阿伯拉尔年轻得多,她是富尔伯特(Fulbert)的侄女,富尔伯特是一位教士,他鼓励和帮助她掌握知识,激发她求知的兴趣。当富尔伯特发现埃洛伊丝这段恋情时,他怒气冲冲,试图把她和阿伯拉尔分开。然而这种做法不仅无用,反而煽起了这对恋人的激情。当埃洛伊丝发现自己怀孕时,阿伯拉尔安排她去布列塔尼的族人那里,她在那儿生下了一个男孩。回到巴黎后,他安抚了富尔伯特,提出与埃洛伊丝结婚,条件是对这桩婚姻保密,这样做是为了保护他独身主义的名声以及他任教学校的良好声誉,维护严格的宗教标准。

然而,富尔伯特出尔反尔,泄露了这桩婚事。阿伯拉尔偷偷地将埃洛伊丝从她叔叔的房子里带走,把她安置在修道院里,伪装成修女,这对她来说,简直是亵渎。但阿伯拉尔无法离开,两人在修道院食堂的一个角落里偷欢。富尔伯特进行了可怕的报复,在一天晚上趁阿伯拉尔睡着的时候,找几个雇工阉割了他。

在阿伯拉尔的要求下,埃洛伊丝戴上了面纱,尽管她才20多岁。虽然她自己并不觉得对修道院生活有什么使命感,但不久她就成了一个蓬勃发展的修女团体的女修道院院长,阿伯拉尔在她之后接受了神圣的使命,担任精神顾问。她比阿伯拉尔多活了20多年,在1163或1164年去世时与他葬在一起。几次搬迁后,他们的遗体最终被安放在巴黎拉雪兹公墓的石棺里,偶尔会有当地人或游客到那里献上鲜花。

强烈的性欲驱使着这对恋人。阿伯拉尔的欲望是如此强烈,以至于他"把那些我们甚至羞于启齿的下流享乐置于上帝之上,就像置于我自己之上一样","即使在我主受难的日子里,或者在更大的圣礼期间,对礼仪和上帝的尊敬,也不能阻止我在这泥潭中沉沦下去"(教会禁止已婚夫妇在大斋节期间发生性关系)。[28] 阉割扑灭了阿伯拉尔身上的火焰,但火焰在埃洛伊丝身上继续肆虐。人们都说她贞洁,但有所不知,她告诉阿伯拉尔,她是一个多么虚伪的人。即使在做弥撒的时候,"当我们的祷告应该更纯洁的时候,那些淫荡的欢愉景象却牢牢地控制着我不快乐的灵魂,我的思想都集中在放纵上,而不是在祈祷上"。[29] 她没有忏悔,而将他们的遭遇怪罪于上帝。无论如何,如果她仍然想犯罪,仍然充满欲望,她何来的悔改呢?

后来,埃洛伊丝认为自己被阿伯拉尔忽视和遗忘了,就抱怨称,是"欲望的火焰而非爱情"把他们捆绑在一起。[30]也许是希望不被牵扯其中,阿伯拉尔认同了这一点,虽然不一定是从她的角度:他选择从基督教修道会的角度来理解欲望,他写道:"我的爱,让我们都陷入了罪恶的泥潭,应该称之为情欲,而不是爱。"所以,埃洛伊丝更应该把她的思想转向耶稣基督,因为"真正爱你的是他(耶稣基督),而不是我"。[31]

因此,他们的故事并不是你所认为的"纯粹""崇高""超然"的故事,然而中国译者在文学杂志《新月》上做广告时使用了这些词。这似乎有点令人费解,但仔细阅读他使用的英文版本——由J. M. 登特出版社(J. M. Dent)在伦敦重印的"圣殿经典系列"中的一个版本——就会发现,这是译者用浪漫的文字对原著进行的改写,实际上是对原文的歪曲。[32]有一封来自埃洛伊丝的信完全是杜撰的,她在信中宣布:阿伯拉尔,你终于永远失去了埃洛伊丝……我承认我的反复无常,阿伯拉尔,但我毫不脸红。[33]她现在爱的情敌是谁?是上帝。在"圣殿经典系列"的版本中,她为上帝的恩典所征服。然而,我们从历史上埃洛伊丝的信件中永远无法知道,她是否成功地实现了心灵的转变而完全献身于上帝,这也是每个写她的人都要思考的问题。这个版本也让阿伯拉尔面临一个现实生活中没有出现的棘手难题,即他对埃洛伊丝的爱"难于摒绝",他想知道"我怎能把我所爱的人和我所该摒弃的感情分开呢"?[34]

这位中国译者就是梁实秋,因将莎士比亚全集翻译成中文而闻名。1928年,当他翻译的《阿伯拉与哀绿绮思的情书》问世时,他从美国回到中国还不到两年。他曾在哥伦比亚大学和哈佛大学学习,在哈佛深受保守派文化评论家欧文·白璧德(Irving Babbitt)的影响。白璧德是古典标准的捍卫者,对他来说,一件东西属于高级或最好的阶层时,它就是古典的。他坚持不懈地批评浪漫主义的想象力,特别是让-雅克·卢梭的想象力。在白璧德看来,古典精神具有普遍性和人情味，它是温和的、理智的、体面的，而浪漫主义对惊险刺激和奇妙效果的追求破坏了永恒的信仰和传统。

白璧德相信，人类拥有一种内在的道德意志，他称之为"内在约束"。但是卢梭把人类定义为天性善良，只是被社会玷污，人类就摆脱了约束自己的旧义务。对白璧德来说，问题并不在个人之外，所以解决问题的办法不是革命，革命是对个人外部的经济和政治状况做出的强制性改变。不出所料，白璧德为左派知识分子所憎恨，在渴望革命性变革的中国看来，他的观点说好听点是守旧，说不好听就是反动。

认识自己，约束自己，这就是白璧德给他那些忠诚的学生的教诲。白璧德广泛汲取东方智慧，对佛陀和孔子极为推崇，其中一个原因无疑是圣贤对克制和节制的强调。白璧德曾说，"真正的佛陀"不是一个"情感主义者"。[35] 据说，如果白璧德有宗教信仰的话，他的信仰最接近佛教。所有人都认为，他翻译佛经《法句经》（*Dhammapada*）是一项伟大、博爱的劳作，花费了他多年的心血。

白璧德的中国弟子在多年后回顾《阿伯拉与哀绿绮思的情书》时，很有可能是借鉴了《法句经》。梁实秋为中世纪的基督教因果关系找到了一个佛教类比，在阿伯拉尔和埃洛伊丝的故事中，性与罪的关联是如此明显。他将其与佛教的"渴"（tanha）概念相类比，渴望是痛苦最主要和最直接的原因，因为它永远不会得到满足，而是不断地从一种无意识的冲动转向另一种冲动。佛教徒说，欲望就是痛苦，它源于渴望我们不可能完全拥有的东西。正如《法句经》在关于"渴"的一章中要求佛教徒"挖出渴的根源"一样。[36] 所以，梁实秋认为精神修行要以根除渴望为前提，但也指出，克服渴望远非易事，即使和尚尼姑也是如此。虽然阿伯拉尔和埃洛伊丝异于常人，但他们仍然是人，人类背负着肉体，而肉体中必然产生爱和性欲。

实际上，佛教为了结束痛苦而压制情欲，与基督教为了逃避罪的惩罚而与性诱惑作斗争并不完全相同。对佛教徒来说，痛苦的根源是无知而不是罪恶。最深刻的无知是看不到事物的本来面目，即无常和永恒的变化，因此欲望和执着实际上是什么也抓不到，而性欲望并没有受到特别的谴责。圣奥古斯丁的基督教神学——他的《忏悔录》以祈祷"贞洁和克制"而闻名，"但根本没用"——针对的重点则截然不同。[37]奥古斯丁定义的教义是：每个人生来就带有原罪的污点。众所周知，不自觉的性冲动和性快乐逃过了意识的控制，这被认为是一种持久的、脆弱的症状，是人类从亚当的堕落中继承下来的"致命的贪欲积淀"。[38]正是因为看到了这一点，奥古斯丁"将性不可避免地置于人类的中心"，赋予了它比其他情况下可能要承受的更大的负重。[39]毫无疑问，性是"西方爱情最痴迷的东西"之一。[40]法国哲学家帕斯卡尔·布吕克内（Pascal Bruckner）说道："抑制肉体的失禁是在人性的核心留下篝火的一种方式，被它吞噬的感觉真妙。"这是一个悖论，"为了更好地将自己从肉欲中解脱出来，基督徒必须不断提醒自己放弃这种欲望"。[41]

如我所说，去除罪根，并不是佛教徒放弃性的目的。他宁可爱上帝，也不愿放弃性爱。在这段话中，埃洛伊丝告诉阿伯拉尔她对他的不忠，她爱着他的情敌上帝，而不是他。这段话在中文里读起来非常奇怪，着实让人难以理解，就像她前情人的禁令一样，"记住，除了上帝，任何其他的想法都是通奸"。[42]他自己也感到绝望，因为上帝的爱不能在一开始就"完全毁灭"他对埃洛伊丝的爱。[43]他称他们的爱是"亵渎的""有罪的"，甚至是"邪恶的"[44]，所以他被阉割了也是件好事，因为肢体的残缺能促进他的灵魂救赎。在他的一封真实的信件中，他说为了天国而成为阉人是真正有福气的。[45]阿伯拉尔想到的阉人是神学家奥利金（Origen），认为他是最伟大的基督教哲学家。大约在公元206年，20岁的奥利金就接受了阉割，因为只有未有性经验的身体对上帝来说才是神圣的。阿伯拉尔也感谢

"神的恩典",使他摆脱了"肮脏的不完美,最终得以保持完美的纯洁"。[46]

上海《新女性》杂志的一名撰稿人表示,这样的性恐怖在中国历史上是绝无仅有的,也是空前的。他在1926年写的一篇关于"禁欲主义和恋爱自由"的文章中提到了奥利金自残的例子。[47]千百年来,对性快感的不信任一直在西方基督教中流行,但在中国却不为人知,在这位评论者的认知里,性兴奋在中国从未被视为罪恶。读者们是否知道,过去欧洲的基督教神职人员为什么每晚都要洗冷水澡,还要鞭打自己?评论者称,这是为了让他们的性冲动平静下来,抑制他们不洁的思想。

这位评论者还了解到基督教禁欲主义者的另一个特点——厌女症。基督教牧师将罪恶归咎于女性,认为这是诱惑和性危险的根源。他们把女性当作自己为肉体所困的替罪羊。举例来说,基督教将女性妖魔化的评论指出,在16、17世纪女性被指控携有恶魔的巫术。正是出于迫害者的"病态的想象",女性被指控与撒旦发生性关系。他描述了这些妇女遭受的酷刑,在一些画作中可以看到歇斯底里的焚烧和杀戮。当然,这一切都成为过去时,他向读者保证,如今的基督教更为宽容,但宗教思想对西方婚姻制度的渗透仍然是不容置疑的。

事实上,萦绕在他脑海中的是,爱情在中国的婚姻系统中仍然具有不确定性。对于禁欲主义和厌女症的话题,他有自己的想法,希望加深读者的印象,即中国文化中也有反爱情和反女性的倾向。他说,中国人倾向于认为两性之间的爱情不太光明正大,视女子为害物的观念也有。的确,有些中国人的思想新旧夹杂,他们跟欧洲人一样认为,作为性欲代名词的浪漫爱是一种罪恶,应该在婚姻中摒弃它,以免受到诱惑。

作者宣称,应该抵制这样那样的反爱情态度,并为"恋爱自由"和"恋爱神圣"抡起大棒。这两句口号在20世纪20年代的中国是互补的流行语,对所有唱衰浪漫爱的人都是双重打击,老派的道德贩子不亚于"左倾"革命者(见第16章)。为"爱的自由"而斗争,是一种反叛的赌注,是为了维护自由择偶并在相互爱慕的基础上建立婚姻关系的权利。难道爱的神圣性不就证明了这场斗争是正确的吗?

爱的神圣性这一概念充满了基督教的联想,但中国人没必要就此反复谈论,因为要理解西方世界所谓的"基督教的爱"是非常困难的。中国人所能做的就是将爱比作孔子的"人性"概念,或者说等同于"善"或"仁"的美德。[48]目前,这种类比是有用的。然而,尽管基督教的爱和儒家的人性所嵌入的概念综合体有所重叠,但它们并不完全一致。事实上,他们在某一点上截然不同,那就是在儒家的"人性"中完全没有任何类似于基督教中情欲(eros)与基督之爱(agape)之间的两极分化。对于非基督徒来说,这种关系很难理解,所以我们不妨在这里试着弄个明白。

关于"基督之爱"的概念,圣奥古斯丁是伟大的创始人之一,是他将基督教真正确立为"爱的宗教"。[49]奥古斯丁用拉丁文"caritas"(博爱)来表示爱的最高形式。这比它的英语同源词"charity"(慈善)意味着更多,因为奥古斯丁用它涵盖了情欲与基督之爱,基督教学者称之为"博爱综合体"——它本身是两个传统的结合,也就是基督教与更晚一些的柏拉图主义的合成。这两种爱的特征之一是将柏拉图哲学意义上的情欲视为一种从人到上帝的上升之爱,而将基督之爱视为一种上帝或上帝的化身耶稣基督对人类的降世之爱。

基督教神话的核心是上帝的化身受难。受难通常被解释为牺牲,基督在十字架上为世界赎罪而死。这是一种救赎性的死亡,可以一劳永逸地拯救人类。在基督教关于罪和救赎的叙述中,赎罪和救赎的观念与降世的爱紧密相连——因为正是上帝对人的爱把基督派到这个世界上。因为神爱世人,甚至将他的独生子赐给世人,让信奉者不至灭亡,反得永生。事实上,正如《约翰福音》所言:"上帝就是爱。"[50]作家和俗世神学家刘易斯在他的经典著作《四种爱》(*The Four Loves*,这四种爱分别是亲情、友情、情欲和爱情,每一种都有若干个分支)中简单地将上帝作为爱的同义词,称之为"爱本身,所有爱的发明者"。[51]爱被提升到神圣的地位,已经成为"一切存在和价值的源泉和本源"。[52]

随着基督的降临,爱走向了舞台中央。现在,人们被要求像上帝爱他们一样彼此相爱,不是直接地而是间接地通过彼此相爱来表达他们对上帝的爱。上帝的爱是典范,耶稣就是我们效仿的对象,比如爱我们的敌人,善待那些憎恨我们的人等。

西蒙·梅(Simon May)在他的《爱的历史》(*Love: A History*)一书中说,相信人类的爱可以建立在他们相信上帝如何爱他们的基础之上,从而认为他们对他人的爱是永恒的、救赎的和无条件的,这是多么大的误解啊。西蒙·梅说,我们的爱总是有条件的,因而得出结论:"简而言之,爱正在超载。"[53]

这可以从文学、电影和歌剧中看出来,在这些作品中,我们不需要寻找披上神性外衣的爱情愿景。我们可以把这些归结为作者所接受的文学传统,并认为它们过于夸张或过于戏剧化而不值得认真对待。然而,刘易斯说,"人类的爱可以体现出神圣之爱的光辉形象",这并不是刻意的夸大其词。[54]

我曾说过,刘易斯提出的四种人类之爱,其中之一是情欲。那么,情欲的象征也是神圣的吗?对的,刘易斯说:"这种爱真真切切得像爱本身。"他补充说:"在其高度上,爱最像神,最倾向于得到我们的崇拜。"对一个坠入爱河的人来说,这当然是"一种信仰"。[55]刘易斯提到自己在写那本有关典雅之爱的著作《爱的寓言》时,曾错误地认为"爱的宗教"是纯粹的文学传统,这就太"盲目"了,没有意识到情欲的本质是神化自己。

然而,对于那些尚未身陷爱河的人来说,基督之爱通常优先于情欲。虽然在《新约》中,基督之爱还没有与"情欲之爱"完全区别开来——事实上,这种区别是在几个世纪后重读《新约》的过程中才浮现出来的[56],但两者长期以来一直被认为是一种二分法,情色(eroticism)是肉欲(sensual desire)或性(sexuality)的简称。再说,在西方谁没有听说过丘比特(Cupid)?他在希腊神话中对应的是爱神厄洛斯(Eros)。艺术、文学和大众信仰已将丘比特的现代形象传播到整个西方世界,这是一个长着翅膀、手握弓箭的矮胖男孩。在欧洲历史上的某些时期,他的成年形象被一种熟悉的、流行的隐喻情色化了,将他与人类灵魂的化身希腊女神普赛克(Psyche)结合在一起。20世纪20年代,厄洛斯作为普赛克的情人,以胖乎乎的婴儿形象出现在中国的文本和图像中,那时爱在空中弥漫,人们对西方的好奇心达到了前所未有的高度。[57]

从希腊和罗马神话到中国传说,关于男神和女神的结合,并不需要多大的想象力。女神和国王结合的传说是中国古老的文学传统,其中,"云雨"一词作为性爱的隐喻出现在了中国的文学词汇中,后文会再次提及。这个词源自《高唐赋》,这首诗可追溯到公元前1世纪或前2世纪,据说出自宫廷诗人宋玉之手。传说楚王在高唐巫山与一个神秘女子在梦中欢爱。女子临别时对楚王说:"旦为朝云,暮为行雨。"楚王听到她说"愿荐枕席",就与她一同享乐,并把她尊为巫山神女,还为她建了一座神龛。女神的传说一直流传至今,受过教育的中国人将"高唐""巫山"和"云雨"作为情人约会和男欢女爱的代名词。

正如希腊、印度和中国神话中大量的性化神仙所显示的那样,与神灵的性爱邂逅具有普遍的吸引力。在中国古代萨满教中,性是通向神性的途径,而寻求与神结合——通常是中国古代美丽的河神——在中国早期的诗歌中经常被隐喻化。在道教传统中,神祇婚姻——西王母和她的天神的婚配——创造了世界,并保持了世界的平衡。在早期艺术中,这位女神代表着"阴",她的配偶代表着"阳",正如月亮与太阳、白虎与青龙等并列出现的阴阳符号,两相对应。[58]

有一个动人的民间故事,爱情与星星联系在一起,讲述了牛郎和织女(分别是牛郎星和织女星的象征)的爱情故事。这个故事的其中一个版本写道,牛郎和织女回到人间时结为夫妻,在返回天河时被迫分开。玉皇大帝与王母娘娘认为最好把他们拆散,否则他们整天四处游荡。于是,一条银河将恋人隔开。每年七月初七,天上所有的喜鹊就会聚在一起为他们搭一座桥,牛郎和织女得以过河团聚。他们再次分开时泪水涟涟,而这些眼泪汇成了那个季节的雨滴。

再回到情欲一词,它还有两种不容易把握的含义。第一个是刘易斯在《四种爱》中对它的界定,它是"我们称之为'恋爱'"的状态或"恋人们正置身其中的那种'爱'"。让人难以理解的是,情欲还和色欲形成了对比,刘易斯将色欲定义为"情欲内部的肉欲或动物性元素"。他并没有将后者简单地称为"性",因为性可能在没有爱的情况下运作,而色欲是情欲或者恋爱中的一部分。同时,这也是人与动物共有的对性满足的需要。[59]

20世纪前,每个中国人都无从知晓这样的区别,如果从2007年华东师范大学出版社出版的《四种爱》中译本对这种区别的处理方式来看,即使是现在,中国人也不会明白这种区别。《四种爱》的译者汪咏梅的博士学位论文专注于对刘易斯的研究,却完全忽略了"色欲"这个词,从头到尾将其表述为"性爱",而不是性爱中的"肉欲成分"。显然,汪咏梅不像西方知识分子那样坚持事物的离散特性,她在很大程度上成功地将刘易斯的观点传递给了大众。但当刘易斯在某一点上告诉读者，他将把讨论的范围从部分扩展到更广泛的整体时，这位中国译者犹豫了，因为把它翻译成由"性爱"到"爱"的转变只会让人迷惑不解。[60]

性欲的第二重含义与早先粗略提及的"上升之爱"有关。核心文献是《会饮篇》，它与柏拉图的另一部关于爱情的巨著《斐德罗篇》一起，对古往今来的爱情思想产生了无与伦比的影响，尤其是对意大利文艺复兴时期的新柏拉图主义者（Neoplatonist）。[61]《会饮篇》的对话在苏格拉底的一次演讲中达到高潮，在演讲中情欲被阐释为一种可以上升到理想之美的存在，也就是美本身，相对于特定身体的美而言。从认识到另一个人的美开始，人们沿着"爱的阶梯"前进，欣赏美，因为它存在于任何个体之外，然后延伸到对爱与美的渴望。爱的最终目标是不朽，实现方式不是与美人繁育后代，而是以一种精神的形式，通过思想的繁衍和发展完成，爱的最高形式是对真理的哲学追求和对善的拥有。柏拉图要求具象化的美，换句话说，以身体的诱惑，来触发走向哲学理解的行动。

上升到美的本质似乎需要一个人超越人际间的情爱关系。20世纪20年代直到今天，中国人称之为"柏拉图式爱情"，把它理解为男女之间无性的爱。然而，柏拉图在《会饮篇》和《斐德罗篇》中谈到情欲时，他的意思是不同的。[62]这些作品中谈论的是男性与男性之间的爱，并且不是无性的，而是肉体的爱——情欲在希腊语中是"能够得到满足的渴望"，主要指"性欲"甚至是"淫欲"。[63]爱可以让人奋发，也可能让人泄气，这取决于情人是否领悟到终极的美，抑或是否在对身体美的渴望中停滞不前，从而沦为低级欲望的俘虏。

刚才我提到了意大利文艺复兴时期，"柏拉图式爱情"这个词就是在那个时期的新柏拉图主义运动中出现的。这个短语和教义是由意大利哲学家、牧师和医生马西利奥·菲奇诺（Marsilio Ficino）创造出来的，他将柏拉图的所有对话翻译成拉丁语，从而在整个欧洲传播开来，并将柏拉图的思想与其他哲学体系，特别是基督教融合在一起。菲奇诺并不排斥尘世之爱，他试图将世俗之爱与天国之爱调和起来。在复杂的论证中，他试图模糊情欲和博爱的区别：

> 荒谬地设计出能总结这种和解的三方公式，用当代的语言来说，这个过程可以被比喻为在街上看到一个漂亮的女孩，然后试图用精神上的狂喜来合理化自己的性欲……这个比喻很粗俗，但要理解经常使用的复杂术语，需要一定程度的常识。[64]

在菲奇诺的理论中，爱以两种形式存在，这两种形式以双生维纳斯为代表：天堂的维纳斯，她是人类心灵和上帝之间的中介，可以比作博爱；而地球上的维纳斯，她的美是在物质世界中实现的。每一种美都会产生相应的爱——一种是神圣的爱，另一种是人类的爱。还有第三种爱，被称为"兽性之爱"，菲奇诺将其定性为某种精神错乱，不需要任何标记——这样他就可以处理三种爱，而不必求助于额外的一个维纳斯。[65]

菲奇诺认为两种维纳斯式的爱情都是有价值的——在新柏拉图主义理论中，爱情在不放弃人类的情况下达到了神性，在保持肉体的同时也成为精神性的。艺术历史学家埃尔温·帕诺夫斯基（Erwin Panofsky）说，提香（Titian）的画作《神圣之爱与世俗之爱》（*Sacred and Profane Love*，约1514年）描绘了双生维纳斯，正是为菲奇诺的理论做了注解。两位维纳斯中的一位是裸体人物，作为一位不加修饰的美女，是天上的维纳斯形象，她右手中的火焰象征着上帝的爱；而另一位着华丽披肩的人物，一个世俗的美女，代表着人间的维纳斯。这幅画是菲奇诺提出的两种爱情的寓言，第三种可能是在构图中间的石棺上欲望受到惩罚的场景。把丘比特放在这两个美女之间，说明了新柏拉图主义的爱情观是天地之间的媒介。[66]

尽管这与基督教要求爱被引导到适当的生育目的和基督徒对感官愉悦的憎恶形成了鲜明的对比,但这仍然是将欲望放在了适当的位置,即在爱情阶梯的底部,并强调爱的超物质维度。经过菲奇诺追随者的接受和改编,"柏拉图式爱情"一词走上了所有通俗化的老路,也就是说,它被淡化和扭曲了。现在人们普遍认为它是纯洁和无性的,柏拉图式的教谕代表了一种将爱精神化的传统标准。

总而言之,在历史上有一种在追求更高、更理想化爱情过程中的变形,也有一种精神与肉体、神圣与世俗的对立,这种对立是由典雅之爱和柏拉图主义及基督教构成的。一些中国人简称其为"但丁式的爱情"。[67]但丁《神曲》中的贝特丽奇是一个被推到了理想化的绝对极限的女人。在早期的《新生》中,贝特丽奇只是物质的、世俗的和典雅之爱的代名词,在《神曲》中她演变成了一个抽象的、神圣恩典的、精神化的形象。

中世纪及更晚时期的欧洲爱情观一下就传入了中国,所以"但丁式的爱情"和"维特式的爱情"必须同时加以处理。[68]维特指的是歌德的《少年维特的烦恼》(1774)中的主人公。这部小说对中国人的巨大影响,我将在第10章进一步阐述。在此我只想指出,年轻的歌德被认为是18世纪70年代德国原始浪漫主义运动"狂飙突进"(Sturm und Drang)的捍卫者。对该书的中国译者来说,"狂飙突进"运动的典范就是"五四运动"的理想。[69]维特这个人物,主要是受内心的驱使,深受浪漫主义之父让-雅克·卢梭的影响,最大限度的真实的自己,或者说实现自我,正如人们现在常说的那样——被浪漫主义者视为所有美德中最伟大的。[70]忠于自我的新理想是卢梭提出的,这位哲学家以做真实的自己为荣,他最长的作品是他的自传。这本

《忏悔录》的中文版在20世纪20年代多次再版。*[71]

浪漫主义为爱铺平了道路，爱是一个人对自己而不是对上帝的最高责任。常言道："从前上帝是爱，现在爱就是上帝。"[72]在浪漫主义中，性欲被视为支持而不是破坏一个人对爱以及作为一个完整的人的诉求。在柏拉图的哲学中，必须通过身体的途径才能达到真善美。与此观点形成鲜明对比的是，卢梭相信精神上的单一性会强化身体上的满足感。正如西蒙·梅所言，在卢梭的"充满爱的图景"中——这已经成为我们当代图景的一部分——性爱及其高潮具有特殊的乐趣和价值，因为我们可以在那个和自己一同完成的人身上看到真善美。[73]梅补充道："寻求与爱人的精神结合，不仅仅是把对她的肉体欲望转化为爱，也是对身体欲望的强化。"将两个灵魂合二为一的欲望在增强肉欲的同时，也将肉欲转化为爱。由此引出了浪漫主义者对爱的定义："两个人之间以精神结合为目标的性爱。"[74]

亚瑟·韦利在翻译中国作品时，就受到了这些传统的制约。这在一定程度上解释了他所指出的中国和欧洲在处理男女关系方面的差异。为了进一步理解他的主张，我们把他的观点置于一个更大的框架中，这个框架是由学术界两派争论不休的思想形成的。第一种观点认为浪漫爱是西方独有的，是欧洲文化的"发明"。第二派主要是人类学家，他们认为浪漫爱是一种普遍的体验，是人类的精髓。

德尼·德·鲁热蒙也赞同他的观点，他在《爱情与西方世界》一书中写道，中国人没有出现爱情问题，因为东方人认为爱情"只是单纯的快乐和身体上的享受"，而在西方，爱情被美化和神秘化

---

* 卢梭《忏悔录》的所有中译本中，张竞生的译本最负盛名。张竞生（1888—1970），北京大学哲学教授，留学法国，因提倡性教育和出版《性史》一书而与当局发生冲突。第一版《忏悔录》仅翻译部分内容，于1928年出版；全译本于次年出版，重印五次。

了。他引用了意大利作家里奥·费雷罗（Leo Ferrero）的话来说明自己的观点。费雷罗曾说，欧洲人与中国人不同，他们的一生都建立在激情之上：

> 一个欧洲人的贯穿一生的看法是："这到底是不是爱？我是真的爱这个女人吗，还是喜欢她而已？我是爱上帝呢，还是仅仅想爱上帝？我是爱上了她，还是爱上了爱情？"对于中国的心理医生来说，这种看法很可能是精神错乱的症状。[75]

历史学家们最喜欢的观点是，典雅之爱是一种文化建构。他们视刘易斯的《爱的寓言》为权威著作，特别是他被引频次很高的一段话：

> 在11世纪时，法国诗人发现、发明，或者说是第一个表达了浪漫的激情，而英国诗人在19世纪仍在描写这种激情。它们促成了一场变革，使我们的伦理、想象力或日常生活的方方面面都受到了影响，它们在我们与古典的过去或与东方的现在之间构筑起一道不可逾越的鸿沟。与这场革命相比，文艺复兴仅仅是文学表面的一波涟漪。[76]

在《中世纪厌女症和西方浪漫爱的发明》（*Medieval Misogyny and the Invention of Western Romantic Love*, 1991）一书中，霍华德·布洛赫（Howard Bloch）不仅持有这种观点，还进一步声称，"我们所知道的爱"并不是一种普遍的自然现象：

> 如果说"西方浪漫爱的发明"这一说法似乎自相矛盾，那是因为我们经常假设爱情是自然的，是存在于某种具有本质意

义的事物上的，也就是说，它一直存在。然而，事实并非如此……这些用来定义或调解我们今天所认为的浪漫关系的术语，在12世纪初到12世纪中叶之间的某个时候确定下来，至少目前是这样，首先出现在法国南部，然后在法国北部。[77]

对"浪漫爱是否为西方独有"这一观点争论的焦点在于，不同人对浪漫爱的理解不尽相同。显然，查尔斯·林霍尔姆（Charles Lindholm）就没有使用与布洛赫相同的定义，他在自己被引频次很高的论文《浪漫爱情与人类学》（*Romantic Love and Anthropology*, 2006）中指出，"西方文明没有发现爱情"，并且"大量的文学证据清晰地表明，在许多前现代的非西方复杂社会，如日本、中国、印度和中东，以及我们自己的文化祖先古希腊、古罗马等，浪漫爱的意识形态和实践得到了很好的发展，至少在精英阶层是如此"。[78] 无论他对浪漫爱的定义是什么，显然都不是布洛赫所理解的那样。

更让人困惑的是，一些学者谈到浪漫爱时，他们真正的意思是婚姻中的浪漫爱，或通过婚姻实现的爱情，而正是这一点使欧洲人在全球社会中独树一帜。在这一点上，存在着两种学术传统，一种是民族志学的，另一种是历史学的。玛格丽特·米德（Margaret Mead）在1928年出版的《萨摩亚人的成年》（*Coming of Age in Samoa*）中写道："在我们的文明中，浪漫爱与单配偶制、排他、嫉妒和坚定不移的忠诚等观念密不可分，但在萨摩亚却没有。"[79] 人类学家传统上认为，包办婚姻的存在是爱情缺失的证据。至于爱情，只有当它是单配偶制的婚姻形式时，才有资格被称为浪漫爱。其他任何一种都不是爱，而是肉欲或激情。

具有历史学传统的学者认为，婚姻中的浪漫爱不仅是西方的，也是现代的。他们从时间和空间上对其进行定位，指出在18世纪的欧洲，大部分地区都发生了"情感革命"，在婚姻习惯和态度上发生了根本性的变化，基于爱情的自由择偶取代了包办婚姻。[80]这种变化涉及的自由择偶行为与不断上升的个人主义密不可分，而且由于恩格斯的思想是这种观点背后的支柱，这一行为也与个人财产和资本主义有关。这是婚姻自由随着现代个人主义和资本主义世界的诞生而出现的另一种说法。有学者认为，既然爱情是两相情愿的婚姻所固有的，而浪漫爱是对资本主义崛起的直接回应，那么浪漫爱就是独一无二的现代爱情。

"情感革命"学派受到了斐迪南·芒特（Ferdinand Mount, 1982）和杰克·古迪（Jack Goody, 1983）等作家的挑战，他们以不同的方式提出了异议，不认为18世纪是基于爱情的婚姻的转折点。芒特利用文学文本（包括莎士比亚和乔叟的作品）、日记、信件和民间记录来证明，遵循自愿和爱情的婚配在很久以前就存在了。古迪追溯到中世纪早期，当时中世纪天主教会基于双方同意的婚姻教义鼓励爱情配对，反对包办婚姻。基督教主张独身、单配偶制和婚姻伴侣选择和拒绝的自由，以及严格禁止婚前和婚外性关系，不仅为一种独特的婚姻模式奠定了基础，使性和婚姻成为同义词，而且为婚姻中的爱情奠定了基础。

总而言之，在西方（如果不是现代）独有的学术传统中，一边是典雅之爱，一边是基于爱情的婚姻。当两者结合在一起，并辅以其他元素，就会产生一系列的信条与典范，英国社会学家安东尼·吉登斯（Anthony Giddens）称之为"浪漫爱情结"（the romantic love complex），这也被认为是西方和现代独有的。吉登斯将这一集群与基督教的道德价值观、18世纪晚期欧洲小说或浪漫主义文学的再现以及"自由和自我实现之间的新兴纽带"联系在一起。[81]吉登斯以这种方式进行概念化，毫无疑问，他认为的浪漫爱是具有典型欧洲风格的。

更重要的是，他将"浪漫爱"与"爱的激情"区分开来，后者是他从司汤达的《爱情论》中借用的一个词，但没有遵循这位法国作家的意思（例如，司汤达将埃洛伊丝对阿伯拉尔的爱称为"爱的激情"）。吉登斯认为，在浪漫爱的依恋中，"崇高之爱的因子往往压倒了性激情。这一点的重要性怎么强调都不为过"。他进一步写道：

> 浪漫爱和欲望不相容，与世俗的性行为也不相容，这并不是因为所爱的人被理想化了——尽管这是故事的一部分——而是因为它假定了一种精神交流，一种灵魂的相遇……

虽然爱的激情"或多或少是一种普遍现象"，但浪漫爱"在文化上更为特殊"，与前者的"性/情欲冲动"截然分开。吉登斯说，它是"面向超越的"，在我听来无疑是柏拉图的基调。与此同时，他在书中写道，"爱在拥抱性的同时与性行为决裂"，他奏响了浪漫主义的和弦。

吉登斯、刘易斯和玛格丽特·米德可以被视为主张爱情普遍性理论的第二梯队代表。因此，生物人类学家海伦·费舍尔认为，浪漫爱的概念源于普罗旺斯游吟诗人的发明这一论断是"荒谬的"。费舍尔对爱情的潜在大脑机制的研究在第1章中已做讨论。她写道，浪漫爱"传播得更广"，在印度、中国、日本、波利尼西亚等地都发现了这种爱情。[82] 为了获得更多的支持，她（以及几乎所有关于爱情的人类学研究）引用了威廉·扬科维亚克（William Jankowiak）和爱德华·费舍尔（Edward Fischer）1992年的研究。在证明爱情普遍性的层面，这项研究是成功的，因为根据对个人痛苦和渴望的描述、情歌或民间传说的存在、私奔事件以及当地人和外国民族志学家对爱的描述等标准，爱情被发现存在于世界上166个（占比88.5%）社会群体当中。

扬科维亚克和费舍尔对爱情的定义是："任何涉及将对方理想化

的强烈吸引力,在包含性爱的前提下,并期望在未来一段时间内持续下去。"[83]这里没有作为单配偶制基础的爱,也没有可以让欲望变得崇高或得到净化的典雅之爱的概念;更没有任何崇高或超越的暗示,或与欲望的区别。因此,尽管研究人员可能已经证明了他们所定义的爱情是一种普遍现象,但他们并没有推翻那些认为爱情是西方文化特有的、以典雅之爱或浪漫爱情结为特征的观点。显然,研究者如何描述浪漫爱及他们的定义有多广泛,将对他们能在多少文化中发现爱情的存在产生巨大的影响。鉴于他们对浪漫爱的定义,扬科维亚克和费舍尔发现浪漫爱存在于世界各地,不足为奇。费舍尔说,浪漫爱发源于西方这个说法是"荒谬的",这一观点是错误的——在中国,她也发现了爱情的存在,但如果她在那里寻找典雅之爱,将会一无所获。

　　杨科维亚克和费舍尔对爱情的定义并不是中国人在宣布中国没有爱情时所思考的问题,后者错过的是基于爱情的结合。当他们在西方文本中寻找爱情的答案,询问当爱情来临应当如何识别时,他们发现的是类似浪漫爱情结的典范。中国的爱情是如何在这些典范中被重塑的,我们将在下面的章节中展开讨论。接下来,我们关注的是中国的爱情传统是从什么开始的,以及在亚瑟·韦利计划前往中国却未能成行的那个时代,那些热切地期待着西方浪漫爱揭开其多重神秘面纱的中国年轻人,继承了传统对男女关系的哪些定义。

第 4 章

关键词

自达者观之,凡情皆痴也。

——

17世纪初,冯梦龙

省简

17世纪木版印刷的《西厢记》插图中，痴情人张生思念着崔莺莺

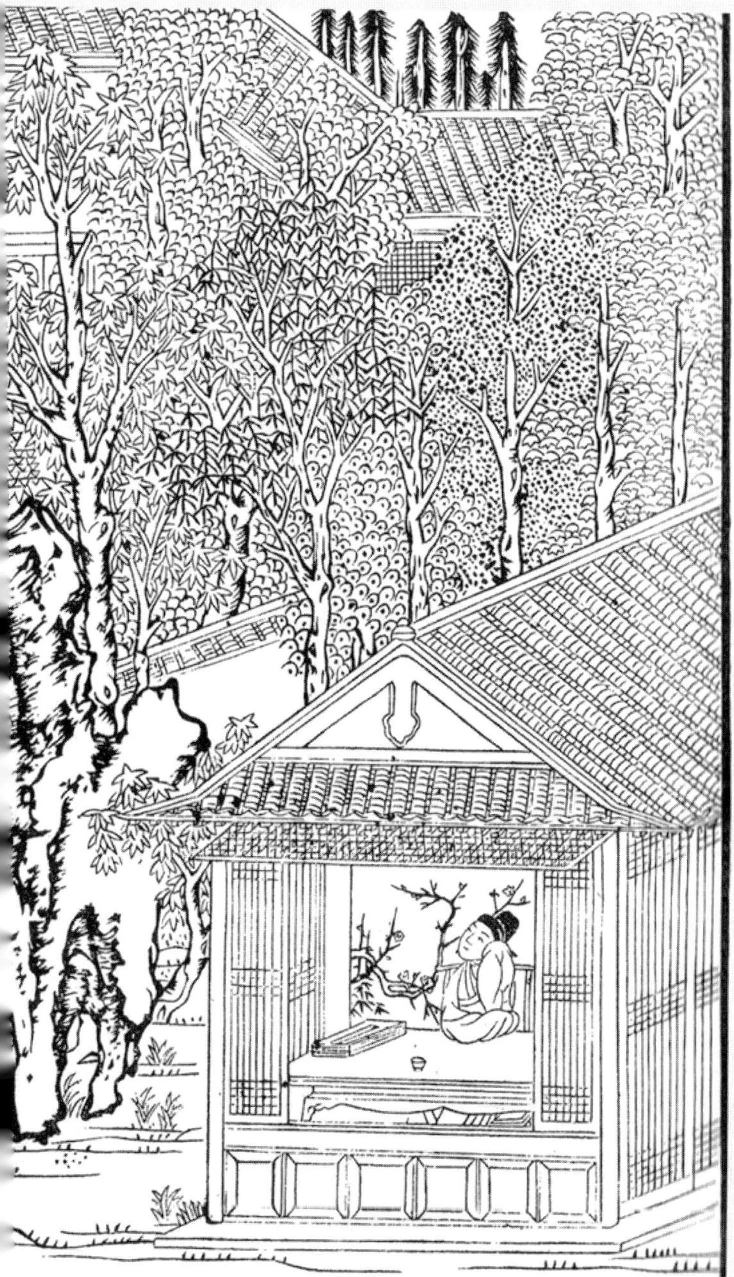

飞机、公司、高层建筑和其他现代事物从西方传入中国时，我们必须为它们创造出中文名字。西方特有的概念也是如此。伴随着这些新词的发明，汉语写作风格也在发生新变，从只有受过古典教育的学者才能读懂的文言文逐步转变到了普通人也能读懂的白话文。新文化和五四运动的知识分子正是这种新文体的先驱。那个时代受过教育的中国人都认为，旧式的文学语言不仅不足以吸收外国科学知识，也不能充分表达和交流现代思想、情感和经验。扔掉旧式语言，等于把自己从儒家思想的枷锁中解放出来。

但"爱"并不像飞机或公司那样，是天底下的新事物。或者说，它也是新生事物？在基督教传入日本前，日本人对西方所理解的爱情一无所知，所以为它创造了一个新词，"ラブ"（rabu），这实际上是按照日本人的发音，将英语单词"爱"（love）转录过来的词（对日本人来说，发出"l"音，以及区分"v"和"b"音是困难的）。在中国，"爱"即使不是一个全新的词，也肯定有了新的理解。五四知识分子推动语言和写作的革新，在某种意义上是为了抵消直到20世纪仍然存在的思想表达和情感的陈规陋习，并通过这种方式来对抗约定俗成的思维和情感。

他们遇到了很多困难。仅仅是外在的文字，或者更确切地说是字符，就成了一大难题。以语音符号书写的字母语言，文字及其意义和发音只有在几百年的历史里才能被语音化地识别出来，但汉字的表意书写本质上并非语音形式，由于文字相对独立于语音，汉字得以保存了几千年。语音可以改变，但文字不能，同时改变两者那更是不可能。

我们感受到的是"爱",因为语言给我们的感觉贴上了标签。这个标签并非完全出于我们的感受,我们语言的始祖赋予了它这个标签,成千上万的前人也使用过这个标签。古往今来,"爱"的使用意义不尽相同,内容、意义和联想方式也不尽相同。在中国,从古代到现代,这个词也并非一直都是占据主导地位的标签。我把现代术语留待日后讨论,不妨先看看这些词语在受到西方思想影响之前的原初样态。

本章所讨论的中国传统的第一个关键词是"思",即"想念"。[1]"思"出现在无数的古典诗词中,包括《诗经》中的大量诗词,当代中国的诗集编者、西方翻译家和学者都把"思"理解为"爱"的同义词。在8世纪女诗人李冶的五言律诗中,"思"一字出现了不下三次。学者斯蒂芬·欧文将前两处意译为"love"(爱),第三处译为"longing love"(想念的爱):

> People say the sea is deep—it's not as deep by half as love.
> (人道海水深,不抵相思半。)
> The sea at least still has its coasts, love's farthest reaches have no shore.
> (海水尚有涯,相思渺无畔。)
> Take your harp and climb the tower, where moonlight fills the empty rooms.
> (携琴上高楼,楼虚月华满。)
> Then play the song of longing love—heart and strings will break together.
> (弹著相思曲,弦肠一时断。)[2]

在中国早期的爱情诗中,"思"通常由女性来表达。其中一种老套的形象就是被丈夫或情人抛弃的女子。这种类型的诗歌属于"闺怨诗"。我们想了解这些女子渴望什么样的爱情,而听到的大多是男子的声音。男性掌握着文学的话语权,女性形象从她们被男性包裹的褶皱中显现出来。一个男人可以从他的性别之外发声,尽管这种可能性不大。他发自内心地认为,这首诗中的女性在性方面遭遇挫折而顾影自怜,然而这种男性诗人对女性心理的把握只不过是一种错觉。

在闺怨诗中,主人公想念的情人显然不在场,他的样子只能靠想象。他不一定总是一个浪荡儿的形象,还有可能仅仅为了征戍边塞、游山玩水或履行公职等个人事务而离开,但他往往是个负心汉,一旦被其他女人吸引,就永远不再回来。无论原因是什么,他的缺席只是这些悲欢离合的一个缩影,分离作为文学主题的反复出现也反映了严酷的社会现实:战争和移民、公共生活中的职业风险、受王室喜恶影响而遭遇的发配流放或戍边。最重要的是,我们不能忘记,在中国漫长的历史长河中,性别隔离尤为盛行。少女们被隔离在女性内部活动区域,远离男性的陪伴。她们对爱情的所有认知仅停留在想念爱,谈不上主动地追求爱。

在中国南北朝流传下来的一组迷人的意象中,多情之思要么体现在失宠于皇帝的无名宫女身上,要么体现在被抛弃的娼妓或女艺人(歌女或舞者)身上,这在《玉台新咏》中可见一斑。《玉台新咏》编纂于6世纪,是一部专门讲述爱情的诗集。该书收录的诗歌最早可追溯到公元前3世纪末,宫女是5—6世纪(南朝)的人物,当时正是中国爱情诗歌发展的鼎盛时期。这些女性基本上是彼此的复制品,容貌、举止、服装和情绪都是风格化的。宫廷诗人的描述既展示了诗人对复杂语言的精通,也表现出对美女的鉴赏力。

我们无法忽略女主人公等待她离去的情人的场所,那是后宫的闺房,诗人以室内装潢师的眼光对场景进行了感性的描摹。丝绸窗帘展开,青铜香炉吐出烟雾,月光洒在象牙床上……她从世俗的场景和上流社会的精致生活中汲取灵感。房间的空寂映衬着她的孤独,看起来富丽堂皇,却也是苍凉的。周遭环境的奢华和冷寂被她迷人却终究可悲的形象吞噬。

就像思念与奢靡的融合一样,伤感和感官性也与独居密不可分。"他"无处可寻,房里的物件却布满他的影子。床上的双枕流露出曾经爱的幸福,映衬出如今的冷清。被褥诉说着曾经的亲密无间,上面刺绣的鸳鸯唤起了婚姻的爱和忠诚。这儿充满了他,却又没有他。

> 散诞披红帔,生情新约黄。
> 斜灯入锦帐,微烟出玉床。
> 六安双玳瑁,八幅两鸳鸯。
> 犹是别时许,留致解心伤。
> 含涕坐度日,俄顷变炎凉。[3]

遭遇背叛的心灵所遭受的沮丧和痛苦是审美乐趣的源泉,用鉴赏家的眼光品味女性的美丽及她对衰老和容颜消逝的恐惧所得到的满足感,使这种快乐得到了强化。美的保质期是有限的,有一种时光流逝的感觉,她的妆容斑驳了,香火也化为了灰烬。学者保罗·鲁泽(Paul Rouzer)认为,简单地将这类诗歌称为"爱情诗",掩盖了它对"身体性"的强调,他建议称之为"感性诗"。[4] 他认为,诗人"偷窥的凝视"赋予了某些诗兴,事物的外观和感官表面往往比性结合行为更重要,这些诗可以被称为"情色诗",而不是爱情诗。[5]

这是切开爱情之瓜的另一种方式。情色并不完全是爱,也不是性,而是介于两者之间。要弄清楚这三者之间的关系,我参考了奥克塔维奥·帕斯(Octavio Paz)的《双重火焰:爱与欲》(*The Double Flame: Essays on Love and Eroticism*, 1996)一书。

在帕斯看来,性是"原始的源泉",情色是"被人类的想象和意志社会化的和改造过的性",而爱是"独属某个人的吸引力,身体和灵魂上的吸引"。书名"双重火焰"的图像呈现为象征着情色的红色火焰从原始的性火焰中冉冉升起,逐渐变成象征爱的蓝色火焰。情色行为是"性,以及除此之外别的东西"。但是区分两者的是一条"蜿蜒的"界线,它"经常遭到侵占"。[6]

看看下面两种用法,牢记帕斯的定义也许会有帮助。第一种是"好色",字面意思是"喜欢性",常用于表达性欲或欲望。这个词由两个音节组成:"hao"(喜欢)和"se"(性)。孔子在《论语》中曾两次说过:"吾未见好德如好色者也。"这句话反复出现,"好色"就是指"爱性"。[7]关于单独使用"色"的例子,孟子有句名言:"食色,性也。"[8]但是因为它的另一个意思是"颜色","色"意味着对视觉的吸引力,这反过来又暗含着这个问题的答案,"当一个人渴望另一个人时,他渴望的是什么?"渴望的是悦目的外表还是肉体之美?因此,"好色"意指对由美引起的性快感很敏感。衡量一个男人欲望的标准是他有多容易屈服于女人的美貌:越不抗拒,就越是好色。

更多的时候,他是"情人眼里出西施",被迷惑了,被俘虏了,与她共享了性的欢愉。在常见的故事情节里,她经常化身为女神或古代神话中的兽类,通常是一只狐狸精。她们不能与男子长相厮守,欢爱之后就要离开,男子悲伤不已。关于类似的性爱奇遇,读者可能还记得本书第3章中最著名的梦中之约,它赋予了汉语"性爱"一个具有高度暗示性的同义词"云雨"。

另一个词是"淫",中文意指"色""欲望"或"淫荡"。据说孔子不喜欢《诗经》中"风"里某种"淫"的意味。*[9]"淫妇"指喜欢寻欢作乐的女人,而"淫书"或"淫画"指色情的、淫秽的书画。这个词也意味着"泛滥",即"泛滥之水"("淫"的原义),如果我

---

* 孔子曾耳闻郑国的诗歌,评价曰"郑声淫"。参见《论语·卫灵公》。

们不想在无序和失控的欲望海洋中被风暴席卷,就必须以儒家礼教的形式对社会进行全面的管控。

所有的社会都建立起了防御机制,以抵制那些不道德的性行为。儒家的礼教规则,如对两性的社会交往进行严格监管的规章制度,就是中国建立起的防范手段。只有西方在真爱中发现了对性的防御。如前一章所示,真爱,或者说典雅之爱,作为一种创新,通过赋予性关系一个精神维度而颠覆了12世纪基督教的禁欲主义。教会称之为情欲的东西被转化为"一种不抛弃人类身份而抵达神性的爱,在保持肉欲的同时成为精神之爱"。[10]

这种理想化生成了一种观念,即包含了爱的性是好的性行为,没有爱的性则是滥交。这种合理化对中国人来说是行不通的,对他们来说,好色和淫,两者都有可能堕落并招致社会污名。中国传统从未设想过一种同时包含肉体和精神之爱的"更高级"的爱情。不存在免责条款或规定来应对特殊情况,即命名一种与性无关的爱,使人得以解除不符合性道德条件的责任。这与西方的情况形成了鲜明的对比,正如对两个案例的比较所示,这两个案例都涉及对淫秽指控的辩护。

其中一个典型就是对1960年企鹅出版社出版的D. H. 劳伦斯的《查泰莱夫人的情人》的淫秽审判案。出版商因没有违反《淫秽出版物法》而被宣告无罪,这一消息成为国际头条新闻。英国对私人道德的监管程度发生了如此深刻的变化,以至于诗人菲利普·拉金(Philip Larkin)在他著名的诗句里戏称,性始于"查泰莱禁令结束和首张披头士唱片之间"。

小说的主人公家喻户晓。查泰莱夫人是低阶贵族克利福德爵士的妻子,她的情人是她丈夫庄园的狩猎场看守员梅勒斯。克利福德爵士因战争受伤,腰部以下瘫痪,只能坐在轮椅上,由丧偶的波顿夫人照料。波顿夫人对他视如己出,他在波顿夫人的照料下变得像婴儿一样虚弱。

辩方安排了数十位杰出的证人来证明这部小说的文学价值，其中一位是受人尊敬的文学评论家兼劳伦斯研究专家格雷厄姆·霍夫（Graham Hough）。控方律师问霍夫，他是否同意这本书一有机会就把性牵扯进来，情节不过是填充物而已。霍夫不同意这个说法。律师问霍夫，如果这本书与性无关，劳伦斯把波顿夫人引入以便克利福德爵士抚摸她的胸部这一点又有何意义。霍夫回答说，这是很有意义的，由此可以看出克利福德已经变成了一个不讨人喜欢的孩子。

这使控方提出了疑问："把这一点描述出来，在文学或社会学上有什么特殊的优势吗？"霍夫抱以肯定，表示这些都是"虚假错误的性作风的表征"，而这正是该书的一个重要部分。控方接着问，那良好的作风体现在哪儿，霍夫回答说，他们存在于查泰莱夫人和她的狩猎场看守员情人之间的关系中，"他们真的彼此相爱"。[11]

我能想象得到，和案件同时代的中国人看到这儿会皱起眉头，为什么真爱会让所有的性关系都合理化？是什么"爱"把错误变成了正确，还超越了所有的礼节？如果有人问，是否认为"爱能拯救一切"，人们可能会回答不太了解，不清楚如何将通奸的性爱与其他区分开来。事实上，人们不是典雅之爱、柏拉图主义、基督教和浪漫主义崇拜的继承者。

文学家金圣叹（1608—1661）对13世纪的杂剧《西厢记》（读者们可能还记得第2章从中引用的有关缠足的台词）进行了编辑和评论。《西厢记》名垂青史，却一直被列为淫书、禁书。金圣叹反驳了这一指控。他和霍夫一样都是文学专家，但与霍夫不同的是，他没有被自己的文化引导去区分爱情和欲望，这使得他的任务更加艰巨。

故事围绕着一对年轻夫妇展开，他们是以"才子佳人"模式打造出来的小说和戏剧人物，注定会相遇、相爱，最终结为夫妻。金圣叹特别想证明女主人公一尘不染，没有违背她成长过程中的道德理想——可以想见这不是一件容易的事情，毕竟她良好的教养和分寸感都阻止不了她在婚前与心上人暗合。

女主人公崔莺莺纯真美丽，天赋异禀，出身高贵。年轻、英俊又热情的书生张珙赴京赶考途中经过佛寺瞟见了她。按照惯例，她本应远离任何男人的视线。碰巧她和母亲在寺庙为她刚刚去世的父亲举行超度，她的父亲生前是一位高官。张生被迷住了，光是女孩的三寸金莲就值千金啊！他注视着姑娘的一举一动，更妙的是，她回眸一瞥，满眼的温柔，这形象在他脑海中挥之不去。

晚上，痴情的张生在她院墙后面的花园里吟诗一首，崔莺莺听到了吟诗并咏诗答谢。春暖花开之际，她备受相思之苦，思虑重重，无精打采，形单影只。但在二人可以更进一步之前，叛军包围了寺庙，引起一片恐慌。叛军的首领听闻过姑娘的美貌，想要绑架崔莺莺。崔母向众人求援，并承诺谁能制服叛军，就把女儿嫁给谁。张生站出来解围，求助于身为总兵的好友，不久，好友带兵击溃叛军，崔莺莺终获救。

叛军驱散后，崔母却食言了，借口说女儿早已许配给尚书的儿子，并嘱咐女儿唤张生为"哥哥"，而不是"郎君"。愤怒的有情人陷入了困顿与无望的思念，最终患上了相思病。不幸的张生日夜思念着崔莺莺，在求婚被拒后便一病不起。

最终，崔莺莺的侍女红娘挺身而出充当中间人，策划了一场秘密的约会，挽救了这对苦命鸳鸯。一晚，红娘进了张生的房间，在小姐进门前先送来床单和枕头。在张生褪去她的袍子、解开丝质腰带时，崔莺莺羞答答地垂着头，一言不发，半推半就地接受了张生的拥抱和爱抚。

他仿佛进入极乐世界，所有的相思病都逃遁得无影无踪。"点污了小姐清白"[12]，他又以隐喻的方式唱出了崔莺莺的"失贞"——"花心"的破裂，露珠的滴落，牡丹的绽放，还有那只采集"嫩蕊娇香"

的蝴蝶,以及她闪亮白手绢上的斑斑红点。

一个又一个幸福的夜晚随之而来。直到有一天,崔母对女儿起了疑心,逼着红娘说出了一切,崔母别无选择,只好同意这对恋人的结合,但条件是张生要考取进士、求得功名。张生最后成功考中状元,戏剧的结尾是这对恋人历尽磨难,最终喜结连理。

剧本的部分情节是色情而淫秽的,出现了关于性行为和性器官的双关语和象征,以及神话和古典故事中涉及性爱的文学典故。由于这些描写是隐晦不明的,读者需要破解中国的情色语言和意象密码才能完全理解。我使用"情色"一词是为了与奥克塔维奥·帕斯对情色的定义保持一致,即"被人类的想象和意志社会化的和改造过的性"。

尽管情色并不属于金圣叹的思想体系中的特定类别,他耿耿于怀的是,这部戏之所以被判定为淫秽作品,是因为其中包含了性行为的内容。无论如何,他就是为了反对这一点而发声,控诉中包含了几个反问句。世界上究竟是否有任何时间或地点不存在他所说的"此一事"?放弃"此一事"不就等于放弃自然界("天地")本身吗?[13]

他在另一篇文章中再次提及这一点,并将主题与文学价值对立起来。他说,性是每个家庭都会发生的事情,它是普遍的、日常的。相比之下,作品是独特和罕见的。正如剧作家切实在做的那样,人类思想应当专注于独特的东西,即作品,而不是老生常谈的主题。如果有人对这本书的不雅之处耿耿于怀,是否并非因为他们无法理解文字,而是对主题了解得过于透彻了。他的结论是,淫秽的东西只存在于虚伪的看客心中。

作为文化的产物,金圣叹的思维不可避免地回到了《诗经》中的"风"。我们引用批判传统中的两句名言来进一步论证他的观点。第一种,赞美了"风"的一种特殊姿态,它表达了"色而不淫"。第二种,"发乎情,止乎礼义"。金圣叹认为,这或多或少是在做同样的区分。[14]他回忆说,自己小时候从私塾的老师那里学到过这些,但很难说这些话有多大意义。好色在哪里终结?淫乱又从哪里开始?如果不是被"礼"从边缘拉回来,你会把"好色"称为"淫"吗?金圣叹认为,如果你渴望却又不承认自己为淫,那么你就不是真正的渴望;如果你敬畏礼法,有欲望却不敢放荡,那么你就不知道什么是放荡。从来没有一个人是没有欲望的,也没有人是有欲望而不放荡的。迫切需要回答的是,欲望和放荡之间到底有多大的区别。

然而,性行为本身虽然很自然,却是通过一个女孩无视礼法来实现的,它在中国人的格局里则更为严重,被视为是对父权的蔑视。金圣叹在编辑和删改剧本时有些谈性色变,他是如何在坚称崔莺莺清白和品行端庄的情况下去捍卫后者形象的?在金圣叹看来,崔小姐出身显赫,她对异性一点儿也不了解,也不可能像底层女孩那样,和男孩调情或对他抛媚眼。事实上,他试图明确一点,即她对张生的关注视而不见,更不用说性兴奋了。

但是,崔小姐所谓的贞洁,在金圣叹时代,几乎是道德完美的同义词——反观她的多情与渴望,更糟糕的是,她愿意把贞洁交给张生,要如何理解崔莺莺这种所谓的贞洁?金圣叹对此给出的一个答案是,她不忍心让他死于相思之苦。另一种说法是,她只是在履行母亲的承诺,将自己许配给张生——如果不是母亲的背信弃义,他们本可以结为夫妻,前者的反悔将他们不正当的性行为合法化。

金圣叹的问题在于他无法给出一种不自相矛盾的辩护:他坚称这部剧没有违背礼教,崔莺莺没有触犯当时的社会规范,然而,他所处的时代和传统理所当然地将贞操和道德视为一体。对于崔莺莺那个时代和那个阶层的女孩来说,仅仅好色就是不贞洁,甚至是淫荡的。

也许能够调和这些矛盾观念的只有格雷厄姆·霍夫在《查泰莱

夫人的情人》的审判度上所援引的爱，虽然理论上金圣叹不可能接触到它，在前面的论述中我曾把它称为免责条款。在此前提下，非法性行为可能会被免除责任。柏拉图主义、基督教和典雅之爱已经融入了霍夫和西方世界理解爱的方式，这种概念框架将肉体与精神区分开来，将欲望与爱对立起来，使后者成为一种压倒一切的美德，并与救赎联系在一起。相比之下，在金圣叹所处的文化传承中，最突出的是"好色"与"淫"的概念，即欲望与肆无忌惮的欲望，二者很难说是完全对立的概念，他很好地道明了二者的不可分割。但由于金圣叹看到的奥克塔维奥·帕斯式火焰不是双重的，而是一体的，而且是全红的，还没有突围到蓝色，所以他也就止步于此了。他采用的并非二元论的框架，这种框架提供了将崔莺莺不正当的性行为重塑为爱情的可能。

金圣叹试图赋予崔莺莺天真纯洁、规矩得体的形象，一度试图否认她爱上了张生。但他又是个自相矛盾的人，在评论文章的其他部分里，他将崔莺莺描述为一个为爱付出太多的"情种"，认为她无限地渴望爱的感觉。总的来说，他是站在爱的一边的，却又不断地对那些放荡的人侧目。在他看来，崔莺莺和张生要想扮演好分配给他们的才子佳人的角色，就必须爱上彼此。在这种情况下，他们之间存在一种自然的"必至之情"。但他们必须尊重古代道德典范传承下来的惯例，这些与婚姻有关的行为，是坚不可摧的。任何一个体面家庭的婚约，必定是父母之命，媒妁之言。对于金圣叹和他的同代人来说，直到20世纪初的几十年，这种道德准则和"必至之情"之间的冲突令人遗憾，却仍不构成越轨甚至谈判的理由。

金圣叹用"情"字来表示"爱"。对于这个词的含义，英语写作的学者们已经广泛探讨过，毫无疑问，它被认为是中国人拥有的最接近"浪漫爱"的字眼。学者哈尔弗·艾夫林（Halvor Eifring）主编的《中国传统文学中的爱情与情感》（*Love and Emotions in Traditional Chinese Literature*）一书专门探讨了这个词，以阐明"情"在不同历史时期和不同文学体裁中的意义。从历史上看，这个词的语义范围很广。除了"爱"和"浪漫爱"，它还被翻译成"情感""情绪""伤感""激情""喜爱""吸引""热情"，以及心理学意义上的"情感"*。这仅仅是语义学层面的一部分，此外，"情"还有其他含义，与上述语义没有共同之处，例如表示"一件事情的基本事实"意义上的"情"。由于意识到"爱"和"情"并不完全等同，许多英语写作的中国学者已经把这个词浪漫化而省译了。我建议把它翻译为"Feeling"（情感），首字母大写。在我看来，这似乎是一个通用的、适合所有情况的表述，当然，其他情况下翻译为"爱"也许更合适。

在熟悉的古典用法中，"情"是对儒家经典制定的"七情"的统称，即喜、怒、哀、惧、爱、恶、欲。这些情感与生俱来，任何人不需要学习都能有所体验。"七情"已成为中国口语和书面语中一个固定的表达方式，这表明古典作家对情感这一主题的兴趣不大。我在前面已提到过，孔子对国家和政府有着极致的兴趣。他和他的思想继承者更关注的是良好的品格和构成良好品格的美德，而不是激情。17世纪对"情"的重视达到了中国历史上前所未有的高度，由在西方被称为"新儒学"的宋明理学衍生出的僵化的价值体系受到了挑战。

这种思想形成于12至13世纪，并在明朝（1368—1644）确立为国家意识形态。这是对儒家思想的全面继承，并借鉴了过去几个

---

* 这里的"情感"指"affect"，是心理学用于描述感觉或情绪经验的专有名词，与行为（behaviour）、认知（cognition）共同构成现代心理学的三个分支。——编注

世纪以来一直很有影响力的佛教思想。其中的一个新特点,是使中国人的思维回到了典型的儒家对世俗伦理问题的关注。理学家的追求之一是通过静坐来修身养性,这是一种源自佛教冥想的做法。他们追随佛教,试图将自己从欲望中解放出来。他们对人类的情感持怀疑态度,希望将其控制或保持平衡。每当情感被唤醒时,道德的危险就潜伏着,因为自私的欲望总是很容易被激发出来,所以任何"情"都最好被抑制住,也就是保持宋明理学中"未被激发"的心态。

"已发"和"未发"是理学家的说法,我们将在下一章进行探讨。[15]这可追溯到《中庸》里孔子宣扬的思想主张:

> 喜、怒、哀、乐之未发,谓之中;发而皆中节,谓之和……致中和,天地位焉,万物育焉。[16]

这句话足以为千年以后主流化的宋明理学提供一种形象:把意识想象为水,把自然本性视为平静的湖泊,把情感看作水的流动,把欲望描绘成波浪。[17]如果说情感使天生自然平静的湖面起伏不定,欲望就会推波助澜,最终引发洪水。

受教育阶层被彻底灌输了这些观念。个人的职业发展依赖于他对儒家经典和注释的掌握,为通过至关重要的科举考试,他们年复一年地研究这些文本,无法不将其内化为个人的行为规范。这些书生就像被一架文化磨粉机碾过,他们的思维方式在同样的准则和价值观的塑形下变得相似。

在受到20世纪现代化浪潮的冲击之前,宋明理学一直是中国人对权威、礼仪以及情爱关系——本书的重要话题——态度的默认设定。在情爱关系方面,家庭就是一切,不孝儿女是不可想象的。婚姻的主要目的是延续家族血脉,妻子对丈夫的忠诚——或者更准确地说，对丈夫家族的忠诚——必须是彻底的。事实上，人们对妻子贞洁的期望是如此之高，以至于她如果早年丧偶或受到奸淫的威胁，会以自杀来维护自己的清白。这些所谓的"性英雄主义"行为赢得了公众的钦佩，还有政府的嘉奖和表彰（见第12章）。

如果她们真的自杀了，不是因为忠义的儒家美德，而是出于"情"，人们会赞颂她们吗？宋明理学影响下对情感抱以怀疑态度的卫道士肯定会说"不"，但对于集作家、出版人和文学家于一身的冯梦龙（1574—1646）来说，这种区别是模糊的。在他看来，"无情之妇，必不能为节妇"。[18] 此外，无论是忠是孝，贞洁还是英雄主义，作为一个原则来执行是强制性的，而出于热情去做是真诚的。

冯梦龙生活在17世纪的明末，因其对"情"的接纳而在中国文学史和社会史上脱颖而出，在今天许多英文写作的中国研究者看来，这种接纳所达到的高姿态足以称得上是一种崇拜。将其描述为"浪漫的情感主义"[19]的兴起未免有些牵强，但有一种观点透过当时的作品表现出来，即各种形式的人类情感都应作为一种有价值的体验而被关注，并得到直接的表达，这种信念也的确得到了比其他任何时候都多的赞同声。

冯梦龙通过一系列的故事、传奇和逸闻表达了自己对"情"的观点。在序言中，冯氏宣称自己是一个情痴——他的情意是如此之深，以至于当他遇到另一个情痴时，就会想要拜倒在他面前。如果不能帮助别人减轻痛苦，无论这个人是否为他所识，都会使他感到忧虑，甚至叹息好几天，辗转反侧无法入睡。[20] 为了激发人之情，他不惜创立一种"情教"来教导人们。一旦个中要义普及开来，子对父、臣对君都将体会到这种感觉，其最终将如春花绽放，欢乐和喜悦被传递给所有的生物。冯梦龙把"情"比作一根绳索，把分散的钱币串在一起，他将目光投向了一个时代，在这个时代，全世界为情所系，成为一个大家庭。"只有维系！"这或许可以成为他的座右铭——E. M. 福斯特（E. M. Forster）所说的"无苦无怨地维系一处"，直到"天下者皆兄弟也"。

冯梦龙文集以"情史"为名，这显然不是一个恰当的名称，其内容几乎没有任何历史事实的依据。在英文中，这个标题常被译为"爱的解剖"。把"情"翻译成"爱"就已经足够了——"爱"这个词包含了许多不同的含义。然而，令我困扰的是，"爱"并非冯梦龙所说的，是当看到痛苦却无能为力时的夜不能寐。他所感受到的肯定更像是同情或一种进入他人的共情能力，所以当他继续说"若有贼害等，则自伤其情"时，他的意思一定是伤害他人就是伤害自己人的感情。[21] 在序言的另一处，他建议，不妨摆脱佛的慈悲和孔子的仁义，因为"情"可以取而代之。

在这些案例中，我们很难反驳这样一个事实，冯梦龙所说的"情"是一种对他人感受的"敏感性"（sensibility）。事实上，当我阅读冯梦龙的序言时，"情"（敏感性）这个词一直吸引着我。我联想到的并非这个词的现代含义，而是它在18世纪和19世纪早期的英国被赋予的意义。这个词在1750年后流行于英国，文学家们谈论"感性崇拜"或"情感文化"来描述感伤文学的作者和读者之间的关系。当时这个词的含义比现在要强烈得多，指的是对他人的一种超乎寻常的反应能力，或者是一种同时包含了道德与审美的敏锐感受，以及对美好事物和他人的痛苦的感知能力。如今，道德的内涵常常被遗忘，但在当时，人们普遍认为，除了由我们现在称之为同理心的情感所激发的善举外，因同情而流泪的倾向也标识出富有教养的敏感性和道德价值。

敏感性是从理性和判断（也就是简·奥斯汀小说《理智与情感》中的"理智"）向情感整体转变的基本原理中的一个关键词。虽然中国人对"情"的崇拜并不完全是重感情而轻思考、重激情而轻理性、重怜悯与仁爱的本能而轻社会责任，但其仍将感情置于首位，认为感情比虚伪的惯例更能指导行为。更重要的是，它声称表达感情在本质上是道德的，与孝道、忠诚、无私的仁爱和贞洁这样的儒家最高价值观并行不悖。

早些时候，我以"man of Feeling"来对应冯梦龙"情痴"的自我形容，正是借用了亨利·麦肯齐（Henry Mackenzie）的《感性的人》（*The Man of Feeling*, 1771）这个书名。当然，还有其他的文学人物，比如劳伦斯·斯特恩（Laurence Sterne）笔下多愁善感的旅行者，歌德创造的维特等，都体现了敏感性的方方面面。我们不能指责冯梦龙缺乏敏感性，他声称自己时常处于癫狂状态，敏感性已濒临极端，但要补充一点，这不等同于那些被英国评论家们描述为感伤主义的夸张形态——神魂颠倒、泪水湿透的手帕、感情流溢、自我陶醉——即一种在18世纪被肯定为"敏感性"但在当下不受推崇的概念。

《情史》的序言就谈到这儿，后面的故事就是个大杂烩，其中反复出现中国文化想象中的熟悉元素——侠义、缘分、酬金、梦、复活、鬼魂来访、超自然现象等。我将从文集的数百个故事中随机挑选三则在此复述。

王某，以倒卖木材为业，与妓者唐玉簪相好，后者擅长歌舞杂剧。[22]鼓楼东住着一位爱好音乐的周郡王，传唤她到自己的宅邸来。玉簪深受郡王喜爱，后者因此花重金从鸨母处为她赎身。王某思念成疾，贿赂王府中的老女仆传话给玉簪："倘得一面，便死无恨。"玉簪找机会对郡王说了此事，郡王开玩笑说："须净了身进来。"王某听闻立刻自宫，差点死去。三个月康复后，王某去了郡王府，郡王让人解下他的衣服查看，然后笑着说："世间有此风汉。既净身，就服事我。"王某谢过郡王，后者带玉簪前来与之相见，二人泣不成声。郡王赏给王某千两黄金，每年靠收利息为生。

冯梦龙对故事评论道："是乃所以为情也。"爱一个人，就代表着想和他或她一起享受性的欢愉。阉割让这种快乐消失了,却没有让爱消失——王某正是如此。所以,冯梦龙得出这样的结论:"夫情近于淫,而淫实非情。"在这一点上,冯梦龙似乎在对欲望和爱情进行区分,这种区分比我读过的任何与之同时代的作家作品都更加明确,但实际上,他只是局限于指出王某对玉簪的感情痴至超出了任何性满足的可能性,这让它更像一个"情"而非"淫"的例子。冯梦龙继续道,如果王某是那种为了新欢而抛弃旧爱的人,那么驱使他的将是一种尚未满足的欲望,这其中爱在哪里?因为王某已经去性别化,他的感情不可能只是彻头彻尾的欲望——他对玉簪情感的延续证明了这一点。有些人准备为爱情献出自己的生命,更不用说为之自宫了。尽管如此,冯梦龙总结说,可以承认王某的爱,但说他不痴傻就讲不过去了。

第二个故事不过是一则趣闻,讲的是两个商人,他们是要好的朋友。[23]有一天,年轻的那个肚子痛得受不了,年长的那个就竭尽全力照顾他,医治他。幸运的是,病人痊愈了,大约十天后,变成了一个女孩。这事太怪诞了,当局特意向朝廷报告了此事,由于两人都尚未婚配,朝廷允许他们结为夫妻。冯梦龙对此唯一的评论是:既然这两个男人是好朋友,他们也可以不变性就结婚。

这则轶事出现在专门讨论变身主题的章节中,这一章还包括了女人变成石头,忠诚的夫妇在死后变成一对仙鹤,恋人变成双飞的蝴蝶等故事。读这本书时,我想起了奥维德在《变形记》中重述过的所有关于希腊和罗马魔法变身的传说。我特别想起了伊菲斯(Iphis)的故事。伊菲斯是个女孩,从小被当作男孩养大,当一直隐瞒她性别的父亲安排她与另一个女孩结婚时,她变成了男孩。[24]但在奥维德的书中,这种转变是由女神伊希斯(Isis)完成的。而在中国的故事中,没有任何外部因素参与其中,似乎只要有情感纽带就足够了。

第三则故事讲述了吴淞的孙生，年方17岁，姿容俊美。[25]孙生与邻家女孩互生情愫，但无法亲近。一天晚上，女孩的母亲要如厕，孙生误以为是女孩，向她扑去，当看清面目时，慌张而逃。母亲怀疑女儿在背地里鬼混，于是对着女儿一顿责骂。女孩羞愧难当，一气之下悬梁自尽。母亲见女儿气绝，设法加害孙生来为女报仇，"某与若门第相等。苟爱吾女，即缣丝可缔，何作此越礼事？"她强迫孙生与她回家，将他绑在女孩的尸体上，并向衙门报案。

毫无疑问，孙生将被处以死刑。他心想，我跟这个女孩连一晚上的欢愉都没有过，现在却要被处以极刑——这一定是恶有恶报，让我走到了这一步。正当郁郁寡欢之时，孙生注意到女孩颜面如生。于是，他忍不住亲热一番，这样他就死而无憾了。令人惊讶的是，欢爱之后，女孩复活了，恢复了呼吸。不久，母亲领着差人到家，进门却看到两个年轻人正并肩而坐说着话。她对此一头雾水，但仍将孙生绑至衙门。孙生说明了一切，知县判定这一切都是冥冥之中的安排，遂做主让二人结为夫妻。

冯梦龙希望用这几个故事来说明"情"的神奇力量，它的效果甚至超越了死亡，这里的"情"显然是性欲。现代读者可能会觉得与尸体发生性关系很恶心，恋尸癖现在被认为是一种触犯法律的性变态，但中国故事以模糊活人和死人的世界为乐，而孙生的行为也无异于那些讲述男人与女鬼或狐狸精交欢场景的流行而又挑逗性的故事。在这个故事中我们看到的是喜剧效果，而非病态行径。

此外，肉体欲望的圆满难道不是赋予生命，繁育后代吗？如果可以生育，为何不能重生？无论如何，孙生和女孩的结合是命中注定的，即使不在天宫，在冥府里也是注定的。对县太爷来说，缘分的昭示已经足够圆满，他没有干涉这对恋人的婚姻命运，而是成人之美。孙生想象中的恶业最终被证明是良性的。正如无数中国故事一样，意外姻缘背后的业缘是冯梦龙书中一个明显的主题，而且至今仍然是普通中国百姓的表达方式甚至信仰体系的一部分。

第二和第三个故事都出自"情灵类"这一章,以情感与神迹的结合为主题,第一个故事则出自"情痴类"这一章。冯梦龙的每一章标题都以一个广泛的类属来同"情"进行配对,从相亲、贞洁到妖魔鬼怪。有几个类别可以用来限定"情",如将"外"与"情"搭配在一起,暗指"同性之爱"。这些搭配表明,对于冯梦龙和其他同道中人来说,"情"与一整套观念、个人特质、价值观和迷信联系在一起,密不可分。其中,痴情和侠义是两种特别值得仔细研究的类别。

我所说的"痴情"是由两个词组成的:情和痴,后者在字典中的标准定义为"白痴"或"疯狂"。在讲述王某和唐玉簪的故事时,我将其译为"daft",因为这个英文单词不仅意味着"愚蠢的""疯狂的",还意味着"痴情于",而这的确是王某的形象。他对唐玉簪痴迷到了极端的程度,为了看她一眼可以牺牲掉自己的命根子。这看起来很愚蠢,但作者认为这就是痴情的表现。

本章题词"自达者观之,凡情皆痴也"出自冯梦龙之口,他把爱变成了痴情的同义词。对于中国人来说,"痴情"是指愚蠢而过度地迷恋某人,但这个中文措辞并不同英文一样意指"痴情"是一种短暂的状态而非"真实的东西"。对于这句话的真正含义,我们可以举两个例子来说明。第一个例子,15世纪一位画家创作了木刻版画,画中是一位年轻女子和她的女仆从屏风后注视着一对正在交配的猫。标题的四行诗唤起了一种梦幻般的倦怠情绪。梧桐叶落,少妇发呆,不知已是秋天。我们可以很容易从正在交配的猫身上读到:她很"痴情",而她的迷恋带有性渴望的意味。[26]

第二个例子,把时间往后推三个半世纪,到了小说家吴趼人(1866—1910)的时代。吴氏惊呼:"情,情……岂是容易写得出,写得完的么?"[27]将"情"局限于两性之间的欢愉是对它的狭隘和玷污。这是一种与生俱来的情感。随着年龄的增长,"情"的表现形式取决于它指向谁。如果指向领主和国家,情就是忠诚;对父母,就是孝顺;对孩子,就是亲切;对朋友,就是坚定和团结。至于男女之间,那只是一种痴情,而当情没有得到回报,却还要为对方挥霍无度时,它就无异于"蛊惑"了。[28]

有人猜测,吴趼人说的是一个被迷惑住的人,特别是在感情没有得到回报的情况下,被下了魔咒。他贬低这种情感,并不止一次地说,不了解情况的人习惯称之为"情",这是对"情"的轻视或诋毁。在他看来,痴情已是浪漫爱的全部。

为什么我对痴情如此重视,人们却对它不屑一顾,因为它使我能够在中国和西方的浪漫爱概念之间进行对比。对于吴趼人和冯梦龙来说,所有的爱情都是痴情,与其说痴情廉价,不如说爱情廉价。他们习惯于将浪漫爱视为禁忌之爱,而不会有其他想法,因为它在婚姻中起不到任何作用,坠入爱河必然与父母权威和传统道德相抵触,因此是不合法的。

相比之下,"痴情"在英语世界里并不等同于"真爱"。约翰·阿姆斯特朗试图在《爱的22种底色》中有关痴情的一章里对其进行定义。他问道:"我们能否通过'痴情'中缺失的东西来洞察真正的爱?"他指出,我们"想说的是,'痴情'和真正的'爱'之间是有区别的",也就是说,他所谓的"爱的影子"和"真正的爱情"之间是有区别的。[29]然而,他无法令人信服,他的举例并不能被视为"坠入爱河"的缩影。

切开爱情之瓜的一种方式是将"坠入爱河"或在"恋爱中"的状态标记出来。海伦·费舍尔的研究表明,从不同的大脑回路来看,这是有道理的。对神经科学家来说,"恋爱中"的状态是痴情、深恋、热烈的爱或者更准确地说是浪漫爱。当人们不想承认"痴情"和"爱"之间有区别时——在中国的传统中肯定没有区别,你会像吴趼人和冯梦龙那样得出结论，浪漫爱是"痴情"的同义词。

另一个值得关注的点是爱情与侠义的搭配，冯梦龙第一次将两者关联起来。提起侠义精神，今天的中国人马上会联想到功夫小说和电影。这些书中的英雄可以追溯到古代的游侠骑士，他们凭借无私、高尚、慷慨、强烈的正义感和对金钱的冷漠惩恶扬善，随时准备帮助弱者、穷人和受压迫者，以弘扬正义。主人公通常是一位中国历史、传说、流行戏剧与小说中常见的军事将领，有人把他描绘为仁慈的罗宾汉，也有人把他描绘为强取豪夺的盗匪。无论哪一种，中国的侠士是男子气概的象征，而男子气概的特征之一就是不在乎女人。他是结拜兄弟会或帮派的成员，强调男性纽带和绝对的兄弟忠诚，对女性的态度则是冷漠的，甚至是敌对的。

然而，到了冯梦龙时代，大男子主义和情欲交织在一起，侠士的形象被重塑为情人的形象。更重要的是，他是一个如非用情至深则不会以这样的英雄主义行事的情人。把英雄和情人视为两类人是错误的，在晚于冯梦龙两个世纪出版的浪漫小说《儿女英雄传》中，作者写道：

> 误把些使用气力好勇斗狠的认作英雄，又把些调脂弄粉断袖余桃的，认作儿女……殊不知有了英雄至性，才成就得儿女心肠；有了儿女真情，才作得出英雄事业。[30]

英雄主义与孝道的结合再现了儒家的社会价值观，这些价值观反过来在读者的想象中发挥作用，并在现实世界的关系中发挥作用。随着爱情的加入，一个新的理想出现了。为了避免读者认为这种理想可以与典雅之爱相提并论，我必须指出，虽然中国的侠士与亚瑟王的圆桌骑士有一些相似之处，但中国的侠士并不是为了一位女士践行侠义，他们也不知道任何典雅之爱的准则。事实上，在侠士的爱情和兰斯洛特对桂妮维亚王后的爱情之间寻找任何相似之处都是徒劳的。首先，在中国人的想象与现实生活中，他所爱的人往往不是一个地位更高的女性，而是一名娼妓。

此外，侠义并不完全是男性的专属，中国文化对于女侠这个在剑术或利他主义方面与英雄旗鼓相当的"英雌"有很大的想象空间。其中一个典型的女侠形象就是，女扮男装替父报仇或从军。你不能再用中国对女性的常用语"雾里看花，粉妆黛眉"来形容女侠，就像不能用"petticoat"（衬裙）来形容英国女骑士一样。

在9世纪的一个侠义故事中，女性的侠义精神被认为与男性气概相关。在这个故事中，崔慎思的妻子在某夜失踪了，回来时一手拿着匕首，一手提着一个男人的头颅。丈夫惊得目瞪口呆，她说父亲曾被高官错杀，现在自己已为父报仇，是时候离开了。她感谢他们两年来的婚姻以及他给予她的一个孩子，向他告别。丈夫惊讶地看着她飞檐走壁，消失在夜幕中。过了一会儿，她突然返回，说忘了喂孩子，喂完孩子就会永远离开。这其实是一个借口，崔慎思后来发现孩子已经死了。妻子杀死了孩子，她不是养育者而是复仇者，作为一个游侠和自由人，她不会被过去和家庭的情感纽带牵绊。[31]

柳如是（1618—1664）则是一位另类的英雄人物，她精通诗画与书法，是同时代的名妓中最引人注目的，单凭20世纪史学巨擘、古典主义者陈寅恪为她所作的权威传记就可见一斑。在精神上，柳如是与维罗妮卡·弗兰科（Veronica Franco）如出一辙，后者是16世纪的威尼斯诗人和歌妓，与诗人、艺术家、政治家等那个时代的佼佼者交往甚密。和维罗妮卡·弗兰科一样，柳如是的生活也被载入史册，她的诗在那个年代广为流传，如今她的故事也被拍成了电影。

她是一位富于书卷气的名妓，人们对她的想象不是青铜香炉里散发着情欲气息的闺房，而是墨迹斑斑、书香四溢的书房。她最钟情于那艘叶状的小船，在这艘船上与名家们交往。[32]有人认为，她是一个"画舫歌妓"，时常在水上活动，她的船不可能真像叶子一样窄，而应该是一座漂浮在水上的乐园。

不管怎么说，尽管她踩着三寸金莲，却已经算是个很好的游历者。她的身份赋予她难得的自由——除了名妓，谁还能如此毫无避讳地与丈夫以外的男人交往呢？也很难想象她在同等条件下不这样做的原因，她的才情让男人们慕名而来，这一定是因为她把自己当作男人中的一员，她第一次与著名诗人、文学家和藏书家钱谦益（1582—1664）见面时，头戴儒巾，身着男装，打扮成气度不凡的"女丈夫"，但又露出她的小脚。她的伪装消除了性别差异，却并没有完全遮蔽她的女性特征。在她的才情和成就面前，这身装扮使性别变得无关紧要。然而，我猜测她的目的与其说是消除女性气质，倒不如说是增强气质，毕竟变装可能会挑起性冲动。无论如何，比她年长20多岁的钱谦益被她的强大魅力吸引，不顾原配妻子家族的强烈反对与她结了婚。更让他的妻子愤怒的是，他把柳如是当作正房而非妾室对待。

对当时的男人来说，从被他们所在文化孕育和强势塑造出的贞洁而顺从的妻子，转向另一种类型的女性，即以情感上不受约束而具备独立精神的柳如是为代表的女性，这一定是一种解脱。钱谦益和柳如是既是朋友，也是恋人。他们吟诗作赋，相谈甚欢，甚至还一起编纂书籍，在众多书卷中翻找——其中很多都是珍本，钱谦益将它们保存在绛云楼，这也是他为柳如是特别建造的。

1650年，一场意外的火灾将绛云楼大量的珍贵藏书化为灰烬。更糟糕的情况发生在六年前：清军铁骑横扫中原，从北方起先占领北京。随后南京又被攻陷。入侵者随即宣布统一全国，明朝的效忠者视其为异己，进行了顽强抵抗。假如明朝礼部尚书钱谦益接受了柳如是"一仆不事二主"的建议，也许就不会投降。最终，钱谦益接受了招安，饱受煎熬，幡然悔悟后他以生病为由去职离京。虽然后来钱谦益与抵抗运动一直保持联系，但他仍然被认为违背了儒家的忠诚原则。尽管那么的不情愿，他还是改变了初衷，看到他的名字总让人不快地联想起"亡国奴"。

至于柳如是，她试图跳河自杀，幸被发现救起。她拒绝投降，即使钱谦益已经这样做了。如果说柳如是在才女、情人、伴侣的身份之外又多了"侠女"的美誉，这得归功于她对明朝坚定不移的忠诚和对反抗事业的奉献。后来，她不仅在口头上，而且在行动上证明了自己的忠诚，积极参与到光复大明的运动中。可以看出，柳如是不仅仅是一个重名节的人，她树立的英雄主义和爱国主义的标准，也到了芸芸众生难以企及的高度。

在自杀殉国失败后，柳如是选择了出世，在钱谦益去世的前一年皈依佛门。钱谦益的去世使钱家人对这个妾室的折磨变得无所顾忌，她在钱谦益心中和生活中的瞩目地位无疑是钱家人所痛恨的。在家族瓜分遗产的争端中，柳如是一分钱也没拿到。她是出于绝望才自杀的，还是将其视为一种名节？无论人们如何看待她的自杀，她的殉道意志和英勇做派是不容置疑的。

柳如是早期的情人、诗人陈子龙（1608—1647），是一位献身于抗清事业的志士。初识之时，她15岁，陈子龙25岁，从二人给对方的题诗中可以看出这是一段热恋。他们吟诗作赋的同居生活后因陈家的强烈反对而被迫中断。起初，陈子龙想要对妻子隐瞒他和柳如是公开的恋情。陈妻嫉妒心极强，而且陈妻阻止陈子龙婚外情的诉求得到了他所敬重的祖母的支持。[33]这一诉求的实现手段包括为陈子龙纳妾，以分散他对柳如是的注意力，陈妻知道柳如是是一个强劲的对手，因为丈夫深爱着她。这对恋人一起度过了一个春夏，直到陈妻来到他们的爱巢松江南楼，逼迫二人分开。柳如是在1635年秋之前离开了南庄，但这并没有阻止诗歌的产出，梦幻的诗句继续在这两位灵魂伴侣之间流动，甚至更为频繁。她喜欢在诗词里诉说，这是一种表达爱的特殊形式，虽然诗中两人生活的重现对我们来说已经过于久远，她的渴望和悲切依然清晰可感。以下是《梦江南·怀人》中的一段：

> 人何在，人在玉阶行。不是情痴还欲住，未曾怜处却多心。应是怕情深。[34]

两人分别十年后，陈子龙剃了光头，披上僧袍，伪装起来积极从事地下抵抗活动，甚至参加了军队，把文坛和战场结合起来。然而，这是一个注定要失败的事业，这位诗人与英雄在1647年为此献出生命。

陈子龙和柳如是公然相恋于晚明时期，那是一个激情燃烧和饱含热泪的感性年代。这对恋人是真正的恋人，他们所处时代对"情"的高度重视使他们得以怀揣真挚的情感，同时又因是诗人，可以抒情地将其表达出来。柳如是和她的恋人之间的诗作对后世来说充满了魅力，揭开它们的层层含义，揭示其中的情感和官能性暗示，这激励着文学史学家们钻研至今。

他们的爱情和离世发生在王朝覆灭的大背景下，这使得他们的故事更为引人入胜。对于知识分子来说，朝代的更迭总会带来一定的创伤，但关于明朝灭亡的描写在某种程度上是不同寻常的，它浓缩了悲剧、挽歌、颓废和怀旧等主题。最后一个主题是关于消失了的或者正在消失的世界，其中一个引人注目的部分是被歌妓称为"花"的芬芳世界。柳如是就是这样的人物形象，她的情色特征与博学智识旗鼓相当，并借由男性文人之眼与文学层面的赞颂更加贴合这一形象。这个形象的创造者，也是它的第一批接收者，是受过古典教育的士大夫，他们把自己的困境投射到歌妓的困境中：他们从那些被迫出卖肉体的歌妓的痛苦中，看到了自己痛苦地屈从于外族统治和当时令人厌恶的政治生态的一面。

当然，歌妓所处的那个特定阶层从未消失，但在明朝之后，情况有所不同。然而，不再有第二个柳如是的出现来为这个行业增色添香。19世纪后期，歌妓业蓬勃发展，但那是在上海的外国租界，由西方帝国主义产生的城市化使它变得更尖锐、更商业化、更洋气。它不再借由诗歌呈现，而是现代形式的小说。然而，"雾里看花"的世界在中国男性的意识里根深蒂固，难以戒除。直到20世纪初的几十年里，富有的男性一直诉诸有偿性行为，以寻求慰藉、消遣和陪伴，当然，还有爱情。

第 5 章

两部爱之杰作

在伟大的爱情故事中,真爱通常是精神上的,超越了世俗世界与金钱购买的范畴,而肉体已变得不重要。

——

罗伯特·J. 斯特恩伯格,《丘比特之箭》

17世纪的《牡丹亭》描绘了杜丽娘的爱情梦

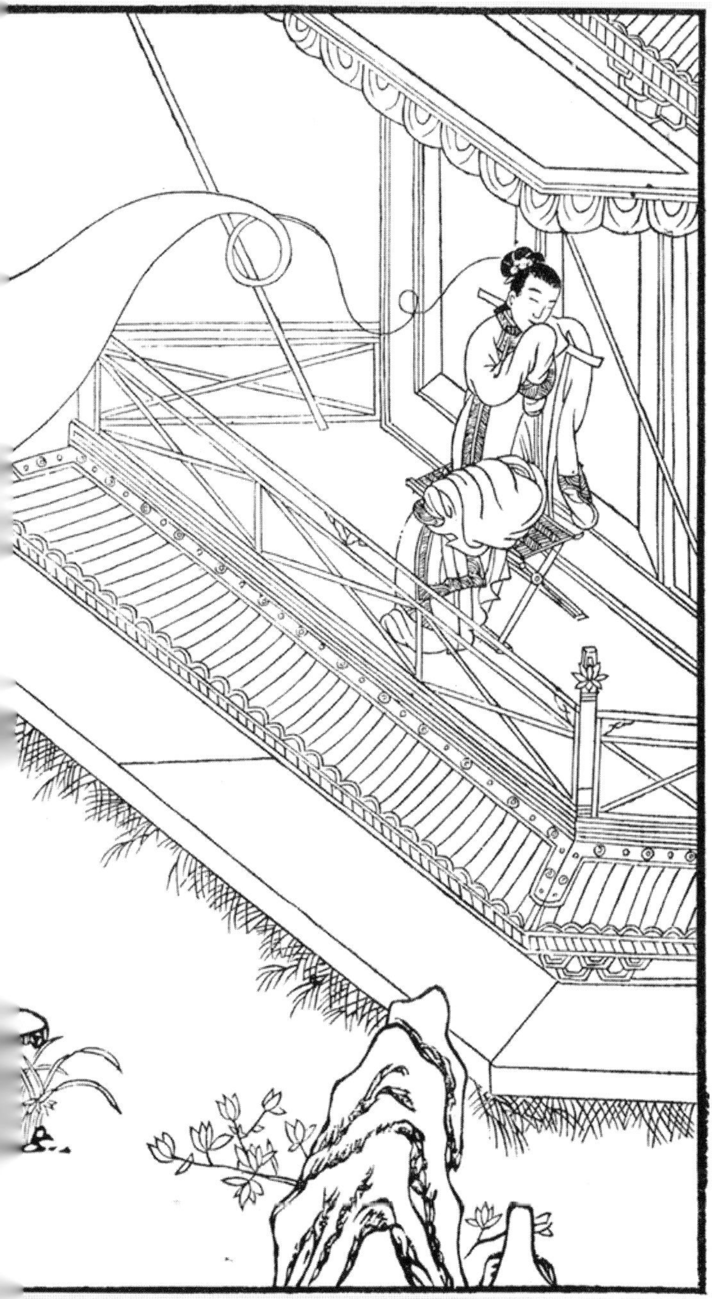

将爱的欲望柏拉图化，或将性精神化，涉及某种概念扭曲，这是中国人在阅读本章题词所描述的爱情故事前从未尝试过的。在中国最伟大的爱情故事中，没有对性的回避，也没有否认爱与性欲的对等。如我们所看到的，金圣叹挣扎于好色与淫的概念之间，他试图为崔莺莺的引诱提出辩解，反对将两者区分开来。今天的中国人对《牡丹亭》和《红楼梦》两部文学经典耳熟能详。即使人们是受到书中言情内容的吸引，他们也很清楚这两部作品为何会一度因诲淫之罪而遭禁。[1]

《牡丹亭》（1598）是明朝著名剧作家汤显祖（1550—1616）的代表作之一。所有评论家都认为汤显祖是爱情的捍卫者。汤显祖与莎士比亚生活在同一时代，两人同年去世。因此，中国学者将《牡丹亭》与《罗密欧与朱丽叶》相提并论，在我看来这是不可取的。首先，《牡丹亭》是一部"大团圆"式的喜剧：男主人公金榜题名后，在父母的祝福下与女主人公缔结良缘。

简要地概述一下剧情。杜丽娘是高官之女，芳华绝代，从小的生活几乎与世隔绝。一个春日，她和女仆春香闯入了一个花园。散步后的小睡中，她梦见自己回到了花园，在牡丹亭附近与一位名叫柳梦梅的书生共赴云雨，剧中配角花神见证了他们的结合。醒来后，她死于相思之苦，不仅是为了梦中那个男人，也是为了她因为无爱而虚度的短暂青春。

三年过去了。原来柳梦梅确有其人，他偶然间看到了杜丽娘留下的一幅自画像并爱上了她。一天晚上，判官在听闻花神的恳求后放行了杜丽娘,丽娘化作阴魂去看望柳梦梅,杜柳二人梦里的私通变成了某种冥婚。杜丽娘催促柳氏掘墓开棺,挖出尸体使她复活。他照办了,丽娘也重返阳间。但由于柳氏急于赶考(当然,他最终金榜题名,预示着故事的幸福结局),二人在得到家族同意之前结婚,从而完成了命中注定的结合。她声称自己仍然是处女——那些与她的灵魂(而非肉体)发生关系的夜晚并不算数。起初,丽娘的父亲还将柳氏作为盗墓贼扣留,他是在多方说服之下才相信女儿是真的复活了。经皇帝出面调停并判定杜丽娘复活,一家人欢天喜地地团圆在了一起。

这部戏,或者更确切地说,这部戏曲,一经演出就大获成功,四处传唱,尤其受到女性观众的追捧。对她们来说,杜丽娘的生动性超越了书本和舞台。如果当时的传闻是可信的,一位扮演杜丽娘的女演员将自己完全融入角色,死在了台上;另一些女性则通过敬献祭坛和供奉肖像来表达她们对丽娘的崇拜,并把她当作激情的终极化身来膜拜,这也许正是她们自己所追求的。[2] 汤显祖在戏剧的题词中所说的话有着震颤心灵、激发想象的效果:"天下女子有情,宁有杜丽娘者乎?"又道:"如丽娘者,乃可谓之有情人耳。"[3]

18岁早逝的冯小青被视作真正的感性之人,她也是《牡丹亭》的追随者,吸引着明代文人及300年后的潘光旦。如今,很少有人会认真看待潘光旦的精神分析。但谈到《牡丹亭》里的丽娘梦境时,评论家们开始重温弗洛伊德的学说,这个梦似乎与弗洛伊德的理论非常吻合,即梦境是对愿望冲动的假想式满足。例如,中国一位著名文学家认为,杜丽娘的梦是将她"自我抑压力"从"礼教及禁忌等束缚"中解放出来。[4] 的确,汤显祖对梦的解析力度不亚于弗洛伊德,他也认为梦是根植于感觉的,并常常引用《牡丹亭》的题词:"梦中之情,何必非真?"梦是他毕生的关注点,也是他四部主要戏剧作品的共同特征。

然而，我们不需要从弗洛伊德处寻求帮助来解析杜丽娘的梦，坦率地讲，它跟性爱有关。这个梦从头到尾都是一场性邂逅，而且是一场毫不掩饰的性爱。这场邂逅一半在台上，一半在台下，始于柳梦梅的突然出现。他拿着园中折下的柳枝，笑着对丽娘说："姐姐，你既淹通书史，可作诗以赏此柳枝乎？"她像所有有教养的女孩一样犹豫不决，柳生则唱着她的"如花美眷"和青春年华，拉起她的衣袖，带她走向一个封闭的牡丹花台殿，对她说他将：

和你把领扣松，衣带宽，
袖梢儿揾着牙儿苫也，
则待你忍耐温存一晌眠。[5]

二人欢爱的桥段发生于舞台侧面，但观众借花神之眼见证了他们的欢爱，花神登台唱道：

单则是混阳蒸变，
看他似虫儿般蠢动把风情扇。
一般儿娇凝翠绽魂儿颠。[6]

爱情圆满之时，花神的红花瓣雨落了他们一身。接下来的一段咏唱中，柳梦梅以"日下胭脂雨"描述了这一意象，显然是对丽娘失身的隐喻，这句话曾被一位学者译为"we broke the virginal seal"（我们打破了处女的封印）。[7]丽娘忆起这一刻和她失去的童贞，"忍一片撒花心的红影儿吊将来半天"[8]；在随后的场景中，她清醒着走入花园，重温美梦。柳氏在吟唱中，恳求她不要忘记他试图将她"肉儿般团成片"的手；丽娘吟唱着，忆起他热切的紧张和自己的

"昏善"*⁹。

汤显祖在全剧运用了自然意象,这与他在前半部分展现的杜丽娘对春天的强烈情感是一脉相承的。在中国传统中,春天对爱情的暗示程度远远超越了丁尼生在《洛克斯利大厅》(*Locksley Hall*)中的那句"春天,年轻人很容易想到爱情"。春天是求爱和生育的季节,情感被感性地唤起,她的渴望愈发强烈。她已经16岁了,在花园中顾影自怜,不知未来的丈夫在何方。她痛苦地意识到,她所读过的那些关于女孩被春天激发出爱恋,在秋天留下遗憾的诗句是如此的真实。如果天作之合的真命天子与她无缘,她是在虚度着青春美丽的光阴啊!

"春天"一词在杜丽娘的简短独白中出现了不下九次。这一点不难理解,中国传统中,春天是一年中最难独自度过的季节。作为"爱情"的同义词,"春思""春心""春情"从中国诗人的笔下流淌出来,呈现出色的效果,原创性则没那么重要。在春天的激发下,丽娘的心弦等待着爱人的拨动,她是一个为爱痴狂的女孩。她对未来伴侣的幻想显然表明,求爱的倾向会让人在脑海里创造出爱人的形象。

接下来是狂热的性结合,对汤显祖来说,这种冲动使爱成为充满活力的、本能的和生成性的力量。这个主题通过他在第一出《标目》中提及的"高唐"一词加以暗示。读者们可能还记得,"高唐"是对一个古代故事的略称,这个故事用"云雨"一词为性行为赋予了委婉的表达。这个比喻在《牡丹亭》中反复出现,它和无数的典故作用在一起,使汤显祖的剧本充满了性张力。

尽管汤显祖的作品很精致,但他对主题的处理包含了相当多口

---

* 原文为"等闲间把一个照人儿昏善",意为轻易地就将一个清醒的人的意识软化,使其进入一种甜蜜的昏迷状态。——编注

无遮拦的淫秽与下流内容。例如，观众会觉得滑稽角色石道姑是个很有趣的人物，他们会笑着听老道姑讲述（第17出）自己"石道姑"名字的来由（新婚之夜发现自己是个石女），以及在婚床上气喘吁吁未能如愿的新郎，她别无选择，只能去做道姑。《牡丹亭》在伦敦沙德勒之井剧院演出后，著名舞蹈评论家克莱门特·克里斯普（Clement Crisp）在《金融时报》（*Financial Times*）2008年6月8日一期发表了一篇评论，他在开场白中写道："这种事不是每天都能发生的，你坐在剧院里，一位道姑在舞台上宣称'上天剥夺了我的私处'。"克里斯普同样没料到，"语言的意象通常是园艺性的（表达情感的花语可以组织起一个花园）"。汤显祖对植物世界的偏爱是显而易见的。借助文字游戏与典故，第23出以38种不同花类的情欲联想推进来来回回的对话内容。

情色的形式千变万化，剧目中既有出身显赫的人物，也有出身低下的角色，汤显祖极尽各种风格和语言，既有高雅的，也有粗俗的，既有诗意的典故，也有赤裸裸的表达。不过，整部作品主要是对爱和生命的颂扬，或者说对作为生命的爱的歌颂。对汤显祖来说，爱是一种复苏，是一种自然的力量。它是梦的成真，但只在此时此地而非精神范畴。他在"爱"这个问题上明确反对"本性"和"天理"的划分，这两个词是宋明理学的关键概念，也是他那个时代的哲学框架。

当我提到汤显祖想方设法阐明的爱与人性的对立时，也许我说得过于简单了，但绝非夸大其词。这对西方读者来说可能很荒谬，爱怎么会与人性对立呢？爱是人之为人的根本，如果你的本性无爱，那你肯定是一个机器，而不是一个人。根据儒家思想，伦理学（所有的中国哲学基本上都是伦理学）建立在"人之初，性本善"的前提下，所有人都可以成为圣人，除非情感成为他们道德完美的绊脚石。这就意味着要以个人的道德修养约束欲望的放纵。所以，要当心激情，这是几个世纪以来流传下来的思想。

刚才我把汤显祖陷入的对立解读为爱与人性的对立，但说到"爱"，更准确地说应该为"情感"，因为在中国的哲学论述中，爱从未被单独列出来，而是被归入所谓的"七情"（见第4章）。这些是人类与生俱来的情感，可以无师自通。到了汤显祖的时代，"七情"早已成为一句俗语，作为一种大众话语中老生常谈的论调出现在他的戏剧中。

我在前一章中提到了理学家对情感的不信任。保持情感的平衡是最重要的。任何情绪最好都控制在孔子所说的"未发"状态。理学家认为，"未发"的状态指人本性的湖水波澜不惊。一旦发出，欲望就汹涌而来，《红楼梦》第111回中关于爱与欲的一段话告诉我们，这种欲望不是"情"。"情"是一种未发的情感，是"花的含苞"，"欲待发泄出来，这情就不为真情了"，因为它太容易屈服于欲望的激荡。[10]这是一个地道的理学概念，西方人一定会感到困惑，因为它似乎让爱成为欲望的先决条件，与更常见的欲望是爱之基础的观念相反——柏拉图的爱始于身体的吸引，而在奥克塔维奥·帕斯的双重火焰中，性是原始的红色火焰，爱是升华的蓝色火焰；相反的是，理学家将欲望想象成情感的发散。

带有讽刺意味的是，法度严明的理学家一想到情感，脑海中就会浮现出欲望泥沼的妖魔化，意识到脑内的个人中心主义；他即便拿起《牡丹亭》也是战战兢兢的。作为感性崇拜的升华，在这种崇拜中，情感是绝对不会被抑制的，这部剧会使追求道德完美主义的理学家大为不安。此外，《牡丹亭》的作者还反对，为了人性固有的善良，宋明理学提出了"理"的概念，这是一种宇宙和道德的秩序，先在于包括人类在内的所有事物，构成它们的本性。为了实现对至高之"理"的清晰认识，理学家的道德修身遵循了佛教对情感的克制。汤显祖在《牡丹亭》——他以爱之名为"情"谱写的赞歌——

第 5 章　两部爱之杰作

题词中对"理"提出了明确的反对，认为"理"与"情"是绝对不相容的，并真诚地认同一位受尊敬的友人说过的话："情有者，理必无；理有者，情必无。"

有学者会将"理"理解为"理性"，我对此持反对态度。"理"与情并不完全等同于西方思维中所熟悉的理性与情感、理性与感性、头脑与心灵之间的对立。只要略读一下汤显祖的文章，就会发现他拥护自发的情感冲动，反对理学家所强调的一系列原则。例如，理学家提倡冥想"静坐"，作为修身养性和通往道德至善的途径，汤显祖批评这种做法过于做作。

我在上文引用的友人之言来自著名的佛教僧侣与文人达观，汤显祖非常欣赏他，对其观点却不完全认同：佛教徒断绝欲望，而汤显祖绝不会这样做。达观所说的话摘自他的一封信，信中指出他所看到的理学家思想的自相矛盾之处，但汤显祖仍将其解读为对自己立场的概括。达观曾试图说服汤显祖皈依佛门，寻求出世之道。但后者推托了寺院的感召，理由是能驱动他本人、他的艺术与美学的仍然是人类的情感。[11]

然而一些事情改变了他的想法。汤显祖在50岁左右幡然醒悟。梦是最深层欲望的暗示，就像《牡丹亭》更倾向于梦是一种幻觉，俗话说"人生不过一场梦"。也许是达观的影响，也许是个人的悲剧（包括他长子在内的一些孩子的离世），也许只是对年龄的投降，但他似乎不再是那个写出了《牡丹亭》的激情之人，他在自己最后一部戏的第一出里写下了极具幻灭感的文字："一枕余酣昏又晓，凭谁拨转通天窍。"[12]

尽管汤显祖在儒家学说的熏陶下成长，但他生活在一个充满佛教影响的环境中。他对佛教思想的接受在《牡丹亭》中非常明显。前文中，我引用了花神对于恋人欢爱的吟唱，当时的引用是不完整的，省略了有关佛教的几句话：

这是景上缘,

想内成,

因中见。

呀,淫邪展污了花台殿。[13]

　　这里所说的"因",更准确地说是"缘起",是佛教教义的核心。佛教的观点是,所有的现象都是相互联系的,每件事都影响着其他的事情,有因必有果,有果必有因。它起源于印度,今天的中国人称之为"缘"或"缘分",把它理解为决定某种命运的力量,它决定了两个人是否会相遇,彼此是否会有亲缘关系,是否会坠入爱河,是否会结婚,尤其是成为终身伴侣,或以某种方式联结在一起,成为朋友或伙伴。正所谓前世有因,来世有果,这就是为什么汤显祖让他的一对恋人在开始甜言蜜语与蠢蠢欲动时问道"是那处曾相见"。[14]

　　我们在上一章所讲述的故事中已经看到了缘分的作用,它也被称为宿命、业力或姻缘,意指某种命中注定的关系。所有坠入爱河的人都会问一个问题:"为什么是他/她?"对于恋人将成未成或造物主使之结合的原因,中国式的回答就是:缘分不到。在这些方面,它不同于阿里斯托芬在柏拉图的《会饮篇》中重述的关于爱的起源神话。传说中,每个人生来都是完美无缺的,有两张脸,两双眼睛,两对耳朵,两对胳膊和两双腿,后来被宙斯一分为二,让他们用余生去寻找失去的另一半,以求融为一体。阿里斯托芬认为,爱是"成为整体的欲望和追求"。在你和爱人结合的过程中,爱使两人"合二为一",并恢复你本性中固有的东西,因为根据阿里斯托芬的说法,爱是人类与生俱来的。[15]

　　不难看出,这种观点滋生了这样一种幻想:总有一个人是唯一适合你的,他/她将是完美的伴侣,只要你能找到这个人,你的幸福就会圆满。相比之下,爱并没有真正进入中国人的思维体系,只有交际与性关系——行动与结果在相互依存的因果链中共同产生,人们没有寻找自己失去的另一半的想法,也没有对结合与变得完整的渴望。佛教教义的核心是否定自我和现象世界的任何稳固性或持久性,因此,在如此不稳定的自我和如此无常的世界中渴望完整与持久的幸福,只会招致挫折和痛苦。

只有当你的心灵看透了自我与世界的虚幻和本质上的空无,你才会开悟,并从你对它们的执着所造成的痛苦中解脱出来,执着必然是虚幻的,因为你所执着的东西并不真正存在。花神把恋人的结合归入"景"的范畴,正是暗示了这种虚无。上面引用的最后一句,把恋人的结合视为污秽的情欲,这也是佛教思想脉络的延续。

对于任何读过《牡丹亭》的理性的浪漫主义者来说,花神这句话听起来很诡异,甚至令人反感。玷污?欲望?汤显祖怎么会这么想呢?汉学家白芝(Cyril Birch)就是这样一位读者,他的全译本是博学和艺术的典范——一位同时代的学者称赞他不带任何失真地发掘并塑造了原作中的小人物,"仿佛是对莎士比亚喜剧和莎士比亚措辞的一系列回应"[16]。白芝也对这句关于情欲玷污了花台殿的台词感到困扰,将这句话作为剧中难懂的台词单独挑出来。他补充说,把这句话翻译为英语并不难,但令人费解的是"为什么这里谈到'欲望'?"[17]他暗示,想必这是爱而非欲望?毕竟,《牡丹亭》是汤显祖"对爱情本质最持久、最深刻的思考"。

这是白芝对爱的定义:"爱在感情发展的至高阶段,作为男女之间的真爱,包含性吸引、身体激情,也包含感伤、同理心和忠诚——这些更广泛的爱的美德也存在于性关系之外。"[18]我敢说,如果柳梦梅和杜丽娘确有其人,他们彼此之间会感受到以上所有的情感,但他们不会这么说。花神所见证的是一种不正当的性行为——

如果这不是"淫邪",那什么才是?

为什么会有欲望?白芝问道。这在一定程度上是风格转换的问题:当爱情披上古典诗歌的外衣(在《牡丹亭》中有很多这样的语言),它就被美化了,但从次要或卑微人物的嘴里说出来时,爱情就变得更直白,更露骨。"这女子慕色而亡。"这是花神在冥府判官面前为丽娘的案子辩护时所用的理由(第23出)。[19]汤显祖在高雅和浅白的措辞之间任意转换,但即使把爱比作各种花朵与"云雨"等,它仍然关乎性,从来没有超脱于肉体,更不用说一种与更低微的精神层面相对立的高阶形态。

但最重要的是欲望,因为在花神的诗句所呼应的特定思想领域中,这就是性爱。通过这些句子,汤显祖将我们短暂地带入了佛教领域,在那里,你会发现没有一种爱情不是官能性的,欲望暗流涌动。对佛教徒来说,欲望是最严重的污点之一,也是通往开悟道路上最大的绊脚石。

这让我想到了一部小说,它深入探讨了爱和欲望的主题,只为在佛教的出世理想中找到某种解决方案,超越了其他所有中文世界的作品。这就是曹雪芹(约1715—约1763)的《红楼梦》,借由企鹅经典书系的流畅译本《石头记》(*The Story of the Stone*)在英文世界广泛传播。主人公少年贾宝玉与生俱来的一块玉石,它是宝玉的护身符,也是一条叙事线索,串联起小说中纷繁复杂的现实世界(实际是自传性的),将其与戏法、神话和玄学领域联系起来。

现实中,贾宝玉是一个大户人家的孩子和财富继承人。神话中,他是一块石头的化身,变身为一个天赋异禀、早熟、叛逆、软心肠的男孩。他爱上了林黛玉,一个敏感、脆弱、固执同时身体不太好的表妹。母亲死后,黛玉被带到贾府,和贾家的孩子们一起被养大。

传说中，含泪的林黛玉前世是绛珠仙草，欠了贾宝玉前世神瑛侍者的浇灌之恩，以一生之泪回报。在这一世里，宝玉娶了另一个表姐，也就是更加健康与"般配"的薛宝钗，他原以为新娘子是黛玉，最终却被周围的人骗了。在另一世里，宝玉与宝钗的结合是命中注定的，他玉石上的题词竟然与宝钗金锁上的文字相匹配，这金锁是一位佛僧赠与宝钗的。

在小说的大部分情节中，宝玉都过着田园诗般的生活，住在大家族堂皇富丽的花园宅子里，生活在由表姐、表妹和丫鬟组成的女性世界里，他是其中唯一的男孩。住在那儿对他来说再合适不过了，被女孩们包围着，他感到很快乐。对宝玉而言，女孩之于男孩，如同水之于泥土，洁净之于污秽，精致之于粗糙。读到宝玉这个人物时你会忍不住想，他本应是个漂亮的女孩。有一段（第3回）描写宝黛第一次见面，宝玉完全被黛玉迷住了，却发了脾气：

宝玉满脸泪痕泣道："家里姐姐妹妹都没有，单我有，我说没趣；如今来了个神仙似的妹妹也没有，可知这不是个好东西。"

企鹅经典的首席译者大卫·霍克斯（David Hawkes）说："我不认为他这种实际是在突出玉石的做法会让这个段落因心理学层面的丰富意涵而减少任何趣味性。"[20]

宝玉很女孩子气，对涂脂抹粉这一套也颇有研究——他对一个正在梳洗打扮的女孩说："这不是铅粉，这是紫茉莉花种，研碎了兑上香料制的。"[21]他不化妆，却有偷偷舔食胭脂的习惯。

宝玉的敏感气质让他父亲感到厌恶。书中有一个让人眉头紧皱的场景，父亲把儿子打得奄奄一息，这与其说是对宝玉不务正业感到愤怒（这个男孩鄙夷服务于登科及第的死读书），不如说是因怀疑儿子的性癖好而深感痛苦的厌恶之情。有多少父亲曾想对自己的儿子说,"要做个顶天立地的男子汉",而贾宝玉却十分固执地反其道而行。

毫无疑问,黛玉喜欢和宝玉在一起,宝玉也乐意陪她。然而,宝玉总是情不自禁地被他人吸引,无论对男性还是女性的美都非常敏感。例如,他着迷于宝钗雪白的手臂,还幻想摸上去。有一次到乡下去,他被一个农家姑娘转动纺车时的美丽画面迷住了,后来他看见姑娘站在路边目送他的马车离开时,不禁产生了强烈的情感,热切地回望着她。至于远房亲戚秦钟,宝玉一见这个漂亮的男孩就顿生好感,"心中便如有所失",茫然凝视,"痴了半日,自己心中又起了个呆想"。[22] 这三个例子只是冰山一角,显示宝玉被塑造为一个情痴。

但为了避免读者认为这一切都只是性启蒙阶段的天真幼稚,必须指出,宝玉并非没有性经验:他在本书开篇不久就失去了童贞。事情是这样发生的,一天下午,他在侄媳妇秦可卿的卧室里打盹,梦到被警幻仙子引导着穿越太虚幻境的重重宫门到达殿堂与花园,进入一处香闺绣阁,一位名为兼美的佳人在那里等着他。人如其名,兼美身上兼有宝钗和黛玉的影子,即"二合一之美"。警幻仙子将床笫之术传授给宝玉,留两人单独在门内。宝玉与兼美梦中欢会,如痴如醉。第二天早上,美梦变成了噩梦,宝玉停在一处名为"迷津"的黑溪边上,被夜叉海鬼紧紧抓住。他从恐惧中惊醒,浑身汗湿了。

大宝玉两岁的贴身丫鬟袭人,在帮宝玉系裤子时发现他有梦遗。虽然她有些羞臊,但深知自己已被许给他了,便接受同宝玉发生性关系,由着他在她身上实验梦中所学之术。

因此,宝玉爱着一个人,娶了另一个人,又把自己的童贞给了第三个人,同时还在性和情感上被其他几个男性或女性吸引。然而,宝玉并不是一个花花公子,他与他的长辈及小说其他人物中的好色之徒形成鲜明对比,这对我们如何认识这个人物至关重要。书中的淫乱者包括秦可卿的公公，他被怀疑与儿媳通奸和乱伦（中文语境下的乱伦，指的是对家庭秩序的扰乱和颠覆）。还有不幸的贾瑞，来自贾家一个穷困的旁支，贪恋嫂子王熙凤，最终自慰而亡。

作者想让我们看到宝玉与这些人的不同之处，不仅将他塑造为一个少年，还赋予其女性化的特征，以此来将他与成年男性的性世界区分开来。将宝玉女性化可以使他的性认知超越纯粹的满足或占有。这是读者的体会，但不一定是作者的意图。要想知道曹雪芹是怎么想的，必须读一读警幻仙子那段话，她将宝玉的"淫"和其他人的"淫"做了区分：

> 淫虽一理，意则有别。如世之好淫者，不过悦容貌，喜歌舞，调笑无厌，云雨无时，恨不能天下之美女供我片时之趣兴，此皆皮肤滥淫之蠢物耳。

宝玉的"淫"却是不同的，她继续道。宝玉那种易于感发的痴情本性被她称作"意淫"。"意淫"无法用言语来解释，"可心会而不可口传，可神通而不能语达"。[23]

这是什么意思呢？是宝玉多情而不好色吗？是他爱而不淫吗？"不可口传"的东西实际是指英文使用者所理解的"爱"吗？是，也不是。说是，是因为有人试图从淫欲中划出一个经验领域或存在状态，而不是为性而性；肉体和精神之间的界限被划定出来。说不是，是因为在中国传统中从未划过这条线，实际上也不可能划定。作者所能做的只有指出一些"不可口传"的东西，却没有像刘易斯那样通过从情欲里剥离出一种色欲来确定它——正如我试图证明的那样，将爱与性作对比是西方爱情概念的默认选项。

然而，"意淫"这一概念也是对继承而来的传统的一种新的偏离，完全是原创的，曹雪芹创造这个概念似乎是为了实现一种长期存在于西方而中国缺失了的文化结构，即肉体和精神的二分法。我认为曹雪芹比20世纪之前的任何中国作家都更接近于这种结构，但仍有差距，他对无性之爱可能存在的观点也属于类似情况。

有趣的是，一个半世纪后，这个短语不再令人费解了，它被使用或相当程度地误用于指代一种有感觉但没有付诸行动的性渴求，就像耶稣所谴责的那样："凡是带着淫欲看一个女人的，心里已经和她通奸了。"[24] 我会在第12章对此再作讨论。

我们已经看到，在中文语境下，"情""好色""淫"这三个范畴是如何相互渗透的。曹雪芹远远没有违背中国人的传统，他本就支持三种概念相互依存、缺一不可。那些声称自己只有"情"这一种感觉的人不过是在说谎或伪装。如警幻仙子常常被引用的一句"好色即淫，知情更淫"，表明了爱与情欲和淫欲是相通的。

> 好色即淫，知情更淫。是以巫山之会，云雨之欢，皆由既悦其色、复恋其情所致。[25]

作为爱的淫欲更伟大，对于西方人来说这种观点不可能不令人反感。它与那些有力地塑造了西方爱情史的理念相去甚远。例如，柏拉图式思想认为，爱情把恋人从物质世界带到神圣世界，引至最高的美与善；基督教则倡导人类之爱要以上帝之爱为范本，并将这种爱置于存在的中心，使之成为生命中错误和痛苦的救赎。

然而，尽管在西方人听来很奇怪，但在某种意义上，爱情确实使情况变得糟糕。从佛教意义上说，它会加剧依恋，使人更难看穿幻觉的面纱、美的空虚和欲望的虚无。被警幻仙子称为"天下古今第一淫人"的宝玉，最终选择皈依佛门求取真意，放弃了爱欲。他看穿表象，获得了开悟。在梦中，警幻仙子带来了迷人的兼美仙姬，意图让宝玉以激情的方式体验幻灭，通过肉体的满足将他从虚妄中解救出来，就像佛教故事中的菩萨化身为诱人的风尘女子，借助性来解放男人。²⁶ 直到宝玉经历了所有的痛苦，尤其是黛玉的死亡和富足少年时代的瓦解，并意识到爱与痛不可分割，所有欲望的满足都是短暂的，这才看破了红尘俗世。

从佛教禁欲的理念来看，援引阿图尔·叔本华的形而上学论来读解《红楼梦》似乎也没那么离奇。文学史家王国维（1877—1927）在1904年发表的一篇文章中引用了叔本华的《作为意志和表象的世界》，并特别指出了《两性之爱的形而上学》一章。叔本华认为，恋爱是一种无意识力量的有意识表征——他称之为"生命意志"，它指引你找到最适合的、与你共同抚育后代的人。简单地说，你爱的人能让你更有机会得到健康、聪明、漂亮的孩子。你未来的伴侣是生命意志或生殖本能无意识寻求的对象，触发了"完全直接的、本能的吸引力，只有这种吸引力才能生成恋爱的条件"。²⁷

生命意志的核心是性冲动，对叔本华来说就是欲望中的性欲。王国维的眼中，《红楼梦》中延续的主题正是性欲，他指出，"欲"和宝玉的"玉"在中文里是一对双关语。王国维引用了中国古语"饮食男女，人之大欲存焉"，称叔本华的著作是两千年来第一部探讨男女欲望的哲学作品。男女之间的欲望比饮食之欲更强烈，因为后者是有限度的，前者却是无法满足的，不仅无法满足，而且是形而上的。²⁸

叔本华深受印度教和佛教哲学的影响，任何一个佛教徒在阅读叔本华时都会有一种熟悉的感觉。那是一种叔本华所说的与痛苦作斗争的感觉，而非罪恶感。他和佛教徒一样，相信所有的愿望、努力、向往和渴望永远无法得到完全的缓解，因此必然导致无尽的苦难，在这个世界上，一切都是无常的，注定会毁灭。只有放弃欲望的生活，才能从这种徒劳的痛苦中解脱出来。宝玉就是这样做的，他远离了人世间。借用叔本华的话说，宝玉的意志被弃绝了，剩下的就是"我们这个充满太阳和星系的真实世界"。正如西蒙·梅所观察到的,在这一点上,叔本华"与犹太人完全不同,犹太人的《旧约》认为'上帝看到了世界,发现一切很好'"。[29]"很好"显然不是佛教徒对世界的看法,它不过是一种虚幻,用叔本华的话来说这是一种"表象",明智的人在驱除了欲望之后不会选择重新投胎到这个世界。

　　这样的哲学理念使我们不可能对爱抱有过于乐观的看法,"爱"不是个好东西,这是唯一能得出的合乎逻辑的结论。"爱"在幻灭的基础上与智慧的超然紧密相连。这种幻灭并非剥离开爱的淫欲。你不可能像在西方那样两全其美。在西方,神性之爱、基督之爱与情欲二分法、柏拉图式的爱以及贞洁或纯洁的爱——它们分别是柏拉图、基督教、新柏拉图主义和典雅之爱的杰出创造——使人们相信,善可以在没有恶的情况下存在,精神可以脱离肉体而存在。如果上述概念都不存在,正如中国直到近代才出现这些爱的分类,爱情会是什么样子?也许会像宝玉表现的那样,并非不折不扣的性欲,而是一种终归脱离不了欲望的"意淫"。既然爱不分彼此,欲望与爱并不对立,任何对爱的禁欲就必须是全盘的,要么全部放弃,要么完全不放弃。鱼与熊掌兼得的情况或许存在,但这个悬而未决的问题直到20世纪才被人们逐渐认识到。

第 6 章

茶花女

（耶稣）对抹大拉的玛利亚说："你将获得宽恕，因为你爱得多。"

——这是一种可以唤起崇高信仰的崇高的宽恕。

——

小仲马，《茶花女》

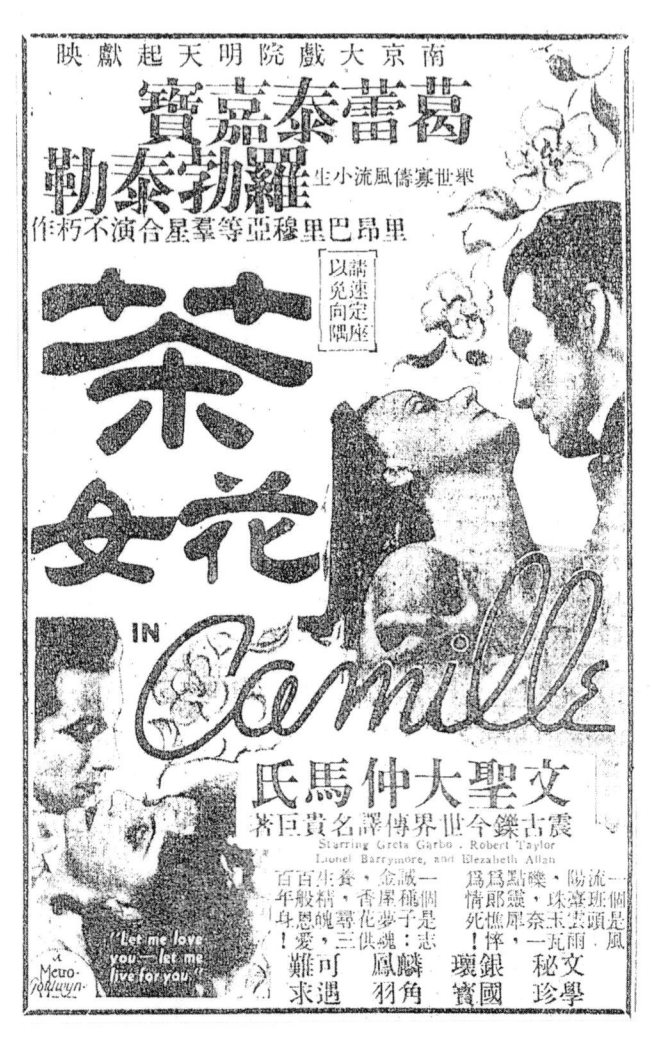

1937年3月24日,《申报》刊登了《茶花女》在上海上映的广告

1894年中日甲午战争爆发。中国的战败开启了一系列典型人物的引入。在爱情方面，没有人能与玛格丽特·戈蒂埃*的影响力相提并论。事情是这样的：

在那个时代，中国经历了战败才意识到西方在军事、技术、工业、政治，甚至道德上——这是其中最坏的一点——都更胜一筹。那些不承认或不愿承认这一点的中国人不得不认识到，至少在武器方面，西方是更先进的。怎么可能不是呢？事实就摆在眼前，在甲午战争中打败中国的日本现代海军是以英国皇家海军为蓝本，而其受过专业训练的西式陆军则是以法国军队为典范。甲午战争中，中国人被他们长期瞧不起的日本人打败了，形成一种巨大的心理冲击。而当亚洲小国日本在1903年至1905年战胜欧洲大国俄国时，中国人感到更加耻辱，因为这场战争是在中国东北进行的。日本是如何做到这一点的？那便是坚定地学习西方——即西方的现代化——来使自己以惊人的速度发展成为一个世界大国。

中国也会向西方学习吗？不过，西方是如何进步的呢？这种优势从何而来？为了找到打开西方财富和权力秘密的钥匙，许多中国知识分子把目光投向了西方书籍，因为语言不通而必须依靠翻译。在这方面，日本至少领先于中国四分之一个世纪。对于远赴日本的中国留学生来说，现成的日文译本成为接触欧洲文学的渠道，而大量西方作品的汉译实际上是从日文转译过来的。可以说，凭借译本

---

* 《茶花女》的女主角。——编注

与其他应用，日本成为中国间接了解西欧的窗口。正如我们将看到的，爱情能传入中国也要部分地归功于日本。

西方传教士早早就开始将《圣经》和基督教文学作品翻译成中文——《圣经》的第一个完整译本可以追溯到1821年，《天路历程》（*Pilgrim's Progress*）的文言文译本于1853年问世。西方传教士认为，中国人需要改良思想，以便从沉睡中醒来，并不再用陈腐的八股文模式来思考和写作。在这些传教士中，傅兰雅（John Fryer, 1839—1928）脱颖而出。1861年，他从伦敦来到香港的一所圣公会学校任教，之后在上海谋职。作为江南制造局翻译馆的负责人，傅兰雅在西学传播方面做了很多工作。而他给中国人留下深刻的印象是发起了一系列汉语征文比赛，因为他发现中国的小说作品"不过是陈旧的文学垃圾"，随即率先倡导将小说作为普及正确思维和情感的手段。他在1895年写道："没有什么比小说更能打动人心和改变社会习俗，它的传播迅速而广泛。"他"要求那些希望国家繁荣昌盛的中国人书写具有新的吸引力的小说"，指出中国的三大陋习——鸦片、科举和裹脚——所造成的社会危害，并"提出铲除陋习的巧妙方法"，"但必须是正确类型的小说，不能是怪诞故事，所用的语言也要妇孺皆知"。[1]

具有改革思想的知识分子梁启超（1873—1929）支持这种观点，他认为，小说除了能唤醒中国人的"国耻"意识，还能为中国人提供一种"外国人心态"。[2] 梁启超断言，要使民族复兴，需要创作一种新小说——事实上，从道德、宗教、政治、习俗和艺术到一个民族思想和性格的振兴，新小说都是必不可少的。

而梁启超在身边看到的都是毫无启发性的读物，没有哪一本小说可以适用于他的意图。例如，小说家们都希望写出以《红楼梦》为范本的男女关系，而在他看来，这样做反而加剧了道德败坏。当然，他也不否认，喜欢通俗而非严肃的阅读是人类的天性，因此，试图禁止虚构作品不如努力让它们变得更好。

国内没有这样的小说，国外却不少。1902年，梁思成创办了《新小说》杂志，希望利用小说来完成改造社会的任务。此后，小说出版呈现出名副其实的爆炸状态，包括本土小说与进口小说，以及1912年至1920年间出版的1488部进口小说。[3] 从1902年至1907年，外国文学作品的翻译出版超越了中国原创文学作品。至于出版的作品，小说无疑是最大的一类，而且大多是轻小说。这些外国文学作品并非精心挑选而成，其中许多作品似乎是译者不经意间着手翻译的，而且译文与原文相去甚远（比如，某中文版是根据一部译自德语作品英文版的日文译本翻译而来的），内容也过于随意，以至于几乎无法确定作品的原貌。

尤为引人关注的是这个时期最高产的外国小说翻译家林纾（1852—1924），他其实不懂任何西方语言！然而，他非但没有退缩，反而推出了180多部翻译作品。也许他的做法应该称为译述，而不是翻译，他首先从精通欧洲语言的合译者口中听取后者翻译的每个故事，然后写出自己的书面译文。林纾以这种方式先后翻译了沃尔特·司各特爵士（Sir Walter Scott）的《撒克逊劫后英雄略》（*Ivanhoe*），查尔斯·狄更斯的《块肉余生述》（*David Copperfield*）、《贼史》（*Oliver Twist*）和《孝女耐儿传》（*The Old Curiosity Shop*），哈里特·比彻·斯托（Harriet Beecher Stowe）的《黑奴吁天录》（*Uncle Tom's Cabin*），米格尔·德·塞万提斯（Miguel de Cervantes）的《魔侠传》（*Don Quixote de la Mancha*），查尔斯·兰姆（Charles Lamb）的《吟边燕语》（*Tales from Shakespeare*）等几十部小说。

不过，林纾翻译采用的是过时的文言文而非白话文，你可能认为文言文不太适合西方小说的白话语言，然而他被视为一位出色的翻译家，首先就源于他所使用的古典风格以其简洁的内在特质杜绝了任何冗长的原文内容在中文版中存在的可能性。汉学家亚瑟·韦利说,林纾翻译的狄更斯小说摆脱了这位英国作家本人那种"无节制的唠叨"。[4]无论如何,林纾译作的影响力甚巨,尤其他在1899年翻译了小仲马1848年的小说《巴黎茶花女遗事》,并取得了成功。

有人爱不释手,有人为之动容,有人甚至认为其可与《红楼梦》相媲美。还有人惊讶地发现:原来西方人也有美好的感情,谁能想到呢?[5] "小仲马"这个中文名字流传开来,一直到20世纪30年代,自诩为浪漫主义的作家们都在借用这个名字。《茶花女》的故事、人物、思想和叙事手法流传开来,成为20世纪初到20世纪40年代成长起的一代人的通俗创作的一部分,许多知名作家都承认受其影响并在某些方面进行了模仿。

林纾很清楚,如果读者不能与他所讲的故事产生共鸣,或者觉得故事的人物和文风过于陌生,那么他打动读者感情的目的就无法达到。他会删减特定的篇目或将其以缩译、改写的形式呈现,有时也可能因为与他的法语合译者未能正确理解原文而出现遗漏或误译。在这个意义上,失败比成功更能说明问题,因为它揭示了法语作品和中文翻译之间的文化壁垒。

在这个故事中,阿尔芒·迪瓦尔赢得了迷人的玛格丽特·戈蒂埃的心,当时玛格丽特认为自己没有真心可交付,对一个情妇和交际花(正如今天上流社会的应召女郎)来说,爱情就是生意,是过上她享受与渴望的奢华生活的手段。但在爱上阿尔芒后,玛格丽特放弃了巴黎剧院和赌桌的世俗生活。她和阿尔芒一起回乡村生活,第一次体验到真正的幸福。然而,阿尔芒对激情的追求引起了他父亲的警惕,他父亲在儿子不知情的情况下恳求玛格丽特放弃阿尔芒,以免她毁了阿尔芒的前程。更重要的是,由于阿尔芒与交际花交往的丑闻,他妹妹嫁入体面家庭的婚姻也将受到威胁。玛格丽特同意了,她牺牲了自我,她相信她的离开是为了阿尔芒的利益,以及阿尔芒家族的名誉。现在,她瞒着阿尔芒,又回到了过去那种狂热而轻浮的生活中。直到她孤身一人，穷困潦倒，死于肺痨，他才发现，她的离开是一种高尚而痛苦的自我牺牲。

无独有偶，玛格丽特本应是一个中国的人物形象：有情有义的歌妓在中国的生活和传说中是迷人的浪漫人物，尤其受到那些自认为有品位和才情的文人（见第4章）追捧。文人与歌妓之间不仅有性交往，还有心智的交流。作为与才子诗情相合的良伴，歌妓的名字和名声也为人所熟知。玛格丽特对中国读者的吸引力可想而知，她与阿尔芒的分离和她的死亡也足以引起人们的共鸣。尽管全世界都喜欢大团圆结局，但当时的中国人更偏爱悲情收场。他们更喜欢让人泪流满面而不是干瞪眼的故事。《茶花女》问世后的几十年，中国人的作品中有关受挫的爱情与自我牺牲的故事也屡见不鲜。

因此，从某种意义上看，玛格丽特对中国人来说并不那么陌生。但在其他方面，她又没那么常见。接受她最后一次忏悔的牧师评价称"此人生为罪人"，但"死当为教中人矣"。[6]我无法想象，众多没有信仰基督教的林纾读者会如何理解这种异域文化，一个来世会被宽恕并重新得到上帝恩典的堕落的女人对他们而言究竟意味着什么。每个人都能理解关于激情、牺牲和赎罪的故事，但《茶花女》的潜在主题是通过爱来救赎，这超出了很多中国人的理解范畴。玛格丽特若想从堕落的灵魂中解脱并通往救赎之路，就要为爱付出一切。这一段话是这么写的，为了确保阿尔芒的父亲认识到她放弃了一份多么伟大和无条件的爱，她问他的父亲：

"翁能信我爱公子乎？"

翁曰："信之。"

"翁能信吾情爱，不为利生乎？"

翁曰："信之。"

"翁能许我有此善念，足以赦吾罪戾乎？"

翁曰："既信且许之。"[7]

对于中国人或者任何一个意识中没有嵌入救赎之爱概念的人来说，"爱……是她生命的救赎"这句话都会非常难以理解。相较于忠实演绎这段文字，林纾知道更好的处理方法。它属于基督教神话，而基督是爱的化身；他是救赎者，带走了死亡的诅咒，取而代之的是永生的祝福。在中译本中，玛格丽特一旦确信阿尔芒的父亲认识到她的爱是无私的，便只字不提希望、梦想或者爱情，只问一句："翁能许我有此善念，足以赦吾罪戾乎？"如果林纾不以善念而以浪漫爱作为宽恕她罪过的基础，恐怕他不可能吸引到如此多的读者。

滥交是玛格丽特所在行业的固有特征，"一个贞洁的交际花"这个说法在措辞上是一种矛盾。然而，小仲马和林纾都以不同的方式设法给玛格丽特贴上贞洁的标签，从而树立她的美德，这对中国人来说比法国人更容易，因为法国人还必须原谅她的罪（一个淫乱的女人同时也是罪人）。诚然，玛格丽特真诚的爱或许可以赦免她，但她仍然不得不把爱当作一种惩罚——因为"没有忏悔就没有宽恕"[8]。玛格丽特是一个老练的女人，她不会轻易坠入爱河，一旦坠入爱河，她会因为以前没有爱过而更加痛苦，当然比任何纯洁的少女都要痛苦。这种爱是如此"深刻、真诚、不可抗拒"，她几乎要被爱吞噬了。

这些情感周折都没有在中译本中体现，它们被林纾简化为一句原著中不存在的话，传达给中国的读者。玛格丽特对阿尔芒说："而君今日方邂逅我，我何能于未识君前为君守贞？"

然而，在林纾的译文中，玛格丽特的贞洁超乎常人，是浅薄之人所无法领会的。林纾谈到她"超凡脱俗"的人格，还有她的清白，"此女高操凌云，不污尘秽"。这些话是林纾对小仲马原文中更大一段描述的改写，其中最贴近的一句是："人们从玛格丽特身上可以发现，一个处女因偶然的机会变成了一个交际花，而交际花也仅仅是偶然的机会就可以变为最可爱、最纯洁的处女。"[9]林纾大概没有领会小仲马的意思，这怪不了他。原作中的处女妓女二分法是基于基督教中圣母玛利亚的贞洁和抹大拉的玛利亚的性欲之间的对立，对林纾来说不具有任何重要的意义。小仲马实际上在小说某处提到了抹大拉的玛利亚，并引用了耶稣对她说的那句名言："你的诸多罪行都将被宽恕，因为你爱得多。"[10]但毋庸置疑，中译本把这些都省略了。

玛格丽特与阿尔芒相爱后，由妓女变成了处女。小仲马写道，在他们田园幕间曲般的乡村生活中，交际花的形象逐渐消失，让步于处女的姿态——小仲马一定有这层表达含义，因为他让阳光照耀着她，"就像照耀在最纯洁的未婚妻身上一样"。[11]林纾的翻译也让她变成了"至贞至洁"的女孩，他依照小仲马的意思让玛格丽特穿上了白衣，却省略了阿尔芒告诉他父亲是什么导致了这种变化的段落：玛格丽特"因为她对我的爱和我对她的爱而改变了……她的心灵发生了变化"。[12]爱情在中国尚没有这种使人改头换面的奇效。那时还是19世纪，距离"精神之爱"这个词在中国传播开来还有相当长的年份。爱情还没有提升到远高于性的地位，让妓女朝处女方向倾斜的天平仍缺乏其必需的净化力量。中国人的爱情小说中没有这样净化式的爱情，中国读者无法体会到对玛格丽特的圣洁的想象所带来的满足感和以爱情战胜性欲的喜悦。

即使说林纾的作品是对法国小说的中国化，那也只是在一定程度上。书中仍有许多异域风情足以让中国读者提起兴趣。首先，没有哪个中国小说中的角色会如此公开地表白。例如，当阿尔芒对玛格丽特说，"吾身已属马克，余人不复恃矣"，玛格丽特回答道，"我固与君同处矣，余人之情，不置吾眼"。两人之间的另一段对话是这样的：

余曰:"他人爱君,恐不如我之笃,痴亦不复自觉。"

马克曰:"确乎?"

余曰:"吾爱逾于所言。"

无数的案例表明,小说中所信奉的、怀疑的、解释的、谈论的爱情都是玛格丽特式的爱:"亚猛(一译阿尔芒),尔我二人情爱,似非寻常……"这些话一开始对中国人来说一定很陌生,可能需要读几本西方小说才能熟悉这样的话语。无论如何,这些话在原著中一再出现,林纾的翻译也尽力保留,出色地提取了汉语中有关爱情的词汇来再现原文,尽管他一度放弃了翻译阿尔芒所信奉的"奉献"(du dévouement)的尝试,而只是用三个汉语音节"德武忙"音译,并在括号中附加了法语原词的意思。[13]

小仲马把这种爱写得既高尚又具献身精神,把它提升到了任何中国人在接触西方小说之前都无法企及的高度。阿尔芒对"真爱"的描述是"永远能让一个男人变得更好,无论它是由哪种女人促成的"[14],但这一点在中译本里没有提及。

玛格丽特的自我牺牲不是为了自己,而是为了他人的利益。这种奉献精神至少给两位当代中国小说家留下了深刻的印象。其中一位是小说《孽海花》的作者,他让书中的一位中国角色这样评价他的英国情妇——她爱他,却付出巨大的代价放弃了他:"她不惜破坏了自己来成全我,这完全受了小仲马《茶花女》剧本的影响。"[15]

再看徐枕亚(1889—1937)创作的畅销小说《玉梨魂》(1912)。徐毫不掩饰自己对法国小说的借鉴,自称"东方小仲马",他将自我牺牲的爱情的描写提升到了中国文学前所未有的水平。故事讲的是一位年轻的寡妇和她儿子的家庭教师之间的禁忌之爱——严格地说,除了她自己,没有人禁止这种爱。请记住,在中国,寡妇是不会再婚的，如果她们不遵守儒家的贞操准则，就会被污名化。寡妇和家庭教师之间书信往来频繁，充满了浓情蜜意，但两人没有任何越矩之处。事实上，两人很少见面，即使见面，哪怕只有一次，他们所做的也只是相视而泣。

既然他爱上寡妇，就注定要一直单身。可是，不结婚怎么可能幸福呢？他没有子嗣会被看作低人一等，自古以来这种情况被谴责为不孝之首。

寡妇心爱的小姑刚从寄宿学校回来，她才17岁，满脑子都是个人自由、婚姻自由和妇女解放等现代思想。这两个女人是最好的朋友，彼此相依为命。寡妇想，如果家庭教师娶了小姑，这个很少意识到摩登女郎也要走入包办婚姻的女孩，对所有人来说不是最好的安排吗？后者公然宣称要婚姻自由，将她无数可怜的姐妹从中国封建家长制的黑暗牢笼中解救出来。[16]

寡妇下定决心寻死，为家庭教师和小姑扫清道路。由于她原本就有结核病，不久就死去了。小姑悲痛欲绝，尤其当她发现寡妇是在牺牲自己时，更是痛不欲生，最终也选择献出了自己的生命。留下的只有那位家庭教师，听说他不久就加入了革命军，在1911年的辛亥革命中以爱国殉道者的身份英勇就义。这场革命结束了清朝的统治，将中国变成了共和国。主人公的为爱而死最终演变成为国而死。

《玉梨魂》的时代特色不仅在于它的感伤情调，还在于它把新旧爱情关系交织在一起。例如，贞洁的守寡与自由选择的婚姻。早期的小说不可能让女主角在给家庭教师的画像中穿上西式服装，也不会让她在某一时刻唱出莎士比亚的《罗密欧与朱丽叶》中的一些台词，诸如"天呀，天呀，放亮光进来，放情人出去"。[17]当然，这位中国的小仲马正是以《茶花女》为蓝本，模仿玛格丽特临终前的情节，在一本日记里哀怨地记录下小姑生命最后的时刻。日记体是西方众多文学技巧中的一种,在《茶花女》的引领下,越来越多的西方小说被中国人接受,西方对浪漫爱的描绘逐渐得到认同。

后世中国人了解这部小仲马的小说,不再仅仅依赖于林纾的译本,还有其他许多转译形式,尤其是舞台和银幕改编。其中最后一部是1936年好莱坞催人泪下的电影《茶花女》,由葛丽泰·嘉宝饰演巴黎交际花,罗伯特·泰勒出演她的恋人。这部电影在上海上映后,中国观众深受震撼,就像上一代观众为林纾的译本所震撼一样,垂泪于玛格丽特的悲惨命运和她死于肺结核的结局;更像在翻译过程中哭出声来的林纾和他的法语合译者,哭声之大,传遍了左邻右舍。[18]电影《茶花女》在中国重要日报《申报》的广告文案中放进了英文宣传语——有一句是"把我抱在怀里,直到我喘不过气来";还有一句是"让我爱你——让我为你而活";另外一句是"我爱你胜过整个世界——胜过我自己——胜过我的生命"。*[19]中国人也将这个爱情故事拍成了电影,一部叫《野草闲花》(1930),另一部叫《茶花女》(1938)。[20]

40年后,17岁的余华(1960—)在"文革"结束后读到一本地下出版的《茶花女》并为之落泪。那是一个书籍匮乏的时代,《茶花女》由于兼具外国文学和爱情主题的特征,和其他许多书籍一样被列为"毒草"禁书。余华是当今中国最具影响力的作家之一,也是第一位获得"詹姆斯·乔伊斯奖"的中国人,读这本书时他还在读高中。他在2011年出版的《十个词汇里的中国》一书中,讲述了他的一个朋友是如何拿到一份翻译手稿的,因为只能借一天,他俩就轮流把手稿抄写到自己的笔记本上,这样以后还能保存得更久一些。他们抄写了一整夜,手腕发麻,疲劳和抽筋让字写得越来越潦草,

---

* 《申报》上的这三句英文广告词分别是:"Crush me in your arms until the breath is gone from my body!" "Let me love you—let me live for you." "I love you more than the whole world—than myself—than my life!" ——编注

每个人还得为对方破译自己的笔迹。余华回忆道："尽管如此，里面的故事和人物仍然让我心酸不已，我抹着眼泪，意犹未尽地将我们的手抄本交给他。"[21]

事态发生了重大逆转，如今《茶花女》的中译本已被官方认定为必读书目，也被教育部推荐为学校的指定读物。2011年版中译本据称是最完整和权威的一版。这本书的确很完整，读起来很流畅，还提供了脚注来解释可能令中国读者感到困惑的名称、单词和短语。比如，关于基督对抹大拉的玛利亚说的话，附有脚注让读者参考《路加福音》第7章47节。[22]

尽管译者都忠实于原著，救赎之爱的概念仍然受到了抵制。玛格丽特问的最后一句话"你相信我曾把自己这份爱当作希望，当作我生命的梦想，当作我生命的救赎吗？"被翻译成"……足以赦吾罪戾乎？"[23] 玛格丽特把她的爱毫无保留地交给阿尔芒，这种无私令人钦佩。但是，"救赎之爱"如何能成为"对她罪孽的宽恕"，对于所在文化体系缺少来自罪孽的"爱"和"救赎"概念的人来说，很难与之建立深层联系。

译者意识到，在基督教神学中，救赎指的是将人从罪恶和诅咒中解脱出来。这种意识体现在他将"cet amour rédempteur"这个词翻译为"有心拯救世人的爱"。"拯救世人"是中国人对基督的标准说法，代表西方文化中的救赎象征（见第3章）。[24] 但这不是一个罪恶的交际花的救赎之爱——这种爱不是拯救人类，也不是拯救她的爱人，而是拯救她自己。对于中国人（尤其是佛教徒）来说，玛格丽特或许可以通过禁绝于爱而免罪，但她永远不能通过新的爱来为过去的爱赎罪，无论她有多么慷慨。正如我们将看到的，有关爱的剧目在20世纪早期的中国得到了极大的发展，但爱的救赎力量仍未植入中国人的心目中。一旦缺少了这个概念，浪漫爱在中国就不可能跟西方完全一样。

第 7 章

《迦茵小传》与浪漫主义小说

小说一道，不述男女之情，人亦弃置不观。

——

林纾，20世纪初

1895年版《迦茵小传》中女主人公迦茵·海斯特的照片载于《妇女杂志》1926年第12卷第7期一篇有关爱情史的文章中间

从中国人的经验来看，没有人会像小仲马那样喋喋不休地谈情说爱。现在，林纾仿佛已经打开了闸门，人们可以读到更多的类似的故事。他们崇拜玛格丽特·戈蒂埃自我牺牲的爱情，很快又找到了一位令人钦佩的人物迦茵·海斯特（Joan Haste），也就是亨利·赖德·哈格德爵士（Sir Henry Rider Haggard）一本小说中的同名女主角。亨利创作了《所罗门王的宝藏》（*King Solomon's Mines*）和《她》（*She*），这两部小说目前都被翻译成了中文。迦茵成为《茶花女》之后的又一个热门话题。

《迦茵小传》第一个中译本的出现，源于英语专业的学生杨紫麟在上海的一个二手书摊上偶然发现了这本书，并把它推荐给了同谱兄弟包天笑（1876—1973）。包天笑不懂英语，却是一个精力充沛的写手和新闻记者。1901年，这部小说的译文开始在期刊上连载，1903年译文汇编成书出版。这份不完整的翻译，实际上是个到处删节的版本。林纾认为自己和英语合译者可以翻得更好，四年后他推出了完整的中译本，却发现自己因为没有对迦茵做出正确的评价而遭到痛斥。想知道他怎么得罪了读者，我必须先来梳理一下小说的故事情节。

迦茵和玛格丽特一样放弃了爱情，为了一个叫亨利·格雷夫斯的人。迦茵相信这样做是为了亨利好，因为娶像她这样的女孩会毁了像他那样的男人。亨利是位准男爵，而迦茵出身低微，据说还是个私生女。不幸的是，他们相爱了——不幸的原因是亨利将迎娶富有且爱他的艾玛为妻，而他抵押在艾玛名下的家族产业，则可以免遭破产。亨利的父母和妹妹极力赞成这桩婚事,但亨利绝不会为了钱而结婚;他是正直的,可敬的,或许在现代读者的眼中,亨利无论如何都有点儿自命清高。

即便如此,如果没有迦茵,亨利还是会娶艾玛的。令所有人震惊的是,当亨利拒绝父亲让他迎娶艾玛的临终遗愿时,他提到了迦茵的名字。亨利宣称,他与迦茵的关系是"不可断裂的纽带"。[1]他为什么相信自己和迦茵的爱情牢不可破?这一点始终秘而不宣,直到小说发展至三分之二时,赖德·哈格德才给读者抛出一个惊喜。迦茵和亨利曾为爱立誓,这一点读者是知道的,但由于书中没有提到任何性关系,当迦茵被发现怀孕时,读者才意识到,性紧随誓言其后,发生于他们短暂的相处过程中。

孩子没活多久就夭折了,迦茵的生活每况愈下。为了把亨利从耻辱中拯救出来,也为了成全艾玛,迦茵同意嫁给一个她一直看不上的执着追求者。故事戏剧性地结束了:迦茵的丈夫妒火中烧,误将迦茵认成亨利,开枪打死了她——实际上,是她乔装打扮成了亨利的样子。

《迦茵小传》于1895年在英国出版,仅仅六年后就在中国被首次译介,它所反映的是维多利亚时代英国的价值观。爱情在维多利亚时代英国和差不多同一时期的中国价值观中的异同或许可以借此展现出来。

赖德·哈格德必须以某种方式解释,是什么驱使亨利和迦茵这两个无可指责的人物发生婚外性行为,犯下小说中反复提到的罪孽。65年后,仅仅是爱就可以为这样的行为开脱——还记得《查泰莱夫人的情人》一案的专家证人吗?他认同两人之间性关系的正当,因为他们"真的爱着对方"。但赖德·哈格德笔下维多利亚时代的人止步于此,因为以爱为由替婚外性行为开脱肯定是把爱和罪混为一谈了。他必须努力调和这一点,以便与英国读者预设的爱情观相符——爱是全然良善或救赎性的，正如阿尔芒所说的那样，爱"总是使一个人变得更好"。

对作者来说，幸运的是有一种方法可以将爱情的甜瓜切开，对亨利来说，与其说是爱情，不如说是浪漫，或者多萝西·坦诺夫所称的"深恋"，导致他犯下罪过。赖德·哈格德的《迦茵小传》中，"浪漫"介于性与爱、肉体与精神的固有二元论之间。《迦茵小传》对这种情况有一个很好的描述：

> ［亨利］自我不见，余之茹苦日深，如沦冥狱之中，备诸苦恼。白日追思，夜中成梦，一身自计，有类颠狂。

赖德·哈格德知道深恋本质上是短暂的，因为他让亨利相信"一切并不是无望的，因为即使是现在，他也知道时间会治愈创伤，或者至少会消除它的刺痛"，亨利意识到，"这就是他们所说的恋爱"。[2]

他对艾玛没有什么感觉，只是"喜欢"她。最后，当他向艾玛求婚时，艾玛发现，虽然女人在婚姻中寻找爱情，但他对自己所说的话里"没有包含一个'爱'字"。[3] 换句话说，他们的婚姻并不是恋爱的结合。

如果说浪漫可以解释亨利的堕落，那么迦茵的堕落则是"痴情"，下面摘录的一段话描述了这种情况：

> 从这个词的一般意义上讲，支配着她的不是爱情，也不是严格意义上的激情，而是，如果还能给它下个定义的话，是某种奇怪的新力量，一种有吸引力的影响，它既包括爱情，也包括激情，但又有其自身的神秘性。幸运的是，这种"痴情"在英国女人中并不常见，而在拉丁裔中可以经常看到，有时会导

致盲目的悲剧，但是即使我们头脑清醒也无法做出解释。[4]

"激情"就是性欲。赖德·哈格德让迦茵感受到了激情和爱，这种结合"有其自身的神秘性"。为什么这不是真爱，而是痴情——事实证明这就是痴情，因为它没有达到精神层面。如果迦茵的肉体和精神融为一体，亨利会毫不犹豫地选择她。然而亨利面对的是肉体与精神的较量。

赖德·哈格德为读者做了铺垫，让我们透过亨利的眼睛去看艾玛。一天晚上，他看到艾玛穿着白色连衣裙坐在温室里，独自一人在月光下，她看起来与其说是一个女人，不如说是一种精神，身后一尊真人大小的、完全裸体的爱神阿芙洛狄忒的大理石雕像突出了这一点。这样的对比使亨利产生了思考："灵与肉这两种类型中，哪一种更可爱"？他会选择哪一种？然后，他得出结论，一个完美的女人必然是两者的结合。读到这里，读者的思绪又落回到他第一次见到迦茵时的情形——后者表现出一副等待丘比特之吻的普赛克的样子。

艾玛和亨利开始说话时，他们在肉体和灵魂谁更重要的问题上产生了分歧。亨利认为，"我们是由肉体而生，我们是肉体，我们所有的情感和本能都是肉体的一部分"。艾玛的看法正好相反："我们由灵魂而生……肉体只是一个意外，即使是一个必要的意外。当我们允许肉体来控制自己时，麻烦也就开始了。"[5]但是，亨利很快就被一种无法抑制的身体冲动支配，他一再坚持认为，我们不能违抗我们的本性，我们无法摆脱它。

林纾在语言允许的范围内尽可能忠实地翻译了所有这些概念——对于一个思维模式与英国维多利亚时代截然不同的儒家知识分子来说，这是个了不起的成就。然而，如果不能完全内化这些观念，那就只能留给年轻一代去发扬了。在林纾的同时代人看来，中国传统思想仍是唯一的权威，在那些针对他的译本所做的令人难堪的愤慨评论中，"淫"这个古老的污名随时准备占据一席之地。

在汉译过程中，林纾没有像杨紫麟和包天笑两位译者那般谨小慎微，杨、包译本强调了迦茵的贞洁，译文中没有任何性暗示，更不用说怀孕。现在，林纾要面对的是对于婚外性行为紧张兮兮的儒家读者群的批判。批评家们对他的译本中迦茵的形象吹毛求疵，几乎要把这形象撕成碎片。一位名叫寅半生的评论家愤怒地宣泄道，要是林译本省略掉怀孕就好了，这些情节会让有正义感的中国人产生道德上的反感。不亚于之前一版翻译中的"情感污点"，寅半生继续说："吾向读《迦茵小传》而深叹迦茵之为人清洁娟好，不染污浊，甘牺牲生命以成人之美，实情界中之天仙也。吾今读《迦茵小传》而后知迦茵之为人淫贱卑鄙，不知廉耻，弃人生义务而自殉所欢，实情界中之蟊贼也。此非吾思想之矛盾也，以所见译本之不同故也。盖自有蟠溪子译本，而迦茵之身价忽登九天；亦自有林畏庐译本，而迦茵之身价忽坠九渊。"可怜的迦茵，林纾对她有什么怨气，竟如此刻薄对她？6

至于亨利，他也好不到哪儿去。初次相遇时，他冒着摔断腿的危险，爬上一座塔，从鸟巢里给迦茵抓来一只寒鸦。他这样向母亲解释自己的鲁莽行为："因为迦茵太漂亮了，我想帮她。"诚然，林纾将这句话过度译为"吾恋其美，实欲媚之"7，但亨利的欲望并不是寅半生所认为的那种赤裸裸、无节制的性欲："夫亨利何人？……乃一遇彼美，遽丧其品，至于卧病其家，日恣淫乐，与禽兽何异？"他是个什么样的儿子，竟拒绝了父亲临终前希望他从对情妇迦茵的宠爱中走出来去同艾玛结婚的遗愿，对一个中国人来说，这种行为理智吗？寅半生继续道，小说应该传递良好的道德品质和美德，林纾不应该宣扬淫荡、卑鄙和无耻。8

1905年，金天翮（1874—1947）发表文章斥责《迦茵小传》：

> 使男子而狎妓，则曰我亚猛着彭也，而父命可以或梗矣；
> 女子而怀春，则曰我迦因赫斯德也，而贞操可以立破矣。

金天翮认为，西方人对于儿女私情是直截了当的，但在迎合中国社会时，最好还是像杨紫麟和包天笑那样，在翻译中保持克制。他担心，西式的做派如此流行，也许不到十年的时间里，男人和女人将会牵手、接吻——是否会成为一种趋势就等着瞧吧。⁹

对于林纾的批评者来说，并非要讨论"爱情"还是"痴情"、"精神"还是"肉体"，问题其实一目了然：迦茵是贞洁的，还是放荡的？总而言之，这就是第一位批评者寅半生的切入角度，认为迦茵在性方面是放纵的——甚至怀上了私生子，这证明驱使她的是性欲，而不是"情"。情是欲的媒介，欲是情的祸根。考虑到寅半生所秉持的伦理框架是笼罩在宋明理学思想下的，这种观点也就不难理解了。正如我们所看到的，在理学学派的思想中，性欲望是从情感中产生的（所以情确实是"欲的媒介"）。情感是平静的水流，欲望是搅动水流引发的波澜。一旦你以这样的方式来表达——寅半生接下来说的话似乎更具意义——杨紫麟和包天笑笔下品行端正的迦茵是"知有情而不知有欲者"，林纾笔下毫无羞耻感的迦茵则被认为是仅仅受性欲驱使产生"情"的人。¹⁰

读者们可能还记得，《西厢记》中的崔莺莺和恋人张生发生过婚前性行为。的确，如果把梦境也算上的话，《牡丹亭》里的杜丽娘与花园里遇到的陌生人之间也有性接触。两位女主人公都没有受到惩罚，因为她们最终嫁给了男主人公，这为她们先前的性过失提供了事后的道德托词。

迦茵·海斯特让中国读者瞠目结舌的是，她的故事并非通过传统的婚姻来解决，而是采取了补偿性的自我牺牲。她为性付出的代价是死于对亨利无私的爱，实际上是替他而死。中国读者意识到，啊，原来这就是爱——愿意为之付出生命的自我献身，不计任何代价！除了我提到的那些吹毛求疵的批评家之外，在大多数读者看来，迦茵对自己内心的控制和为他人利益着想而约束个人欲望的品德足以令人钦佩。

类似寅半生和金天翮这样的观点缺乏长远的前景。《迦茵小传》一遍又一遍地重印。1915年，中国剧作家欧阳予倩（1889—1962）模仿创作了一部作品《神圣之爱》。在这部剧作中，甲女和乙女同时爱着丙男。丙男爱的不是甲女而是乙女，并娶了乙女。然而这并没有减少甲女对丙男的爱，与此同时，乙女也被丁男爱着。丁男妒火中烧，把枪对准了他的情敌丙男，企图射杀他，甲女因为替丙男挡子弹而亡。从这位剧作家的解释中可以看出他可能是在为《迦茵小传》作注："要符合'爱'的标准，我必须爱她，即使她不爱我；我必须爱她，即使她不知道……的确，她越不知道，我就应该越爱她。只有这样，才是真爱！"[11]

《迦茵小传》不仅吸引了一心想读优质感伤文学的观众，还引发了人们对以自我献身和自杀式解脱为结局的三角恋故事的兴趣。《迦茵小传》可能是今天那种你不屑一顾的机场读物，但它在中国有着巨大的影响力，甚至有人开玩笑说，它和《茶花女》引发了1911年中国的辛亥革命。[12]

对于有影响力的浪漫小说，我们无法确定它们是否为读者提供了间接体验爱情的机会和幻想的空间，或者它们仅仅是对时代精神最有力的传达。在中国，这可能是两者的相互作用。西方大众浪漫主义小说中的爱情故事被普遍认为是在幻想中回应现实生活中无法满足的需求，它是"所有文学形式中最接近愿望实现的梦"。[13]在中国，西方通俗小说的翻译所带来的幻想满足感激活了缺乏爱的承诺的现实生活。在包办婚姻下的物质关系、情感关系、契约关系和家庭关系中，情感传统显得苍白无力。

然而，与此相反的是，这个时代标志着女权主义的兴起，之后，女权主义的重要性也同"浪漫爱的发现"联系在了一起。[14]《迦茵小传》林译本问世的两年前，一本名为《女界钟》的进步小册子广为流传，被抢购一空。敲响钟声唤醒受压迫妇女的不是别人，正是金天翮，那个恐慌于中国人不久就会牵手接吻的人。尽管他不赞同西方的做法，但他认为这种为女性与自由主义平权的西方思想是"女界沉沉黑暗中，光明一线请君通"。他也确如人们所称是个"爱自由者"，挥舞着拳头反对中国的妇女压迫，敦促妇女解放，为自己赢得了"女界之卢骚（卢梭）"的绰号。

他的呼声吸引了越来越多拥护者尤其是女性加入他的阵营。他们所倡导的最重要的权利就是自由择偶权。虽然"婚姻自由"口号的落实要到很多年以后，但这句话却对中国浪漫爱的未来有着不可估量的意义。如果可以自由地选择结婚对象，那么就没有什么能阻止一个人为了浪漫爱而结婚。至于这种爱情的典范和理想，可以参考《茶花女》《迦茵小传》等由西方引进的小说。

报纸和期刊数量激增，在为大众读者提供连载小说的同时，也为具有改革思想甚至激进主义的知识分子发声，而从商业角度来说，满足大众的娱乐胃口是必要的。感伤小说在中国的出版传媒中心上海得到了蓬勃发展，"东方小仲马"徐枕亚以其畅销书《玉梨魂》开启了这一风潮。这部催人泪下的小说被归为"鸳鸯蝴蝶派"大众文学，其中不乏居高临下的鄙夷之意。鸳鸯与蝴蝶代表了中国传统中忠贞不渝的恋人形象。鸳蝴小说（鸳鸯蝴蝶派小说的简称）大部分内容涉及爱情故事，当然也不乏犯罪侦探、武侠和黑幕等类型。上海的出版商喜欢给他们贴上亚类标签，如悲恋、苦恋、奇恋等。悲恋一类的故事尤其受欢迎。

要论悲剧故事的创作，致力之深、数量之众，没有人比得过出生于上海的通俗文学作家、编辑和翻译家周瘦鹃（1895—1968）。周先生"哀情巨子"的称号并非浪得虚名。他最擅长书写注定失败的爱情，这或许同他自身的经历有关。年轻时，他爱上了英文名为Violet（紫罗兰）的周吟萍，后因她被家里许配给了一个有钱人家，周先生痛失心上人。此后，"紫罗兰"成了周瘦鹃的个人标签：他在自己的花园里种满了紫罗兰；将自己主编的大众刊物命名为《紫罗兰》；把"紫罗兰"列入自己文集的标题中；以紫罗兰代表自己的美学，甚至代表他自己。由此，被诅咒的爱情、浸湿的手帕、泪眼蒙眬的忧郁——这些意象带有了更多浪漫气息的悸动，周瘦鹃有切肤之感。

周瘦鹃是一位多产的西方小说翻译家和改编者，向中国译介了近460部外国作品，其中大部分是短篇和长篇小说。他翻译作品的数量之众是不容置疑的，质量则另当别论。在翻译中，他乐于对原文进行增删、扩写或缩写来适应自己的意图，以求突出并拔高浪漫爱的效果。毫无疑问，他也很少会克制自己可以让一个场景或一段文字达到更凄切、更色情或更戏剧化效果的冲动。任何人打开周瘦鹃的作品集，认为自己正在阅读塞缪尔·理查德森（Samuel Richardson）的《克拉丽莎》（*Clarissa*）、普罗斯佩·梅里美（Prosper Mérimée）的《卡门》、沃尔特·司各特爵士的《拉美莫尔的新娘》（*The Bride of Lammermoor*）、夏洛蒂·勃朗特的《简·爱》、纳撒尼尔·霍桑的《红字》、理查德·多德里奇·布莱克莫尔（Richard Doddridge Blackmore）的《洛娜·杜恩》（*Lorna Doone*）等作品，那就大错特错了，因为周瘦鹃提供的只是梗概，每一篇都将长篇或中篇的原作浓缩为不超过十几页的情节摘要。

浪漫主义小说风靡一时很大程度上要归功于周瘦鹃，年轻粉丝们视他为爱情专家。周瘦鹃激发了或者说迎合了人们对爱情本质的好奇——爱到底是什么？他邀请读者探讨"一男子同时可爱二女子否"之类的问题。他对"爱是什么"的回答听起来有些夸张，不过仅仅是因为今天的我们已经听厌了：爱是规则，是照亮黑暗的光，是幻想之花，是统治世界的神奇力量等。[15]毫无疑问为了"出卖色相"，1923年，周瘦鹃构思并出版了一本日历，每天一页，每一页都是一篇关于爱情的格言、摘抄或专题讨论。

周瘦鹃完全赞同本章题词中引用的林纾观点，"小说一道，不述男女之情，人亦弃置不观"——更无法打动人，后者也曾这样说过。林纾翻译西方小说的目的是启迪同胞，周瘦鹃则更偏向于利益的驱动，但他们对20世纪10年代和20年代的中国产生的影响是相似的：人们开始更多地思考浪漫爱，并产生了不同的看法。在那些年里，爱情在中国人生活中的地位发生了变化，正如我们将会看到的，它的意义也发生了变化。

第 8 章

爱 语

他还从未说过"爱":这个越界的、具有改变性力量的字眼。

——

雪莉·哈泽德,《大火》

现代汉语借助"恋爱"二字阐释了中文语境下的"爱",它们以现代主义风格的字体出现在一本名为《伟大的恋爱》的小说封面上。注意,封面设计中还包含了英文单词"LOVE"

迦茵·海斯特对亨利说:"我爱你,我爱你,我爱你。"后来我们才发现他们在这段情节里做爱了。¹不久,亨利在读到迦茵怀孕的信时,说出了同样的话:"我爱你!我爱你!"他补充道:"我以前从没这么说过,但现在我要一次性地全部喊出来。"中国翻译家林纾并没有意识到"我爱你"是一句惯用语——而且总是被引用,从罗兰·巴特在《恋人絮语》中将"I love you"写成"I-love-you"就可以看出,也没有意识到对于原文中每次出现的"love"一词都应使用相同的中文字眼。他没有发觉,没有其他的词或构词法可以取代这三个字。正如巴特所说,这三个字是"被最轻微的句法变化所打碎的语块,没有对等的替代词,尽管它们的组合或许可以产生相同的含义"。²

这句话在世界范围内传播力度非同小可,它对不同文化中爱情与恋爱的描绘所产生的影响也是非同寻常的。印度电影的例子就特别具有启发性:电影中的对白可能是印度语,但说话者表达"我爱你"时通常会说英语。无论原因如何——有一位学者认为,这种表达是"时髦的,严肃的,个人主义的"——这无疑标识出了这句表白的舶来品性质。³

在今天的中国,这句话因经常出现在流行歌曲中而为人所熟知。它已经被本土化,歌唱者不知不觉地唱出来,几乎没有意识到它的外来属性。然而,它的本土化程度仍有限,我在听到这句话用中文说出来时(比如电影里),仍感觉有些难为情,除非编剧是在讽刺那些自以为西化的中国人。这句话不仅在中国电影的爱情场景中听起来不真实,而且有点像米尔斯-布恩(Mills & Boon)或禾林(Harlequin)出版商发行的爱情小说和好莱坞为了听起来没那么假而发明的所谓"浪漫喜剧"。

这就是程式化的惯用语,男女主人公都要做出这样的表白,否则就无法实现浪漫的结局。的确,唯有两个人对彼此说出"我爱你",我们才会视其为真爱。重要的是开口说出这三个字。如果林纾读过这样的爱情小说就能明白,而从这一点来看,《迦茵小传》是令他最接近爱情小说的一部作品,它虽包含了爱情小说的元素,却因悲剧结局而未被归进这一类中。

林纾不熟悉这种类型的惯例,也没有领会到这段表白的重要性,他不知道亨利说"以前从没这么说过"的话其实指的就是"我爱你"。亨利为什么从没说过呢?我们不能指望林纾会知道答案,如果你读过足够多的爱情小说或看过足够多的电影,就会知道,一个男人——至少一个爱情小说的男主人公,不会坦率地表露自己的情感,"我爱你"这句话通常要从他嘴里逼出来——你可以想象男人对女人说:"好了,我说了——你赢了。"亨利甚至在向艾玛求婚时都没有对她说这句话,结果艾玛说出了我在前一章中引用的那句话:"一个女人在她的婚姻中寻找爱,而亨利爵士,您对我没有说过一个爱字。"这句话是女人想要听到的表白,确实是她想要的全部。[4]

或许有些离题,我想以BBC 4台一部关于歌剧的纪录片中对乔纳斯·考夫曼(Jonas Kaufmann)的采访来说明这一切。考夫曼是一位出色的演员,也是一位富于表现力的男高音歌唱家。他在采访中谈到了对乔治·比才(Georges Bizet)的《卡门》中的士兵唐·何塞(Don José)的演绎方式,特别是在《花之歌》(*Flower Song*)这首咏叹调中,唐·何塞对吉卜赛女郎示爱,最后他卸下了所有的防御,说:"卡门,我爱你。""男人不太会如此具体地表达自己的情绪,"考夫曼说,"你要很柔和地开启话题,跟女人谈论自己的情感需要一个适应的过程。"考夫曼指出唐·何塞后来意识到"他必须去争取……他对她说出了'我爱你'——我敢肯定这句话对他来说太难说出口了。显然,你要避免男人最后说出这句话时声量过大,因为那是卡门从他身上逼出来的。这就是她想要的"。

为什么这就是卡门想要的?因为只要大声说出这句话,就意味着她的情人彻底屈服了吗?2008年,考夫曼在伦敦皇家歌剧院的歌剧作品中演唱了这首咏叹调,他跪着唱出了这最后一句话,仿佛一个乞求者或受害者,在观众震耳欲聋的掌声中,考夫曼的肩膀因抽泣而颤抖。唐·何塞的男子气概之刺被拔走,女性取得了完全的胜利。虽然在《迦茵小传》中,艾玛没有得到口头上的承诺,但在接受亨利的求婚时,她得到了胜利的承诺,亨利向她保证,"很快就会有一天,我会对你说我爱你"。那一刻还未到来,亨利把她拉到身边吻了吻额头,而不是嘴唇。[5] 林纾没有意识到此处暗示的贞洁,他翻译了这个吻,而省略了身体的部位。

他也没有领会到亨利承诺有一天要用语言表达的必须是"爱",除此之外都不行,既不是"迷恋"也不是"喜爱"(正如我在第7章中提到的,亨利对艾玛有些好感)。林纾将亨利的承诺翻译为,"究竟彼此同心,以后想爱玛决不见疑"。林纾对西方文化还是太陌生,无法理解在这种情况下,"一条心"不能被翻译为"爱"。林纾是一位有格调的作家,他使用了大量借鉴于中国爱情剧目中的"爱"的同义词,自由地借鉴了中国的爱情剧目。

如果没有别的词可以表达,那么,"爱"具体指的是什么呢?亨利要向艾玛表白"我爱你"时,他会承诺投入什么样的情感呢?只能是深恋。换句话说,亨利承诺会在未来的某一天爱上艾玛。但是,由于深恋建立在性吸引力的基础上,他对艾玛承诺的实际上是肉体的欲望,尽管毫无疑问赖德·哈格德告诉我们,到目前为止,亨利对艾玛没有任何感觉,读者可能还记得,亨利将艾玛的灵魂对立于阿芙洛狄忒的性能力，迦茵是艾玛精神的肉体形态，是"尚未被爱神丘比特吻醒的普赛克"。亨利向迦茵表达了爱意，所以读者只能得出这样的结论：对他和迦茵来说，爱与性是一体的。

但是，这给那些将爱和性对立起来的人带来了困扰，更重要的是，西方几百年来把爱和性分开的倾向，或者换句话说，把精神从肉体中剥离出来的倾向，使他们更加坚定了自己的信念。假装爱不是欲望，这是一种历史悠久的西方常识，我在前述章节已经指出，也将进一步详述。正是西方对这两者的独特区分，使得从男主人公口中"挤"出的"我爱你"让女主人公在情感上如此满足，因为它的潜台词是，男人追求和提供的不仅仅是性，还有爱。这种区分极大地锻炼了中国人的思维，使他们不再倾向于将爱定义为"与性无关的"。

难怪没有其他可替代的词了。林纾译作中的过错或疏漏情有可原，他翻译时，汉语对此还没有一个固定的对应词，也无法预知会是哪个字眼。

通常来说，这个词在今天的汉语里是"爱"，也是用于表达爱这种情感的专属字眼。事实上，每一个中国人在表达"我爱你"的时候，都会用到"爱"这个字。林纾曾将"爱"转译为"我爱你"，但鉴于他只是偶尔为之，所以不能认为是他固定了"爱"这个词。今天，这个表达已经约定俗成，你可以看看美国电影的中文字幕，或者更好的是威尔第的歌剧《假面舞会》(*Un Ballo in Maschera*, 1859) 中的午夜爱情场景的中文翻译，里卡多（Riccardo）在这一段里向阿米莉亚（Amelia）索求"那个字"：

里卡多：我用我的一生，天地为证，只求听你说一个字。
阿米莉亚：老天啊！
里卡多：说你爱我！

阿米莉亚：走开，里卡多！

里卡多：只要一个字！就一个字！

阿米莉亚：是的，我爱你！

里卡多：你爱我，阿米莉亚！

阿米莉亚：如果你为人正派，请一定珍惜我的心！

里卡多：你爱我，阿米莉亚！你爱我！你爱我！自责与友谊，自此从我心中抹去，让我的心仅留爱情！

剧本中文版让指代恋爱的"爱"一字贯穿始终。

它将成为现代汉语中表达爱的专属字眼，这在历史上是前所未有的。"爱"是一个古老的中文词，在这里暂借过来旧瓶装新酒。之所以说新，是因为旧的用法从来没有在历史上的任何爱情宣言中成为关键词，更不用说承担那种里卡多愿意为之牺牲个人"生命、宇宙"的分量。例如，孔子教导年轻人"泛爱众，而亲仁"时，是从广义上使用这个词。[6] 你会发现，在古典爱情诗中，"爱"这个词并不那么受欢迎。在《玉台新咏》，以及后来最著名的爱情诗集《花间集》（公元10世纪）等经典文本中，"爱"出现的次数相对较少。这里有三个包含"爱"的例子："却爱蓝罗裙子，羡他长束纤腰""却爱熏香小鸭，羡他长在屏帏"[7]"盛爱逐衰蓬"[8]。"爱"也会出现于排遣怨念的语境中，如失去帝王宠爱时：

入君怀，

结君佩，

怨君恨君恃君爱。[9]

这也是一个你可以轻巧采用的词，就像11世纪北宋政治家、散文家和诗人欧阳修以"平生为爱"表达他对某地的情感那样。他指的是风景如画的西湖,这是一代又一代的诗人的审美重心。我们还记得,张爱玲那部作品的副标题是"以爱情来到中国时为背景的短篇小说"。[10]

"爱"这个字在旧瓶装新酒之前,并没有浓厚的象征意义和强大的内涵,这一点与"情"形成鲜明的对比,或许也因此降低了它的词义流变——如果这个词被用于描述外来事物,比如将迦茵·海斯特比作美丽的神话人物普赛克,它的词义就会发生变化。林纾称她为"爱"神。的确,很难想象如果林纾不用这个字,还能给她起什么名字,倘若用"情"字,则有对迦茵的过度教化之嫌。

19世纪,英国传教士在《圣经》中把"爱"解释为"上帝对世人的爱"和"全身心投入地爱主,爱你的上帝"。[11]这又是旧瓶装新酒,而且是全新的观念,因为中国人缺乏神圣之爱的概念。另一种新观念则是将儿子和女儿对父母的感情也视作"爱"。在与西方接触之前,中国人把这种感情描述为"孝",而不是"爱",这是儒家的第一美德。但在1925年,28岁的诗人徐志摩(1897—1931,第14章详述)告诉我们,"孝"并不完全等同于"爱"。在他年幼时,"'爱'那个不顺口的字,那时不在我的口边",也不会用在敬爱的母亲身上。但他现在可以这样做了,因为"我新近懂得了爱",爱是上帝的旨意,而他应该用整个身心去爱。[12]

林纾的翻译中用了不少名词,直接映入眼帘的却是"爱情"一词。它由两个音节"爱"和古老的"情"组成,它引起我的注意的原因在于这是个现代用法,是当今描述两性关系最常用的表达。这个词没有在《茶花女》中出现,却出现在了六年后的《迦茵小传》中。这个词太过新颖,以至于未能从林纾全部以文言文写就的译作中脱颖而出。*[13]

我读过17世纪的一篇文章写道,"爱"和"情"先是作为单独的非复合音节出现,后来才在一部17世纪的作品中再现为复合名词"爱情"。"情痴"冯梦龙撰写了著名的短篇小说集《醒世恒言》(1627),其中一则故事的人物对另一人说:"人有七情,乃是喜怒忧惧爱恶欲。我看你六情都尽,惟有爱情未除。"[14] 由于这部小说集写于17世纪,可以说"爱情"一词早在林纾之前就存在,但林纾用旧的形式表达出了新的含义,或者说改装这个词以表达西方意义上的"爱"是一种创新。

不久,"爱情"一词就人尽皆知了。得益于林纾及其他译者翻译的西方作品,这个词流传开来。爱情不仅是鸳鸯蝴蝶派感伤文学的主题,也是它的一个次级标签。例如,林纾在1907年出版了一部英译小说,以小号字体在封面的书名上方标注了"爱情"标签。[15]

到了1912年,徐枕亚发表小说《玉梨魂》时,"爱情"这个复合词已经相当流行。尽管他有意让小说沿袭华丽的古风,但行文中反复出现的"爱情"一词,以及他对"爱情"的论述,让同时代的读者毫不怀疑他们所读的是一本新小说。"爱情"与"自由"相伴,而后者成为小说中另一个反复出现的词,这是与包办婚姻相对立的"自由婚姻"的基础。小说中确实有句话突出了这一理念,因为两个女人(寡妇和她的小姑)"彼此均非自主,实说不到'爱情'二字"。[16]

徐枕亚在关于爱情的论述中,以现代人听来都觉得新鲜的方式讲述了爱情的"热结",以及"此恶魔之来,仅能破坏爱情之外部,不能破坏爱情之内部",它的效力不过"适足以增加爱情之热度,以

---

* "爱情"一词在《茶花女》中译本中更为常用的表述是将"爱""情"两字的顺序反过来,即"情爱"。在中文里,这两个词的内涵并不相同。许多作品中经常出现"爱情"和"情爱"这两个词,但鸳鸯蝴蝶派更青睐"爱情"一说,并将其内化为自己的表达。

所得者偿其所失而有余"。[17]旧情不会复燃,相反,正如吴趼人几年前所主张的那样(他将所有两性之间的爱都视为"痴迷"或"迷惑"),在感情最激烈的时候,人们却要表现出漠不关心的样子。看看那些先人称赞的贞节寡妇吧,难道她们完全没有感情,心如枯木、似枯井吗?不,吴趼人抗议道,正是在她们看起来最无动于衷的时候,她们的"情"才达到了极致。[18]长期以来,外表看似冷静,但内心已是汹涌澎湃,这是中国人的自负心理。例如,9世纪的著名诗人杜牧,以对酒、女人、鸟语和鲜花的感官享受之描摹见长,他曾为一位风尘女子赋诗成行,"多情却似总无情"。[19]

林纾处在一个语言革新的高潮时代——确切地说,是从1898到1917年。这一时期以大规模地将日语词汇引入白话文为标志。[20]日本人比中国人早几十年吸收了欧洲的思想,并为它们创造了新词,这是1868年明治维新后政府开启全面改革的结果。日本的书写系统来自中国——日本人称之为"漢字"(kanji,字面意思是"汉人的文字")的文字由数以千计的图形或字符组成,它们都源于汉语书面语。当外国知识和现代术语涌入日本,要求日本人创造出新的对等表达时,他们就从中国古典文学、佛教文学和儒家作品中寻找灵感。[21]由于日本的新词借用了汉字,中国人很容易将新词字形借用回汉语,并将它们重新本土化。为了促进专家们所说的"往返借词",大批中国人赴日留学,1896年只有13人,到1906年已激增至1.2万人。[22]

中国典籍并非日本新词的唯一来源,还有19世纪传教士编纂的英汉双语辞典。其中一部是1866至1869年由罗存德(Wilhelm Lobscheid)编写的《英华字典》(*English and Chinese Dictionary*)四卷本。罗存德牧师由莱茵传教会派往中国,但不久就放弃了传教工作，进入香港殖民政府就职。身为一位作家和辞典编纂者，他会有意识地从中国古典词汇中创造出新的复合词来表达现代西方概念。更重要的是，日本的辞典编纂者和翻译者大量借鉴了他的辞典。[23] 他们极有可能就是在那本辞典发现了"爱"这个新词。

正如"民主""个性""自由"等概念需要新词一样，现代爱情的语言也需要新词来表达。19世纪晚期的日本人突然意识到，在日语中没有与"爱"（类似于法语的"amour"或德语的"Liebe"等）相对应的术语。日本译者二叶亭四迷（他本人1887年的小说《浮云》被认为是日本第一部现代小说）在翻译屠格涅夫小说中一个女人说"我爱你"时遇到了困难，最终将这句话译为"我可以为你而死"。[24]

厨川白村在1921年的爱情专著《近代的恋爱观》中讽刺道："日语完全没有能与英语的'爱'相媲美的词，像英语或法语中'我爱你'这样的语句，根本无法翻译为日语，日语也完全无法表达这些语句中所包含的感情……词汇缺乏的原因是，这些词语所表达的思想并不存在。"[25]

也就是说，缺失的是"柏拉图、但丁和拜伦所描绘的那种爱"[26]。基督教诗人和散文家北村透谷（1868—1894）对这种缺失感到遗憾，他认为在他所处的明治时代之前的江户时代，文人们"除了描述肉欲之外，没有其他方式来表达浪漫的情感"。北村透谷发现，在日本文学史上，没有像英国诗人拜伦一样真正的诗人对"奇妙的爱的力量"的描绘，只是存在对"大量的兽性行为"的描写。[27]

30年后，同样的结论，或者说谬误，也出现在中国。举个例子，戏剧改革家齐如山（1877—1962）在中国戏剧的现代化进程中做出了巨大贡献，他在访问德国、法国、英国、比利时和奥地利期间观看了许多欧洲歌剧。他评论道，西方戏剧没有淫秽地描写爱情，而中国剧目中无一不是淫秽的！[28]

说到日语中不存在与英语中"爱"对等的词，无独有偶，在广泛阅读妇女问题相关的日本作品的编辑章锡琛（1889—1969）的眼中，中文也存在同样的情况。他对支持女权主义的上海刊物《妇女杂志》进行了形象和内容上的大幅改进与进步化调整，并向读者们解释了为什么《妇女杂志》在有这么多更紧迫的问题需要解决的情况下，仍用大量篇幅来讨论爱情问题。他提到，直到现在，中文还没有表达恋爱之义的词语，这就是很多读者误解"爱"这个字的原因。杂志里刊登的所有有关爱情的文章都需要明确它的正确内涵，把恋爱和奸淫区分开来看——后者只不过是"一方占有他方，满足自己的欲望"。[29]

研读殖民时期印度的案例颇有启发性，因为情况非常相似，而且大致是同时代的。在19世纪末20世纪初，语言和观念上的变化发生了，作家们觉得有必要与"shringara"保持距离——"shringara"是一种露骨的性和感官的理想状态，被翻译为"情爱"；他们随即转向了"prem"，这是一种浪漫爱的伦理和美学典范。随着这种新的爱情风格的出现，旧的观念降到了一个更低、更粗糙的层次。[30]

在日本，追求浪漫爱的这个新理想，势必要求降低乃至抛弃旧的情爱观念。而对于新理想来说，旧的标签显然不适用。最初，北村透谷将作为新名词的英语单词"爱"音译为"rabu"。1887年9月4日，他在写给一位基督徒（他的未婚妻）的信中透露了这种爱的含义。这是一种高于性的爱，一种因激情而更强烈的爱：

> 我们的爱（rabu）存在于性激情之外，我们的爱在心中，我们的爱在希望中：与别人的性爱相比，我们拥有更强烈的爱。虽然我们还没有融为一体，但我觉得我们已紧紧相连。我们要建造一座坚不可摧的爱之堡垒，没有敌人能恐吓到我们。[31]

接下来，在19世纪80年代末和90年代，另一个新名词"恋爱"（日语发音"ren'ai"）被普及开来，作为日语对英语和欧洲语系中"爱"的翻译。[32] 北村透谷在1892年发表的一份宣言中，将这种假定的新型爱情的理想化发挥到了极致。这篇文章题名为《厌世诗人和女性》，讲述恋爱、婚姻、女人、社会和上帝，对同时代的文学界人士产生了巨大的影响，如同"被大炮轰得四分五裂"[33]。这是日本首次将"恋爱"理想化为人类生存最重要方面的一篇文章，那句惊人的开场白流传至今："爱是开启生命秘密的钥匙。先有爱，后有生命。如果一个人没有了爱，生命还有什么意义？"[34] 这篇文章还探讨了反映人类真实自我及其与社会之间关系的爱。对此，我将在第11章进一步讨论。

这个词本身是两个汉字"恋"和"爱"的合成词，前者是"爱"的同义词，后者在现代汉语中就是"爱"的意思。这个复合词成了中国人的通用词语，或多或少与"爱情"同义。当然，中国人有自己的发音，把这两个字读成"lian'ai"而不是"ren'ai"。

多数学者认为"恋爱"这个词是日本人的发明，中国人采用"恋爱"又是一个从日本"往返借词"的例子。日本人赋予它特殊的新义，即西式的浪漫爱。但我认为，把这个词当作新词是错误的。在罗存德的字典中，"恋爱"的意思是"温柔地爱"，它是英文单词"love"下属几个复合词的其中之一。如果日本译者想要找一个对等词来表达一种外国的思想，而这种思想在日本从未以同样的方式被概念化，难道就没有可能是他在罗存德的字典里找到并借用的这个复合词吗？

在中国，"恋爱"这个词在1905年就已经成为常用词了，被广泛使用的汉语词典《辞源》在当年的版本中将其作为词条收录。有趣的是，直到1931年，这本词典才收录了"爱情"的词条，解释如下："情绪之一种，对其人深相倾注之谓。如与其人晤对相谈，则有愉快之意,暌离则有思忆之苦。见其人有幸福而乐,闻其人有灾害而悲,皆爱情之关系也。在普通语言中多指男女相恋为爱情。"多萝西·坦诺夫所提出的"深恋"概念并没有出现在该版本中,只是在其补充部分有所提及,像某种事后的追加或是对无意间遗漏内容的填补。

这并不是因为爱情的星光黯淡了,相反,20世纪20年代是爱情崛起的分水岭。只不过在那些年的报刊上关于爱情的争论中,在所有的理论和口号中,严格意义上应称之为"恋爱"而非"爱情",尤其是在"自由恋爱"这样的流行语中。"恋爱"似乎比"爱情"更具有现代气息,甚至更有庄严感。"爱情"深受多愁善感且老派的鸳鸯蝴蝶派作家的喜爱。其中有一位作家曾在1931年的一篇文章中问道:"爱情是什么?"答案是"她是娇艳的玫瑰,是绮丽的云霞……是蓬勃向上的树苗……是希望,是光明,是快乐,是青春"。[35]这才是爱情。如果你把爱情和心理学、文学、资本主义或但丁联系起来,甚至卷入辩论场中,那就更有可能是"恋爱"。

不过这并没有严格的规定。1927年,上海《新女性》杂志上关于"爱"和"恋"的辩论如火如荼,一位困惑的评论家不禁对"爱"和"恋"是否可以区分产生了疑问。什么是"爱"?什么是"恋"?二者相同吗?他认为是不同的,"爱"比"恋"更感性,"恋"则更莽撞,从他解释的方式来看更像深恋。[36]另一位撰稿人告诉读者,所谓恋爱只是"'性爱'之较深邃而悠久的程度而言"。提到"恋爱"这个词时,他还在括号中加上了英文"Sexual Love",声称"我甚至于'恋爱'(Sexual Love)一词取消而不用也是唯唯的"。[37]他认为这样可以消除术语上的混乱,但实际上却使情况变得更糟。章锡琛说,人们误解了新词"恋爱",甚至认为它含有淫荡的意味。[38]

那么以前的"情"字呢?毫无疑问变少了。1922年,一家鸳鸯蝴蝶派杂志上刊登了一篇引人入胜的小故事。[39]这个故事以嫦娥的口吻讲述,她把自己比作阿芙洛狄忒,陶醉于世界上的爱月者对她的崇拜。她最擅长为有情人牵线搭桥，为此定期派遣助手带着红丝线下凡，绑定一对又一对有情人。她的助手月老是姻缘之神，经常忙得不可开交，很少让人担心他会无事可做。

但最近，嫦娥发现对姻缘的诉求似乎有所下降。1911年清王朝被推翻后，中华民国成立，农历改为公历，但中秋的庆祝依然沿袭下来。中秋的月亮最圆，婚介生意也最繁忙。为何嫦娥收到的诉求越来越少呢？她决定派月宫的另两位常客玉兔和银蟾到地球上进行调查。一切会在他们带着报告回来后水落石出。

报告显示，今天的地球上，有人以西方自由女神的名义宣扬所谓的"自由恋爱主义"，信奉这种理念的年轻男女正在打破宋明理学的藩篱。更重要的是，这些人认为，只有抛弃属于"情"的一切才忠于他们的意识形态。

嫦娥依然不解："破抉礼教的藩篱，那还是意中事，那些盘踞情场的男女，谁不敢明做，久已在那里暗中进行。但是情场的根基，是青年男女最宝贵的，怎么也委托他发掘了呢？"

玉兔和银蟾解释道："他们这样的个主义，男女爱恋是自由的。要爱恋就爱恋，用不着什么婚姻制度。明媒正娶，那本是一种机械式的固然万用不得。就是那幽期密约，也还是那种没出息的男女，又要顾忌，弄得来如了愿也是鬼鬼祟祟，处处防人知道。所欲不遂，更是生出许多愁呀病呀。在他们以为是在情场里做功夫，其实在这爱恋的实际上，可是一点关系没有，并且反成了爱恋之累，这情场还要得么？在他们的意思礼教固然是恋爱上的大障碍，就是那情场里一讲到情字，那爱恋就不能彻底了。"

原来如此！嫦娥感叹道，中秋过去是约会的时节，现在男女青年想要约会随时都可以见面，不再需要等到中秋节。难怪他们不再崇拜嫦娥了。

虽然这只是个故事，但它真实地反映了1911年中国最后一个王朝覆灭前后的关键岁月里，人们对爱情的态度发生了多么剧烈的转变。当时许多人希望变化更大些，促使旧理念向新理念转变，从"情"转变到"恋爱"，可以说这不亚于一场革命。他们呼吁中国人摆脱陈规旧俗、循规蹈矩和儒家思想的束缚，勇敢地向幸福和社会进化的更高境界迈进，而包办婚姻，或者说无爱婚姻，尤其受到抨击。如果想更好地理解从不自由到自由的过渡如何对男女的生活产生真正的影响，就必须进一步研究引发这个过渡的机制是什么。

第 9 章

两种逃避的方式

丈夫生而愿为之有室,女子生而愿为之有家。父母之心,人皆有之。

不待父母之命、媒妁之言,钻穴隙相窥,逾墙相从,则父母国人皆贱之。

——

孟 子

1933年，胡适将这张照片赠予克利福德。台湾"中研院"近代史研究所胡适纪念馆提供

"娜拉走后怎样?"

1923年,作家鲁迅(1881—1936)在北京的一次演讲中提出了这个问题,这场演讲非常著名,受过教育的中国人几乎都听说过。[1] 今天,如果不考虑这个问题是如何提出的、为什么会被提出,就无法书写中国妇女解放史,也无法书写爱情史。

在易卜生的名剧《玩偶之家》(1879)中,娜拉抛夫别子,惊世骇俗。她一直受到孩子般的纵容和教导,先是她的父亲,然后是她的丈夫,直到一连串事件使她意识到,在这样的关系和这样的家庭中,一个女人无法成为她自己。在戏剧的结尾,娜拉离开了资产阶级的金笼子,砰地关上了身后的大门,开始了不确定的独立生活,去找寻她是谁,她相信什么,以及如何应对她"浪费掉"的生命。

该剧自中文版首次亮相以来,已在中国上演过无数次。1918年,新文化运动的先驱刊物《新青年》还推出了一整期易卜生专刊。无论该剧对世界意味着什么,它对中国的意义是上百倍的,这丝毫不夸张。《玩偶之家》刚被中国作家们接受,汉语词典中就出现了两个新词——"娜拉主义"和"易卜生主义"。

在中国,从来没有女人对丈夫这样说过:"够了,我受不了了!"中国的易卜生粉丝们认为,她们迫切需要一点"娜拉主义"或"易卜生主义",成为为自己而活的女人。于是,娜拉就成了一个榜样,在第三幕中,她终于站起来反抗她的丈夫托瓦尔·海尔茂:

娜拉:你说什么是我最神圣的责任?

第9章 两种逃避的方式

> 海尔茂：那还用我说？对丈夫和儿女的责任。
>
> 娜拉：我还有别的同样神圣的责任。
>
> 海尔茂：没有的事！你说的是什么责任？
>
> 娜拉：对自己的责任。
>
> 海尔茂：别的不用说，首先你是一位妻子，一个母亲。
>
> 娜拉：这些话现在我都不信了。现在我只信，首先我是一个人，跟你一样的一个人——至少我要学做一个人。

娜拉主义与中国女权主义词汇中的关键词"人格独立"紧密相连。只有人格强大的女性，才有足够的品质和个性来了解自己的思想，确定自己的目标。然而，除非中国妇女得到解放，否则她们无法形成强大的人格。这就是自视为文学和文化现代派的五四知识分子对戏剧中易卜生主义的解读。

但要坚持下去——鲁迅在这场著名的演讲中倡议道。娜拉的胜利是空洞的，她关上玩偶之家的大门时，似乎并没有开启另一扇机遇之门。坦率地讲，尤其在身无分文的情况下，中国娜拉们对于自己属于自己而非丈夫的自我意识应当如何存续下去？她离家后只有两种可能的结果：要么卖身求生，要么回到丈夫身边。在机会平等和财富分配平等之前，她要么是娼妓，要么是妻子，没有其他角色可选。鲁迅说出了某天当他成为马克思主义者后会说的话：如果围绕在夫妻关系之外的所有其他关系——尤其是经济关系，没有发生相应转变的话，家庭、婚姻和男女关系的性质也不可能发生革命性的变化。

但是，当前最先占据五四进步人士视野的是中国的包办婚姻制度（本章题词中的加点字），即"父母之命""媒妁之言"。受过旧式教育的人——所有的五四知识分子都是如此——仅仅听到这两个词就足以唤起所有的相关论调，不单是这几段话，还有儒家经典学说

《孟子》中的言论。孟子被称为"亚圣",是儒家思想杰出的传承者。对这些知识分子而言,"亚圣"承担了比"至圣先师"更多的责任。在发展儒家伦理时,孟子强调未婚男女授受不亲,并把孝道置于其他关系之上。五四进步人士认为,这些理念对大众习惯的影响无疑是有害的。

所谓"包办婚姻制度"其实并非中国独有。事实证明,直到18世纪,欧洲上层阶级之间的夫妻结合都是出于家族利益的金钱联姻。英国1753年的《婚姻法》(Marriage Act)限制了年轻人违背家庭长辈意愿结婚的自由。[2] 在法国,直到1907年6月21日,通过减少婚礼费用和仪式流程,法律才最终允许年轻人不需要经父母同意即可结婚。[3] 在殖民时期的印度,婚姻是由父母包办的,他们认为对女儿来说,好姻缘纯粹是出于金钱利益的考虑,直到1872年英国在印度颁布了《特别婚姻法》(Special Marriages Act),规定婚姻基于个人选择。[4] 因此,中国的包办婚姻没有什么特别之处,只是比大多数包办婚姻制度持续的时间更长,更坚不可摧。

这同样是一种"没有人格"的体现,年轻的毛泽东在1919年写道。他提到被迫嫁人的农村女子赵五贞在通往男方家门的新婚花轿上割喉自杀。毛泽东认为,赵家父母应被关进监狱,但他更关心的是"赵女士的人格问题",这几个字也是1919年11月18日他发表在《大公报》上的文章标题。当她"怪红的鲜血"染上"雪一般的刀",毛泽东写道,"赵女士的人格也随之涌现出来,顿然光焰万丈"。[5] 对毛泽东来说,她的自杀标志着"人格"的出现,这是她生前为父母和成长环境所剥夺的。从毛泽东和其他同时代的中国人使用这个词的方式来看,显然,毛泽东对"人格"的理解和今天的心理学家并不完全一致:人格与生俱来,赵女士在自杀前不可能没有人格。尽管如此,我们还是可以看出毛泽东的意思——赵女士在结束自己生命之前并不是一个自我赋权的女人,就像娜拉在坚持个体独立之前并不属于她自己一样。

1903年,鲁迅剪掉了自己的小辫子,这或许可以代表对包办婚姻制度的反抗,但仅仅从拒绝辫子的意义上看,这也是反抗在满人统治下所有汉人都必须剃发留辫的象征,同样是对权威的打击。1911年辛亥革命推翻了清朝统治,不再强制民众留辫,而鲁迅剪掉辫子的行为领先于时代八年。1903年,他在日本留学,没有人会留意他是否留辫子。但假期回到绍兴时,这副模样使他十分惹人注目,无论是假辫子还是没辫子,都不免被人嘲笑为假洋鬼子。[6]

他从没闲着。相反,作为一名作家,他大概曾扪心自问:"如果不是为了更好地改变中国,为什么要写作?"他本想以从医替国人治病为使命,但弃医从文,希望通过文学来更好地医治国人的心灵。他投身文学的目的,可以说是为了唤醒国人的冷漠,使他们从麻木变得有感情。

鲁迅很早就认定,中国国民性中缺少两样东西:诚与爱。为什么是这两样?或许是他从美国传教士明恩溥(Arthur H. Smith)的《中国人的气质》(*Chinese Characteristics*)一书中汲取了灵感,该书日文版于1896年问世,比英文版晚了仅仅两年。"真诚的缺失"和"同情心的缺失"出现在该书的章节标题中。今天的读者会更为审慎,因为史密斯的许多观点,即使不是彻头彻尾的种族主义,也是政治不正确的。但在那个时代,"国民性"并不被认为是一个可疑的命题。鲁迅也的确这么认为,他紧紧抓住这个机会,不断抨击他所认为的中国人有缺陷的性格特征。*[7]

---

* 《心灵革命》的作者李海燕认为鲁迅开拓了"自我东方化"的进程,"并持续定义了其身后数代中国知识分子的自我认知"。

在他看来，中国人的所有问题中，最重要的是爱的缺失。他在1919年的文章《我们现在怎样做父亲》中提出，爱才是父亲应该给予儿子的东西，而不是恩。中国人一直在讲孝道，而忽略了"爱"——但爱是一种天然的纽带，不是任何债务，也不是以物易物的利益交换。"独有'爱'是真的。"他补充道，语气中带有明显的浪漫色彩。*8 其余的只是道德上的虚伪。儿女们应该得到"解放"，他们的命运由他们自己掌控。

持这种观点的大有人在，鲁迅远非个例。五四时期所有人都想摆脱陈旧的、压迫性的、在他们看来彻底腐败和堕落的父权秩序。五四运动与其说是一场旨在推翻任何政治秩序的革命，不如说是一场试图摧毁父辈道德世界的革命。存在一种父权形象，或者应该说是"刻板印象"，人们对此深恶痛绝。这完全就是一个对别人不端的性行为毫不留情地抨击和鞭挞，却纵容自己妻妾成群和包养娼妓的伪君子。

然而，很长一段时间内，父权没有完全结束。从这个意义上说，五四是一个过渡时期，尽管人们抨击旧的道德，却仍然受制于它。无论鲁迅如何抗拒，他也不得不屈从于父母的意愿，通过媒人的介绍，和一个此前素未谋面、第一眼见了就不喜欢的女人以旧的方式缔结婚约。拥护爱，却注定没有夫妻之爱，他选择了完全无性的生活方式——从未完成他的婚姻旅程。

事情是这样的。鲁迅在日本读书时，寡居的母亲认为他到了结婚的年龄，于是开始为他物色合适的伴侣。的确，如果不这样做，她会觉得这是自己的失职，旁人也会这样想。鲁迅的表妹是个理想人选，他们从13岁起就互相认识，相处融洽，只是表妹命里克夫。

---

* "独有'爱'是真的"这句话让人联想到浪漫主义时代，正如朱尔斯·马斯奈（Jules Massenet）的歌剧《维特》(*Werther*, 1887) 第三幕中维特所述。

如果鲁迅的母亲不管不顾让儿子娶了这个女孩，她为人父母就太失职了。于是，她通过媒人寻到了另一位人选朱安。结婚那年，鲁迅25岁，朱安28岁（虚岁），朱安是周家的远房亲戚。

鲁迅远在日本，不情愿却并未违抗。他有两点坚持，自己的未婚妻应该是不裹小脚、受过教育的女人。与此同时，家人一直联系不上远在日本的他，直到1906年的夏天，他收到了一封母亲生病并要他尽快回国的紧急电报。然而，回到家他才发现母亲身体很好，那封电报只是个命他回家成婚的诡计。他一言不发，麻木地完成了结婚仪式。不知是当下还是不久前，他震惊地发现新娘裹着小脚，而且不识字。

那晚他们共处一室，之后再未有过，他确信这一点。东京、厦门、广州，最后是上海——他去到了除她所在之处的所有地方。"她是我母亲的太太，不是我太太。"他抱怨道。朱安确实尽职尽责，就像端庄的中国儿媳妇一样。但是，一个不会读书写字的女人，怎能成为有朝一日被誉为中国现代最伟大的作家的伴侣呢？她不漂亮，但即使漂亮，她也会每天唤醒他对中国传统的厌恶感，即牺牲女性的传统。有一段时间，两人和周家一大家子住在北京的同一个屋檐下，那段时间里，他很少开口和她说话。我们根本听不到她的表述，只有一位家族朋友记录下她几句心酸的话。开头称鲁迅对她不是很好，接着说：

> 我想好好地服侍他，一切顺着他，将来总会好的。我好比是一只蜗牛，从墙底一点一点往上爬，爬得虽慢，总有一天会爬到墙顶的。可是现在我没有办法了，我待他再好，也是无用。看来我这一辈子只好服侍娘娘（太师母）一个人了。[9]

毫无疑问，鲁迅很痛苦，但朱安未尝不是。他是否意识到自己伤害了她？这一点无法从他的表现中看出，除了提供物质供养，他自始至终都表现得好像她不存在一样。他的日记提供了一道入口。1914年11月26日的日记表明他收到了朱安的来信（当然，来自他人的代笔），后者大概建议了他找个情人。这样的建议如果是真的，必定会被立即否决——要是他纳了妾或跟妓女鬼混，岂不是与那些五四的毒瘤、假装正经的道学家同流合污了吗？"颇谬。"他驳回了这个提议，完全符合他的性格。

鲁迅一直保持着婚后独身的状态，直到40多岁。他首先是一名作家，其后才是一个男人。一位素不相识的年轻人给他写诗说："我是一个可怜的中国人。爱情！我不知道你是什么。"鲁迅回道："爱情是什么东西？我也不知道。"[10] 直到1925年，他发现自己得到许广平（1898—1968）的爱慕。许广平是他的学生，非常有进取心，比他小17岁。

鲁迅在北京女子高等师范学校讲授中国小说史时，许广平就坐在前排，他在这里发表了关于娜拉的演讲。许广平是第一个采取行动的人，给他写了一封信，自我倾诉，并请求指导。她对所在大学的女校长非常恼火，女校长在日本、纽约哥伦比亚大学的求学背景本应让自己的思想变得更现代、更进步，可实际上她仍摆脱不了陈规陋习的旧式传统，许广平和伙伴们决定有朝一日要把她赶出校门。正是在这场骚乱中，鲁迅站在了学生一边，与许广平的关系亲密起来。

这一切发生在1925年春天。据推断，在夏天或初秋的某个时候，他们成了恋人。[11] 许广平身材比鲁迅还高大，是青春、活力与胆识的具身化，与鲁迅的妻子朱安截然不同。许广平是一名大学生，也会写点东西，发表文章，即使在思想上不能与鲁迅匹敌，至少也受过足够的教育，可以成为鲁迅的抄写员和文书助理。

书信往来促成了他们感情的纽带，这些信件后来由鲁迅编辑出版,虽算不上情书,也没有过多的情感流露,但从字里行间可以看出越来越亲密的关系。她使用过多种称谓,尽管"我亲爱的老师"——实际上是用英文写的——听起来可能不像昵称,但它确实有亲昵的内涵。说得委婉点,他俩是婚外恋,即使这一点还没有引起流言蜚语,年龄差距和二人的师生身份也会的。鲁迅痛恨任何不正当的怀疑,却无法消除谣言,就像不能保护许广平使她不被认为是妾室一样。离婚是不可能的,但他俩不都是反对传统道德的斗士吗?

如果他们的爱情失败了,鲁迅可能就找不到另一半了。从许广平当时写的一些内容来看,是她征服了鲁迅,而非反之。在信中,鲁迅被指代为风之神风子。她写道:"它——风子——承认我战胜了!甘于做我的俘虏了!"叙述者高兴地说:

> 即使风子有它自己的伟大,有它自己的地位,藐小的我既然蒙它殷殷握手,不自量也罢!不相当也罢!同类也罢!异类也罢!合法也罢!不合法也罢!这都于我们不相干,于你们无关系,总之,风子是我的爱……呀!风子。[12]

至于鲁迅,多年前他曾大声疾呼:"我们还要叫出没有爱的悲哀,叫出无所可爱的悲哀。"现在他可以释放自己的压抑而宣布"我可以爱"。他在给许广平的信中写道:"我先前偶一想到爱,总立刻自己惭愧,怕不配,因而也不敢爱某一个人。"现在他有信心了,他不必贬低自己到自认为不配得到爱的地步。[13]

两人最终在上海定居,1929年,许广平生下了他们的儿子。这个消息自然让鲁迅的母亲高兴不已,但他的原配朱安也没有感到不快,她会因为家族血脉得以延续而感到安心,且无论如何,中国传统上认为大老婆是所有妾室所生子女的母亲。鲁迅和许广平现在成为名义之外实质上的夫妻。他们在施高塔路（后改名为山阴路）尽头的一栋新式里弄房屋里安了家，现在这栋楼已成了博物馆。1936年，鲁迅死于肺病，享年55岁。成千上万的人来到遗体停放的殡仪馆大厅作最后的告别。

1925年秋，鲁迅创作了他唯一的爱情小说《伤逝》。[14]在这篇小说中，年轻的主人公叙事者涓生讲述了一段他与"中国版娜拉"子君的恋情始末。虽然鲁迅是在自己恋爱期间写下的，这个故事却并非自传。不过，女主人公子君的某些地方还是会让人联想到许广平——两个女人都为了追求"自由恋爱"而被家里扫地出门（许广平的家人在听说她和鲁迅交往后，就与她断绝了关系）。[15]但相似之处仅此而已。子君确实离开了她的监护人叔叔家，跟涓生同居在一起。但是爱情消逝了，最终她还是回到了家人身边。后来，涓生听说了她的死讯，内心充满悔恨，故事的结尾，他面对着一个不确定的未来，只能用遗忘和自欺欺人来消解这场悲剧。

爱是如何消亡的？为何会消亡？这是故事追寻的主题。外部环境加速了涓生的失恋，或者说使其更加不可避免，其中最主要的是经济困难。涓生在失去抄写员的工作后，尝试以翻译书籍为生。他在夫妻俩狭窄昏暗的租处工作，很快生活变得拮据起来，了无生趣的日常琐事使他们陷入比贫穷更糟糕的无望和痛苦之中。

最后他直截了当地对她说，他不再爱她了，与其一起被拖下水，还不如各自开始新的生活。他想从同居生活中取回他的自由，也就是恋爱时他曾设想的两人从各自的家庭中争取到的自由。当然，如果她也渴望自由，那就再好不过了，所以他提出了独立的话题，谈及"外国的文人，文人的作品：《诺拉》，《海的女人》"，以及诺拉（娜拉）是多么果决……

涓生和子君曾经谈论过这样的事情，或者说他谈过，子君听过。刚开始交往时，他大谈家庭的专制，打破传统的必要性以及男女的平等，还谈过"伊孛生，谈泰戈尔，谈雪莱"。子君接受了这一切，微笑着点头，眼睛里流露出孩子般的好奇。当她像娜拉一样宣称"我是我自己的，他们谁也没有干涉我的权利"时，他受到震动且备受鼓舞，对中国女性的未来充满希望。然而，从如今这个在火炉旁辛苦操持的子君身上，很难看到一个获得解放的新女性的痕迹。

易卜生的戏剧《海上夫人》（《海的女人》）出现在这个故事中是有原因的，正如涓生尝试向杂志推销他的翻译作品，而杂志名为《自由之友》一样。"娜拉走后怎样？"鲁迅在讲座中参考了这部戏剧，解释了为什么女主人公艾梨达选择了自己的丈夫，而不是突然出现在她面前邀她一道离开的水手，后者曾与之订婚。因为丈夫告诉艾梨达，出于对她的爱，他认定她"能够自己选择，并且还要自己负责任"。责任？她重复了一遍这个词，然后补充道，"那一切都不同了"。鲁迅评价，如果娜拉也能带着责任行使自由意志，她可能也会选择和丈夫在一起，而不是离家出走。

读到这里，你会情不自禁地把《伤逝》看作一个荒诞的闹剧，讲述的是五四时期的男性知识分子在西方文学的迷人书写中发现了爱和自由的典范，想实现它，最终却发现现实与理想相去甚远。

胡适（1891—1962）是新文化运动中最具影响力的人物之一，他以一种与鲁迅截然不同的方式摆脱了婚姻的不幸。胡适一表人才，天赋过人，身上带有强烈的使命感，声望实至名归，加上他长期旅居美国——先是作为学生，后来作为中华民国驻美大使前往华盛顿，有充足的机会参与到跨文化关系之中。女人们发现他的魅力所在，无休止地追求他。[16]具有讽刺意味的是，如果不是他翻译了《玩偶之家》，这些中国女性可能还会对这种行为产生异议。1918年，他在《新青年》关于挪威剧作家的特刊上发表了这篇译作以及一篇关于易卜生主义的文章，成为让娜拉在中国家喻户晓的第一人。[17]

像娜拉一样"走出去"或"出走"成为当时许多作品的主题，尤其是胡适自己的戏剧尝试。他仅用一天时间迅速完成了一部独幕剧，1919年，这部剧一经发布就大受追捧。剧名"终身大事"在中国俗话中是"结婚"的意思。如此重要的事情可不能留给年轻人自己去完成，剧中的父母把一切都安排好，他们的选择基于滑稽可笑的迷信习俗，年轻夫妇只能通过私奔来摆脱这一切。[18]

奇怪而讽刺的是，胡适自己恰恰没有出走。胡适曾就读于上海的一所现代学校，后来留学美国康奈尔大学和哥伦比亚大学，并顺从了母亲的意愿，娶了一个经她挑选而与他素未谋面的女孩，这个女孩不仅裹着小脚，而且识字不多。更重要的是，他与鲁迅不同，并没有在性和情感上保持冷漠，而是和她生了孩子。这种守旧与他作为知识分子启蒙事业的杰出领袖、被誉为"中国文艺复兴之父"的身份，又有什么矛盾呢？

胡适的母亲是清朝一位两度丧偶官员的第三任妻子。他出生时，母亲18岁，父亲50岁。胡适的父亲去世后（1895年，时年54岁）不久，这位年轻的寡母就致力把这个刚满四岁的孩子培养成他父亲那样的人，"我一生只晓得这一个完全的人"，她把这句话当作一种日行礼节，每天天亮前都会和儿子讲，并给他做道德指导，嘱咐他要努力学习。她很了不起，在儿子眼里是女性的典范。虽然胡母是个乡下姑娘，跟丈夫结婚后才学会读书识字，但她认为把儿子送到上海上一所"现代学校"（那里教数学、科学和英语，而不仅仅是儒家经典）是有必要的，也是有利的。然而，相信自己做法没错的胡母，在胡适13岁前，就按照几个世纪以来的惯例，为他选好了未婚妻江冬秀。

第 9 章　两种逃避的方式

1910年，胡适获得奖学金，从上海前往美国留学。7年后他才从美国回来。这使得他的婚约持续了13年之久。许多留学生在国外就解除了他们的婚约，胡母也愈发担心，尤其是胡适在哥伦比亚大学拿到哲学博士学位之前，耽搁了不少时间。但胡适没有食言，回国后如期举行了婚礼，甚至将母亲10年前就准备好的鞭炮燃放庆祝。[19]

然而，胡适的新娘并不认为自己如同一只待宰的羔羊般出嫁，奇怪的是，胡适也不这么认为。"为什么不这么认为呢？"这个问题引发了大量的猜测。我们可以从1914年胡适与艾迪丝·克利福德·韦莲司（Edith Clifford Williams, 1885—1971）的第一次书信往来中找到答案。这位前卫艺术家是胡适在康奈尔大学认识的，很可能是通过韦莲司在康奈尔大学的教授父亲取得的联系。作为早期的女权主义者，韦莲司（她喜欢大家称呼她克利福德）曾是胡适的红颜知己，19年后在胡适访美期间，她还短暂地做过他的情人。

韦莲司曾问过一个问题，"如果我的观点与家人不同，我应该妥协以维持和平吗？或者说，我应该无视他们，做我认为正确的事情，冒着家庭破裂的风险？"对此，他回以两种观点，东方的和西方的。他说自己赞成前者，这是在为自己说话。随后他又觉得自己的回答不够充分，在1914年11月2日给她的信中更全面地阐述了这两种相反的观点：

> 东方的观点可以描述为一种"为人的容忍"，也就是说，宽容是基于对他人、对所爱之人和爱他之人的考虑和尊重。如果突然摧毁那些对我们来说可能已经过时但对他们来说仍然至关重要的典范的神圣性，他们将遭受巨大的痛苦。我们的思想还年轻，还有创造力。但家人已经过了人生的发展期，不再能接受以我们的新典范来取代他们的旧典范。出于对他们的考虑，我们才根据自己的意愿容忍他们的信仰和思想，但容忍的程度

不能对我们的个性和人格发展造成严重的损害。这不是懦弱，也不是虚伪，而是利他主义和爱。[20]

他接着说，在西方人看来，我们的责任是面向自己的。"我们必须忠于自己。我们必须独立思考，绝不能束缚自己的个性和品格。""新的光明"向我们揭示了真理，我们必须坚定立场，"因为我们的理想——真理——是不容妥协的"。胡适接着说，这一观点"在易卜生的戏剧《玩偶之家》中得到了最好的诠释"。他问韦莲司是否愿意读这部剧，他可以把自己那本借给她。

他还提出要将约翰·斯图亚特·穆勒（John Stuart Mill）的"不朽之作《论自由》（*On Liberty*）"借给她，这本书让他相信，正是因为那些拒绝满足于现状的人，也就是"进步分子和反叛者"，"我们才有了进步"。他宣称自己是个进步分子，但只是在社会和政治观点上。然而，当谈到家庭关系时，"到目前为止，我一直站在东方的一边"：

> 这很大程度上缘于我有一个非常非常好的母亲，我的一切都归功于她。和她长时间的分离已经使我的心情非常沉重，我对她永远狠不下心来。我和她生活在一起时，我也希望能够逐步改变她的想法。

韦莲司博学多识，与他才智相当，她回信说，他的立场没有什么特别的东方色彩，并建议他去读18世纪法国哲学家孔多塞（Condorcet）的作品以及英国政治家兼记者约翰·莫雷子爵（John Viscount Morley）的《论妥协》（*On Compromise*）。她将这两种立场描述为"保守"和"自由"，而非东方和西方（她并不知道胡适脑袋里想的是他的婚约）。或许是觉得班门弄斧有点不好意思，胡适把韦莲司摘录的段落抄在日记本里，备受鼓舞地发现自己的立场也为莫雷所认可：

> 现在，无论公开的不信任给我们带来多大的痛苦，在我看来，生活中有一种关系，而且仅此一种关系，让我们有理由只在这儿闭口不言。这种关系就是孩子和父母之间的关系。[21]

然而，尽管胡适自己表现出了十足的孝心，却不希望儿子们重蹈他的覆辙。事实上，胡适作为独立思考的拥护者，谴责孝道助长了依赖，他和其他五四一代人认为，中国的"奴性"是国家衰落的根源。胡适自己简直不能再与孔儒相悖了。长子出生时，他写了一首打油诗，大意如下："我实在不要儿子，儿子自己来了……但是你既来了，我不能不养你教你……将来你长大时，莫忘了我怎样教训儿子：我要你做一个堂堂的人，不要你做我的孝顺儿子。"[22] 他又是如何调和他的婚姻和他对自由的拥护呢？他在一首经常被引用的诗（1917）中这样道：

> 岂不爱自由？
> 此意无人晓。
> 情愿不自由，
> 也是自由了。[23]

因此，胡适没有放弃13年的婚约。在个人选择并不自由的时代，他代表了所谓的"中间一代"，"既为父母又为孩子牺牲的一代"——为了孩子，这代人努力"让社会更幸福、更健康"。[24] 他自己在很多方面也处于过渡时期。在上海读书时，他读了《茶花女》的三个不同译本，得出的结论是，法国的风俗是堕落的，这无疑是因为家庭教育的缺失，阿尔芒为了爱情而放弃自己的事业是不可饶恕的。[25] 直到1914年，他还是更倾向于中国的包办婚姻，而非美国的约会行为。他认为约会是对女性施加压力，利用女性的诡计和魅力来诱使男性进入婚姻——这不仅有辱人格，而且无效。[26] 他这样想是为同自己的婚约和解吗，还是因为他当时没有进步到去相信这回事？不管出于什么原因，这个男人做出了巨大的转变，将娜拉和易卜生主义引入到了中国。

历史不会停滞不前，即便如此，他也没有料到变化来得如此之快。1934年，他在一篇文章中指出，过去20年的进步速度超过了中国的任何一个历史时期。[27] 胡适倡导书面语言革新的至高成就，集结力量，声名鹊起，迅速获得了支持。在1923年3月12日写给韦莲司的一封信中，胡适指出，他在1917年开始这项工作时，大家都认为需要10年、20年的努力。谁能想到，这场战役在短短五年内就取得了胜利？[28] 胡适在文言文向白话文转变的过程中起到带头作用，而除了像小说这种被轻视的体裁，所有的中国文学都是用文言文书写的。这听起来似乎只是一个技术性的改变，实际上却具有非凡的意义：能够用自己说话的语言来写作，而不是用只有少数精英才掌握的艰涩语言，这无疑是一种意识上的转变，其影响之深远，丝毫不亚于拉丁语在欧洲为本国语言所取代。更重要的是，摈弃繁文缛节的晦涩典故，不仅让普通人也能理解书面文字，而且有助于打破中国人时时回望过去的习惯。

胡适的妻子也受益于这一场文言文向白话文的革新。文言文对她来说是超纲的，但她勉强学会了写字，把她所掌握的汉字扩展到日常口语上。[29] 即便如此，她也无法成为丈夫的知性伴侣，当然胡适也没有这个指望。他还在上大学时就注意到，这样的伴侣在家庭生活中是找不到的，要到朋友中找才可以。即使可以自由择偶，他的朋友们也不一定会选择才智相当的女性，他们认为这种"博士类型"

的女性太有学问了。在胡适看来,根本就没有理想的女人,迟早都需要妥协。[30]

他找到了自己的灵魂伴侣克利福德·韦莲司。由于地理上的距离,他们保持着近50年的恋情——你无法不这么定义它——从1914年到1962年胡适去世,他们之间有300多封书信往来。从韦莲司的一张照片中可以看出,十几岁的她是一个戴眼镜的漂亮姑娘,五官精致,表情严肃,眉头因思考而微微皱起。从她写给胡适的那些沉思性和坦露心迹的书信中可以看出,她的确经常思考。她的一幅抽象油画《两种节奏》(*Two Rhythms*, 1916)目前被费城艺术博物馆永久收藏,这幅画如此和谐、流畅、富有品位,你会希望她有和个人思辨同样密集的油画与雕塑作品,但令人沮丧的是,这几乎是她全部的艺术遗产了。

有一段时间,韦莲司参与了纽约市的先锋艺术运动,加入了摄影师阿尔弗雷德·斯蒂格利茨(Alfred Stieglitz)的圈子。尽管如此,她还会过分贬低自己,在给胡适的一封信(1933年9月26日)中自我评价道:"我不以呼吸为傲,又怎能为这种事骄傲?"[31]然而,她的信远不是自己所描述的"无价值的划痕",对他来说,她的信是思想和灵感的源泉。她是一位杰出的女性,与胡适的关系也非同一般。1933年,他们终于产生身体上的亲密接触,那年她48岁,他42岁,她在信中这样表达了自己的感情:

> 我爱你!……我对于你应该爱我这件事感到胆怯——但有时,你的爱环绕着我的思绪,就像阳光中的空气,尽管有所怀疑,我却必须相信。但如何能将(这件事)公诸社会而不引起别人的嫌恶?要是我们真能完全生活在一起,我们怎能不会像两条溪流一样汇合而奔赴同一山谷?
>
> ……我们就是我们,你在一个庞大的世界里,我在一个渺

小的世界里,我们都是各走各路的自由人。无论发生什么,真正的朋友都不会以不同的眼光看待我们(或者仅仅因光芒刺眼而转身离去!)……

这种新的触感所带来的柔和而纤弱的美丽不可能不发散开来。当我看到你的嘴——你半闭的眼里流露的神情时,我变成了一个温柔的人。一想到你,我总会变得克制而坚韧!这个全新的你突然在我心里成长起来,我该怎么说?一切都太适意了![32]

这封信以及其他许多她的来信,都在胡适1949年前往美国时被留在了北京。它们大多被中国的档案工作者忽视了(多亏是由英文写成的),直到1997年,普林斯顿大学东亚系教授周质平发现了这些信件。从那时起,胡适私生活中越来越多不为人知的领域被曝光,人们对他"妻管严"的公众印象彻底地发生了改变。事实上,被胡适吸引的女人太多了,一位中国作家甚至出了一本名为《星星·月亮·太阳》的书,这个标题来自其中一位女性对胡适站位的形容,"太阳"(这个词以英文形式插入到她其余的中文表述中)[33]周围环绕着一大群仰慕者的星系。看起来她们才是求婚者,而不是胡适,他不可能在工作之余有那么多时间去攻克情感。

"星星"是一般的爱慕者,"月亮"则与之有着相对认真的谈情说爱。后者里面,爱得最深的要数曹诚英,胡适的一个远房表妹,也是他婚礼上的一个伴娘。1923年夏天,曹诚英突然爱上了胡适,当时她21岁,他还不到32岁。他独自去杭州休养,而她恰好在那里上大学。曹诚英是一个娜拉式的人物,婆婆以她结婚四年都未怀孕为由,怂恿儿子纳了小妾,于是曹诚英"出走",离开了丈夫。她和胡适在西湖边风景秀丽的烟霞洞度过了三个月的"神仙生活",那是个令人回味的地方。一起看日出,读书,吟诗,在湖上划船,和朋友去远足——所有这些都在那个夏天融入了他们的爱情梦。他想，他可能再也不会像那时一样快乐了。

回到北京后，魔咒打破，魔法消失了。传言讲他要与妻子离婚，而妻子拿起一把剪刀（另一个版本是一把菜刀）威胁说，如果他要离开，她就杀了儿子然后自杀。[34]不管这些说法是否属实，胡适最终还是维持了婚姻，并很快有了"妻管严"的名声。他依然思念曹诚英，曹诚英对他更是如此，但只能秘密见面并通过中间人传递信件的现状不可避免地导致了恋情的结束。她崩溃了，他大概没有。1926年，作为对她写给他的部分诗文的回应，他为她写了一首散文诗：

> 多谢寄诗来，提起当年旧梦，提起娟娟山月，使我心痛。殷勤说与寄诗人，及早相忘好，莫教迷疑残梦，误了君年少。[35]

后来，他牵线搭桥，让曹诚英得到去美国康奈尔大学学习的机会。几年后，她获得了作物遗传学学位，当上了大学教师和研究员。但她似乎从未忘记过胡适，在杭州同居的两年过后，她在信中对胡适说："我爱你，刻骨的爱你！"[36]

无论是在美国，还是在中国，胡适激发了更多这样的宣言，现在这种语言和观念已经为中国女性所接受，这部分归功于他和他进步的同伴们。胡适早年的名声和在中国历史上的稳固地位使他成为一代人的偶像。虽然这无疑增强了他的个人魅力，不得不说，或许他对女性更有吸引力的原因在于他总给人一种将视野投射在更高的层面上的印象。他有比爱情更重要的事情要考虑，那就是中国的命运。在美国华盛顿，除去因驻美大使的身份而受到尊敬外，他作为公众演说家也很受欢迎，大学纷纷授予他荣誉学位，认为他是那个时代最重要的中国知识分子之一。他身上有一种魅力，吸引着一些女性。但他似乎很淡定，接受了广泛的认可，而没有沾沾自喜。

在政治和哲学上，胡适一生都保持着理性、自由、务实和中立的立场。在写给克利福德那封关于家庭关系的信中，胡适强调了"改变"和"逐渐"这两个词，预示了他在中国会采取改革而非革命的方式。他倡导的循序渐进的改革最终遭到胜利的一方——马克思主义革命者的抨击，他们没有时间采取温和的方式进行社会和政治变革。1949年，战争和历史最终迫使胡适做出了现实的选择，他逃离了共产主义，流亡到美国。

然而，胡适的感情生活还没有结束，他在纽约与弗吉尼亚·戴维斯·哈特曼（Virginia Davis Hartman）恢复了关系。哈特曼是1938年他因心脏病住院时认识的一名护士，在他担任大使期间成为他的情人。她在信中称胡适为卡萨诺瓦，胡适似乎使她在性方面得到了充分的满足。[37]她毫不掩饰对他的爱慕之情。但他总是小心翼翼地在信件和日记中掩盖自己的心迹，没有留下任何私人记录表明他对她的感觉。在得到进一步的证据之前，我们只能猜测，或许由于他在性格上不喜欢把自己的倾向推向极端，那些认为他随笔中没有人情味的语气是为了掩盖情绪的混乱的想法是错误的。

不过，这些年来，他确实把自己内心的悸动或多或少地隐藏在偶然写下的诗句里。在《关不住了》这首译诗中，他认为自己的婚姻注定了他无爱的生活：

> 我把心收拾起来，
> 定把门关了，
> 叫爱情生生地饿死，
> 也许不再和我为难了。[38]

但我们知道，曹诚英在1923年打开了他的心扉，那一年他写了一首《别赋》,结尾写道:"我现在是自由人了!不再做情痴了!"[39]

要从爱的奴役中解脱出来,就需要用爱来代替它。爱情对胡适来说不是全部,他从一开始就知道妻子永远不会是他的全部,大概没有任何女人可以,这一点可以从他在1931年1月的日记中记录的一次谈话中感受到。这次谈话的对象是他终生挚友陈衡哲。陈衡哲曾在瓦萨学院和芝加哥大学学习西方历史和文学,她和胡适一样,对中美两种文化都很熟悉。他们二人的双文化主义体现在这样一个事实上:"爱"在对话中频繁出现,总共四回,说话者会把大写的英文字母L插入中文。陈衡哲的思想是西化的,她断言:"Love是人生唯一的事。"胡适不同意,认为"Love只是人生的一件事,只是人生许多活动之一而已"。她反驳道:"这是因为你是男子。"他的日记没有告诉我们,他对此是表示抗议还是做出了回应,但其中一段话揭示了他的真实想法:"其实,今日许多少年人都误在轻信Love是人生唯一的事。"[40]他给一位遭受单相思折磨的学生写了一封信:

> 近来最荒谬的言论,是说恋爱是人生第一大事。恋爱只是生活的一件事,同吃饭,睡觉,学问等事比起来,恋爱是不很重要的事,人不可以不吃饭,但不一定要有恋爱。学问欲强的人,更不必要有恋爱。孔德(Comte)有恋爱,适是为他一生之累。康德(Kant)终身无恋爱,于他有何损伤?[41]

至于最能体现胡适的诗,我选择了非他所作而是由他翻译的罗伯特·勃朗宁(Robert Browning)的《清晨的分别》(Parting at Morning)。一位中国评论家指出,胡适在1925年3月写下的这篇译文隐藏着他与曹诚英在西湖看日出的回忆。[42]我对此有不同看法。胡适深谙勃朗宁的诗歌,1914年,他因发表了一篇关于这位英国诗人的文章而获得了令人欣羡的奖项,并因成为当时康奈尔大学唯一一位凭借英语写作获得一等奖的中国学生而引起美国媒体的关注。[43] 他很清楚，这首诗通常是和勃朗宁的另一首诗《夜会》(Meeting at Night)放在一起阅读的。评论家认为，《夜会》勾勒出一段男人和情人之间禁忌的、可能存在婚外情的幽会。在《清晨的分别》中，爱的夜晚结束了，清晨，男人和女人分开了，大概胡适现在也该投身人们必须返回的行动世界（"空洞洞的世界"）了。

> 刚转个湾，忽然眼前就是海了，
> 太阳光从山头上射出去；
> 他呢，前面一片黄金的大路。
> 我呢，只剩一个空洞洞的世界了。

第 10 章

浮士德、维特和莎乐美

> 我说真话了吗?
> 我对她的爱
> 难道不是最纯洁和最神圣的吗?
> 难道从未有过罪恶的欲望侵入我内心?
> 是!我撒谎了!……噢,上帝!承受
> 无休止的痛苦,还是永远撒谎!
> 这是多么可耻和软弱!
>
> ——
>
> 朱尔斯·马斯奈,《维特》

约1775年,约翰·沃尔夫冈·歌德。由德克萨斯大学图书馆提供

正如我们所看到的那样，五四先锋中的一位作家陷入了无爱的婚姻，选择了独身，另一位作家则诉诸私通。第三位是诗人兼剧作家郭沫若，第一次察觉到《西厢记》中的恋足癖色彩时，他认为自己已濒临崩溃。当时，郭沫若是一名在日本的留学生，虽已在中国娶妻，却爱上了一名信奉基督教的日本女子，并与她生活在一起。之后，他被内疚和"罪孽感"笼罩和折磨，这种心理状态在前几代中国人身上从未出现过。

好在歌德拯救了深陷抑郁的郭沫若。对郭沫若而言，歌德帮助了他，认可了他的行为，也抚平了他的歉疚。郭沫若得到歌德的帮助和指导，就像获得了"缓刑"。[1] 他是如何通过这位德国作家来接纳自己的罪责的，这个故事得从头说起，我们先谈谈他的家庭背景和童年经历。

郭沫若出生于四川当地一个富庶之家，在成都上的中学。郭母来自一个高知家庭，未经缠足之苦。他的长兄是东京帝国大学（即东京大学）的奖学金候选人，这为在学术领域早熟的郭沫若去日本留学铺平了道路，1914年，21岁的郭沫若赴日留学。在郭沫若前往日本之前，家里就定下媒妁之约。媒人是他的一位远房姑姑，她向郭母保证，新娘受过教育，长得漂亮，不裹小脚。但当新娘出现在婚礼上时，郭沫若震惊地发现自己和母亲被骗了：新娘不仅有着一对"三寸金莲"，还有一个丑陋的鼻子，这一切都让他感到厌恶。[2]

郭沫若的婚约故事，听起来很滑稽，但对这位准新郎来说却是有苦难言。他满脑子都是阅读西方翻译小说时的浪漫体验——在他的回忆里，尤其难忘的是自己初读《迦茵小传》林译本的情形，赖德·哈格德笔下的迦茵赚取了他很多眼泪。[3] 他知道这样的女主人公仅存在于小说范畴，但他曾幻想过自己遇到她们的情形，因此，察觉到现实与浪漫想象之间大相径庭，是一种痛苦的冲击。婚礼后不到一周，他就回到了成都的学校，似乎是为了在放荡中减轻痛苦，他在酗酒、赌博以及他羞称为"不健康的习惯"中寻求疯狂的刺激，最终到了自我厌恶的地步。他随后的日本之行，很大程度上也是一种逃避。

他在日本学医，但由于他更像个诗人而不是医生，他在文学中找到了自己的使命，在新的中文写作风格中寻求一种解脱，以表达他所吸收的外国现代思想。当时日本对西方事物的无差别迷恋达到了顶峰，日本作家对欧洲文学和思潮的适应比同时代的中国作家早了大约20年。例如，《少年维特的烦恼》第一个完整的日译本出现于1904年，比郭沫若的译本早了18年。[4]

为了学医，郭沫若不得不学习德语，这为他打开了大量接触歌德作品的大门。这位德国作家的杰作《浮士德》很快成为郭沫若灵感的源泉（30年后，他才完成了《浮士德》这个由两部分组成的大型诗剧的全部汉译）。郭沫若的朋友正是通过引用第一部《浮士德》的某些内容，并结合歌德本人的某些行为风格，来帮助他减轻内疚感的。

歌德的第一部《浮士德》（1808）以浮士德的古老传说为基础，浮士德把自己的灵魂卖给了魔鬼，以换取世俗的快乐和权力。在戏剧的开始，浮士德渴望经验和知识，但厌倦了生活。魔鬼梅菲斯特带他到酒宴与狂欢派对中去，但浮士德仍不满意。真正吸引他的是一个甜美、天真又纯洁的女孩，她叫格雷琴（这是玛格丽特在剧中的昵称）。在魔鬼的帮助下，浮士德引诱她，让她怀孕后又抛弃了她。更糟糕的是，她与浮士德的恋情导致了她的母亲和哥哥的死亡。

格雷琴疯了，淹死了她刚出生的孩子，最后被关进监狱等待处决。就在绝望的浮士德提出要拯救她时，一个来自天堂的声音宣布她的灵魂得到了救赎。[5]

格雷琴这个人物形象出现在郭沫若年轻时期的作品中，他写的一首诗开头是"狱中的葛泪卿（Gretchen）! 狱中的玛尔瓜泪达（Margarete）!"接着请求让她的泪水流入他的眼睛里，这样便可以洗去他生来就有的污点，扑灭燃烧他身体的熊熊烈火。"哦，眼泪！……眼泪！"他喊道，恳求他们杀掉自己，"淹死我吧！……淹死我吧！"[6]郭沫若自诩有浪漫的天性[7]，不知他是像济慈一样，只是"几乎爱上了静谧的死亡"，还是如他自己所声称的，确实认真地考虑过自杀。然而，毫无疑问，1916和1917年对他来说是灰暗的时期，唯有死亡或出家才能为他提供摆脱痛苦的途径。我们可以从他在1920年2月15日写给刚结识的朋友、未来的剧作家田汉（1898—1968）的一封信中了解到出了什么问题。

"我的爱她名叫'安娜'。她是日本人。她的父亲是位牧师。"郭沫若是这样开始解释的。安娜原名佐藤富子，是一名护士，曾就读于一所美国浸信会的教会学校。为了逃离母亲的包办婚姻，她离家到东京，在圣路加医院找到了一份工作。碰巧的是，1916年夏天，郭沫若的一位中国朋友因肺病在那里住院，后来朋友因医治无效在养生院去世。郭沫若回圣路加医院取朋友遗留下的X光片时遇到了身为护士的安娜，她承诺会把X光片的底片寄给他。一见到她，他就被她眼睛里一种"不可思议的洁光"打动了。收到X光片后，读着她附上的一封英文长信，他感到一种"bitterish的sweetness"（苦涩的甜蜜），信中给他安慰和抚慰，以及许多宗教上"resignation"（听天由命）的劝喻。"我以为上帝可怜我，"他接着说，"见我死了一个契己的良朋，便又送一位娴淑的腻友来，补我的缺陷。"[8]

从那以后，郭沫若和安娜每周有三四封书信来往，她在东京，他在冈山。他们在书信中变得像"兄妹"一样亲密无间。安娜乐于做善事，郭沫若认为她应该接受培训去做医生，到冈山来为考取医学院做准备。他的津贴可与她共享，两个人生活可以比一个人便宜些。她在1916年底来到冈山，第二年春天去了东京女子医学院。郭沫若告诉田汉，她只在那儿待了几个月，在"我的罪恶"开始"得了具体的表现"时，她不得不放弃学业："而今我们的儿子早已上了三岁了。"他透露道。他们本打算像兄妹一样纯洁地生活在一起，但事实证明，他对自己柔弱的灵魂过于自信了。"我们同居不久，我的灵魂竟一败涂地！我的安娜竟被我破坏了！"[9]

"我的罪恶如仅是破坏了恋爱的神圣"，他继续道，自己就不会如此自责。令人痛苦的是，他父母安排的包办婚姻使他早就失去了处子之身。他向安娜坦白了这件事，错误地认为他的已婚身份可以使她避免受到他的伤害。他错得太离谱了，最后他害了她。郭沫若写道，两人若要成为密友，田汉最好了解他最坏的这一面。

田汉将郭沫若的倾诉看作一种对自己的厚待，他急忙在回信中为郭沫若开脱，认为郭沫若的行为与其说是个人的罪过，不如说是全人类的罪过，至少是那些"恋爱意识很深的人"的罪过。而且，天才尤其容易犯这种过错，看看歌德就知道了。

田汉刚刚读完歌德的传记，他认为歌德是个天才，爱过不下19个女人。如果一定要称之为罪，那么歌德的晚年生活只能说是"罪恶的精髓"了。内疚感很大程度上是由爱引起的；然而，当一个人爱的时候，他的目的不是内疚，而是爱本身——为了爱而爱。田汉举了个例子，克里斯蒂安·沃尔皮乌斯（Christiane Vulpius）被认为是歌德的第九任情人，她与歌德育有一子奥古斯特（August），这是歌德罪恶的"具体的表现"。还有夏洛特·冯·施泰因（Charlotte von Stein），她是歌德一生的挚爱，但同时也是另一个男人的妻子和这个男人孩子的母亲。如果把她带入这副局面，歌德的罪孽不是显得更为深重吗？

田汉确信郭沫若的所作所为是"很自然的"。他甚至继续说道：

> 即算从前结了婚，——照你说是你父母给你结的婚，——到了你Fall in love with other woman（爱上其他女人）的时候，对于前此结婚的女人，总算没有恋爱，至少也得说是恋爱稀薄了，于是结婚的意义便不完全，否！便不算是结婚了，于是乎尽可以"You go your way, we go ours"（各走各路）。[10]

这席话对郭沫若来说是一种安慰，他本人也是歌德的崇拜者。的确，郭沫若曾称赞他的偶像是人类中的佼佼者，一个月前在他写给中国编辑的一封信中引用了其他德国人对歌德的评价："英雄""人中的至人"等。[11]对郭沫若来说，歌德是人类历史上仅有的两位天才之一。另一位是孔子，作为五四进步分子的郭沫若如此敬重孔子，这是不寻常的。

除了歌德，田汉所认为的另一个权威人物是瑞典女权主义者艾伦·凯（Ellen Key, 1849—1926），她对爱情、性、婚姻和道德的观点——尤其是"不以爱情为基础的婚姻是不道德的"这一观点——在日本和中国产生了巨大的影响，我将在下一章花更多的笔墨来详述。在这里，我继续引用歌德的话，并摘录以"人中的至人"的话术来帮助郭沫若看到每个人身上都有相反的冲动的那封信的部分内容。这封信来自宗白华，他是郭沫若投稿的两家中文期刊的主编。宗白华最初在上海学习德语，后来又在法兰克福和柏林的大学里得到进一步提升。当时宗白华正在写一篇关于歌德的文章，郭沫若把自己与田汉的书信寄给宗白华后，宗白华建议郭沫若应当把自己的罪过视为"心中的Mephistopheles（梅菲斯特）"。[12]

宗白华跟许多读者一样，将魔鬼视为浮士德的一部分，也是人性的一部分。梅菲斯特是恶作剧制造者,他善于引诱、怂恿和腐蚀,但他也是一个雄心壮志的鞭策者,是对善的贡献者。这就是为什么宗白华后来说,郭沫若心中的梅菲斯特应该鼓励他更加创造性地改善自己的性格。郭沫若理解了宗白华的意思,因为他早先就注意到了,歌德具备一切人性中既有浮士德又有梅菲斯特的那部分。

回到田汉那边,他总结道,如果郭沫若在末日审判那天被起诉,他将挺身而出为郭辩护。郭沫若对田汉表示感谢,并回复说,他现在觉得自己得到了缓刑。他和田汉在用西方、实际上是基督教的术语来交谈,因为罪孽的问题对基督教来说是至关重要的,它源自亚当堕落的神话和原罪的教义。多亏郭沫若对基督教的兴趣——至少部分归功于安娜的基督教信仰,他才感觉自己的确在性诱惑方面犯了错,心里很不安,无法平息自己内心的罪恶感。但他没有向通信人解释清楚的是,虽然他俩选择用这些外国术语交谈,但他的问题实际上是棘手的中国问题,和父母有关。

上文已经提到,郭沫若对包办婚姻十分厌恶。郭母因他在婚礼上表现不佳而将其训斥一顿,这让原本有着喜庆意义的婚礼增添了厄运的色彩。郭母告诫儿子,作为一个男人,不应在乎妻子是否漂亮,她的缠足也可以等到明天就放开,只要她精力充沛,品行端正,为母的可以指导她行为得体,儿子则可以教她读书吟诗。为婚姻之事悲恸,让父亲心碎,孝心何在?一个合格的儿子,一个合格的人,不会伤他父亲的心吧?

郭母的态度刺痛了郭沫若,父母与他停止书信往来后,情况更为恶化了。父母拒绝接受安娜作为儿媳,这让他很痛苦,同时也为父母称安娜为妾而感到不安——毕竟,纳妾大概是他这一代人试图剥离的最令人厌恶的传统。

这是一个无解的困境。郭沫若确实想过离婚,却无从开口。父母听到会气急攻心,甚至可能为此去死;妻子会引以为耻,只能选择自杀。如此一来，他在犯下通奸罪的同时还会落下谋杀的罪名。在听闻他的大儿子出生后，父母重新写信给他，这让他内心深处的烦恼略微得到缓解，之所以说是"略微"，是因为父母在这封信中，给他的儿子加上了一个"庶"的前缀。

1920年，郭沫若通过自己与田汉、宗白华三方书信结集出版的《三叶集》一书，与中国公众分享了他的烦恼。[13]这本集子广受欢迎，多次加印，它号召年轻读者思考婚姻自由和恋爱自由等重要的社会问题，以及这些选择与家庭威压之间的冲突。三人各作了一篇简短的序言，郭沫若还提供了一段《浮士德》第一部分第二场部分诗句的中文译文。这首诗在德语中享有众所周知的地位，开头是这样的："两个心儿，唉！在我胸中居住在，/人心相同道心分开。"[14]

中国读者可以从《三叶集》中亲眼看到郭沫若的罪恶感是如何得到缓解的，但私底下他们也很清楚，当家庭生活和母亲身份开始让安娜疲惫不堪时，他对安娜的热情已经冷却了。1920年3月3日，他在给宗白华的一封信中透露自己不再对基于浪漫爱的结合抱有幻想。在信中，他转述了自己和田汉的一段对话，对话提出了一个问题："结婚之后，恋爱能保持么？"作为某种回答，"婚姻是恋爱之坟墓"的观点被传播开来。郭沫若进一步认识到，孩子的出生会让人更加不自由。[15]安娜为郭沫若生育了五个孩子，成为普通法*意义上他实际的妻子，最终却遭到了背叛。1937年，全面抗战爆发，郭沫若因归国而和留在日本的安娜分开，两年后，他与一位上海女演员结婚。随着战争的结束，安娜想和他团聚，却惊恐地发现他早已组建了第二个家庭。

---

* 即英美法系（common law），特点是通过反复参考判决先例来累积形成普遍的、带有约定俗成性的法条，与大陆法系齐名。——编注

年轻的田汉将《三叶集》夸张地称为中国对歌德的《少年维特的烦恼》的回应。[16] 1774年,《少年维特的烦恼》的问世曾轰动一时,约翰·阿姆斯特朗在其《爱的22种底色》一书中提到,《少年维特的烦恼》成为欧洲开始思考爱情问题的关键节点。[17]相似的是,1922年,《少年维特的烦恼》郭沫若全译本出版,成了中国爱情观的一个里程碑。郭译《少年维特的烦恼》一经出版便成为畅销书,出版的第一年加印了四次,几年后的修订版又加印了十多次。

郭译《少年维特的烦恼》并不是唯一的中译本。20世纪上半叶,大陆、香港和台湾的十几位翻译家先后推出了不下60个初版和再版的译本[18],其成功毋庸置疑,至今仍有巨大的市场。一个2009年版本的背面附有一段宣传语,在赞扬这本书的同时,也发出了警告:"每一个心怀惆怅的人都应该看一遍这本书。无言的安慰。情感不管存在于哪个国家哪个年代,都一样真挚动人。但是,看了千万别自杀。"[19]换句话说,不要效仿因单恋绿蒂*而饮弹自尽的维特,也不要效仿那些以维特名义自杀的人。

在《少年维特的烦恼》一书取得巨大成功之后,"维特热"席卷了德国和欧洲其他国家。在这种情形下,类似的自杀事件曾被报道过,但未得到证实。这部小说激发了不少小说、戏剧和歌剧的创作灵感,马斯奈的《维特》引发的诽谤与讥讽不亚于赞美声。在中国,歌剧《维特》没有受到排挤,广受好评。在20世纪20年代的中国,浪漫爱尤其来之不易,因此,马斯奈的《维特》被严肃看待这一问题的中国观众广泛接受了。

中国读者对《少年维特的烦恼》郭译本的接受度非常高,现在

---

* 绿蒂(Lotte),夏洛特(Charlotte)的简称,《少年维特的烦恼》中的角色。为和后文中与之同名的小说原型人物作区分,在此将小说中的夏洛特统称为"绿蒂"。——编注

这部小说已被认为是欧洲文学第一部伟大的悲剧小说。可以说，从迎合年轻人口味的爱情故事的过度出版来看，中国的年轻人正处于爱的情绪中。例如，在《少年维特的烦恼》中译本出现前的几个月里，20世纪20年代最重要的文学期刊《短篇小说月刊》上发表的小说有98%都是以爱情为主题。[20] 一些中国人阅读《少年维特的烦恼》无疑是为了娱乐和逃避，而另一些人则希望为受限的情感找到出口，并希望通过小说中年轻浪漫的主人公来表达自己强烈但又无法言喻的渴望。

郭译本修订版的设计封面出自艺术系学生叶灵凤（1905—1975）之手。他回忆当时上海的"维特热"时说道，"别的读者们的反应怎样，我不知道"，他只知道，在19岁读完这本译作后，他渴望自己体验到"那种爱情"，如果碰巧有一个像绿蒂这样的女孩来到身边，如果他能拿到一支手枪，他认为自己也并非不可能成为一个"中国维特"。[21] 不过，他希望去读可获取到的关于歌德的一切，这一愿望并非幻想。在封面的设计上，他花了很多心思，设计了一些装饰图案，颜色暗合了维特的惯常着装风格：蓝色长礼服外套与黄色背心，这种搭配在欧洲的"维特热"中已经成为时尚。

这部小说以一系列维特向朋友袒露心声的信件形式展开，对歌德两年前所处的一段三角关系进行了虚构化的处理。他认识了19岁的夏洛特·布夫（Charlotte Buff）和她的未婚夫克里斯蒂安·凯斯特纳（Christian Kestner），并成为朋友。歌德在一次梦幻的夏日田园生活中与夏洛特坠入爱河，而小说让读者了解的正是这种"坠入"，正如绿蒂越来越多地占据了维特的思想、希望和恐惧。绿蒂被许配给了阿尔伯特（Albert），正如夏洛特被许配给凯斯特纳一样。但在现实中，夏洛特与歌德的关系从未像绿蒂与维特那样亲密。当然，歌德也选择了放弃而不是自杀。

中国译者无疑将维特视作年轻歌德的写照，郭沫若声称自己与歌德的思想有共鸣之处。在歌德的小说中,首先引起郭沫若情感共鸣的是情感主义(其他的还有泛神论,对自然、原始生活和儿童的爱),在序言中,郭沫若引用了维特的一句话来说明这一点:"人总是人,不怕就有些微点子的理智,到了热情横溢,冲破人性底界限时,没有什么价值或至全无价值可言。"[22]郭沫若说:"我们每每曾经经历过来,我们可以说是,是一种无须证明的公理。"他继续套用维特的话来赞颂情感:"'我这心情才是我唯一的至宝,只有他才是一切底源泉,一切力量底,一切福祐底,一切灾难底。'他说,他智所能知的,什么人都可以知道,只有他的心才是他自己所独有。"[23]与此同时,"没有爱情的世界,便是没有光亮的神灯"[24]。郭沫若写道,维特的情感就像这盏神灯发出的光亮,"在白壁上立地可以生出种种画图,在死灭中立地可以生出有情的宇宙"。[25]

谈到维特对绿蒂的爱,郭沫若惊呼道:"如此以全部的精神爱人!以全部的精神陶醉!以全部的精神烦恼!以全部的精神哀毁!"无所保留,倾泻而出。对于自杀行为,郭沫若也绝不把它看成罪过,而将其视为一种崇高的道德。他指出,这绝不是信奉中庸的冷淡之人所能理解的。[26]

郭沫若显然不认为自己是这一类人。的确不是,因为中庸之道的践行者不会把浪漫激情提升到他那种程度。郭沫若的呼声面向的是他这一代甚至更年轻的一代。诗人徐志摩认为,歌德的诗歌如此贴近我们的心灵,似乎为我们表达了那些我们无法用语言表达的深层情感。他还说,阅读歌德的诗歌就像遇到精神领域的老朋友,也就是志趣相投的人。[27]约翰·阿姆斯特朗在《爱·生活·歌德》(*Love, Life, Goethe*)一书中提出了并无不同的说法,"维特似乎不仅生活在自己的体验中,也生活在一组普遍的情感中"。维特的爱,就是"我们对爱的体验"。[28]

这是中国人的爱情体验吗?如果阿姆斯特朗指的是那些坠入爱

河的人所经历的极端喜悦和绝望，那么答案是肯定的。在中文写作中有很多关于这种情感的描述，尽管它们可能被认为是"愚蠢的"或"痴迷的"。生于郭沫若之前的一代就不会全盘接受围绕在维特式恋爱四周的种种观念。首先，他们对于"爱能够赋予生命意义和价值"这类观点是陌生的，而它恰恰是维特提出的——"毫无疑问，人类在世上生活唯一必需品就是爱情"。[29]虽然小说中有许多思想被年长的中国人接受，但"爱是生活中唯一重要的东西"这一观念并不在其中。当爱情失败时，生命对维特来说变得毫无意义。"最荒谬的言论"是胡适对这种想法的评价（见第9章）。维特在谈到绿蒂时写道："我拥有这么多，而没有她，一切都是虚无。"[30]如果说郭沫若的译作成功地说服了每一位中国读者，让他们相信那种感觉是一件好事，那么郭沫若这么做必定是克服了巨大的困难。

如此重视爱情，是一种与中国传统格格不入的理想主义。法国哲学家帕斯卡尔·布吕克内认为这是一种过度的野心。在西方，人们常常认为"除了爱，没有什么能长存"，他写道："这就是问题所在。我们对它寄予了过多的希望，最终导致其超载沉船。"[31]那些认同维特的中国年轻读者可能体验过他的欲望、激情、狂喜、沮丧、嫉妒和不幸，但"爱"并不是他们生命意义的关键所在。他们没有让爱情之船负荷过重的习惯，更没有把它看作在一切和一无所有之间的选择。很有可能是因为所有的青少年或多或少地感受到了维特所遭受的不幸、痛苦和忧郁，这部小说才引起了人们的共鸣，无论如何，这是郭沫若同时代的作家周作人对这部小说成功原因的解释[32]，也是歌德的一位朋友对这部小说能够流行于欧洲的解释："无论何时，世界上都有大量私人的、不为人知的痛苦，而歌德所做的只是以一种同情的方式将这些痛苦展现出来。"[33]

为了充分理解维特对绿蒂的爱，中国读者必须将西方的罪恶观考虑在内。就像觊觎别人的妻子也是通奸行为一样，无论肉体上是否达成,维特的爱仍是禁忌之恋:"在世人的眼中,我爱你是有罪的吗?"他在给绿蒂的告别信中问道。他在对她的渴望中挣扎着,最后屈服于个人的激情,将她拥入怀里,热吻她的双唇。第二天回忆起那份狂喜,心想:"亲爱的上帝,我甚至现在还能感受到那种幸福,并以最大的喜悦回忆那份热烈的快乐,这会是一种罪过吗?"[34]如果是罪——他自己知道是罪——那就由它去吧。木已成舟。他在给绿蒂的告别信中写道:

> 阿尔伯特是你丈夫,那又怎么样呢?哼,丈夫!难道我爱你,想把你从他的怀抱中夺到我的怀抱中来,对于这个世界就是罪孽么?罪孽!好,为此我情愿受罚;但我已尝到了这个罪孽的全部神圣滋味。[35]

维特斗争的对象是爱情史,或者说从典雅之爱上遗传下来的倾向(标榜)。这就要求他的爱是纯粹的。如何两全其美?一种方法是自欺欺人地将爱情去性化——维特问自己:"我对她的爱难道不是最神圣的、最纯洁的、兄弟般的爱吗?我的灵魂中是否曾有过受谴责的欲望?"[36]绿蒂很晚才意识到自己爱维特,她也一直相信,如果能把维特变成一个哥哥,她会多么幸福。起初绿蒂想,如果维特和她的一个朋友结婚,她该多么高兴啊。可是,她发现其实"内心深处的愿望是把维特留下",为此,她苦恼不已。[37]

然而,维特很快就意识到自己在自欺欺人。马斯奈的歌剧《维特》中的咏叹调比歌德的小说更能说明这一点。请注意,在咏叹调中(本章题词对此有引用),维特首先将他的爱从"罪恶的欲望"中解脱出来,然后又迫使自己清醒过来,承认自己是在说谎。

当然,《少年维特的烦恼》的初代中译者并不清楚书中人物同基督教定义下的"罪"和"罪恶感"之间所作的斗争。事实上,正因为老一辈认为同时拥有几个女人或妾室是正常的，五四进步人士才会如此惊恐。在这方面，充满罪恶感的郭沫若是中国的一个领头羊：他率先将自己的通奸行为视为一种罪，并为罪恶感所困扰。显然，安娜的基督教信仰，以及他对西方作品的广泛阅读，已经内化到他的意识里，他多少会将维特对绿蒂的禁忌之恋代入到自己身上。

然而，他说服了自己，或者说被田汉说服了，认为爱情赦免了他的罪责。他和安娜的关系实际上是正当的，因为这是一种爱的结合。艾伦·凯不也这样说吗，她那句"无爱的婚姻是不道德的"不久就使她成为中国的爱情大师。艾伦·凯和歌德相隔了整整一个世纪，但郭沫若和田汉却能将两人的道德准则融会贯通，因为他们真正接触到了这些欧洲人，包括整个欧洲的爱情观和道德观。正如我前面所指出的，维特和但丁可以共存于同一个精神框架中，可以被相提并论，因为中国人同时接触到了他们的理念。

田汉在留学日本东京期间，并没有专注学业，而是投身于戏剧、电影与阅读之中，这在一定程度上影响到了他的正规教育。在后来的职业生涯中，他涉猎广泛，敢于将莎士比亚的《哈姆雷特》和《罗密欧与朱丽叶》翻译为汉语白话文，写了几十部戏剧和电影剧本，对中国戏曲进行了润饰，并留下了他最持久的遗产——中华人民共和国国歌的歌词。[38]与郭沫若通信间，田汉正热衷于阅读西方文学作品。同时，他对日本作家的作品也有所涉猎，正是这些作品让他接触到艾伦·凯的思想。[39]我们会在另一个章节讨论艾伦·凯，而这里我要指出的是，本间久雄（1886—1981）作为主要翻译和传播艾伦·凯作品的日本译者，也是日本研究奥斯卡·王尔德的重要专家。

日本人对王尔德的热情是无止境的，他是除莎士比亚之外唯

——位截至1920年作品已全部被译为日文的作家。王尔德的戏剧《莎乐美》在日本拥有众多译本，1909年至1936年间有不下18个日译本，作为翻译底本的有德文本、法文本（王尔德戏剧的原始版本）、英文本（王尔德的情人阿尔弗雷德·道格拉斯［Alfred Douglas］勋爵将其从法语译为英语）等。其中一个日译本基于理查德·施特劳斯（Richard Strauss）的歌剧《莎乐美》，而这部歌剧本身就衍生自王尔德的戏剧。不久后，东京与横滨举行了演出——先是由欧洲人出演，后来是日本人自己的版本。第一部日文版《莎乐美》于1913年在东京帝国剧院上演，大受欢迎，在日本其他地区上演了不少于127场。女演员和道具的魅力受到评论家的好评，很快风靡时尚界；城市里的女孩纷纷效仿《莎乐美》中女演员的发型和配饰，掀起了一股"莎乐美之风"。[40]

田汉曾在东京观看过《莎乐美》的演出，并从中汲取了灵感，不仅把剧本译成了中文，还将它搬到了中国的舞台上。田汉的译本至今仍被认为是20世纪二三十年代《莎乐美》六部中译本当中最好的一部。事实上，这可能是田汉第二份最持久的遗产，2013年田汉译本的再版距离它首次成书于上海过去了整整80年。[41]

这是一个三语版本，英语和法语在双面的一侧以红字印刷，另一侧则是平行的黑色中文文本。制作和印刷的成本极为昂贵，更重要的是包含了许多图片：不仅有出自奥布里·比尔兹利（Aubrey Beardsley）之手，浓缩了卡拉瓦乔（Caravaggio）、吉多·雷尼（Guido Reni）、古斯塔夫·莫罗（Gustav Moreau）和弗朗茨·冯·斯塔克（Franz von Stuck）各人所作的莎乐美彩色油画风格的原创黑白插图，还有克里姆特（Klimt）为《圣经》中《友弟德传》绘制的名画。当然，这些画作出现在田汉1923年的出版物上，只附上了奥布里·比尔兹利的封面设计和插图。比尔兹利的艺术很快在上海掀起了一股时尚风潮。即使是梁实秋——没有人会把他看作一个世纪末*的唯美主义者，更不用说颓废主义者了——也为之感动，并为此作了一首名为《题壁尔德斯莱的图画》（1925）的组诗，其中有一句歌咏莎乐美的诗："唯有你的嘴唇吻过的人头／将永久的含笑，亘古的不朽。"[42]

在中国人对莎乐美和比尔兹利的迷恋中，情色方面的癖好是一个必不可少的连接点。公众对1929年田汉翻译的这个戏剧版本的兴趣，主要集中在莎乐美的扮演者俞珊（1908—1968）身上。21岁的俞珊外表相当迷人，一家杂志称她为无与伦比的美人，男粉丝们像蜜蜂一样围着她转。[43]在被刊登出的俞珊照片里，她身着无袖、长及脚踝的长袍，裸露着背部，露出左肩，一条丝巾仿照克拉拉·鲍缠绕在头上，下面的头发随意地盘在高处，留下两缕垂在额前的时髦鬈发。[44]

她的性感不可否认，她大胆而富有表现力的表演和她的外表一样吸引了南京（首演地）和上海的观众。她给导演田汉留下了深刻的印象，后来田汉为她改编了《卡门》。在普罗斯佩·梅里美的中篇小说中，她扮演吉卜赛诱惑女郎的角色，明星气质丝毫未减。

上海的杂志编辑们给她拍过一张侧面特写，她的眼睛化着烟熏妆，离银盘子上的施洗者圣约翰的断头只有几英寸远，这是一个令人毛骨悚然的血腥画面。在这之前，观众叶灵凤精确地指出了全剧的高潮：莎乐美向她渴望并摧毁了的男人表白、亲吻。此后，包括郭沫若在内的10位中国作家的至少20部中国戏剧作品都借用或影射这一惊人形象。

正如古斯塔夫·莫罗的莎乐美不是弗朗茨·冯·斯塔克的莎乐美——尽管二者都是蛇蝎美人的代表，所以，中国的莎乐美形象也

---

* 此处使用法语"fin de siècle"，意为"世纪末"，通常指19世纪末，以及这一时期欧洲颓废、厌世、唯美主义的精神状态与美学方向。后文"世纪末"作为形容词单独出现时亦为该指向。——编注

是中国式的。在中国，莎乐美的所有形象都被归纳为一个勇敢、无畏、不妥协的女人，她自由地发挥着热情，把她的一切都押在爱上。有评论家可能会把她看作一个"晚期浪漫主义的吸血鬼"[45]，但中国人不会这么认为。相反，她被认为拥有个性、反叛精神和"独立人格"，如果中国妇女把她视为榜样，她们可能会模仿这些品质。在她固执地向施洗者约翰索吻和向希律王索要头颅的顽强精神中，中国男性崇拜者看到的只有坚韧不拔和目标明确——事实上，这正是中国女性为捍卫自己的权利所要具备的品质。

她身上具备的其他一些特质也使她与众不同，并将她与"旧社会"区分开来，即她狂热的追求和近乎疯狂的精神，在后工业革命时期西方文明蓬勃发展的现代性中表现得尤为突出。这就是梁实秋在一篇关于王尔德唯美主义的文章中所说的"莎乐美精神"。[46] 起初梁实秋劝田汉不要上演这部戏，他认为这是一部毫无价值的戏剧，只能唤起"肉欲主义"。[47] 梁实秋对此持有保留意见，但观看了俞珊的表演后，他的顾虑很快打消了。的确，他被那位女演员迷住了，以至于多年后，有人听见他在睡梦中还念及她的名字。[48]

至于田汉，他亮明自己的旗帜高喊道："我那些热爱自由和平等的同胞们，要学会用莎乐美那种坚定不移、无所畏惧的精神去追求你所热爱的事业！"永远不要向社会妥协，永远不要屈服于强权，而是要反抗权威，这就是这部剧的潜台词。如果这一切都能淡化莎乐美的性感，那也是好事，因为突出剧中的情色，就等于让自己暴露在淫乱的指控之下。田汉被卷入了上海左翼文化圈在艺术、政治和意识形态上的纷乱争斗中，他也即将成为正式的中国共产党员，深知不能在政治上犯错误。

相反，最引人注目的是女性对男性权威的蔑视。在重塑莎乐美的过程中，田汉表示他喜欢意志坚定和不服输的女性。1920年他写了一篇题为《尝过禁果之后》的文章，认同艾伦·凯和其他女权主义者的作品，他把夏娃描绘成一个女权主义的叛逆者，违背了上帝的命令，偷吃了禁果，因为服从上帝就会被剥夺获得智慧和力量的机会。夏娃是易卜生笔下娜拉的原型，她砰的一声关上了"玩偶之家"的大门，对男性统治的世界予以回击。[49]

尽管田汉出于政治利益的考虑，对莎乐美故事中的色情暴力视而不见，但他却为母夜叉和蛇蝎美人的形象所吸引。1927年，他写了一篇题为《世纪吸血鬼》的文章，讲述舞台和银幕上那些既诱人又具有威胁性的女性。他指出，所谓"吸血鬼"，指的是那些在性方面有强烈自我欲望，并致力满足自我感官刺激需求的性感女性。[50]

然而，这是在中国，即使是演戏，也不允许公开表露女性的情色。俞珊在一次表演中所表现出的自我审查，表明了在这方面中国女性气质的发展还有很长的路要走。一天晚上，俞珊扮演的莎乐美正准备说："我要亲你的嘴，约翰。"这时，她发现母亲正坐在剧院的前排瞪着她。要真正扮演田汉所期待的莎乐美这个角色，她应该以激情四射、戏剧化而强有力的方式来传达这句高潮台词。然而，她蔫下来了，嗫嚅着台词，只想快点把这些话说完。

在观众席上的徐志摩明显感觉到，俞珊根本无法完全脱离她的成长经历，像她这样的名门望族之女是不会上台表演的，所以仅仅是上台表演就会被指责有失风雅。她勇敢地面对这一切，却在母亲的目光中失去了自己的勇气——这时，她立刻回到了有教养的女孩应有的羞怯模样。徐志摩在一篇题为《关于女子》的公开演讲中提到，她屈服于习俗，让习俗凌驾于她的艺术之上，这进一步表明，尽管中国女性可能已经脱离了裹脚和束胸的束缚，但心理上仍有镣铐。他直言不讳："你们现有的固然是极秀美的天足，但你们的血液与纤维中，难免还留着几十代缠足的鬼影。"[51]

中国妇女如何获得自由？她们如何成为娜拉或莎乐美？许多女权主义者认为，要敢于去爱。这些女权主义者大多是在《妇女杂志》

和《新女性》等发表观点的男性知识分子，爱的自由是女性的全部问题，也是最终问题——是"解决这些（女性）问题的根本方法"。[52]在这样的争论中，他们从艾伦·凯的作品中找到了答案——她认为爱情是"女性问题的核心"。[53]下面我们将转向这位所谓的"新性道德"先知，她提出的"爱是性关系的道德基础"这一学说为中国人开辟了新的视野。[54]

第 11 章

艾伦·凯

我也知道恋爱者不一定要结婚,不一定要生儿女,然而真正的恋爱要灵肉一致。

——

舒新城,1926年《妇女杂志》

艾伦·凯

今天，没有人听说过艾伦·凯，也没有人听说过她的书《恋爱与结婚》(*Love and Marriage*) 或她的小册子《女性的道德》(*The Morality of Woman*) 了。如今，她和她的"新道德"已全然被人遗忘，但她的思想对20世纪20年代的上海一度产生过巨大的影响。可以毫不夸张地说，中国人对她思想的接受标志着爱情观在中国的发展达到了顶峰。

艾伦·凯的思想是什么？或者说，她的哪些思想在中国找到了支持者并引发了讨论？上文已经引用过凯首先提出的观点——"爱是性关系的道德基础"[1]。凯的观点是"即使没有合法的婚姻，恋爱也是道德的，但失去爱情的婚姻是不道德的"，这一论断很快在中国成为一种信条。作为一种对无爱的包办婚姻的抵制，它怎会不被人拥护呢？凯的思想并没有止步于婚姻，该信条的推论是：爱情褪去或移情别恋时，一对因爱而自由结合的夫妇应该被允许恢复自由身。在这两种情况下，双方都不是不道德的；事实上，在选择凯所说的"自由离婚"时，他们比那些在没有爱的情况下仍保持不幸婚姻的人更有道德。因为你若不爱一人，却仍与他维持婚姻关系，这与妓女无异。

两性之间的爱对凯来说显然是至高无上的，中国人认为她坚守着"爱的宗教"和"爱是神圣"的信条。但是"神圣"并不意味着超越肉体，而凯的立场和她反对基督教不信任身体的原因，在于她坚持认为性同样重要。或者更确切地说，这是一种正确的性——有灵魂的性。她提出了"灵肉一致"的理念，这个理念一移植到中国就成了流行语。² 这句话被认为是真爱的定义,在20世纪20年代大受追捧。

凯推崇性的重要性是因为她信奉19世纪的渐变论,该观点认为人类生命(凯称之为"种族")会朝着更好的方向或更高的发展阶段进化。她的进化论思想认为,爱能优化"种族",因为在她看来爱情的结晶比无爱孕育出的后代更优质;她多次论证说,最完美的种族是由灵肉一致的爱创造的。虽然她不赞成为了性而性,但她坚决反对"东方禁欲主义"和基督教道德对性的否定。如果个人和人类要向更好的方向进步,就必须拥有灵肉一致的爱。

她所提倡的灵肉一致是以肉体与精神的分离为前提的,事实上,中国人开始运用欧洲二元论思考时,最初就是从分离而非一致的角度看待这两者。除了二者分离的模式,他们也学着让精神超越肉体。这与预期相符——回想一下安东尼·吉登斯提到的浪漫爱情结中"崇高之爱的因子……压倒了性激情"的倾向,当然,当那些早期的"二元论者"把精神凌驾于身体之上时,他们并没有想象二者一个是神圣的,另一个是世俗的,也没有把性与罪联系在一起。例如,一位名叫李定夷(1890—1963)的鸳鸯蝴蝶派小说家,将肉体之爱描述为一开始轰轰烈烈,但随着时间的推移草草告终的爱情。他将这种爱与从精神出发的爱作对比,认为精神之爱由浅入深,且愈发充实坚定。³

在另一位鸳鸯蝴蝶派作家周瘦鹃看来,精神之爱似乎指的是没有性行为的爱。在这位作家笔下,精神之爱是纯洁的渴望,不涉及身体上的亲密,所以它是纯粹的,不必为此羞耻,更重要的是,与性吸引不同,精神之爱很持久。在其他同时代的作品中,精神之爱等同于柏拉图式的爱情,即一种不涉及性快感的爱,还有人用中国《红楼梦》中的一个短语"意淫"来描述它。在周瘦鹃看来,不圆满的爱情或者未被肉欲玷污的爱情,不仅更崇高、更纯粹,而且更忠诚、更持久。此外，破坏爱情，特别是以死亡威胁爱情，反而会让感情更深。研究"悲恋"的专家也是这样认为的，他们对悲剧结局的评价比幸福结局更高，他们喜欢这样告诉年轻读者，残月比满月更美。周瘦鹃在1922年宣称，真正的爱是精神上的爱，只追求满足欲望是兽性的。[4]

维多利亚时代的小说（读者可能还记得，这些小说被大量地译为中文）提供了大量灵肉分离的案例。例如，堕落的迦茵是艾玛灵魂的肉体，直到她用自我牺牲证明了自己并不仅仅追求感官享受，而是在更高的层次上与人真心相爱。我们已经听到亨利自问"精神与肉体哪种更可爱"，自己会作何选择。他眼花缭乱，表明更倾向于迦茵的肉体，但断定完美的女性是两者兼备。

浪漫主义运动拯救了肉体，使之与精神平起平坐。将安东尼·吉登斯的描述稍作整理即为，浪漫爱接纳性，即便它与性是分离的。当中国人引入了"灵肉一致"的爱情模式时，人们认为，不单单只有精神上的结合，也不只有欲望，才是圆满的浪漫爱。这种典型的欧洲式的爱情处理方式，以及令人困惑的中国式移植，在1947年出版的中国小说《围城》中受到了嘲讽。这部小说的作者、文学学者钱锺书（1910—1998）讽刺了一个不幸的中国留学生在欧洲学到的爱情：

> 他在柏林大学，听过名闻日本的斯泼朗格教授（Ed Spranger）的爱情（Eros）演讲，明白爱情跟性欲一胞双生，类而不同，性欲并非爱情的基本，爱情也不是性欲的升华。他也看过爱情指南那一类的书，知道有什么肉的相爱、心的相爱种种分别。[5]

竖起耳朵听这段话的讽刺，会发现其中也提到了日本，据说斯泼朗格教授在那儿很出名。提到日本而不是其他任何地方是有原因的。斯泼朗格的教学颇受日本人欢迎,而在那个年代,日本人做什么,中国人就跟着去了。事实上,正是通过日本,某些西方特定框架下的爱情观才传入了中国。正是日本知识分子,尤其是基督教徒,发展了名为"ren'ai"的现代爱情理想,这个新词后来在中国称为"lian'ai"(恋爱)。

在日本出现了一套历史学家所谓的"爱情婚姻意识形态"的思想和理念。为爱而结婚当然是这些思想的主要内容,但是在大正时期妇女运动的领军人物平冢雷鸟(1886—1971)看来,还有一个同样重要的观点,即现代爱情是灵肉结合的爱。[6]

1911年,这位日本女子大学的毕业生平冢雷鸟创办了第一本由女性创作出版并服务于女性读者的文学杂志《青鞜》。引人注目的是,创刊号的封面设计采用了一幅长画板,上面有一位欧洲女性的修长身影。封面顶部"青鞜"两个汉字(日文为"seitō")分列两侧,画板上的装饰和画中女性的服装一样,明显是来源于世纪之交的维也纳分离派(Vienna Secession)风格的图样。这一设计清楚地表明,该杂志紧随西方时代脚步,甚至与维也纳分离派运动的反传统精神相契合。[7]

平冢雷鸟代表着觉醒的新女性,她们通过爱的体验来追求真正的自我。从她的作品中,女性读者可以了解真实自我的概念,并认识到爱是女性发现和发展真实自我不可分割的部分。她从艾伦·凯的作品中汲取了思想,这无异于"天降启示"。就像找到了一盏明灯,照亮了一个迄今为止她还不知道的爱情世界。[8] 找到明灯之后,她翻译了艾伦·凯的著作,1913年至1914年间在《青鞜》上刊登了艾伦·凯《恋爱与结婚》的英文版节选,将光明投射给其他人。平冢雷鸟本人,与她的情人同居,但没有结婚,她一定觉得自己是在践行艾伦·凯的新道德。1914年,她在给父母的信中附和了这位瑞典榜样："相爱的男女生活在同一个屋檐下，这是再自然不过的事情了，只要他们有默契，我认为结婚的形式并不重要。"[9]

在1919年田汉给郭沫若的信中，为了减轻后者对安娜的愧疚，他把平冢雷鸟和艾伦·凯这两个名字联系在了一起。田汉提到平冢雷鸟这位日本女权主义者拥护为爱而结婚的思想，还有艾伦·凯认同灵肉一致的理念。他认为依据平冢雷鸟和艾伦·凯的新道德，郭沫若的做法是正确的，对她们来说，是爱情的存在与否而非法律，成为检验道德的唯一试金石。艾伦·凯的思想在田汉和郭沫若学生时代的日本产生相当大的影响，而如我们所知，另一条让田汉关注到她们的路径是本间久雄，这位日本人此前出版了多部讨论女性问题和艾伦·凯的书，在中国，他对女性问题的研究的知名度远远超过了他对奥斯卡·王尔德的研究。[10]

1918年，艾伦·凯的名字在出现在中国五四运动先驱的主要论坛《新青年》上。[11]一年后，《妇女杂志》刊登了她的传记。[12]除了五四先驱，其他中国人也做出了迅速的响应——著名小说家茅盾（1896—1981）在1920年出版了艾伦·凯《恋爱与结婚》的中文节选。[13]另一位粉丝章锡琛则在《妇女杂志》上宣传艾伦·凯的思想和他自己的女权主义信仰，他曾担任该杂志的编辑，直到办了一期关于性解放和离婚的特刊（1925）而被降职，他转而创办了《新女性》，使得艾伦·凯的"恋爱道德论"在这份新杂志上热度不减。

章锡琛从一开始就说过，这一学说的关键在于她对爱的解读。爱既不仅仅是灵魂的问题，也不仅仅是肉体的问题。如果它只关乎灵魂，就是柏拉图式的爱；如果它只关乎肉体，就是"自由恋爱"而不是"有自由的恋爱"（他插入了两个英文短语，即"free love"和"love with freedom"）。这两种都不是爱情应有的样子，爱情应该是一种更复杂、更崇高的"灵肉一致"。他也谈到了艾伦·凯的进化论观点，即一个更完美的种族得以延续的首要条件是一种灵肉一致的幸福之爱。[14]

对于"身体",艾伦·凯习惯性地使用"感官"这个词(就像她那个时代的作家一样),该术语在日语和汉语中,对应的词是"肉体"。"灵肉一致"这个提法实际上并非她原文措辞的直译,因为她的表述风格并不简洁。她的散文风格让我们联想到维多利亚时代的小说,而且她倾向于过度考究表述。但是,当她告诉我们"男女之间最让人痛苦的区别"是"女人的爱通常从灵魂到感官,有时达不到那个程度",而"男人的爱通常从感官到灵魂,有时从未完成这一过程"时,我们仍然知道她想要表达什么。[15]换句话说,男性的爱是肉体之爱,女性的爱是心灵之爱。

在日本,"灵肉一致"这个说法可以追溯到1908年,或者更早。那一年,二叶亭四迷采用了这个说法,他在翻译伊凡·屠格涅夫的作品时,把"我爱你"译为"我可以为你而死",由于用词非常平直,这一定已经成为相当普遍的说法了。[16]因此,当艾伦·凯的"灵魂和感官在爱情中的统一"需要翻译成日文时,它已经有现成的表达了。由于日本人使用的是汉字,中国人也得以大量沿用该词。

"灵肉一致"首次见于中文出版物是在周作人的随笔和翻译作品中。周作人是归国留日学生,前述章节就已提到过他。周作人作为女性解放和性自由的捍卫者,以及霭理士的忠实拥护者,反对灵魂与肉体的对立,他认为这种朴素的二元论是典型的清教徒对(非特定)宗教教义的态度。他写道,我们现在知道灵肉本是同一事物的两面,并非对抗的二元,在"真实的爱与两性的生活"中,"也须有灵肉二重的一致"。[17]

这个短语在20世纪20年代的杂志上发表的辩论中得到了充分的重视,两个不同阵营的观点对立,僵持不下。1926年到1928年间,辩论双方,即所谓的"恋爱反对者"和"恋爱支持者"寄给《新女性》编辑的论辩信源源不断,争论也愈演愈烈。

一位撰稿人指出，自从爱是灵肉一致的概念传入中国以来，对"爱"这个词有两种态度：一种赋予它崇高和神秘感，而另一种是对它的蔑视和嘲弄。许多中国人遇上了一个难题，究竟什么是灵魂之爱（或精神之爱）？用一位评论家的回答来说，是升华的或精神化的性欲。另一位表示，如果是这样的话，那么无论升华或精神化使它看起来多么崇高，它在本质上仍然是性。灵肉一致中的灵魂是虚幻的，只是在性上涂抹了一层自我欺骗的假象，其结果是进一步贬低了性。[18]

有的人，自诩为"恋爱反对者"，认为根本不需要灵肉一致的概念。这一概念过于深奥并且形而上学。与他针锋相对的是"恋爱支持者"，其代表人物就是章锡琛。他表示，灵肉一致不仅仅是性；我们知道有"灵魂"这种东西，它是无形的，非实质性的，无法为感官所觉察，而且与性不同，无法为身体所体验，但这个概念不可或缺。难道朋友之间不是相逢喜、分别悲、久别思吗？这些感觉不能被感官直接感知，却能深刻地影响我们，甚至影响我们的身体。章锡琛继续说道，我们找不到一个通用词来概括它们，别无选择，只能用"灵魂"这个词。在这里，章锡琛似乎不禁表现出他那注重实际的中国人本色，他的描述让灵魂之爱听起来像是感情，如果他不是在进行现代爱情的讨论，他可能会称之为"情"。[19]

一篇名为《恋爱的灵的方面和肉的方面》的长评或多或少表达了同样的观点。文章中称，由于没有更好的术语，为了方便起见，我们在"灵魂与肉体"和"身体与心灵"的短语中使用"灵魂"、"精神"和"心灵"这样的词。这些术语很难定义，但它们并不是真正艰涩的形而上学。快乐、沮丧、痛苦、愤怒或爱——这些情绪都是以科学无法解释的方式产生的，尽管它们源自生物学或化学反应的基础。因此，在科学能够阐明之前，我们称之为"灵魂""精神""心灵"等。[20]

显然,这是一个爱与欲望的问题,一个典型的西方对立概念,而中国人直到现在还未能习惯。在中国人的传统中,在性与爱的连续体上没有为这两者划出明确的界线。所有参与这场辩论的人都认同性可以脱离爱而存在,但爱可以脱离性而存在吗?章锡琛坚持认为可以,为证明这一点,他指出但丁对贝特丽奇忠贞不渝的爱(实际就是典雅之爱);但丁声称一生都暗恋着她,尽管只见过她三次,第一次是在两人大约九岁的时候;第二次是九年后,她冲但丁打招呼,后者为此欣喜沉醉;第三次是她走过街头,却没有回应但丁的问候,他为此痛苦流泪。章锡琛指的是但丁无望也无法满足肉欲的贞洁之爱,这是在中世纪法国形成的爱情典范。[21]

肉体和精神这两者之间究竟是什么关系,这个问题困扰着许多撰稿人。即使通过翻译西方作家的作品来引入海量的外来词汇也无济于事。爱德华·卡彭特(Edward Carpenter, 1844—1929)是个在西方科学界和文学界经常被忽略的名字,却被一些中国人援引为权威,以支持自己的立场。在英国,人们认为卡彭特有点古怪,这位社会主义者会吸引喝果汁者、裸体主义者、穿凉鞋者、和平主义者和女权主义者等*(呼应了乔治·奥威尔在《通往威根码头之路》[*The Road to Wigan Pier*]中所说的)。

对中国译者来说,要翻译卡彭特《爱的成年》(*Love's Coming of Age*, 1896)一书中的这段话可能一点也不容易:

"色情与恋爱"——Aphrodite Pandemos 和 Aphrodite Ouranios

---

* 此处套用了乔治·奥威尔在《通往威根码头之路》的句式,原文为"有时,人们形成了这样的印象,先是'社会主义'和'共产主义'这两个词,就能像磁铁一样,吸引着英格兰所有喝果汁的人、裸体主义者、穿罗马鞋的家伙、性欲狂、贵格教徒、信奉'自然疗法'的冒牌医生、和平主义者以及女权主义者",形容一些追求意识形态潮流的中产阶级,并未对社会主义思想有系统性的认识,而仅仅将其作为标榜个人形象的名片。——编注

——是大可以互相掉换的。也许形而下的男女相悦本能，与人类求结合的稀薄愿望，实际上及骨子里同是一样东西，不过表现的形式不同就是了。

阿芙洛狄忒·潘代莫斯（Aphrodite Pandemos）和阿芙洛狄忒·奥拉尼亚（Aphrodite Ouranios）这两个名字一定难倒了译者，因为他直接保留了它们的英文原文。[22]不过，译者的确明白卡彭特是在描述肉体之爱与精神之爱的融合，某种类似于艾伦·凯的"灵肉一致"的概念。

想要理清爱与性之间的关系，迟早需要给爱下定义；一位姓毛的投稿人正面回应了这个问题。他说，要想知道是否存在浪漫爱，我们必须问问是否存在爱。"爱是什么？"它的真实面目是什么，有多少种类——难道人类只是自作主张地把它分为友爱、仁爱、浪漫爱（或性爱）、父母之爱或子女的孝敬之爱等类型？这些不同的爱有什么区别？在他看来，如果这些问题得不到令人满意和信服的回答，就无法还击"恋爱反对者"的阵营。[23]

在各种争论中，最值得一提的是一位自封的无政府主义者（笔名谦弟），他宣称反对不同于一般爱情的独立的男女之爱（"恋爱"）。他认为，没有浪漫的爱情，男女关系只是基于性冲动，所以它涉及生理而非心理。除此之外，还有一种普遍的爱，或者如他所说"人类爱"，比如你对朋友的爱，所以夫妻之间存在的只是"性友谊"（这个词以英文"Sexual Friendship"插入中文文本中）。那些持不同观点的人，是因为他们接受了艾伦·凯和爱德华·卡彭特的理论，而这些理论对谦弟来说无可救药地过时了。对谦弟和他的拥护者来说，浪漫爱也不意味着神秘、神圣或纯洁。此外，谦弟受到无政府主义的影响，他反对浪漫爱还有一个原因——爱情是占有性的，就像资本主义一样。[24]（爱情的阶级性将在第16章中重点讨论。）

霭理士对爱情"性加友谊"的定义颇为出名，也引发了激烈的论战。对于恋爱反对者来说，他们不认为浪漫爱或性爱是不同范畴的爱，要求将它从人们对友谊的想象中驱逐出去。例如，毛一波认为埃利斯有四个论点是错误的：第一，他错误地将两性之间的性吸引视为浪漫爱。第二，两性之间的友谊很可能是柏拉图式的（在这里可以理解为没有性欲），埃利斯不应该否认这一点。第三，由于爱没有一个明确的范畴，埃利斯很难将它定义为性和友谊的结合体。第四，友谊不是爱情的别名，如果埃利斯把顺序颠倒过来，把爱当作友谊的另一种说法，那么毛就不会认为埃利斯的定义错误百出了。[25]

另一位评论家写道，的确，人们可以把爱情定义为友谊与性的结合，但这只是泛泛而论。严格来说，这种组合所产生的爱是一种具有自在生命的新产物。爱既不是友谊也不是性，如果非要类比的话，就像水既不是氢也不是氧，尽管这两种化学元素共同构成了水。

毛一波和谦弟等反对者认为，将一切都归结为性，这种观点无异于当前用生物进化论解释爱情。毛问道，如果没有让我们兴奋的性冲动，一见钟情还会发生吗？这个问题回应的是章锡琛试图区分爱与性的做法。章锡琛写道，"我们从许多异性的友人中，遇到一个最和自己心意相投患难与共的人同在一起，乃至发生性的关系，因而称之为恋爱，乃是很自然的事情"。[26]对此，毛反驳道，和一个人"心意相投"就那么容易吗？这意味着性冲动在这之前就要发挥作用。他坚持认为，爱情不是真实的，只是诗人和小说家创造的一种幻觉。爱情理论家欺骗自己相信爱情存在，然后再来欺骗我们，使我们也相信爱情。

无论是爱情的反对者还是支持者，双方都无法在这场辩论中说服对方。性与灵魂合一的概念以及它暗含的二元论是一个力场，吸引进所有关于性关系的新习语。读者对爱情的讨论似乎怎么样也不嫌多，上海出版商们敏锐地捕捉到这一大好机会，不失时机地推出了爱情论著。书籍、译本、小册子和操作指南激增，当然也充斥着大量糟粕。爱情已经成为那个时代新闻和小说的主要内容。不仅有文字，还有如漫画、卡通片、杂志封面和插图等图像，反映出人们在两性之争、朦胧的青涩爱情的磨难和考验等方面的新兴趣。*27 青年时代毕竟是爱情饱含吸引力的时候。毫无疑问，许多年轻的中国读者出于好奇心，或出于获取性和心理方面知识的愿望，阅读了大量关于爱情和性的文章，而思考和谈论这些话题也成为当时的风尚。各式各样的流行语出现在年轻人的声音和故事中，被日益高涨的印刷热推向高潮。

这些出版物中包括了一个翻译书系，《唯爱丛书》(1929)，其中有一部著名舞台剧女演员莎拉·伯恩哈特（Sarah Bernhardt）的作品，题为《肉体的爱和精神的爱》(Fleshly Love and Spiritual Love)。伯恩哈特在文中赞美肉体之爱，她说肉体之爱超越了所有其他类型的爱。她表示，至于精神之爱，我们死后有的是时间在世上寻找那种爱！另一篇题为《柏拉图的恋爱观》(Platonic Love) 的翻译文章，是伯恩哈德·鲍尔（Bernhard Bauer）对柏拉图在《会饮篇》中记述的关于爱的著名讨论的概要。这篇文章提到，爱远远不止是身体上的吸引，它超越了肉体之爱，指向了真挚、善良、美好——这三个词组合成中文的"真、善、美"，被收入了中文辞典。[28]

年轻人的头脑中充斥着这些想法，这让潘光旦非常恼火，我们在第2章曾提及这位社会学家和优生学家。他表达出对那些支持被动性行为的伦理学者关于精神之爱、柏拉图之爱、文人之间浪漫爱的所有花言巧语的不耐烦。他补充说，的确，一段充分享受的爱生活并不完全关乎肉体层面，但也不是纯粹的精神问题；相反，爱情

---

* 在上海，有众多平面艺术家和设计师，不过，他们对爱情的看法不在本书讨论范围内。

是两者兼具。

潘光旦主动站出来反对他称之为"谬误"的流行观念，并罗列了当时国外的思想。潘光旦在1932年发表的一篇文章中，以科学家的身份，逐一列举了这些"谬论"。第一，爱或是肉体的，或是灵魂的，抑或是两者的结合。第二，异性之爱是自恋的延伸。第三，浪漫爱是永恒的，从恋爱开始一直延续到整个婚姻过程中。第四，爱情应该是无条件的。第五，只有爱情才是婚姻的基础。在潘光旦看来，这五种观念都是错误的。

潘光旦似乎很少讨论他所谓"性的形而上学"。总是听到年轻人议论的"灵呀、肉呀，肉呀、灵呀，有灵有肉呀，先灵后肉呀"，听得越多，就越觉得像夸夸其谈，越不明白他们在说什么。潘光旦说过这么一件事情，一个要好的朋友订婚后告诉他，自己和未来妻子之间会是柏拉图式的爱情。后来，潘光旦听说这对夫妇生了一个孩子。对此，潘光旦讽刺地自言自语道："可惜他并不是基督教徒，否则这个孩子便有前例可援，不足为奇了。"潘光旦认为没有必要说出它的前身，并暗示这就是众所周知的基督的无原罪始胎的故事。[29]

灵肉一致之爱的模式为中国人提供了新的关注点和前进路上的里程碑，后者是因为人们认为这一模式代表了爱情进化的历史性最终阶段。中国有一种观点认为，爱情从生理层面发展到道德层面，再进一步发展到形而上层面。[30]中国男性理论家审视自己的婚姻制度，注意到其中缺乏自由、性别平等和单配偶制等进步的基准，他们认为，中国在通往更高文明的道路上进步甚微。他们对中国的原始野蛮感到痛心，因为中国女性缺乏"独立人格"，既无能力爱，也无法被爱。

他们对西方人的进化论观点的其中一个获取来源是厨川白村的

《近代的恋爱观》。我不断说回这本书，但这无可避免，它总是闯入爱情访华史的故事中。在这本书中，这位日本文学理论家自认为灵魂与肉体的结合是历史上爱情进化的最后阶段。厨川白村援引了艾伦·凯和爱德华·卡彭特的观点，认为爱情在这一阶段处于它进化程度最高也最进步的状态。

要追溯爱情是如何发展到那个阶段的，厨川白村需要探究人类遥远的过去，他借助埃米尔·卢卡的著作《爱的进化》展开研究。读者可以回溯卢卡提出的三个阶段，第一个阶段在原始人类时代，第二个阶段在中世纪，第三个阶段在现代时期。在第一阶段，肉体之间不加区别，不同女性的身体对于实现性满足没什么两样。在第二阶段，女性被理想化和精神化，成为贞洁崇拜的对象。与此同时，人类变得越来越文明。最终，到了第三阶段，肉体与精神达到了卢卡所说的"灵肉一致"（1917年《爱的进化》日译版中所用的汉字）状态。卢卡为阐释这一概念，举了维特的例子，他认为维特一开始在精神上爱绿蒂，直到一个梦让他"领悟"到自己感情的本质，他达到了精神与肉体的统一，这就是"现代爱情的目标"。[31]

厨川白村认为，艾伦·凯和爱德华·卡彭特在性灵结合上的立场标识出了爱情进化的最后一个阶段。在旁注里，他指出，东方卫道士们想象不出超越交配和繁殖的异性关系，他们仍然停留在第一阶段。厨川没有传达给读者的是，卢卡有一种悲观的想法，在他看来，性与精神的完全结合尚未达成，而且不太可能普遍实现——他认为日耳曼人实现这一结合的可能性高于其他人。

厨川白村更关注的是论证一个人对异性的爱，一种基于灵肉一致的爱，这是自我的确认和完善；只有通过在身体上和精神上满足自我的爱，才能发现、找到、完成和解放"真我"。他深深着迷于"自我"，这一范畴常被西方历史学家与现代个人主义的兴起联系起来。厨川白村关于自我的观点之一是，"人格"的合一在于"我"和

"非我"的结合,他此处使用的日语汉字在中文里亦写作"人格",汉语字典中对它的定义是"个性、气质或道德品质"。"人格"一词属于19世纪晚期的日语新词,但它在中文和日语中的意思都相当不明确。*32 厨川反复使用这个术语,经常把它与"结合"这个词连在一起。很难说他这么做是想表达什么——是气质上的相合,还是基于道德操守的联结?我不确定应该作何理解,直到我回到原文,发现这个概念完全是卢卡关于肉与灵结合的核心理念,它可以被理解为"个性"。

卢卡写道,18世纪下半叶出现了将性欲和精神之爱融合在一个更高结合体中的发展趋势。这个结合体抹去了两者之间的界限,它是通过人格战胜身体和灵魂的限制而实现的。在卢梭的作品和歌德的《少年维特的烦恼》中,卢卡发现了这种倾向的最初迹象。这是一种趋势,通过浪漫主义的方式,形成了现代爱情的形态。他是这样描述的:

> 在第三阶段,感官享乐和精神之爱不再是独立的元素;爱人独特的人格是唯一的基本要素,无论她带来福还是祸,无论她是善还是恶,美丽还是平凡,智慧还是愚蠢。基本上,人格已经成为情色唯一的、至高的来源。33

厨川白村一再提到"人格结合",这反映了卢卡对个性的强调。但由于厨川白村没有对此做出解释,如果一个中国人错误地认为,

---

* 日文词"人格"首创于1889年,用于表示"个性"。日语中,该词涵盖了由道德品质到个人尊严的广泛含义,这是英文词"personality"所不能及的。毫无疑问,正是这种模糊性使得"人格"的含义难以界定。一些学者倾向于将"人格"这个词翻译为"personhood",而非"personality"。我并未这样做,因为我对"personhood"的理解甚至比对"人格"的理解还浅薄些。

一个人爱上另一个人是因为其道德品质，那也是情有可原，而卢卡谈论的实际上是对无论"善还是恶……智慧或者愚蠢"的某个人的个体感受。爱人独特的人格将肉体和灵魂联系在一起，有人猜想，这种"独特的人格"可以理解为当今所说的"真正的我"，是内在的自我或曾被称为"灵魂"的内核。当然，卢卡把人格当成了灵魂的同义词，因此他坚持认为人格和灵魂一样，是基督教的基础。他进一步提出，耶稣基督最先揭示了爱和人格之间的密切联系，"爱只能通过独特的人格来体验，因为它是灵魂的流露，而不是一种自然本能"。[34] 既然说"真爱基于人格"，中国人、日本人、印度人甚至犹太人都不可能像欧洲人这样来理解爱。[35]

任何不适应这种人际关系模式的人都会对这一切感到困惑，中国读者也一样，如果厨川白村按照卢卡的说法进行解释的话。事实上，中国人更乐于接受那些摆脱了形而上学包袱的理论，他们认为"人格结合"是一种个人纽带，或者是一段爱情关系在去除性之后剩下的东西。*[36] 中国人并没有真正了解"人格结合"的概念，也没有接受厨川白村提到的其他西方理念——自我、自我发现、自我肯定、自我完善，等等。中国还没有像日本在大正时期那样对自我的概念产生兴趣。在那时的日本，"自我"已经和民主、人格和"人格的实现"一同散布开来，成为现代经验的一部分。[37]

北村透谷为爱赋予了一个新的角色，他将爱称为"一面透明的镜子，将'我'变成受害者的同时，也反映出'我'之为我的'自我'"。他认为，一个人在恋爱关系中会产生自我意识，我理解他的意思，因为只有在要求妥协和自我牺牲的关系中，一个人才会开始真正认识自己。这些想法的产生毫无疑问来自他对拉尔夫·瓦尔

---

* 参见 Y.D. 撰写的《近代的恋爱观》，该文是对厨川白村著作的绝佳概述。"Y.D."为吴觉农（1897—1989）的笔名，他是一位茶艺家，在日本期间对女性问题的研究颇感兴趣。

多·爱默生（Ralph Waldo Emerson）的研究。对于这位美国诗人和哲学家来说，"关系构成了一个'非我'，即'我'能够认识自我的对立面"，而"对另一个人的爱让主体了解了'你和非你'，接着又教他认识了'我'和'非我'"。爱默生曾这样书写将一个人交付给另一个人的爱情："这更多的是让他回归自我。他成为一个全新的人，有新的感知，新的更强烈的目的，他的性格和目标有宗教式的严肃。他不再属于他的家庭和社会……他是一个人。他成为一种精神。"[38]

五四知识分子也提出了人的理念和自主的现代自我的观点。例如，在他们看来，最重要的是妇女要成为独立的人（正如我们所看到的，培养"独立的个性"，即"人格"）。中国人希望能自由择偶，并从外部施加的权威标准中解脱出来，这表明了他们渴望成为自主决策者。但是从自主决策到通过爱情来追求自我的实现，仍然是一个非常大的进步。自我主权是西方哲学和文明的标志之一，除此以外没有其他传统如此坚定地热衷于给个体的"我"下定义。但是，一个人必须尽最大可能做自己，并通过爱护自己的身体和灵魂来实现这一点——这一要旨并没有给中国人留下深刻的印象。虽然中国人接受了许多西方的理念来重塑和更新他们对爱情的思考，但这一点不在其中。

展望一下，自我的概念在西方的爱情观念中占据着显著的地位，这很了不起。西蒙·梅将其与卢梭和浪漫主义运动对西方爱情的改造联系起来：

> 我们仍然生活在这种转变中，这种转变与爱人有关，他通过爱而变得真实。在爱中，他不再自私，而是成为自己；他不再迷失自我，而是找到了自我。甚至当他努力超越本性时，他也寻求自己本性的引导，并在某种意义上实现他自己的本性。[39]

同样，约翰·阿姆斯特朗在他的《爱的22种底色》一书中谈到了"内在自我"、"人格的私属本质"和"个体"。他说，我们希望凭借这些条件获得爱，而不是凭我们的成就、知识或才能。当我们发现"我们的秘密自我和对方的秘密自我之间"存在某种"亲密的相关性"时，爱就会产生。[40] 20世纪初，作为自我肯定和自我完善的爱在追捧西方思想的日本受到了推崇，如今这个理念仍流行于西方——阿兰·德波顿（Alain de Botton）在1993年的《爱情笔记》（*Essays in Love*）一书中称之为"'我'的确认"（I-confirmation）。他告诉读者："没有爱，我们便无法拥有恰当的身份，有了爱，我们就能不断自我确认。"[41] 无论是阿兰还是阿姆斯特朗的观点都与卢卡的看法十分接近，即通过对一个女人的爱，爱人"发现了他内心深处的自我，这样的自我他直到现在都几乎不曾知晓"。[42]

"自我"在欧洲思想中是一种历史悠久的文化建构——广义上说，它取代了灵魂——阿姆斯特朗和德波顿将爱情与之联系起来并非个案，而是典型的做法。尽管它是西方思想的基础，但它对中国读者的吸引力并不如对厨川白村的吸引力那样强。"自我"作为一个人造的概念，尤其是西方人创造的概念，在中国仍未得到接受，中文词典（《辞海》，1974）在"自我"一词的定义开头就用括号标注出了英文单词"self"。虽然"自我"已传播开来，但它并没有在中国人的意识中占据一席之地，也无法通过爱变得完整或可靠。

"爱是神圣的"这个提法与"灵肉一致"属于同一组概念。当我第一次在田汉1919年的文章中读到他提及的"恋爱神圣论"时，我立刻想到了它的对立面"亵渎"，以及其同基督教中更高层次之爱的关联。[43] 爱情的神圣化一开始确实是基督教的，但那是在明治时期的日本，爱是披着基督教的外衣而被传入的。1891年，一位日本基督徒首次以印刷品的形式表达了这种理念。然而，在知识分子圈外，这种爱并未被广泛理解为耶稣基督所践行的爱，而更像是一种世俗化的、一尘不染的爱，在这种爱中，欲望的冲动被牢牢掌控。大约60年后，人们认为日本人接受的是一种不自然的爱，与日本传统格格不入。[44]

"恋爱神圣论"这一说法比日本晚了大约20年才传入中国，它也带有宗教含义，但这只是艾伦·凯的理解，即相信个人的爱是生命的最高价值，不仅针对男女个体，也针对由他们的爱情带来的新生命——"更完美的种族"。受本间久雄等日本学者的影响，中国人认为爱情对艾伦·凯来说是一种宗教；"恋爱神圣论"是对艾伦·凯所倡导的"灵肉一致是真正的道德基础"这一思想的包装甚至浓缩。[45] 爱情是神圣的，不可侵犯的，不能以任何借口诋毁，而她所提倡的以爱情为基础的婚姻是这种崇高道德的结合，对它的诋毁在某种程度上就是对它的亵渎。

艾伦·凯在中国的支持者认为，爱就像宗教一样，具有改变生活和提高幸福感的力量。[46] 他们没有点名基督教，而是提到"宗教"为个体赋予神圣和权力，但只有在一个人怀有爱的时候才会这样做。只有在爱中，他的灵魂才会渴望"宗教"（我认为这里的"宗教"指的是某种精神性）。[47] 爱的神圣性是爱的自由的另一面：可以为爱做出一切牺牲，但选择永远不为任何事情而牺牲爱，这是维护你自由选择的权利，从这个角度看，爱是神圣的，也是自由的。[48]

这句话在20世纪20年代流传甚广，当时人们用这句话来表达对爱情质疑者的驳斥。它为这样一种思路提供了依据：如果爱不是"神圣的"，如果爱不是最高道德的同义词，这些基于爱情的婚姻的争论怎么会出现？毫无疑问，同样的依据也支撑着另一句配套出现的话，那就是"恋爱至上"。

厨川白村的文字中充斥着"恋爱至上"的话语。他不但将艾伦·凯和这句话联系在一起，还用它来翻译罗伯特·勃朗宁《废墟的恋爱》(*Love Among the Ruins*)最后一节中的宣言，这首诗出现在这位英国诗人1855年的巨作《男男女女》(*Men and Women*)中：

> 那一年，他们派出了百万大军前往
> 南方与北方，
> 他们为自己的神铸造铜碑，
> 高抵天空
> 却留下了一千台全副武装的战车——
> 当然，是金子做的。
> 心灵啊，冻结的血啊，燃烧的血液啊！
> 世界的归来
> 数世纪的愚蠢、争执与罪过！
> 关起他们，
> 带着他们的胜利、他们的荣光以及其余的一切！
> 恋爱至上。

厨川白村的《近代的恋爱观》正是以这首诗作为开篇，而且他以"Love is best"（恋爱至上）作为第一章的标题。在夏丏尊1928年版的中译本中，封面设计主要围绕这三个位于"R. BROWNING"上方的英文单词，采用了醒目的装饰艺术风格的字体，并给这句话加上了引号。"近代的恋爱观"的汉字字体要小得多，在封面角落排成一行。

厨川白村在第一章开篇的场景铺陈中对勃朗宁的诗句进行了改写。曾经的繁华都市落幕，现在的田园风光荒芜，只剩下些许羊群。历史车轮滚滚向前，城市和文明已然衰落，胜利和荣耀早已褪色，只有爱主宰一切。厨川白村宣称,"永恒的城池"不是罗马,而是爱情。

勃朗宁的宣言以中文形式出现在中国人的作品中,并变成了一句座右铭和口号。厨川白村的解读——一切都过去了,只留下爱——在中国人的胸中激起了共鸣,爱情在中国文化中拥有了比以前更高的地位。而如果说厨川白村的主张曾一度在中国引发共鸣,那便是在此阶段他通过勃朗宁的诗句歌颂爱情,使爱情在中国达到了历史上空前绝后的高度。它与基于爱情的婚姻这一理想的出现相吻合,也与新道德试图将孔子拉下神坛这一引人好奇甚至令人兴奋的感觉相吻合。

如此崇高的爱情,面对更广泛的选择,难道只能集中在一个人身上吗?艾伦·凯对于忠诚和单配偶制,或者她所谓"专一之爱"的立场是模糊的。她反对"自由的爱",因为这意味着拥有"任何一种爱情"的自由,而不是获取对的爱情的自由。[49]她还反对"短暂的、单纯的感官之爱,它会奴役、消散、削弱人的个性"。[50]与此同时,她并不反对"性爱复兴"的愿望,就像歌德和艾伦·凯的偶像、法国小说家乔治·桑(乔治·桑曾与肖邦等人有过恋情)所表明的那样,因为艾伦·凯认为这两位都是伟大的艺术家,"他们的性吸引力不会因为多次恋爱而减少"。[51]然而,艾伦·凯的中国追随者称她为单配偶制的拥护者这一点并没有说错。他们当时对单配偶制的关注是前所未有的,这就是接下来我们要讨论的,以及与之相关的贞操和忠诚问题。

第 12 章

独一无二

有贞操的恋爱是真恋爱……这理论,把贞操归纳在恋爱之下,或把它当作仅是恋爱的附属条件之一,这不能不说是很巧妙的。

——

1933年,周建人

邵洵美与妻子盛佩玉和儿子在一起

直到20世纪初，中国的富裕阶层还没有一个男人只能有一个女人的概念，唯有一个女人只能嫁一个男人的共识。这听起来像是泛泛而谈，但事实并非如此。首先，看看家庭法就知道了。直白点讲，中国的富有男性一直都遵循一夫多妻制，该制度一直盛行到20世纪30年代，直到因过于落后而被摒弃。在那之前，法律上或社会上没有一夫多妻的概念，人们并不认为纳妾是错误的。1934年至1935年，在妇女团体强烈要求修改中国刑法的诉求下，纳妾构成通奸罪，娶多名妻子的丈夫会被起诉，并可能受到刑事处罚。

与此相反的是，实际上，女性一生只许嫁给一个男人。几个世纪以来，好女不嫁二夫的观念长期束缚着中国的女性，无论同时还是依次嫁给不同的男人，都不被允许。五四运动以前，"三从"的道德要求只适用于女性。在过去，如果女性不到30岁丧偶，一直保持独身到50岁以后，她会被认为是守节的；如果未婚女子为亡故的未婚夫保持同样长时间的独身，那么她将因保存童贞和忠于她过时的婚约而被赞誉为守贞[1]，而由于这个女子没有任何性经历，实际上她是因终生禁欲而受到赞誉。

第三种情况，如果一个年轻的寡妇在亲戚的压力下再嫁，她通过自尽来避免自己与另一个男人发生性关系，或避免为另一个家族诞下血脉，她也会因此成为女德的典范。遭遇土匪、海盗或武装入侵者性侵的受害者也会选择自杀，有时是在性侵发生之前。所有这些自尽的女性都被冠以"烈"这个字，表示"贞洁的殉道"。这似乎是中国式的"萨蒂"（sati）之道。萨蒂本为印度风俗，刚丧偶的女性要在她丈夫火葬的柴堆上自焚，以此获得贞洁的名声，仿佛再婚离卖淫只有一步之遥。

这种对寡妇守节殉道奇怪的狂热推崇，缘于这是一项国家级的重要事务。皇家以立贞节牌坊和供奉牌位等方式来旌表女性美德，这些榜样人物在被铭记的同时也可以成为其他人效仿的行为模范。女性的贞洁和孝道一样受到赞扬，而且和孝道一样都是儒家美德，都有资格得到政府的褒奖。[2] 一位西方学者在研究中国的贞操崇拜时，想到了罗马天主教会的封圣，而其他学者指出，类似的贞操崇拜在世界上其他地方都没有，甚至在拉丁国家也找不到。他们表示，"对圣女的崇拜也不能与之相比"。[3]

明代文人尤其喜欢把忠贞的女子塑造成英雄，把她的牺牲和自杀塑造成英雄之死。在那个感性的时代，如果这个女子还为情而保持忠诚，那么她就是更伟大的英雄。男人们总希望两全其美，女性既贞洁又充满激情，她以生命维护贞操时所表现出的情欲色彩更令人满足。冯梦龙认为，无情的女子无论如何也无法成为对丈夫忠诚的妻子。在《情史》一书中，冯梦龙将贞洁与忠诚、孝顺和英雄主义相提并论，这些都是公认的儒家美德。19世纪末20世纪初的小说家吴趼人把贞洁寡妇的无动于衷想象成了对强烈情感的压制——他高呼，如果你把她们的心想象成枯树或枯井，你就大错特错了，当她们表现得最无动于衷的时候，她们的情是最热烈的。[4]

研究亲属关系的学者会反驳说，中国的婚姻制度是单配偶制，不是多配偶制。的确，从基督教时代的最初几年开始，法律就只承认单配偶制，纳妾只被认为是婚姻的附属品。然而，只有当正妻与家中其他性伴侣在法律与习惯的范畴上被区分开来时，一个男人才可以被认为是只有一位妻子。中国传统中的"一夫多妻"婚姻系统其实并没有对伴侣做出这种区分，提出质疑的五四进步分子也没有。

这些进步分子把妾室和妓女相提并论。他们有充分的理由这样做，因为妾通常从妓院买来，与妓女并无二异。直到那些进步分子所处的时代，有钱男人同时与妾和妓女保持性关系也很常见，召妓并不会遭到特别的抵制。事实上，上流社会的妓院所提供的设施和消遣与西方的绅士俱乐部几乎没有什么不同——人们在那儿会见男性友人，喝茶，递送甜品，举办晚宴，打牌或打麻将，谈生意，看戏，最后再调调情。也有人在那儿吸烟，19世纪中叶，中国在鸦片战争中败于英国后，鸦片涌入中国，并大量进口于英殖民地印度。宠妓为客人准备好了烟斗，鸦片之于性，就像白兰地之于丰盛的晚餐一样。

可见，无论你从哪个角度看，光顾任何一家比较奢侈的妓院都没有什么不妥之处，相反，这个场所相当公开，甚至充满魅力。这也是文人最喜欢的消遣方式，他们用诗歌和散文来赞美这些妓女，给这种娱乐增添了许多魅力。在世纪末的上海，没有人会注意到妓女们将自己推到了聚光灯下，她们身着新款时装在时髦的餐厅里用餐，就像全世界都喜欢的都市摩登女郎一样。那些顶级的交际花在娱乐艺术方面驾轻就熟，她们会唱歌，弹琵琶，朗诵诗歌，还能在音乐伴奏下讲故事。处女们会被展列出来，或被老鸨留下，价高者得。有些妓女也有自己的心上人，这些人不是皮条客，而是戏子。另一些妓女则对她们的老主顾产生了情感上的依恋。这些妓女满怀憧憬，恩客把她们从妓院里赎出来，从烟花巷中解救出来，纳入家庭，让她们过上体面的生活，她们就觉得梦想成了真。

如果传说和文学是可信的，它们讲述的通常是男性对爱情的初体验，而对于由媒人牵线的素不相识的妻子，他们没有什么感觉。根据冯梦龙的说法，妻子与妾的不同之处，不仅在于前者是明媒正娶而后者不是，还在于后者是男人出于欲望或爱的选择。[5]冯梦龙的这部集子有一章专门研究了孔子是否有妾的问题。冯梦龙指出，答案是肯定的，虽然圣人没有溺于情，但也没有完全远离它。换句话

说，如果孔子有妾，那么他不可能对欲望一无所知。⁶

妻子们介意丈夫纳妾吗？从沈复（1763—?）出版的回忆录《浮生六记》来看，她们不仅不介意，还积极鼓励丈夫纳妾。在这部文辞优美的回忆录中，沈复给人漂泊不定的感觉，虽然他接受过传统教育，适合做士大夫，但只是勉强做上官，收入不高，后来成了一名画家。事实上，他最快乐的是追求审美情趣，比如栽树修枝、插花焚香。他会和妻子芸娘一起焚香，芸娘把沉香木放在大锅里蒸，接着置于炉子上的铜丝架上，然后在安静的房间里品其香味。

芸娘是沈复的表姐，禀赋过人，学识渊博，风姿绰约，沈复第一眼见到她就想娶她为妻，当时两人才13岁。沈复把这个想法告诉了母亲，母亲觉得芸娘是非常合适的人选，很高兴地安排了这门亲事。四年后的新婚之夜，沈复把手放在新娘的胸前，发现她的心跳和自己一样快，当他把芸娘拉到近前，她微笑着看着他，使他"便觉一缕情丝摇人魂魄"⁷。无论是去做学问还是谋生计，只要离开芸娘身边，他就会强烈地思念她。沈复第一次离别归来，两人互相问候，"握手未通片语，而两人魂魄恍恍然化烟成雾，觉耳中惺然一响，不知更有此身矣"⁸。

夫妻二人琴瑟和鸣，无论是吟诗还是作赋，无论是联句赋诗还是月下对酌，无论是种植花草还是花园赏景，他们总设法待在一起，深深地享受着彼此的陪伴。有一次，芸娘甚至穿着沈复的衣服乔装为男人，这样就能和他一起去参加庙会。他们对彼此"亲同形影，爱恋之情有不可以言语形容者"。⁹

然而，这段婚姻并没能持续下去，与"引为知己"的丈夫结婚23年后，芸娘在1803年于贫病交加中去世。沈复说他不会再婚，并引用了一组诗句来形容妻子的无可比拟："曾经沧海难为水，除却巫山不是云。"¹⁰他仍为爱失魂落魄，为妻子的死悲痛欲绝，两人对彼此用情至深，他们形容感情的词我以前翻译为"痴情"（infatuated），这个词同样可以用来形容两人相爱时的状态。

无论以何种标准衡量，他们都是一对恩爱有加的夫妻。你可能会以为，结了婚，沈复又一贫如洗，几乎不能养活自己，更不用说养活全家了——他们育有一双儿女，更重要的是有一个儿子，纳妾对沈复来说是不可想象的事。然而，芸娘催促他这么做。她执意要给他找一房妾室，经人介绍，她认识了一位妓女的女儿憨园，芸娘对她甚至比沈复对她还满意。憨园是一个十几岁的少女，亭亭玉立，颇知文墨。但像沈复这样一个穷书生，怎能负担得起纳妾呢？他向芸娘抗议，他们婚姻如此幸福，自己又怎么会想另寻他人呢？

芸娘笑着说："我自爱之，子姑待之。"她和憨园结为姐妹，竭力劝说沈复纳憨园为妾。然而，憨园另嫁有权势者，芸娘的计划也落空了。这是一个不小的打击，芸娘从此一蹶不振。沈复在题为《闺房记乐》的一卷中讲述了事情的始末。故事的结尾很不祥，"芸竟以之死"。芸娘替丈夫纳憨园为妾不成，希望破灭，这让她素有旧疾的身体雪上加霜。

如果她的反应看起来有些过激，那是不是因为她自己爱上了憨园？她是在追求一种"三人行"（ménage à trois）的关系吗，这样她就可以和她爱的男人以及她爱的女孩在一起吗？毕竟，当丈夫笑着问她是否想在家里表演《怜香伴》时，她的回答是肯定的。《怜香伴》是17世纪诙谐剧作家李渔创作的一部喜剧，讲述的是女同性恋的爱情。这部轻松的戏剧讲述了两个女性的故事，一人已婚，一人未婚，她们一见钟情，并设法嫁给同一个书生，以便长相厮守。[11]

我们不知道芸娘怀有几分同性之爱，但不管她选择憨园的原因是什么，事实上这依然是妻子主动为丈夫纳妾。在中国女性中，她当然不是唯一一个唆使丈夫纳妾的妻子，只是让现代读者不解的是，她这样做竟然没有任何顾虑，毕竟妾室可能成为争夺丈夫感情的竞争对手，并分走丈夫对她在性和情感上的忠诚。然而，她生活在多配偶制的时代,性和情感的排他性是否曾进入她的脑海,或者她是否曾为自己不是唯一能让丈夫快乐的女人而感到悲伤,我无法确定。

在当时的通俗小说中,那些试图阻止丈夫纳妾或惩罚丈夫花心的女人总是被描绘成妒妇。[12]在现实生活中,正如一位上流社会的妇女所证明的那样,她的丈夫在京赶考,她对丈夫的挂念可以加深到足以容忍婚外情的程度。在给丈夫的信中,她写道,"旅邸无聊,燕赵佳丽,何妨迭侍。诸兄不惜黄金之赠"。她提到的兄弟在首都任职,如果丈夫缺少钱两,可以向他们提出要求,即便这种援助会促成丈夫的风流韵事。至于她自己,她继续写,"妾已久鄙白头之吟,所效于君者止此矣"。[13]

无论妻子和丈夫多么深爱彼此,他们都不会认为男方召妓是对爱的背叛。沈复就是个例子,旅途中的一天晚上,他身边的妓女让他想起了芸娘,这时他当然不觉得自己背叛了妻子。月光下的夜景——"酒船"(水上漂浮的酒肆)、舢板、水面上浮动的灯笼光亮,笙歌弦索声和波浪的拍击声,这些景象和声音让他陷入了浪漫的心绪。他对妓女说:"惜余妇芸娘不能偕游至此。"他转头看着妓女,月光下她的脸庞有点像芸娘。于是,他把她从甲板上扶下来,领她回到船舱,熄灭了蜡烛,与她共赴云雨。

在《浮生六记》企鹅出版的版本中,译者在序言里指出,从西方的角度看,《浮生六记》作为一个爱情故事是十分独特的。"尽管这是一个关于沈复和他妻子芸娘的真实爱情故事,但它以中国传统社会为背景,他们的爱情和沈复与妓女的风流韵事以及妻子为他纳妾的尝试共存并交织在一起。尽管如此,这也是一种爱。"[14]它必然被算作爱,这一点不容置疑——但前提是爱并不意味着性的排他性,或者换句话说,性的排他性不是爱的必要条件。

在曹雪芹的爱情观中,性的排他性也不是爱情的必要条件。回想他在《红楼梦》中描绘的宝黛之间的伟大爱情。这种爱太伟大了,不是业力所能决定的；这是完全个体化的爱情，对爱人来说，这个人独一无二，不可代替。然而，即使黛玉是宝玉唯一命定的爱人，宝玉仍与许多人发生了性关系，且并不会因此被认为不忠。

人们对纳妾的态度在20世纪20年代发生了迅速的变化，那是一个剧烈变化和转型的时代，当时的婚姻勾勒出了一个模糊地带，其中单配偶制的新目标总是从人们眼前滑过，被几千年的传统和那些对现代思想肤浅性的强烈指责拉扯。根据本书经常提及的优生学家潘光旦1927年发布的一份民意调查显示，年轻人对于纳妾非常反感。潘光旦以总共318名男性和女性为样本，男性的年龄为23岁，女性的年龄为20岁，由他们对以下四个命题进行投票。第一个命题，男子无论如何，不宜置妾，高达80%的受访者表示赞同。第二个命题，当（第一任妻子）生育困难时，不妨置妾，超过70%受访者表示反对。第三个命题，在一段不圆满的婚姻不能顺利解除又不允许再婚的情况下，可以置妾，近81%的人投了反对票。第四个命题，既然男性本淫，而在无妾制的社会中，卖淫之风可能比有妾制的社会更猖獗，那么不如顺其自然，让纳妾发挥它对社会的调节作用，反对的人高达90%。潘光旦还指出，支持单配偶制并赞同第一个命题的女性比例略低于男性支持者，而这可能与人们原来的预期相反。不过好在这种差异不算明显，他补充道，总体而言，现在男性比以往任何时候都更尊重女性的"人格"，两性的观点也日渐趋同。他认为这多亏了妇女解放运动。[15]

法律总是滞后于社会观念的变化。民国期间，国民政府响应妇女期刊的呼吁，废止了纳妾的习俗，真正确立"一夫一妻"制。但是国民政府并未完全按照报刊要求的那样行事，视纳妾为重婚而将其禁止。因为纳妾不是合法的婚姻，既然不是合法的婚姻，它就不构成重婚,即在有合法配偶的情况下又与他人结婚的犯罪行为。女性活动家认为,政府显然是在回避问题,对她们来说,无论在法律上如何定义,纳妾都是事实婚姻,这再清楚不过了。不过,人们也难免会同情立法者,如此根深蒂固的习俗不可能摆脱强大的社会阻力迎刃而解,尤其是对立法者自己来说,他也有妾室,必须保护自己的利益。与此同时,支持"一夫多妻"也难以符合当前政府的现代形象和追求。[16]

对中国男性来说,要求他们与女性遵循同样的标准并忠于婚姻,就像被迫干一杯烈酒一样困难。当时,立法者能尽力做到的事情就是确保妾室在法律上不会成为被忽略的人。为此,立法者重新把妾定义为一个永久的"家庭成员",但不是任何亲属或附属品,更不是妻子。此举是为了假装纳妾既不是重婚也不是通奸,只是一种对家庭矛盾的处理。这模糊了真正的利害关系,也就是夫妻忠诚度的问题。

女性需要对婚姻忠诚,男性却不需要;妻子通奸是犯罪,丈夫通奸却不是;丈夫能够以此为由提出离婚,妻子却不能。[17]尽管如此,片面的性忠诚几乎与现代社会观念无法相容,直到1931年,根据当年通过的民法典,妇女才最终获得了与不忠的丈夫离婚的权利。但是纳妾是否构成通奸?如果法律追求平等,如果衡量男人和女人性忠诚的标准相同,那么纳妾就一定要被判为通奸。它并不构成重婚,严格说来,纳妾不算结婚,但如果法律规定无论男女,与第三者发生性关系是非法的,纳妾就必然会被视为通奸。1935年,修订后的刑法规定,不论男女,通奸都应受到惩处。这是中国历史上第一次要求一个男人身为丈夫只能有一个妻子,否则就会触犯法律。

从理论上讲,1935年是中国一夫一妻制的开始,实践中却花了相当长的时间来实现。除了不可避免的执行时滞,还因为政府很快面临一件更紧迫的问题需要处理,那就是1937年七七事变,拉开了中国全民族抗战的序幕。纳妾制的确声名狼藉,但直到1949年中国共产党执政后,纳妾制才被彻底废除。中华人民共和国颁布的第一部法律是建立"新的民主婚姻制度",其基础是自由择偶、性别平等和一夫一妻的单配偶制。这部法律就是1950年颁布的《中华人民共和国婚姻法》,通过禁止纳妾和重婚终结了置妾的陋习。至关重要的是,这些法律规定通过一系列群众运动得到传播、推广和普及,过了几年,中国城乡各地的所谓"封建婚姻制度"被真正彻底地瓦解了。

这都是后话了。在国民政府将妾定义为与第三者的非法关系的两年后,美国作家项美丽(Emily Hahn, 1905—1997)成为诗人兼出版家邵洵美(1906—1968)的妾室。这是一个不同寻常的故事,它关系到本章的几个主题,值得一探究竟。故事发生在抗战时期的上海,讲的是邵洵美、项美丽和邵洵美的妻子盛佩玉之间的三角关系。

邵洵美21岁时出版了诗集《天堂与五月》,一举成名,备受赞誉。同为诗人的徐志摩称:"中国有个新诗人,是一百分的凡尔仑*。"[18]邵洵美18岁时被送到英国剑桥大学学习,后来回到上海。他还在巴黎待过一段时间,在巴黎国立高等美术学院(L'Ecole des Beaux Arts)学习绘画,并在蒙帕纳斯大道与艺术家朋友们来往。从这一切可以看出,邵洵美家境殷实。他的确出生于钟鸣鼎食之家,他的祖父是清廷的高官,曾出使过沙俄。祖父有两个儿子,也就是邵洵美的伯父和父亲,伯父娶了晚清名臣李鸿章总督的女儿为妻,邵洵美的父亲娶了实业家、上海首富盛宣怀的女儿。

这么一来,邵洵美与李鸿章和盛宣怀都有亲缘关系,全上海都

---

* 即法国象征派诗人保罗·魏尔伦。——编注

找不出比他的贵族血统更纯正的人了。上海毕竟是一个平民聚居的商埠港口，商人多，官吏少。更重要的是，邵洵美与盛宣怀的孙女，也就是他出身富贵的表姐订了婚，所以他既娶了豪门之女，又继承了万贯家财。表姐盛佩玉容貌标致，家庭开明，他们同意她和未婚夫相见。两人对彼此都很满意，在邵洵美动身去英国的前夕订婚了，盛佩玉后来称他们之间为"半新式、半自由"[19]的婚姻，当时邵洵美18岁，盛佩玉19岁。邵洵美回到上海后，两人于1927年1月1日结婚，他们的家庭出身和社会地位决定了必须有一场面向社会公开举办的婚礼。这对新人的照片登载于上海各个杂志的醒目处，他们看起来很般配，新郎穿着晨礼服，打着白领带，而新娘戴白色面纱，身着进口珍珠装饰的蕾丝礼服。

参加婚礼的有许多来自上海文艺界的作家和平面艺术家，他们为邵洵美出版的漫画和画报等流行插图刊物撰稿。在当时，这些杂志是同类杂志中最好的。邵洵美还发表了更多高格调的作品，他曾与作家兼《纽约客》记者项美丽（小名"密姬"[Mickey]）有过合作，并与之产生一段情缘，后者在1937年成为他的"妾"。

项美丽于1905年出生于密苏里州的圣路易斯，母亲给她起了个小名叫"密姬"，因为她长得像一个美国漫画人物米奇·杜利（Mickey Dooley）。[20]她爱冒险的性格将她带去了曼哈顿、英国、比属刚果，1935年又去了上海。在上海，她做了许多让外国人震惊的事情，过着当地人的生活，甚至找了一个叫"Sinmay"的中国情人，也就是上海话中的"洵美"。

邵洵美有什么吸引项美丽的特质？他长相英俊，项美丽称他为"美丽的洵美"。[21]她这样描述他："当他不笑不说话的时候，他那象牙色的脸是完美的椭圆形，但我不去想完美，只看他的眼睛。眼神躲闪间是惊人的美，明亮而富有生命……在休息时，他的脸纯洁得令人难以置信，但他很少有休息的时候。"[22]她认为他是一个"体贴而成熟的情人"，甚至考虑过要给他生孩子。[23]

他魅力四射，温文尔雅，谈吐风趣，风度翩翩，他可以跟你讲出上海每家商店门前每一块砖的故事，也会就晚宴上摆在你面前的每一道菜侃侃而谈。项美丽说，他"有着强烈的好奇心"和"孩子、小狗或老派小说家一样的思维，四处打探，并围绕一切吸引他的事物编故事"。[24]项美丽称，"（他是）一个知识分子，而且很有趣。我从没见过像他这样的人"。她回忆说："我确实爱那个小坏蛋，但这如同是在沾着水银玩弹珠。"[25]他活泼善变，让人捉摸不透，而且从不会沉闷。

他很有异国情调。项美丽说："我以前从没见过有人穿中式长衫。"[26]在他们一起访问英国殖民时期的香港时，他穿着长衫步入酒店大堂。他一边与她亲切地交谈着，一边回过头在半空中接住了许多鸡尾酒杯，她通过他才得到了接触"真正的中国"的入场券，后者将众多亲朋好友介绍给她，还为她打开了了解世界的"新窗口"："我并未在多大程度上通过洵美与他的家人去发现一个新世界，但我跟随他们来到了布景的背面，通过奇异的彩色脚灯的光亮来窥视同一个旧世界。那种体验既新鲜又美妙。"他第一次带她回家时，看到他准备竹制烟筒吸食鸦片，她被深深地迷住了，很快她也养成了吸鸦片的习惯。在为《纽约客》撰写的幽默散文中，她轻描淡写地将他虚构成一位天真的"潘先生"，而邵洵美抱怨他看起来就像个白痴。[27]

显然，两人对彼此都有很深的感情，他们的关系远不止于露水情缘，两人还在邵洵美出版的期刊上开展合作——他们勤奋工作，配合默契。抗日战争爆发后，邵洵美向项美丽提供帮助，包括为她介绍合适的人物帮助她创作畅销书《宋氏三姐妹》（The Soong Sisters, 1941），还为她翻译大量的中文资料。邵洵美的一位阿姨为其引荐了当时住在香港的宋氏长姐。

邵洵美的妻子支持这段关系,尽管她在几十年后将其描述为友谊而非情事,她的回忆录几乎否认了两人之间存在的性关系。在她的描述中,项美丽是一个有魅力的女人(事实的确如此),她不瘦不胖,只是身材稍不完美,因为"臀部庞大"。[28]在一张妻子与情妇的影棚合影中,盛佩玉和项美丽肩并着肩,看上去亲密无间。[29]项美丽认识邵洵美的时候,他的妻子正怀着他们的第六个孩子。他们形成了某种"三人行",项美丽晚上和这家人一起吃饭,陪孩子们一起玩,孩子们管她叫"密姬妈妈"。她和邵洵美"几乎每天都见面,时间或早或晚,大部分都很晚。时间对他来说毫无意义"。[30]她回忆道,"然后到了晚上,我们在洵美家举行宴会或夜谈,或者看场电影,或者躺在床上看书。我非常高兴,尽管已经开始嗅到空气中战争的气息"。[31]

1937年7月全面抗日战争爆发,同年11月,上海沦陷。对邵洵美来说,项美丽的美国公民身份帮了很大的忙,因为当时美国还没有与日本开战,而作为中立国公民,项美丽可以帮助已经转移到法租界的邵洵美和其家人从日本占领区的房子里取回财产,包括他无价的明代典籍珍藏和传家宝。此前他购得一台外国进口的时下最先进的印刷机,但在逃离日军炮火时没能带走,如果不是项美丽抢运回来,可能就被日军夺去了。

在上海,日军控制了中国人居住的区域,但还没有占领外国租界。项美丽养了一只长臂猿当宠物,给它取名为米尔斯(Mills)先生。项美丽当时33岁了,觉得自己像个老处女,但邵洵美的求婚又让她振作起来。在她1935年发表的一篇短篇小说中,她借一个人物之口表达了自己对中国人婚姻态度的看法:"中国人看待婚姻的方式几乎和法国人一样,这是我目前认为他们最迷人的其中一个地方。"她发现中国人的方式"如此实用,如此理智"。"中国人很实际。"她评论道[32],就像现在仍有成千上万的人在解释为什么爱情在中国人择偶时并不是那么重要的考虑因素。她把中法两国对婚姻的态度做了比较，但接下来的事情不可能在法国发生，就是邵洵美提议项美丽嫁给自己。项美丽问，难道你妻子不会介意吗？邵洵美回答，不会的，其实正是佩玉想出了这个主意，因为她之前听项美丽说自己永远也结不了婚了——当然，如果项美丽打算结婚，邵洵美也就不会认为这是个好主意了。邵洵美告诉项美丽，是她一直在帮助和保护他们夫妻二人。他继续道：

> 作为回报，我会给你一个家庭。当然，你已经拥有我们，但这样（结婚）的话，在朋友眼中，我们的关系就坐实了，这不是更好吗？我们的孩子，你喜欢哪一个（除了我儿子，因为我只有他一个儿子）都可以在法律上属于你。我们把她交给你……其他的孩子就是你（和佩玉）共有的。不管怎样，他们已经叫你"外国妈妈"了。你死后会葬在我们家族在余姚的墓地。等你老了，你可以来我们家住，正如我现在也一直让你搬进来，只是你不喜欢，我也不知道为什么。我认为这是个好主意。[33]

虽然起初听起来有点儿异想天开，但这个主意还是吸引了她，她在律师面前签署了一份文件，律师似乎很熟悉刑法最新的修订内容，同时佩玉送给项美丽一对玉镯，以示她对新妾的认可。项美丽在她的回忆录中写道，三方当事人都没有认真对待这件事，但是"出于某种荒谬的原因"，她会为自己被许诺了邵氏家族的一块墓地而感到安慰。

为了《宋氏三姐妹》一书的调查和采访，项美丽于1939年中去了香港。她虽然很想回到上海，却一直没有这样做。她遇到了研究荷兰和葡萄牙帝国的著名历史学家查尔斯·鲍克瑟（Charles

Boxer），当时他是英国驻香港军事情报机构的负责人。他们相爱了，查尔斯与公认的香港第一美人的不幸婚姻也随之终结。在日本占领英国殖民统治下的香港的几个月前，他们的女儿卡罗拉（Carola）出生了。[34]后来查尔斯被扣押了，但项美丽幸免于难，在1941年8月8日写给美国家人的信中，她解释了原因：

> 日本人扣押敌方平民时，我是最不愿意去的，因为卡罗拉还太小太弱，查尔斯也远没有康复（他受伤了）。日本人不拘押任何有"亚洲血统"的人或嫁给亚洲人的女人。尽管查尔斯反对，我还是以洵美妻子的身份要求豁免。我成功了，查尔斯后来承认我是对的，因为小婴儿在日军拘留营里身体状况会变得很差。[35]

她在中国合法结婚的说法得到了日本人的认可，但矛盾的是，她说服不了那个在上海的中国人。

无论如何，这段婚姻已经走到了尽头。她觉得需要亲自跟邵洵美解释，也确实考虑过回上海安抚他。但她也相信"他不会真的在乎。他最后什么都不会介意。这是我的损失，不是他的"。[36]她后来写道：

> 洵美根本没有给我写过信。也可能是他写了，但忘了寄信。过了一段时间，邵洵美通过我们都认识的一个女孩中转信件给我。他说他不生我的气，希望我幸福，说我具备一个中国好女人身上的许多品质。我认为这是一种恭维。我甚至觉得他是故意这么说的。[37]

她在这一点上是对的，正如她对他性格其他方面的认识也是正确的。她指出:"这恰好就是他的姿态,他是一个文雅的人,声称对当前的政府不感兴趣……但我们都知道他只是在佯装。"他广泛阅读英国文学,但她看得出他暗地里钟爱他的中文典籍,尽管他不会承认。事实上,盛佩玉对自己与邵洵美的婚姻的"半新式"描述,同样可以用来形容她的丈夫。他和盛佩玉两相情愿的婚姻是新式做法,但他让项美丽做自己的情妇和小妾,说到底,是对旧中国的重蹈覆辙——正如盛佩玉也的确完全接受了这种安排。

要是能预见许多年后的悲惨处境,邵洵美苍白的脸会失去更多血色。他身上体现了上海滩的一切恶习:耽于享乐、颓废堕落和纵情声色。很难想象有谁会比这位无可救药的个人主义者更难在新中国有出头之日。20世纪50年代末,邵洵美无正当缘由地被关押和羞辱,1968年"文革"高潮时,他在穷困潦倒中死去,他的名字也被从上海文学史上抹去。直到他离世近20年后的1985年,他才得到平反。随着政治名誉的恢复,他作品的文学地位也随即恢复。2006年,为纪念邵洵美诞辰100周年,他的文章、信件和书评的合集以精美的形式被重新出版。

这本合集散发着邵洵美早年所处时代的浓烈气息,因为它包含当时关键的爱情概念——"精神之爱"与"肉体之爱",以及"灵肉一致"和"灵肉分离"。邵洵美对"精神之爱"的理解反映了他所处时代的特点,他认为"精神之爱"只是未达成的欲望。他说:"不论'精神爱''肉体爱',都不过是两性结合进程中的某一段落。"有些人相信"精神之爱"是持久的,但在邵洵美看来,这只是因为它还没有达到圆满的程度,或者说它推进的速度非常缓慢。如果精神之爱进一步发展,迟早会达到性的圆满。[38]

有趣的是,对于因维多利亚时代的压抑或虚伪而未得到满足的性欲萌动,邵洵美采用了"意淫"这个短语来描述。读者可能还记得,这个词与《红楼梦》里的主人公贾宝玉有关。在那部小说中,这个短语的含义难以捕捉,但我们知道,这是宝玉与堕落的上一辈有所区别的地方。现在,一个半世纪过去了,这个短语已经有了负面的含义,这一内涵我早些时候曾在基督教的言论中察觉到,即看人的时候心怀"淫念"就已经是犯了通奸的罪行。

邵洵美用"意淫"来形容人们感受到性欲却没有表达出来的情况——你可能会认为,性欲在这种情况下受到了否认或压抑。他在1931年为D. H. 劳伦斯的中篇小说《逃跑的公鸡》(*The Escaped Cock*, 1929)所写的评论中就用了这个词。在这个故事中,仓园里雄鸡精神抖擞的景象显然是男性生殖器和男性力量凸显的象征,将基督从死亡的沉睡中唤醒。然后,他通过与异教女祭司的性行为再次振作起来。因此在劳伦斯看来,忠于自己的性本能是对的,不表现出"意淫"当然是错的。邵洵美指出,劳伦斯认为真正的性冲动完全是肉体的;性是神圣的,"意淫"才是罪恶的。[39]

本书上一次提及周作人是在第11章,他在1918年发表的一部具有重要意义的作品中使用了"意淫"一词,主张灵肉一致。要说中国"一夫一妻"产生的思想基础是在当年形成的,这也合乎情理。这部作品就是由周作人翻译的一篇日本女诗人与谢野晶子(1878—1942)关于贞操的极具争议的文章。[40] 与谢野晶子曾是女权主义期刊《青鞜》的撰稿人,她认为,是否选择忠于丈夫完全取决于她自己,这是个人选择,不受道德约束。这位女诗人知道如何抛出杀手锏,她继续道,这并不是强制性的,就像"培养一种爱好,怀抱一种信仰,或者有洁癖一样"勉强不来。

她质疑传统上贞洁与道德的对等,并主张在接受这种对等之前,必须先解决几个问题。首先是双重标准的问题,人们对男性的滥交闪烁其词,却谴责女人的婚外性行为。她问道,贞洁是只针对女性的道德要求，还是面向所有人的道德要求（包括男性）？她若有所思道，有人讲从生物学上，男人做不到只对一个女人忠诚。如果是这样的话，那么忠诚就不是道德，因为道德准则是为所有人制定的，无论男女。

道德准则会要求一个人无论在精神上还是肉体上都保持纯洁吗？在这里，她的中文译者巧妙地使用了原文中没有的一个词，即"意淫"，来表示耶稣宣判的"淫念"（lustful intent）。一个精神纯洁的人，即便得到女性的爱慕，也不会"心怀淫念"。但与谢野晶子反驳说，世界上怎么会有人心里从未有过不纯洁的时候呢？至于肉体上的贞洁，她认为这里指的是童贞，失去童贞导致女性终身无法结婚，即使她是因强奸而失贞。与谢野晶子问道，如果一个女性在性方面忠于一个人，但实际上心里有另一个人，却没有受到责备，这又怎么解释呢？她接着指出，那些继续保持性生活但对彼此都没什么感觉的夫妇，或者既无性生活又没感觉但仍然生活在一起的夫妇，想必不该认为他们是贞洁和忠诚的，而应当认为他们违背了精神上的忠贞吧？

在她看来，在精神和肉体都失去贞洁的情况下，普遍的道德准则不会被不合逻辑的矛盾困扰。那两种贞洁合并起来是什么呢，所谓的灵肉一致吗？与谢野晶子问道，并指出肉体和精神上的忠诚只有在基于爱情的婚姻中才有可能实现。但是，如果没有爱的自由，而且如果人们还没有培养出理解和行使爱之自由所需的人格，怎么会有以爱为基础的婚姻呢？今天的婚姻仍然是注重实际的算计，而非出于爱的结合，所以道德家期望丈夫和妻子在精神和肉体上对彼此忠诚，实在无异于行"无米之炊"。这不也会让夫妻感到痛苦，并迫使他们假装忠诚吗？

与谢野晶子继续说，尽管现在人们将基于相爱的婚姻视为奇迹，这种婚姻成为现实的那一天可能很快就会到来。但无论这样的婚姻一开始多么恩爱,一段时间后是否会走向破裂依然存疑,所以与谢野晶子怀疑基于爱情的婚姻也无法保证忠诚。

与谢野晶子想要说明的是,贞操并非道德的同义词,后者只能用一种帮助自我管控、有助于实现自由和幸福的新道德来取代原有的道德。

她的文章发表在五四运动的宣传刊物《新青年》上,一场论战首先被触发了。胡适等五四先驱加入了这场辩论,他们犀利的笔锋首先指向了寡妇守节和守贞殉道的陈规陋俗。[41]虽然拥护新思想的人常常放大他们对现状的抨击,但胡适将这些做法称作野蛮、残忍、不人道的行为,并没有夸大其词。他将守节的寡妇和烈女描述为所谓"迷信"的受害者——他指的迷信是一种未经思考、非理性的、受误导的盲目崇拜。胡适写道:"今试问人'贞操是什么?'或'为什么你褒扬贞操?'他一定回答道,'贞操就是贞操。我因为这是贞操,故褒扬他'。这种'室以为室也'的论理,便是今日道德思想宣告破产的证据。"[42]

这种观念不仅未经思考,而且是不平等的:中国对妻子和丈夫有双重标准,要求妻子恪守性忠诚,却对丈夫找情妇和妓女的做法处之泰然。这种迷信不仅轻率,而且不平等。胡适问道:"这不是最不平等的事吗?"这里所说的平等并不意味着女性应该放纵自己去滥交。"男子嫖妓,与妇人偷汉,犯的是同等的罪恶。"为什么?胡适自答道,"因为贞操不是个人的事,乃是人对人的事;不是一方面的事,乃是双方面的事","女子尊重男子的爱情,心思专一,不肯再爱别人,这就是贞操",男子对于女子也该有同样态度。胡适向他的读者保证:"这并不是外国进口的妖言,这乃是孔丘说的'己所不欲,勿施于人'[43]。"

对于今天的读者来说,胡适试图传达的观点似乎不言自明,但在他那个时代,读者是第一次听到这些观点。男女之间的性关系必须是对等的，性忠诚与爱有关，爱是排他性的——所有这些观点都远远超出了那些"一夫多妻"拥护者的眼界。胡适继与谢野晶子之后，引入了一种关于贞操的全新看法，其中最吸引人的观点是爱情催生忠诚，"夫妻之间若没有恩爱，即没有贞操可说"。

后来，胡适在同接受过日本和德国教育的记者蓝志先之间的一次交流中，更为直接地讨论到爱情。蓝志先说，爱情在夫妻关系中确实很重要，但它并不是最重要的，因为爱情是盲目的，而且极易变化，可以忽冷忽热，所以没有人能保证一对为爱情（一种盲目而极容易变化的情感）结婚的夫妇会继续忠于对方。因此必须由道德制裁来提供保证，而"贞操即是道德的制裁人格的义务中应当强迫遵守之一"。[44]

蓝志先一直强调的是"人格"，这是一个意义极其不明确的中文词，意思是"个性"或"道德品质"。他谈到了"人格的爱"，并将其置于基于感官满足的爱和基于情感的爱之上——对后一种爱的轻视有点让人不可思议。没理解错的话，对蓝志先来说，爱来自感官和情感，而它们是易变的，所以"爱情必须经过道德的洗炼，使感情的爱变为人格的爱，方能算得真爱"[45]。无论如何，他完全反对仅仅基于爱情的婚姻。

对此，胡适恰当地指出"人格的爱虽不是人人都懂的"，从他接下来说的话——"但平常人所谓爱情，也未必全是肉欲的爱"——来看，他似乎明白蓝志先所说的"人格的爱"是指一种排除了短暂性吸引的、持久的夫妻之爱。但他认为，性爱必须作为主要因素存在。的确，夫妻之爱不同于其他类型的爱，比如共同生活的感情，与孩子的关系等，不同之处恰恰在于夫妻之间的爱是一种跟性有关的、忠贞的、专情的一对一关系。

胡适进一步反对蓝志先提出的用来防止丈夫或妻子出轨的必要的道德制裁。制裁带有太多不自由的意味，让胡适这个受过美国教育的自由派难以接受。他告诉读者,不需要外力,因为异性恋本身就包含了忠贞。随后他宣称并强调道:"人格的爱,不是别的,就是这种正当的异性恋爱加上一种自觉心。"[46] 换句话说,胡适认为真爱本质上忠诚而专一。他在推进这一观点的路上大概颇为费力,即便是同时代的知识分子也很难接受这种想法,更不用说普通人了。

为了解释这一观点为什么这么难接受,我梳理出其中涉及的三个不同观点。第一,社会要求你只能和一个人结婚(并发生性关系),不能再有其他人;第二,你为了爱和一个人结婚,并且出于爱,你承诺一生只爱这个人,而不能同时爱其他人;第三,你爱一个人,并且受制于爱的本质而无法去爱另一个人。第三个观点是胡适尝试提出的观点,即排他性是爱情的本质,同时他也自知,自己的同胞甚至连前两个观点都还没有接受。

第三种观点是,爱情只建立在性和情感的忠诚之上,否则就不是爱。这一观点存在争议,任何对它的宣扬在一开始往往会陷入对爱是什么或不是什么的讨论中。难怪人们常常引用外国权威的说法来支持这一观点——例如,《妇女杂志》的一位作家引用了泰戈尔的《飞鸟集》(1916)中的"贞操是从丰富之爱产出的一种资产",以论证"贞操是由感情而产生的,爱情是靠贞操而保持的"。这位作家在尝试阐明爱情与贞操的关系时,指出在特定情形下,可以想象排他性从爱情中自发产生,而不是从选择或承诺中产生,即当两个人感情甚笃而无法迷恋上旁人时,"两性间继续燃烧着热烈的爱,再不容第三个加入"。[47]

中国人难以接受这一概念的原因,或许可以从奥克塔维奥·帕斯在《双重火焰》中对排他性的阐述里得到说明。帕斯认为排他性是"爱情的第一要素",并标志出爱情和情色之间的界限,爱与情色不同,因为:

它是个人的，或者更确切地说，是人与人之间交互性的。也就是说，我们只想要一个人，我们要求那个人以同样的排他性来爱我们。排他性需要回报，即对方的同意，他的或她的自由意志。因此，爱情的排他性又必然包含了另一个基本要素：自由。[48]

虽然"不忠"作为中国古典诗歌中的爱情主题由来已久，被抛弃的妻子和妓女作为反复出现的主题已成窠臼，但受到背叛的几乎从来不是男性。所以没有一个女人能自信地说出"我们只想要一个人，我们要求那个人秉持着同样的排他性来爱我们"。至于互惠中的"自由意志"，20世纪早期的中国人仍在努力解决这个问题，既有独立的探索，也与贞操相结合来解读其内涵。人们对自由意志的观点还远远没有成形，事实上，一些热衷于自由的五四知识分子拒绝了忠诚的概念，因为他们认为忠诚代表着一种占有和不自由。周建人（1888—1984）就是其中之一。

周建人是周作人的弟弟，既是一位生物学家，也是妇女解放和性解放的早期倡导者，曾一度担任《妇女杂志》的编辑。1933年，他在《生活周刊》上发表了一篇题为《恋爱与贞操》的文章，随后收到读者的大量来信和文章，对他的观点提出异议。在逐一回复的过程中，他卷入了一场长达四个月的激烈辩论，辩论双方都不肯让步。后来，编辑决定把这52篇文章整理成书，取名为《恋爱与贞操》。这本书十分畅销，很快就推出了第二版。[49]

在周建人看来，爱情的核心是性欲，当两个人的欲望重合时，爱情就产生了。他写道，人们说爱情是灵肉一致，"肉体"意味着性满足，但与此同时，"灵魂"难道不是你在肉体交合之前的唯一渴望吗？至于以"人格结合"概括而成的一切，即思想、感情和行为的相通，不是问题的关键，而只是次要方面。一些夫妻双方人格不同的婚姻维持了下去，而另一些婚姻则破裂了，这表明人格的一致只是次要的。忠贞不渝不是爱的组成部分，爱也不是忠贞不渝的基础。

周建人继续说，贞操是女人身上的枷锁。它并非来自爱，而是源于占有欲，这个枷锁禁止她与占有她的男人以外的任何人发生性关系，这与资本主义制度不允许工人为另一个雇主工作没有什么区别。周建人认为，男女之间的不平等确实在于忠诚是对女性的单方面要求，但他认为，男性回报给女性相同忠诚的可能性并不比资本家同意只从事一种业务类型的可能性更大。

周建人还提出，有一些提倡妇女解放的人很聪明，他们绕过两性对等的问题，让我们相信，忠贞不渝的爱是真爱，而不忠的爱就不是真爱，因此忠诚不能单独存在，而是作为爱的条件之一。本章题词引用了他的表述："这理论，把贞操归纳在恋爱之下，或把它当作仅是恋爱的附属条件之一，这不能不说是很巧妙的。"

很明显，他反对贞操这个概念，部分原因在于贞操这个词本身，让人联想到"封建"的过去和令人厌恶的旧道德。当然，不止他一个人认为最好彻底放弃这个词，用"专一性"来代替它。[50]"节"和"烈"这两个旧的范畴，只涉及女性，这也难怪现代人在审视这个问题时，至少不是每个人都清楚相互忠贞的含义是什么，如何调和夫妻忠诚的誓言与自由意志，爱情与贞洁有什么关系，以及这一切与单配偶制有什么关系。

造成这种不明确的原因是，有些人对爱的存在本身表示怀疑——恋爱反对者们吵嚷道，如果恋爱的本质不是性吸引，那它到底是什么？如果没有爱这回事，又怎么会有爱的忠诚这种东西？更加不明确的是对贞洁和爱情本质的区分。其中一位爱情拥护者力图澄清这一点，如果一个人移情别恋，破裂的是爱情，而不是贞洁；贞洁是一种人为设定的道德，它不是天生的、自然的；而爱的本质在于它一次只能在一人身上感受到。[51]

把爱情与贞操区分开是向公众明确现代贞操观的一种方式。《生活周刊》的主编邹韬奋（1895—1944）向读者解释道，贞操并不总是童贞的同义词，它还指已婚夫妇不发生婚外性行为，因而贞操也是维护"一夫一妻"的别称。所以，一旦夫妻关系因离婚或一方死亡而结束，与第三者发生性关系并不违背贞操观。人们引用英国社会学奠基人、《人类婚姻史》（*The History of Human Marriage*, 1891）的作者、芬兰学者爱德华·韦斯特马克（Edvard Westermarck）的理论来支持单配偶制的观点。韦斯特马克推翻了广泛持有的原始社会滥交状态的观念，相反，他认为性关系的原始形式就是单配偶制。[52]

那"自由恋爱"呢？蓝志先担心，如果没有贞操法这样的外部约束，我们会倒退到野蛮人的滥交时代。他注意到有些人呼吁"自由恋爱"和废除婚姻制度，他对此表示谴责，因为这样会导致滥交。在对蓝志先的反驳中，胡适引用了英国夫妇威廉·戈德温（William Godwin）和玛丽·沃斯通克拉夫特（Mary Wollstonecraft）的例子。[53] 戈德温支持无政府主义，拒绝婚姻的束缚，认为它是邪恶而不合理的，远远不如有操守的自由爱情。他和激进女权主义者沃斯通克拉夫特是一对自由的夫妇，分居但会见面吃饭，同时保持各自的独立性。胡适评价说，他们是"自由恋爱"的一个例子，但这也是一种思想上的契合——自由恋爱并不一定是一段仅仅基于性的随便关系，在后者中，一旦双方不再渴望对方，这段关系就会解除。

事实上，胡适那一代人强烈呼吁的与其说是自由恋爱，不如说是恋爱的自由，但公众过了一段时间，才把这两个概念区分开来。艾伦·凯为明确概念提供了参考：在引入她的思想时，章锡琛用自己的语言表达了艾伦·凯在这个问题上的主张——"自由恋爱"这个词被误用于表示短暂的性关系。艾伦·凯指出，自由恋爱的狂热支持者倾向于认为，既然"终生的爱情是一种幻想"，他们最好不要一开始就对其抱有期望，而应该追求短暂的性关系。但章锡琛表示，

"自由恋爱"(free love)和"恋爱自由"(love's freedom)是有区别的,他给出了这两个词的英语,以消除中文的模糊性。他补充说,既然爱对艾伦·凯来说是神圣的,当她提倡自由恋爱时,她并不提倡无差别的性行为。[54]

关于贞操,艾伦·凯的立场是坚定的:贞操只能"与全心全意的爱一起发展"。对她来说,只有爱才是重要的,不以爱情为基础的婚姻与卖淫无异。因此,她不会像基督教会那样,把不贞视为"一切婚外性关系的同义词",并把贞操视为"一切婚姻形式的同义词"。由于没有爱情的婚姻对她来说是"不忠的婚姻",忠贞或贞洁的誓言不一定代表真正的忠诚或真正的纯洁,"只有当爱情等同婚姻时,真正的忠诚才会出现"。[55]

最重要的是,她引用了法国浪漫主义作家乔治·桑的话,最关键是要了解一段婚姻是否"既没有心灵背叛理智,也没有理智背叛心灵"(艾伦·凯用斜体字表示)。艾伦·凯反复强调,"在这句话中,乔治·桑提出了新的贞操观"。[56]艾伦·凯的中国追随者听闻后也口口相传,章锡琛就是其中之一。他带着这些观点漂洋过海,传播开来。[57]

然而,观点中存在一个明显的断裂之处。没有多少男人相信如果自己只爱一个女人,也会只想拥有一个女人。他们更不相信,一个人会永远只爱一个女人。即使对爱情拥护者来说,全心全意的爱也不一定是永恒不变的爱,因为爱是变幻无常的,它的对象可以发生转移。正如茅盾所言,"恋爱之真伪,与贞洁与否有关","贞洁与恋爱是相连而生的,相助而成的","而恋爱的次数,却绝对无关"。[58]

除了"贞操"之外,用来表示全心全意的词语还有"专一性"以及不太常见的"排他性",这些词语用中文的引号标出,表明它们的用法尚未成为惯例，或者发言人保留了自己的立场。[59]除了极少数人之外，所有人都同意的一点是：贞操的标准对女性而言极其不公平，它与爱毫无关系，这个词本身就应当被抛弃。

第 1 3 章

寻找爱情：郁达夫

在临死之前，我还想尝一尝恋爱的滋味。

——

1927年，郁达夫

留学日本时期的郁达夫

"他近来觉得孤冷得可怜",这是故事的开头。一堵越来越厚的墙把他和世人——他以为的腓力斯丁人——隔开了,他经常和他们发生争执。大自然是他的慰藉,诗歌也能偶尔给他安慰。他读着华兹华斯、爱默生、梭罗和海涅的诗歌,海涅的诗还是德语原文。有时,他会把自己想象成尼采笔下的查拉图斯特拉(Zaruthustra),但他意识到,他的"megalomania 也同他的 hypochondria 成了正比例"。[*1] 他觉得自己像干柴,冰冷的灰烬——而他才21岁,按理说风华正茂,但他既不探求知识,也不追求声名,他渴望的是一颗能够理解他、安慰他的心,一颗充满强烈激情的心,在这颗心里,首先孕育的是同情,然后是爱。

　　我所要求的就是爱情!
　　若有一个美人,能理解我的苦楚,她要我死,我也肯的。
　　若有一个妇人,无论她是美是丑,能真心真意的爱我,我也愿意为她死的。
　　我所要求的就是异性的爱情!
　　苍天呀苍天,我并不要知识,我并不要名誉,我也不要那些无用的金钱,你若能赐我一个伊甸园内的"伊扶",使她的肉体与心灵,全归我有,我就心满意足了。

---

* 原文如此,"megalomania"意为狂妄,自大狂;"hypochondria"意为忧郁病,疑病症。"hypochondria"在后文中还会以英文形式出现,不再作注。——编注

他来自距杭州不远的一座临江小城,前往日本留学。每天早上醒来,他都会看到"'伊扶'的遗类"赤裸裸地来引诱自己,还有一个中年妇女,她的身材甚至比处女更挑拨情动,于是他开始自渎。随之而来的总是痛苦的悔恨。当他发现《死魂灵》的作者果戈理也"犯这一宗病"之后,他稍感安慰。但是他知道这样的安慰不过是自欺欺人,他几乎每天都感到内疚。他现在看起来完全不健康,青灰色眼窝里的瞳仁"变了同死鱼眼睛一样了"。

这期间,他一直渴望亲密接触,他一度渴慕日本旅店老板的女儿。有一次,她正在洗澡,他偷看了一眼浴室,立刻被眼前的景象迷住了:"那一双雪样的乳峰!那一双肥白的大腿!这全身的曲线!"因为惊慌,他的前额不小心地撞在窗玻璃上,发出了声响,"赤裸裸的'伊扶'"听到了,问道:"是谁呀?"他落荒而逃,想象着她把偷窥的事告诉父亲,一夜未眠。

他退隐于乡间,向美丽的大自然寻求慰藉。一天,他在高原上散步,看到"那风景正同密来(Millet)的田园清画一般。他觉得自家好象已经变了几千年前的原始基督教徒的样子,对了这自然的默示,他不觉笑起自家的气量狭小起来"。

"饶赦了!饶赦了!你们世人得罪于我的地方,我都饶赦了你们罢!来,你们来,都来同我讲和罢!"

突然,他听到了高高的芦苇里一对恋人在窃窃私语。女孩的声音令他僵住了。听到他们吮吸嘴唇的声响,他伏在地上偷听,"正同偷了食的野狗一样"。真可耻,他内心呐喊:"你怎么会下流到这样的地步!"但他仍竭力去听二人的动作和言语。树叶作响,衣服脱掉了,男人气喘吁吁,嘴唇之间互相吮吸着,女人恳求情人快点,别被人看见了。

他的皮肤苍白如灰,眼睛通红一片,牙齿呷呷作响,上下打颤。

那对情人离开后，他终于回到住处，像"落水的猫狗"一样跑上楼梯，跑到自己的卧室里，用被子把自己捂得严严实实。

再次上路后，他发现离城镇很远了。他被人招呼进了一座庄园。这座庄园看起来像饭店，但同时也是一座妓院。一名日本侍女把他引进一间房间，给他了一杯饮料，他显得胆怯、紧张。他避开她的目光，转而看向她和服下露出来的粉红围裙。他走在街上时，有多少次会去偷看和服下肥白的腿肉，又有多少次为此痛骂自己"畜生！狗贼！卑怯的人！"

她问他从哪里来，他羞得满脸通红，因为日本人看不起中国人。"中国呀中国，你怎么不强大起来！"他在心中呐喊。不得不承认自己是中国人让他战栗恐慌，几欲落泪，日本侍女觉得最好留他一个人在这儿冷静一下，并说她会去再拿些酒来。

听到她回来的脚步声，他整理了一下衣服，过了一会儿却发现脚步声不是向自己来的，而是向着隔壁的客人。听到她和其他男人调情，他觉得自己遭到了背叛和抛弃，咒骂她的不忠，并且发誓："我再也不爱女人了，我再也不爱女人了。我就爱我的祖国，我就把我的祖国当作了情人吧。"

他喝得酩酊大醉，昏睡过去了。醒来后，他发现自己躺在侍女泛着香气的红绸被里。更尴尬的是，尽管给出的小费已经很少，他仍然没剩下坐车回家的钱。他走在海边，咒骂自己，同时脑子里混杂着自杀的念头和自怨自艾。我可能会淹死自己，他想，既然"我所求的爱情，大约是求不到了。没有爱情的生涯，岂不同死灰一样么？"

他向西望去，地平线最远处有一颗星星，下面是中国，是他离开的祖国。他叹了口气，然后断断续续地喊道：

"祖国呀祖国！我的死是你害我的！你快富起来，强起来吧!你还有许多儿女在那里受苦呢!"

"沉沦"是这个故事的名字,以上只是故事的梗概。它是1921年出版于上海的短篇小说集的标题故事。该书作者郁达夫(1896—1945)因此一举成名。中国的年轻读者以前从未看过这样的作品,这本书引起了巨大的反响。显然,这本书时机已到,虽然不得不遭受很多抨击,但还是畅销起来了。

性,或者更确切地说是性胆怯和性挫折,是这个故事的主题,但郁达夫把它融入更大的环境中,对爱的渴望与中国人面对日本人时的自卑感密切相关。现代化的日本正在飞速进步,中国却裹足不前。在《沉沦》一文中,如果中国强大起来,不被世界各国轻视,这位无名主人公似乎就能得到自己渴望的爱情,他也不会如此可悲又好色。仿佛中华民族蒙受耻辱的羞耻感,是主人公放大的性耻辱。他不能彰显自己的男子气概,这是中国受阉割的缩影。他相信如果自己出生在富有而受人尊敬的家庭,爱情就会降临在自己身上。从郁达夫其他的作品中,我们可以了解到他本人对自己九年的日本旅居生活怀有矛盾的心理,他既喜欢日本激发了自己的才智,开阔自己的视野,但同时又痛恨自己不得不屈尊于日本人。[2]

这位未来将成为作家的17岁年轻人来到东京的时机再好不过了:1913年,大正时代刚开始一年,他回忆道,那是一个"两性解放的新时代"。尽管被时代的潮汐波裹挟,像他这样"一个灵魂洁白、生性孤傲、感情脆弱、主意不坚的异乡游子",不过是洪潮上的泡沫,"两重三重地受到了推挤,涡旋,淹没,与消沉"。[3] 大正时代的空气中弥漫着爱情的气息,但他的第一次给了一个日本妓女,而不是他喜欢的任何一个有教养的女孩。她们只要说出"中国佬"这个带有种族歧视的字眼,他就会因羞辱与愤懑而困顿。

就像《沉沦》里描写的醉酒配嫖娼一样,他去逛妓院时,喝了许多清酒壮胆。郁达夫曾说过,酒精是一剂治疗抑郁的良药——女人也是。[4]当那些幽暗的"忧郁"时刻降临时,他就会破坏自己珍视的东西,甚至是心爱的书籍,来寻求解脱。妻子曾送给他一面意大利制的四圈有象牙螺钿镶着的镜子,有一次,他在这面镜子里看到自己,感觉非常厌恶,抓起镜子扔到地上。看到镜子摔得粉碎,他起了惋惜之情。他对朋友们说,这种感觉足以暂时减轻他的抑郁。他想知道他这种反复发作的痛苦是遗传的吗?是不是只有中国人才有呢?还是因为他失恋了?但接着,他若有所思道:"我自见天日以来,从来没有晓得过什么叫做恋爱……我东流西荡,一直漂泊到今朝,其间虽也曾经遇着几个异性的两足走兽,但他们和我的中间,本只是一种金钱的契约,没有所谓'恋',也没有所谓'爱'的。"[5]

在《沉沦》第一版的序言中,他告诉读者这个故事描写了"一个病的青年的心理,也可以说是青年忧郁病Hypochondria的解剖",许多读者认为此处可能是他在自指。在这里,他在"忧郁病"这一中文词后面加上了"hypochondria"(意为无法查清原因的病态抑郁)这个英文单词。这个中文词可能还很新,不为大众所熟知,需要插入英文解释。

他继续说,这个故事还涉及现代人的"苦闷",即"性的要求与灵肉的冲突"。他的同学、作家成仿吾(1897—1984)对此感到困惑,他说,两人第一次谈论这部作品时,郁达夫并没有真正考虑到任何灵魂与肉体的冲突。成仿吾写道,这当然是关于一颗"求爱的心"。一颗"求爱的心",却找不到爱,这就是这部作品的中心。

当然,我们对郁达夫的话不必太较真,因为"灵魂—肉体"这个词正广泛流传,他很可能没有经过深思熟虑就脱口而出。可以想象到六年后,他耸耸肩,照常贬低自己,轻描淡写地说,写这本书只是一种消遣,既不是真实发生的事情,也没有经过深思熟虑和精心润色。[6]然而,仍然需要解释为什么他把灵肉冲突与现代人的挫败感联系起来。挫败感或不满足的感觉究竟来自哪里？什么被阻碍了？只能是性冲动。这是"超我"对性冲动的压抑，用弗洛伊德的术语来说就是压抑了"灵魂"，才产生了现代意义上的挫败感。年轻人感到如此内疚，与对灵魂的理解是分不开的，因为"超我"是心灵的一部分，起着良知的作用，会让愉快满足自己冲动的人感到内疚和焦虑。

在中国，究竟什么是灵魂一直存在争议：是心灵，是精神，是幻觉，还是仅仅让两个人"一拍即合"的东西？现在，精神分析的概念混淆了这个问题。灵魂和肉体不仅可以融合（"灵肉一致"），其中一个人还可以压抑另一个人，从而产生挫败感、神经质和焦虑感。

或者偏离于正常的性目标，如郁达夫的短篇小说《茫茫夜》（1922）中所写的那样。作者给主人公起了一个和自己名字非常相似的名字，他是中国一所省级大学的新讲师。一天晚上，他起了欲念，在街上游荡寻找女人，却一个也找不到，便哀叹起自己从未体验过爱情。郁达夫写他仰望夜空，自怨自艾地叹息道："啊，恋爱呀，你若可以学识来换的，我情愿将我所有的知识，完全交出来，与你换一个有血有泪的拥抱。啊，恋爱呀，我恨你是不能糊涂了事的。我恨你是不能以资格地位名誉来换的。"他迫切需要发泄性需求，一个女人，任何女人，都可以是必要的泄欲工具。最终他不得不通过自虐来满足自我。他向女店员要了一根旧针和一块旧手帕，回到房间里，他闻了闻这两样东西，一边对着镜子审视自己，一边用针扎进脸颊，扎出了几滴血。看到擦过脸后沾上血迹的手帕，拿到鼻前，想起女店员，一阵快感传遍全身。他所谓的"变态的快味"终于得到了满足。[7]

早些时候，他曾在上海向一位年轻男子寻求身体上的亲密，那是一位19岁的少年，面容苍白，长相精致，声音甜美，眼神柔和。

主人公为他倾倒，并不禁想起了诗人保罗·魏尔伦和阿蒂尔·兰波之间的热恋，不过他的关注点不是其中暴力、冲突、酗酒和吸毒的部分，而是将其视为一段"谦虚的情"。然而，这位年轻讲师一离开上海到外省教学后就忘记了那个男孩——"眼不见心不念"，他对男孩的渴望一方面被一个女学生"纯一的爱情"取代，尽管他并没有付诸行动；另一方面是一种无法抑制的肉欲冲动，他把这种冲动比作野兽，让他流浪街头，最终自暴自弃。

所以在郁达夫的笔下，在灵魂与肉体的权衡中，似乎每次都是肉体占了上风。然而，我怀疑，从他自己的视角看，那里是否也没有灵魂。即使是那些认为性令人厌恶的评论家也不敢说它来得毫无理由，因为郁达夫对性的处理既诉诸感官，也关乎心理。他关注的是他笔下受到性欲（无论是得到满足还是受到压抑）影响的那些无所事事地闲逛着的疏离、消沉的人物的心理。事实上，他比之前任何中国作家都更能深入他们的内心，让读者更深入了解他们的心灵。心灵是"灵魂"的新装束。郁达夫在《现代小说所经过的路程》（1932）中引用了伊迪丝·华顿（Edith Wharton）《小说创作》(The Writing of Fiction)中的一句话："近代小说的真正的开始，就在这里，就是在把小说的动作从稠人广众的街巷间移转到了心理上去的这一点。"在他对这句话的中文释义中，他将华顿的"灵魂"（soul）译为"心理"。[8]

另一个在日本和中国流行的弗洛伊德概念是"升华"，即被压抑的性本能可以寻求其他表达途径的心理机制，比如艺术创作和宗教生活。这个词，即使不是理论，也进入了中文写作中，这个词与其说是指性本能的转移（如弗洛伊德所言），不如说是指性本能的削弱或净化。郁达夫有几个主人公遵循着内心的压抑，通过"净化"欲望来提升自我、超越欲望。

中国文学批评家普遍认为郁达夫最成熟的作品是短篇小说《迟

桂花》(1932),小说讲述了叙事者"我"在杭州看望朋友的妹妹时,净化战胜了欲望的故事。[9]桂花的"催情"香味萦绕着整个故事,主人公与女孩在山间漫步,宛如田园牧歌,他发觉自己的欲望被女孩的纯粹自然、天真单纯和她鲜活的情感打败了。如果他曾经有过勾引她的念头,那么他的性欲现在已经净化了。他向她坦白自己的想法,她感动得热泪盈眶。虽然他没有屈服于诱惑,"但我的心,却是已经犯过罪的"。最终他们纯洁地拥抱,互称兄妹。

克服欲望,让爱变得高贵而纯净。这就是中世纪游吟诗人口中典雅之爱的典范。我们可以在郁达夫的第一篇短篇小说《银灰色的死》(1921)中找到这种爱。它的载体是理查德·瓦格纳的歌剧《唐怀瑟》中的中世纪吟游诗人骑士沃尔夫拉姆·冯·埃申巴赫(Wolfram von Eschenbach,即盍县罢哈)。和同名英雄唐怀瑟一样,在《银灰色的死》中,主人公(郁达夫给他取名为Y)请求沃尔夫拉姆为他指引一条通往高贵而纯洁的爱情的道路。[10]

孤独的男主角在丧偶之痛中遇到了静儿,她是一位日本侍女,在她寡母的餐馆工作。他开始对静儿产生柔情蜜意,每次他去餐馆喝酒,两人都会谈心。一天,他得知她要嫁给一个酒馆老板的消息后,感到更加孤独,喝得更多——但不是在她服务的餐馆喝酒,他现在刻意避免去那里。但当他想起了沃尔夫拉姆·冯·埃申巴赫,便无可避免地开始朝那边走去,并自语道:

千古的诗人盍县罢哈(Eschenbach)呀!我佩服你的大量。我佩服你真能用高洁的心情来爱"爱利查陪脱"(Elisabeth)。

他开始吟唱。在这里,作者引用了瓦格纳歌剧第二幕歌词中的三句。他引用的是德语原文,译为:

你且去她的裙边，去算清了你们的相思旧债！

可怜我一生孤冷！你看那镜里的名花，又成了泡影！

郁达夫自然没有解释这个场景，也没有解释伊丽莎白（爱利查陪脱）和静儿之间的关联。读者只知道，Y重复了几次这句话，然后告诉自己，"我可以去的，可以上她的家里去的"——如果过去的人（沃尔夫拉姆）可以这样去爱，那么他（生活在现代，因此应该能够以现代的方式去爱）也可以这样去爱静儿。但读者一定会问，这是什么方法呢？可以简略回答为"精神上的、无私的"，但要理解这种爱的模式是如何形成的，有必要绕道到歌剧的情节中去。

《唐怀瑟》比瓦格纳的任何歌剧都更适合从二元论的术语来研究，将其视为精神和性欲，或灵魂和肉体之间的冲突。肉体由女神维纳斯代表，唐怀瑟成了她的情人。在她的王国维纳斯堡（Venusberg），唐怀瑟放弃自我，沉迷肉欲。灵魂以圣洁的伊丽莎白的形式出现，他过去曾用音乐赢得了她的心，但纯真的伊丽莎白不知道她的"无名狂喜"就是爱。

在纵欲的第一幕中，唐怀瑟的感官受到了极大的刺激，挣脱了女神的拥抱，离开了维纳斯堡，向圣母玛利亚祈祷，打破了维纳斯的魔力。他在一个山谷里被伊丽莎白的叔叔和他的同伴发现，为首的就是沃尔夫拉姆·冯·埃申巴赫。唐怀瑟犹豫着要不要加入他们的歌唱比赛，直到沃尔夫拉姆告诉他，伊丽莎白的心已经被他的歌声征服了。沃尔夫拉姆爱着伊丽莎白，但回到她叔叔的城堡，是他——正如郁达夫所描述的那样——大量吟咏着郁达夫引用的第一句歌词，把唐怀瑟引向她。这句话和另外两句引语夹在一对恋人重逢的场景中，粉碎了沃尔夫拉姆实现自己对伊丽莎白的爱的希望。歌唱比赛的主题是"爱的真谛"，获胜者可以牵起伊丽莎白的手。第一个登台演唱的是沃尔夫拉姆，他歌颂了理想化的爱情，将爱情比喻为神奇的泉水,泉水中只流淌出纯洁而神圣的感情。但是唐怀瑟没有时间去说这些假正经的废话,而是激情澎湃地唱起了性享乐的赞歌。

沃尔夫拉姆自我牺牲的爱唤起了Y去找静儿的冲动,他告诉自己,他可以像游吟骑士那样纯洁而高贵地爱静儿。当Y看到静儿的时候,他发现静儿躲避着他的眼睛,眼里噙满泪水。他典当了书籍去给她买结婚礼物。Y酒喝得越来越多,行为开始表现得很奇怪,似乎精神崩溃了。后来有人发现了他的尸体,认定其身份不明,死因据说是脑溢血。他破旧的西装口袋里有一些钱和一本欧内斯特·道森(Ernest Dowson, 1867—1900)的《诗歌与散文》(Poems and Prose)。

郁达夫在故事的附注中承认欧内斯特·道森——更准确地说是后者的生活状态,成为他的灵感来源。道森是一位非常优秀的英国诗人,我们提到"葡萄酒与玫瑰的日子"或"随风而逝",其实(很多时候是在不知不觉中)引用了他的诗句。道森是典型的颓废派诗人,有着波希米亚艺术家的形象,也是奥斯卡·王尔德的朋友。他喜欢苦艾酒、底层生活和小女孩。他爱上了11岁的阿德莱德(Adelaide),她是一名波兰难民的女儿,在伦敦苏豪区经营一家简陋的餐馆。她最终嫁给了一个服务员,这深深地伤害了道森,却也启发他创作了一系列饱受赞誉的诗歌,表达失去的爱情和对生活的厌倦。

道森32岁时死于肺结核。英年早逝的命运,以及他对餐馆老板女儿的单恋,被郁达夫糅合进自己的作品中。郁达夫打算借助阿瑟·西蒙斯(Arthur Symons)给道森撰写的回忆录,对道森的生平和诗歌进行详细描述,但将他爱慕阿德莱德的比重放大,远超出西蒙斯所写。郁达夫的文章中没有提到她的名字,而是称她为"道森的贝特丽奇",将她与但丁的灵感联系在一起,典雅之爱在她的身上被放至最大。正是基于这种认同，郁达夫将道森的爱情描述为一种"pure love"（纯洁的爱）。[11]

郁达夫笔下的主人公存在许多与他本人生活和个人细节相似的地方，让读者和评论家怀疑这些人物的自画像成分比重不低。他也引导他们，给他笔下的人物起了和自己相像的名字。然而，他同样可以这样说：你们可能认为我是那样的人（好色、性受挫、自虐、双性恋、自怨自艾、酗酒、心理失衡等），但实际上我不是；另一方面，如果你认为我兜售给你虚假，那也不一定正确，因为如果这些不是真的，那只因我性情如此。他有一句名言："文学作品，都是作家的自叙传。"但他的意思是，没有小说能逃脱作者个性的印记。这并不是在邀请人们去寻找作者的生活和他笔下人物的相似点。他说，"作者的生活，应该和作者的艺术紧抱在一块，作品里的 Individuality 是决不能丧失的"。[12]

郁达夫究竟是个什么样的人？从他的自传体作品、信件和日记中或许可见一斑。和同时代的其他作家一样，他毫不犹豫地出版了这些作品。在早期的中文作品中，读者可以读出作者袒露心扉的渴望。这是中国学生被诅咒的命运，受传统影响，他们很少袒露心声。在日记这种极其私密的文体中，分享隐私通常还比不上天气预报的占比（看看鲁迅的日记就知道了）。想要偷窥的读者不断受挫。但是，看看郁达夫的日记，他什么都说，不但没有隐藏自己的感情，反而在文章中夸张地表露出来。

卢梭在《忏悔录》中为这种写法开先河。他被认为"开创了现代的自传体写作"，也是"首个提出我们今天所谓性认同（sexual identity）概念的先驱"[13]。如果我们追溯最早自我披露隐私、将善重新定义为做自己和实现真我的特性，以及疏离的现代知识分子的态度,不管我们怎样寻找,最终都将回到卢梭。郁达夫对卢梭怀有崇高的敬意,甚至为他撰写了一篇小传。我们可以说,和卢梭一样,郁达夫也在公开表达自己,坦诚面对自己的人生。称赞卢梭敢于揭示自己的缺点,郁达夫实际上也是在为自己的习性辩白,尽管这种习性让他的批评者感到震惊,并指出他是在将自己的伤口和溃疡暴露于公众面前。[14]

不加掩饰袒露自我的魅力并不只为郁达夫一个人所感受到。在他的五四同代人中,自白型的文学创作形成一股潮流,甚至是一种时尚。毫无疑问,这与五四运动对自我解放的呼声以及文学领域对内在自我的表达密切相关。[15]郁达夫认为五四运动是发现个人的运动。在过去,一个中国人要服从君王、儒家之道和父母,而现在他知道可以为自己而活。[16]这种思想氛围为郁达夫的宣言铺平了道路,他再次借用德语:"'自我就是一切,一切都是自我',个性强烈的我们现代的青年,那一个没有这种自我扩张 Erweiterung des Ichs 的信念?"[17]

在这个范畴下,就文学而言,郁达夫认为中国发现自我的步伐落后于欧洲七八十年。中国文学在这方面有更加丰富的空间,范围更加广阔,因为北欧的易卜生、中欧的尼采、美国的惠特曼和俄罗斯的19世纪作家已经在中国扎根并开花结果。[18]至于中国人的自我,他没有明确定义,而是把它说成是一种固有的、原本就存在的普遍现实,只有熟悉西方文本才能揭示、发现和认识。然而事实上,这是一种新的结构,是在与西方文本的交融中重新涌现的,正如他自己的自我定位所证明的那样。西方的作品和他们的创作者成为中国人自我塑造的新典范。

我们都知道,小说是为想象力赋形的有效载体,小说中的人物可以成为那些迷失其中或从中获得灵感之人的人生典范。郁达夫就是一个很好的例子,他以各种欧洲小说人物和小说家为样本,塑造自己和笔下的人物。他在1924年写了一篇题为《零余者的自觉》的文章，实际上是在告诉我们这些人物中的主要形象。"零余者"（superfluous men，也称"多余人"）是19世纪俄罗斯的一种文学人物类型，例如，亚历山大·普希金的叶甫盖尼·奥涅金（Eugene Onegin）就是穿梭于俄罗斯文学一系列同类角色中的一员。零余者才华横溢，富有修养，但无法有目标地行动和尝试一切，包括浪漫爱，并最终一无所获。

郁达夫在文章中也将自己视为一个"零余者"。和构建了这个词的伊凡·屠格涅夫的中篇小说《多余人日记》（1850）类似，郁达夫看到自己的一生在眼前闪现，就感到沮丧。他四处游荡，边走边问自己"我也不知在这里干什么？"伴随脑中一道霹雳，他爆发一阵呼喊，"我是一个真正的零余者！""对于社会人世是完全没有用的"，他喊着，然后用英语重复了这个词，"superfluous，superfluous！"[19]多余人那格格不入、无所适从的形象，引起了郁达夫强烈的共鸣。然而，我们发现，他的无用感有中国社会作为基底，因为他把这种无用感与他无法养家糊口和不能为国家做出贡献的状态联系起来。

郁达夫对自己的定位与他的理想型完全不同——或者说他理想的自己是一个极度敏感、格格不入、孤立于社会之外的旁观者，一个无家可归的人，才华横溢，受过高等教育，却无法果断而有目标地行动？他把自己描绘成零余者，模糊了自己中国人的身份和假扮西方文学角色之间的界限。"恋爱又是什么？""有谁来和你讲恋爱？"[20]这些问题基于他新的自我构想，是通过吸收和融入西方文学表现而逐渐形成的。

郁达夫的另一种形象同样源自欧洲文学，那就是"颓废"。无论是当时还是现在的评论家，都忍不住给他贴上了这个标签，认为他行为放荡。这个标签象征着他对世纪末的欧洲颓废主义与唯美主义运动的情感共鸣，但更像是一种耻辱的标记。那些这样指称他的同代人包括他的一生挚爱王映霞（稍后会详细介绍）。这里的"颓废"

主要指的是郁达夫的自我放纵和不拘一格，而不是对其审美倾向的任何映射。为了区分两者，你可以把前者叫作"颓废"（decadent），后者叫作"颓废派"（Decadent）。那些谴责他颓废的人想象着他跟跄着从一个酒馆走到另一个，中途还会在妓院歇脚。

郁达夫从一开始就个性抑郁，容易自责，经常表现出悲伤、羞耻、厌恶和焦虑的情绪。他认为在这个世界上根本不存在幸福。他说，生活本来就是悲伤的，正因为如此，他看透了这一点，于是用酒和女人带来的欢愉麻痹自己。因此，也有人谴责他为"颓废者"。但他要让那些人知道，自己并非不痛不痒，没有自责："清夜酒醒，看看我胸前睡着的被金钱买来的肉体，我的哀愁，我的悲叹，比自称道德家的人，还要沉痛数倍。"精神上的痛苦是他的自我辩护。[21]

对于中国文人来说，在妓女的怀抱中寻求慰藉并不是什么新鲜事，事实上，如前所述，他们已经把与妓女的亲密关系提高到文学鉴赏的高度。郁达夫的经历在两个方面都背离了传统。他浪迹于街巷之间——他的先辈们从来没有这样做过——而且光顾的妓院毫无魅力可言，与前几代文学家光顾的香艳妓院大相径庭。他在一篇日记（1927年1月25日）中写道，他说着粗鄙的上海话在街上寻找妓女，"打野鸡"，在低端市场寻找"雏鸡老鸭"。郁达夫听起来很实事求是，好像这就是他一天的工作。他还描述道，与警察发生口角之后（大概是因为酒后行为），他确实在动荡的十六铺码头找到了一个中年妓女，并和她一起回家了。他在第二天的日记里同样漫不经心地写道，自己起晚了，和那个女人一起去喝了一碗粥，然后在她的住处小睡了一会儿，带她去一个燕子窠抽了一两口鸦片。[22]

与早期文人经历的第二个不同之处在于，他明确地把爱——或者更准确地说是爱的缺失——带入其中。有一次在广州——他在1926年12月3日的日记中写道，他刚从寻找妓院的街巷游走中抽身出来，就叹息说他已经活了半辈子，却从未获得爱情。[23] 他也曾在

1925年的《南行杂记》中以第一人称回忆起与一名妓女的相遇，紧接着是一声哀叹："恋爱又是什么？年纪已经到了三十，相貌又奇丑，毅力也不足，名誉，金钱都说不上的这一个可怜的生物，有谁来和你讲恋爱？"故事中的妓女恰巧对他产生了情感依恋，尽管他对她漠不关心，除了一种"尚不十分腐化的童心"外对她没有什么好感，但他对她并不是没有同情心。分开很长一段时间后，他们再次相见，她又向他表达了感情，他整夜陪在她身边，没有提任何性要求。她问原因，他谎称自己被阉割了。从那以后，他会替她买单，晚上陪她，甚至在她来例假（他称之为"不净"）的时候来，而不跟她发生任何性行为。他回忆起这段关系时道，这很难说是爱情，但也不是赤裸裸的肉体买卖。[24]

1927年1月14日，爱情降临在郁达夫身上。就在那天，他遇到了来自杭州的教师王映霞，她碰巧住在上海他们共同的朋友那里。她年仅20岁（而他已经31岁），人人都说她很迷人，皮肤白皙，相貌出众，哪怕在她30多岁时才初次见到她的人，都能察觉到她和好莱坞影星琼·克劳馥很像。[25]郁达夫深深为她着迷，立刻以初恋般莽撞的热情开始追求她。

这里所说的"初恋般"，其实是借用了他的话，因为他经常抱怨自己从未真正懂得爱和被爱的滋味。他结过婚，像鲁迅和郭沫若一样，他和第一任妻子孙荃的结合是父母包办的。但与他们不同的是，郁达夫不仅和孙荃一起生活并生儿育女，而且深入写下很多关于她的文章，甚至题词献给她一部文集，名为《鸡肋集》。[26] 1923年，他这样写她："啊啊，我的女人！我的不能爱又不得不爱的女人！"[27]他在1924年的一封信中告诉他的朋友郭沫若和成仿吾，他对妻子的感觉与对他们的爱没有什么不同，他又质疑道，这种爱"究竟可不可以说是恋爱",即浪漫爱。[28]

孙荃出身乡下,家境贫寒,但她受过的教育比人们想象的要好,她的诗作水平让郁达夫青眼相待,几乎不需要修改,但她在二人订婚后寄给郁达夫的诗却很少。1920年夏天他们结婚,当时他从日本的学业中抽身出来,回家举办婚礼。婚礼极其潦草,没有媒人,没有宴席,也没有任何欢庆的气氛。面对他后来的酗酒、抑郁和暴躁的谩骂,她都回以中国妇女的柔顺,每当他向她发泄自己的愤怒和懊丧,她都会哭泣、畏缩。他说她是"无罪的羔羊","替社会赎罪"。[29]他知道自己的行为很残忍,甚至可称为虐待。然而,他在为自己给她造成的痛苦而懊悔和自责的同时,也无法不记恨她。

她是否曾经一度掩面,希望自己能抛下一切离开?确实有这样的时刻。郁达夫情绪低落,喝醉了酒,失业(因为校园政治,被迫辞去位于长江河畔的安庆法政专校的教职工作)。他大声骂她,"你与小孩是我的脚镣,我大约要为你们的缘故沉水而死的"。当她向大儿子(五年后死于脑膜炎)告别时,这句话在耳边作响,她告诉儿子要乖些,不要讨父亲的厌。然后她溜出家门,投河自尽。

急速的敲门声把郁达夫从睡梦中惊醒,他打开门,看到了她和救她的人,他们将她抬回了家。她双眼紧闭,棉袄湿透了。他写道,她发烧住院的那两个星期,正是他"心地最纯洁的日子"。他知道妻子没有怨恨自己,他相信,正是她的宽容和温顺让她自寻短见,他的心因对她的怜悯而拧作一团。"利己心很重的我,从来没有感觉到这样纯洁的爱情过"。[30]

他们一起离开了安庆,途中在上海停留,虽然他们打算一起去他的家乡定居,但她放手了,知道他内心更愿意独处。在上海火车站,郁达夫送走了妻子和儿子,如果她没有转过脸去,而是看着他的眼睛,他可能会崩溃。知道这一点,她果断地转过头,免得他因看到她眼中满是泪水,出于对她的怜悯而自己跳上火车,或者让他们留下来。她有一种不应该轻视的自我牺牲精神,因为他既从中获益,又对此深感厌恶。

从1923年到1926年,郁达夫在北京、武昌和广州的大学任教,他在这些岗位上往往都做不长。在广州,他加入了他的两个朋友——郭沫若和成仿吾的队列。后两人因支持左翼事业而居住在广州(成仿吾后来将马克思与恩格斯的《共产党宣言》从德语直译为中文)。当时,作为革命基地的广州是蒋介石北伐军的出发地。清朝覆灭后,这些独裁者将中国部分地区划为自己的领土,像管理个人封地一样进行治理。北伐将苏联多年来对国民党的援助以及后者在反帝国主义和国家统一旗帜下与羽翼未丰的中国共产党时断时续的合作推向高潮。但蒋介石的军队一到达上海就背叛了革命,在1927年4月12日的政变中摧毁了共产党领导的工人运动。

那年年初,在先有国民党和军阀、后有国民党和共产党斗争的背景下,郁达夫结识并开始追求王映霞。郁达夫不像他的马克思主义朋友们那样天生是个革命家,他回到了上海,把广州的政治阴谋和诡计抛诸脑后。在那几个月的日记中,她的身影无处不在,但他也提到了罢工、宵禁、士兵、杀戮、无头尸体和街头的血腥味。他去见她时,身上穿着孙荃从北京寄给他的羊毛袍子。他从北京搬到广州时把孙荃留在了北京。他的妻子一如既往地关心他,认为现在已经是冬天了,他需要这件袍子。收到这封信,他就在思考该"如何的报答我这位可怜的女奴隶"。[31]

他对王映霞多么着迷,多么渴望,他怎样设法每天都去看她一眼,他见到她时是如此狂喜,见不到她时又是那么的心痛难耐——他的日记中有许多页都记录了这种深恋的症状。在爱情里,总有一种感觉,仿佛无上的幸福就在眼前,等待一个词或一个微笑突然开启。他有这种感觉,每天都渴望着那个词和那个笑容。她是否回应了他的感情呢?总有一天,她会妥协,但在那之前,有一个很大的障碍需要克服，那就是他已经结婚的事实。

王映霞属于"新女性"一代，受过高等教育，长相出众，家庭背景良好，嫁给一个理想的伴侣毫无困难。她不需要做任何人的妾，换句话说，即使做妾也是在上流社会。另一方面，郁达夫爱她爱得发狂。此外，作为一个出版了很多作品的作家和文人，他的魅力也随名声建立起来。可能是因为觉得她易动感情，所以她在上海的朋友劝她回到杭州，以转移郁达夫的注意力。

她离开上海，等于把他拒之门外。但是他心火熊熊。为了进一步追寻她的下落并向她求爱，他期盼自己搭乘上和她同一列的火车（他注意到火车上满是士兵）。令人沮丧的是，他不仅没搭上同一列火车，在杭州也找不到她的踪迹。郁达夫绝望地回到了上海，第二天就像往常一样，继续酗酒和"打野鸡"。

然而，一切并没有结束，他给她寄去热情洋溢的情书引来了她的回应——首先是回信，接着她很快回到上海亲自见面。也许是他的坚持打动了她，她终于在3月5日向他表白，并在3月7日第一次允许他吻她，那一天，他在日记中写道，"总算把我们两人的灵魂溶化在一处了"。两周后的一个晚上，他们在床上聊天、共眠直到早晨，但郁达夫告诉我们，他们的亲密关系并没有发展到性行为。6月5日，他们在一家餐厅邀请了40多名客人举办晚宴，宣布订婚。他们在上海安家落户，几乎所有人都承认他们的夫妻关系。1928年冬天，他们三个幸存的儿子中的第一个出生了。他们很幸福，但在郁达夫的生活中，幸福往往是短暂的，它总是消失得很快。12年之后，王映霞第五次怀孕后，他们的"婚姻"在痛苦的相互指责中破裂了，他们分居了。

我们不可能知道到底发生了什么，即使两人把他们的私事公之于众；事实上，他的日记在写完后不久就出版了，他们的争吵以文字形式印刷出来，像任何爱情丑闻一样，在一本广泛阅读的杂志上上演。郁、王二人离异的真正原因，读者永远无法知晓，但这里存在一条线索，即在他们的关系刚开始时她对爱情的理解以及其如何与他的热情形成对比。几十年后，在她发表的一篇文章中，当她尝试用两种观点解释自己在这段关系中的屈服时，表现出一点犹豫不决，究竟是一个无法确定自己感情的幼稚的20岁少女，还是那个受同情激发、因为怜悯而动心的女人。在一段现在读来令人尴尬的文字中，她引用了郁达夫《沉沦》中的一段，其中主人公喊道，他不渴望知识，也不渴望名声，只渴望一颗能理解和安慰他的"心"，一颗充满激情的心，其中首先孕育出同情，然后是爱情。她写道，给与这同情的似乎只有我了。[32]

不过，他确实让她思考了爱情，她也在叙述中承认自己感受到一些东西。4月16日，两人在杭州散步，发现寺庙里只有他们二人后便开始热吻，此刻她感受到的绝对不只是同情。他感到此刻的珍贵，即使世界上所有的幸福都汇集到他身上，他也不会感受到更多。他察觉到自己的力量，他是他所看到的一切的主宰。

"我好象在这里做专制皇帝，"他对她说，"我好象在这里做天上的玉皇，我觉得世界上比我更快乐，更如意的生物是没有了，你觉得怎么样？"

回应他爱情的是一个女人，她说："我就是皇后，我是玉皇前殿的掌书仙，我只觉得身体意识，都融化在快乐的中间；我这一句话也说不出来。"（在中国传说中，掌书仙因梦想爱情而被玉皇大帝驱逐出天廷。）[33]

然而，即使两个人相爱，他们的爱情也很少是对等的。他在抗日战争幸存下来的为数不多的几封信中告诉她，他燃烧着初恋的火焰。[34] 他从来没有对任何女人有过像对她那样的感情。对他来说，她是完美的。他在日记中写道："啊，映霞！你真的是我的Beatrice。我的丑恶耽溺的心思，完全被你净化了。"[35] "我的爱是无条件的"，他在信中对她说,"我可以丢生命,丢家庭,丢名誉,以及一切社会上的地位和金钱"。但她不是无条件的,他注意到这一点,并阐明了两人的不同之处。她在乎自己的声誉,也想结婚,担心他没有成家的自由。所以对她来说,爱情排第三,位于名誉和婚姻之后。

他们忍受分离的程度也有所不同,他无法忍受自己离开她哪怕一分钟。"这一种爱情的保持,是要日日见面,日日谈心,才可以使它长成,使它洁化"。而她似乎更喜欢与他保持距离。他觉得这令人费解,除非是因为"现在你对我所感到的情爱,等于我对于我自己的女人所感到的情爱一样"。他年复一年地不见孙荃,这对他来说没什么。常见妻子对郁达夫而言是一种负担,就好像映霞见到郁达夫也是一种负担一样。要是她能像他那样"热烈"就好了。但愿她的爱不仅仅是"我的热情的反响",而"是真正的由你本心而发的"。[36]

这方面的内容还有很多。即使还没有定论,也足以表明,他不仅无可救药地坠入爱河,而且他对西方文学的阅读也影响了他。除了在那些文学作品中,爱情的净化作用还体现在哪里呢?那么,爱与不爱、一种爱与另一种爱的区别又从何而来呢?直到现在,他写道,我才知道爱的本质。大约在他们第一次见面的时候,他感到有什么东西从外面来拯救他,"把我的灵魂,把我的肉体,全部都救度了"。[37]这就是爱。因此,正是这种情感,绕开了他的主人公、他的分身,也正因如此,他们患上了"忧郁病",并在妓女身上寻求短暂的慰藉来缓解渴望。

只有抛弃了妻子,他才可能拥有自己的东西,因为只有这样,王映霞才会把自己交给他。然而,即使对王映霞极度地迷恋,他仍然无法忘记他的妻子。一天,他和王映霞走向上海的法租界。风很大,他搂着她。就在他尽情享受"完美的恋爱的甜味"的时候,他脑海中浮现出孙荃分娩的画面,她在呻吟。[38]他脑海中,她苍白的脸、她沉默的泪水、她孤独怀远的悲哀模样,与王映霞丰满的身体和清澈可爱的眼睛形成了鲜明的对比。[39]

郁达夫没有按照王映霞的意愿与妻子离婚，但王映霞还是克服顾虑，"嫁给"了他。这个消息激怒了王映霞的法官哥哥，他要求郁达夫保证不举办正式的婚宴。[40]尽管在他们居住的上海法租界，重婚是犯罪行为，但只有在有人投诉或提起诉讼时他们才会被起诉，当然，没有人起诉他们。当郁达夫怀疑王映霞与人通奸时，他想到的正是这种不合法的身份，他公然用任何人都能想到的最肮脏的名字羞辱她，不只是"妾"，而且是"下堂妾"。[41]

1939年，郁达夫的指控和王映霞的否认见诸报端，这一洗家丑的行为是撼动这段关系走向终结的开始：中国人从不做家丑外扬的事，供好事者嘲笑。几乎没有人怀疑她欺骗了郁达夫（那个谣传的名字是一位国民党官员的），但即便如此，他们的朋友都认为，郁达夫把私事暴露在公众面前的这种或许可称之为病态的冲动，已经远远超出了正常的道德界限。

而王映霞抱怨他颓废、粗心、"心理变态"（她的原话）和行为怪异。这些怪癖中最关键的一种是他不时无缘无故地离家失踪。一天深夜，她尾随他，发现他有都市流浪的习惯——早在这个词流行或传入中国之前，他就已经是一个"闲荡者"（flâneur）了。[42]她将两人关系恶化的第一次裂痕追溯到这一点上，并将其归结为沉溺于幻想和发泄情感的需要。

这一切都发生在战争期间。1937年日本全面侵华，杭州沦陷于侵略军之手。郁达夫的母亲受困并饿死于家中，他的兄弟因公殉职，被与日军勾结的傀儡政府的刺客杀害。这个家庭不仅仅因内部纠纷而破裂，也因为战争而分离。郁达夫一直从事宣传工作，1938年12月他逃到英国殖民地新加坡。在那里，他的写作才能都用于爱国主义事业，他监听日本广播，并将其翻译成英文，提供给英国的情报部门；他还发表了抗日宣传文章，并编辑了一份当地的中文日报。

王映霞和他一同前往，但待的时间不长。两人在经历了所有的纷争后，几乎没有和解的机会，更不用说重新开始了。双方同意于1940年3月正式分手。她回到中国，最终嫁给了一个商人；她清楚地意识到嫁给一个作家是个错误的选择。

1942年2月，英国人在混乱与耻辱的情形下将新加坡拱手让给了日本人。大英帝国颜面扫地，亚洲人再也不会以同样的方式看待白人了。炸弹落下，郁达夫乘船逃离新加坡，一路上躲避日本人，最终在苏门答腊岛中部一个名叫帕亚昆布（Payakumbuh）的小镇找到了避难所。在那里，他化名赵廉，经营着一家米酒厂，生活过得出奇的好。

在朋友牵线搭桥下，他娶了一个22岁的贫苦中国女孩，名叫何丽有，定居在印度尼西亚。他希望表面上正常的家庭生活可以减轻日本人的怀疑。何丽有来自中国广东，她和郁达夫除了印度尼西亚语之外没有共通语言。郁达夫凭借他的语言天赋，在几个月的时间里就学会了一些基础的印度尼西亚语。在流亡的那些年里，他写了大量的中国古典诗歌，但她从来不知道他是个作家。人们不禁感叹，他娶了一个不识字的姑娘，并对她隐瞒了自己的真实身份，这看上去也太简单了。她也不是一位"贝特丽奇"，但在那种情况下再找一个王映霞可能就要求太高了。

他精通日语，这为他提供了很多便利，但也带来了不幸。成为定居印尼的中国人和日本军方的双重口译员，大大增加了他被搜捕的风险。他通过同许多日本军事总部人员密切来往以取得内幕情报，并利用他的职位将中国人和印度尼西亚人从日本人的酷刑或折磨中解救出来。他为此付出了生命的代价。在1945年8月14日日本投降两周后，正当他和朋友庆祝盟军胜利，并为未来做打算时，一个讲印尼语的年轻人敲开了门，似乎是找郁达夫有事。他说自己很快就会回来，便告别了朋友，穿着睡衣和拖鞋，跟陌生人一起走入了黑夜，再也没有回来。后来据称，日本宪兵队处决了他。在他失踪的第二天早上，他的妻子生下了他们的第二个孩子——一个女儿。

为国捐躯使郁达夫从颓废者变成了英雄。活着的时候，他很难想象自己的名字会出现在任何光荣榜上。死后，他获得中华人民共和国授予的革命烈士勋章。这一荣誉及其伴随而来的社会待遇被赋予烈士的家属。正式被中国政府指定为烈士家属的是孙荃、她的儿子和两个女儿，而不是王映霞和她的三个儿子。

第 14 章

高举爱情旗帜：徐志摩

你占有我的爱，我的灵，我的肉，我的"整个儿"……你是我的生命，我的诗。你完全是我的，一个个细胞都是我的——你要说半个不字叫天雷打死我完事。

——

1925年，徐志摩

徐志摩

在和他同时代的所有中国诗人中，徐志摩无疑是迄今为止最浪漫的一位。他的朋友胡适曾这样评价："爱是他的宗教，他的上帝。"[1] 既然"他的一生真是爱的象征"，不出意料，他的一生中则不止与三个女人有过情感纠葛，这还不算记者艾格尼斯·史沫特莱（Agnes Smedley）和美国作家赛珍珠（Pearl S. Buck），据说这两个女人都和他有过一段风流韵事。没有时间与更多的女人产生纠葛的原因之一是徐志摩的短命，他年仅34岁就因空难丧生，旋即受到了比生前更多的关注。

无论是对男人还是女人而言，徐志摩都颇具魅力，是所有人心目中的诗人。赛珍珠出生于传教士家庭，在中国长大。1924年，她与徐志摩相识，当时徐志摩27岁，她大他4岁。30年后，她这样回忆他：

> 亲自模仿西方诗人的行为甚至演变为一种时尚，一位英俊、杰出并深受喜爱的年轻诗人荣获"中国的雪莱"的称号。他经常坐在我的客厅里和我交谈数小时，漂亮的双手不时优雅地打着手势……他是中国北方人*，身材高大，长相俊美，他的手很大，骨节分明，像女人的手一样光滑。但不幸的是，这位"中国的雪莱"英年早逝，鉴于他内心强大，如果他能活过作为

---

* 徐志摩其实并非北方人，而是生于长江以南的浙江省。赛珍珠可能是按照像广东人才算作南方人这样的标准来作出相对的区分。

"雪莱"的阶段,可能已经成就自我。²

据传,赛珍珠曾与他有过情事,但传记作者希拉里·斯普林(Hilary Spurling)认为这不太可能。即使赛珍珠希望有过这段情,但在这位风度翩翩的诗人眼中,她姿色平平,又徐娘半老。³

艾格尼斯·史沫特莱后成为德国、英国和美国的媒体记者,因报道中国革命而闻名,她比徐志摩大五岁,却是自由性爱的践行者,她想把徐志摩纳入征服对象之列。徐志摩与胡适关系密切,史沫特莱1929年5月抵达中国后必然会与胡适会面,因为她在纽约时曾参加玛格丽特·桑格(Margaret Sanger)的节育运动,而1922年这位避孕运动家和性教育家来北京大学演讲时,胡适曾为她做翻译。徐志摩从未在作品中提到过史沫特莱,而胡适1930年在日记中透露"我和志摩都同她相熟",但她曾为苏联和印度民族主义运动辩护,所以"我们和她合不来"。除了她激进的政治主张(她支持中国共产党,后来被证实同苏联方面有联络),他还对她的深刻偏见和一些"可笑的"无稽之谈表示不满。⁴

虽然身为五四一代而不怀有爱国情怀是一件奇怪的事,但徐志摩在留美之初的确对左派政治不感兴趣,对一般的政治也不闻不问。1918年,正是学生抗议者走上北京街头的前一年,他先是就读于马萨诸塞州的克拉克大学,随后去往哥伦比亚大学,徐志摩的文学硕士学位论文研究的是中国妇女地位,他相信自己可以为一个新的中国贡献力量。他父亲从制造业和银行业发家致富,因此学习经济学和政治理论就颇为明智。1920年秋,他远渡大西洋到英国求学,在剑桥大学学习了两年,他改变了想法。他写道,在美国,自己一直没有开化,是个无知者,但"我的眼是康桥教我睁的,我的求知欲是康桥给我拨动的,我的自我的意识是康桥给我胚胎的"⁵。

徐志摩去剑桥是为了追寻伯特兰·罗素(Bertrand Russell),这位英国哲人的作品激励了他，他希望向这位大师学习。结果他失算了，事情倒转过来，罗素访问中国还没有回来，而且由于在第一次世界大战期间的反战观点和后来的离婚事件，剑桥大学三一学院的研究员同事对罗素不满，罗素被开除了。但徐志摩有幸遇到了国王学院的研究员高斯华绥·洛斯·狄更生（Goldsworthy Lowes Dickinson），狄更生推荐徐志摩成为可以旁听课程和出入图书馆的特别生。狄更生于1913年访问中国，七年后他将徐志摩纳入麾下。狄更生曾在北京写信给一起远赴过印度、后来为自己作传的 E. M. 福斯特，向他大加赞赏中国："中国！如此快乐，友好，美丽，理智，希腊化，充满机会，富有人性。"[6] "希腊化"是徐志摩绝对不会使用的表达。事实上，他只在回国后不久的一场名为"艺术与人生"的英文演讲中，面对台下一群困惑的北京大学生，将"希腊化"作为一种愿景提出。狄更生将中国文化理想化了，就像许多人将工业进步和传统方式、唯物主义和精神价值对立起来一样。

狄更生不仅在学术上颇有建树，在公共生活中也很有影响力：他是国际联盟最早的支持者之一，在伦敦与中国国际联盟协会主席林长民（1876—1925）喝茶时，和徐志摩结识。林长民带着他16岁的女儿林徽因（1904—1955）来到伦敦，徐志摩对这个才华横溢的可爱女孩一见钟情。

他的爱情之路横亘着两大阻碍。首先，他已婚，前面提到他生命中出现过三个女人，林徽因是第二位，第一位是他的妻子张幼仪（1900—1989）。徐的父母为他选择了张幼仪，更准确地说，是张幼仪的四哥读过徐志摩的校园作文后印象深刻，选择了他。张幼仪有几位在政府和银行工作的杰出兄长，而且家族在学术界和社会上都有很高的地位，因此徐志摩的父亲很快就同意了。张幼仪的父亲和哥哥也对徐志摩的条件十分满意。徐志摩似乎注定一生顺遂，不仅出身富裕家庭，学业优异，还人见人爱、有着让人无法抗拒的活泼个性,这恰好与他杭州同班同学郁达夫标志性的忧郁形成鲜明对比。

婚礼在1915年如期举行,当时徐志摩18岁,张幼仪15岁。1918年,在他启程前往美国前不久,他的儿子出生了。这对夫妇直到徐志摩离美赴英后才再次见面。1921年,他在康河畔离大学约7英里*远的沙士顿(Sawston)租了一间小屋,安顿下来。此时张幼仪也赶往此地,可惜她还不知道自己接下来将面对什么。她的丈夫将当地一家杂货店当作邮局,每天与林徽因私下通信。夫妻之间偶有争吵,徐志摩的态度很不友善。虽然怀上了第二个孩子,但是张幼仪还是在1921年秋天离开了沙士顿,到柏林投奔当时正在耶拿大学学习道德哲学的七弟。她的次子名叫彼得,在柏林出生,但没能活过3岁就夭折了。

1922年3月,张幼仪收到丈夫要求离婚的信,信中指出二人的婚姻既没有爱,也没有自由。他说,自己无法忍受无爱的婚姻。自由应当偿以自由,"真生命""真幸福"和"真恋爱"都是由自由的自我为之奋斗而来的。信中说,既然他和她都想改良社会,造福人类,他们应该"勇决智断,彼此尊重人格,自由离婚,止绝苦痛,始兆幸福"。[7]

任何类似处境的人写这封信都非比寻常。在我们眼里,往坏了说,这是极端自私的行为,往好了说,这是天真的理想主义。但按照当时的爱情观,这也不足为奇。在当时,中国人接受"爱与自由相联结"这个观念已有十年了。[8]艾伦·凯倡导的"自由离婚",难道不正是赋予了无爱的一方在道德和法律上均可终止婚姻的权利吗?毕竟,要想把爱作为婚姻的基础,就不得不采取这样的立场:没有爱情,婚姻就应该终止。如果婚姻一开始就是在没有爱的情况下缔结的,那么维持婚姻就没有意义。

---

* 1英里约为1.609千米。——编注

这是五四时期的信条，徐志摩在与张幼仪决裂时，也在践行这一信条。因此，他并不是坚持这些观点的先驱，而是敢于将这些观点付诸实践的先驱。他的离婚是中国历史上第一桩现代离婚案，而他是成千上万有抱负的爱情理论家的浪漫主义原型。那一代许多人都想这样做，却做不到——他的同学郁达夫就不忍心和妻子离婚，他可怜妻子，认为离婚会让她蒙羞并陷入贫困。

然而，张幼仪来自完全不同的阶级，有着截然相反的气魄。她是否会在同意离婚时将自己视为一个先驱，或一度渴望成为五四价值观的典范，这些都不得而知。但离婚造就了她，很快她进入了自己的人生。她在柏林熟练掌握了德语，接受了幼儿园教师的培训。毫无疑问，她很能干，当上了上海女子商业储蓄银行的副总裁，凭借个人能力脱颖而出。而她对待徐志摩父母的态度就仿佛两人没有离婚一样，这完全改变了他们对她的看法。的确，到了分配家产时，他们正式收养了她，这样她就可以得到一个女儿应得的份额。

徐志摩来柏林看望她和刚出生的儿子时，他们已经在离婚文件上签字了。徐志摩很高兴自己"笑解烦恼结"，正如他在一首诗里写的那样，而且是友好地离了婚。[9] 回到剑桥，他第一次尝到了独处的乐趣，他写道，独居"是任何发现的第一个条件"，包括发现自我。他度过了春天（英国一个"荒谬的可爱"的季节），"有时读书，有时看水"（在他看来，康河是"全世界最秀丽的一条水"），"有时仰卧着看天空的行云，有时反仆着搂抱大地的温软"。在河边度过的夜晚是"灵魂的补剂"，多年以后，他还怀念那些晚钟撼动和第一颗星星出现在天边的时刻。[10]

他的精神一直在剑桥延续，如今，络绎不绝的中国游客选择到康桥旅游，仅仅因为徐志摩离开康桥时，留下了那首著名的《再别康桥》。中国人去那里是为了纪念和吟诵这首诗，并在国王学院后园的"诗碑"旁拍照，以此纪念这位中国诗人。

那是他在"蜜甜的单独"与"蜜甜的闲暇"中度过的一个春天。那时,他真正地自由了,真正地快乐了。但也在那时,他最深切地感受到"人生痛苦"。上一年秋,林徽因和她的父亲回国了。她的父亲很喜欢徐志摩,但被这个年轻人对女儿的殷勤吓了一跳,并在给他的信中写道:"阁下用情之烈,令人感悚,徽亦惶恐不知何以为答,并无丝毫mockery(嘲笑),想足下误解尔。"[11]

夏日将尽,徐志摩离开了英国,以诗人的身份回国。剑桥的生活与对华兹华斯、济慈和雪莱等英国浪漫主义诗人作品的阅读,使他成为一名诗人,但更重要的是,他对林徽因的渴望源源不断地激发着他的创造力。不过,如果他还期待着在故土继续追求林徽因,他的希望注定会破灭。与妻子离婚只是消除了先前所提到的两个障碍中的一个,另一个挡在他面前的障碍却无法逾越:林徽因已经名花有主。她和梁启超的儿子、未来的建筑师梁思成(1901—1972)订婚了。本书之前曾简要提及梁启超为复兴中华民族而提出创造一种新文学的主张,他是个极具影响力的改良派人物,也是一位杰出的思想家,徐志摩很乐意成为他的得意门生,梁启超也赏识徐的才华,很喜欢他。

与此同时,在回国后的一年里,演讲、写作和探亲访友让徐志摩奔走于北京、南京、天津和杭州等城市。1924年4月,诺贝尔文学奖得主泰戈尔到上海巡回演讲,他和林徽因陪同这位印度诗人兼哲学家,两人常有机会在一起。徐志摩担任泰戈尔的翻译,他向泰戈尔透露,自己仍然爱着林徽因。但这段爱情注定没有结果。也许正因如此,在北京举行的庆祝泰戈尔生日的晚会上,由中国主办方表演泰戈尔的短剧《齐德拉》(Chitra),徐志摩并没有扮演和林徽因所饰的齐德拉搭戏的阿周那(Arjuna),而是扮演了两人爱情的旁观者,也就是把他们的心联结在一起的爱神。

同年6月,林徽因和梁思成在各自父亲的安排下,前往宾夕法尼亚大学学习。1928年，他们又如父亲们所愿成婚。那时，徐志摩也回到中国再婚了，婚礼传出了新娘的丑闻。1924年底，徐志摩爱上了交际花陆小曼，而当时女方与第一任丈夫还没离婚。

陆小曼的丈夫毕业于普林斯顿大学和美国西点军校，在远离动荡局势的哈尔滨担任警察局长。在陆小曼被徐志摩苦苦追求期间，她的丈夫毫不知情，将眉（陆小曼的另一个名字）留在了北京的社交圈里。谣言和故事不绝于耳，比如陆小曼的母亲没收了徐志摩的礼物和信件，陆小曼不得不凌晨偷溜出去亲自回信。徐志摩是自由之身，陆小曼却不是，这让他陷入了私通关系，除了最亲密的朋友，两人在所有人眼中都沾上了污点。要想停止流言蜚语，他必须做出一些姿态。所以他到欧洲长途旅行，制止了谣言。他从巴黎、佛罗伦萨、伦敦等地写给她的情书，是中国人写过最热情洋溢的情书，绝无仅有。如果有一天这些情书能出版，将会让成千上万的中国年轻人大开眼界，因为他们一直认为只有西方人才爱得如此热烈。

陆小曼的离婚是敢为天下先之举，因为离婚是由女方而不是她的丈夫先提出的，同时也不以丈夫的任何不当行径为理由（甚至没有婚外情的因素）。这完全是现代的，一种爱情竞技。在年轻人眼里，这是忠于新的爱情观，但在老一辈人眼里，这完全是不道德的。1926年10月3日，徐志摩和陆小曼在几乎没有上一辈人赞成的情况下举行了婚礼，徐志摩的父母不赞成，恩师兼保护人梁启超也不赞成。胡适说服梁启超担任证婚人，以示支持。胡适的妻子为丈夫参与此事大闹一场——她当着其他人的面说，如果他去主持婚礼，她就把他从台上拖下来，这让他非常尴尬。胡适当时板着脸，转移了话题，但后来私下责备了妻子：

> 有些事，你很明白；有些事，你决不会明白……少年男女的事，你无论怎样都不会完全谅解。[12]

换句话说,她永远不会理解浪漫爱这种东西。

梁启超借婚礼致辞表达了他的反对。他非但没有祝福这对新婚夫妇,反而直截了当地斥责徐志摩,这让在场的所有人都大吃一惊。据一位宾客回忆,梁启超批评徐志摩和陆小曼"用情不专",结一次婚,离一次婚,再结一次婚;他希望这是他们最后一次结婚。[13]

梁启超把这一切都告知远在美国的儿子和林徽因,给他们写了一封长信,并附上了他的讲稿。他在信中发出一声长叹:

> 徐志摩这个人其实聪明,我爱他不过,此次看着他陷于灭顶,还想救他出来……我想他若从此见摈于社会,固然自作自受,无可怨恨,但觉得这个人太可惜了,或者竟弄到自杀。我又看着他找到这样一个人做伴侣,怕他将来苦痛更无限,所以想对于那个人当头一棒,盼望他能有觉悟(但恐甚难),免得将来把志摩累死。

他在信中还哀叹年轻人任意决破"礼防的罗网",为感情冲动,不能节制,殊不知这样做实际上是自投"苦恼的罗网"。"真是可痛,真是可怜!"梁认为他们处事鲁莽。[14]

徐志摩和陆小曼结婚后,情况确实不妙。此刻,他一直不怎么感兴趣的世界正向他逼近:中国正走向革命(正如我们在前一章中看到的那样,1927 年,蒋介石发动政变,调转枪口对准以前的共产党盟友)。因此,为了逃离动荡的局势,徐志摩不得不在上海的租界寻求庇护。徐志摩把他在周边政治斗争中所感受到的压迫感比作他全身的毛孔都被蜡堵住了。[15]

另一个让他深感压抑的是,他平生第一次缺钱了。他不能也不愿意依靠他的父亲,他的父亲受到了经济萧条的打击,浙江的住宅也遭受了当地亡命之徒的抢掠。无论如何，徐志摩认为是时候自力更生了。[16] 为了让妻子有足够的钱花，他身兼多所大学的教学工作。由于陆小曼花钱大手大脚，品位高奢，她确实像梁启超的婚礼致辞所预言的那样，让徐志摩疲惫不堪。

陆小曼有一项昂贵的嗜好是吸食鸦片。她声称吸食鸦片是为了缓解自己的种种病痛，其中最主要的可能是心动过速。她的医生、按摩师以及传闻中的情人翁瑞午，向她推荐了鸦片的治疗。翁瑞午是社会名流，在上海的许多圈子里都很受欢迎，他是一名治疗师、艺术收藏家和业余的歌剧演唱家——换句话说，他是个花花公子。她确实越来越依赖翁瑞午，她发现自己离不开他的照顾，而且她和翁瑞午在绘画和唱歌方面有共同的兴趣。不管他们是不是恋人，徐志摩死后，她确实搬到翁瑞午处同住，在翁瑞午妻子死后，两人以夫妻身份生活在一起。20世纪50年代见过他们在一起的人都不会怀疑他对陆小曼的忠诚。1949年，陆小曼应该已经46岁，有人这样描述她：面色苍白，牙齿脱落，头发凌乱，牙床因吸食鸦片而发黑。[17]

1931年初，徐志摩应聘前往北平（今北京）的一所大学担任英语教授，她不愿到北平和丈夫团聚，其中一个原因就是她对翁瑞午的依赖。陆小曼对徐志摩的要求置若罔闻，尽管他几乎负担不起机票费用，但还是开始往返于上海和北平之间。很多人因此责怪她，如果她搬到北平，徐志摩还会冒险坐飞机吗？1931年11月19日，他乘坐一架小型包机从上海飞往北平，他还很高兴能够免费乘坐这架包机。但这架飞机在大雾中撞上了山东济南附近的一座山，机上人员全部罹难。

·

徐志摩作为一个伟大的情人而被载入史册。[18] 他为何有如此盛名？我们可以从三个维度来探究：他的言行告诉我们他那个时代怎样的爱情观？他和自己所爱的两个女人是什么关系？既然他是一个诗人，他的创作生活又如何影响了他的爱情生活？这三个维度本质上不可分割，但我将以胡适的文章《追悼志摩》为导引，逐一展开论述。

胡适曾写道，如果用一件事来解释徐志摩生命的最后十年，那就是他的单纯信仰，相信自己有可能融合自由、爱和美这三种理想。如果这三个词概括了徐志摩身上那种激发出理想主义的信仰和天真，那么这三个胡适称之为"大字"的词，也是我探究的三个维度。徐志摩活出了五四一代所追求的自由，包括爱情的自由。他把生命寄托在爱情上，他的渴望和诗歌的审美表达是交织在一起的。

从第一个维度出发，他对自由选择和以爱为基础的婚姻的信仰，乍一看与他那一代人没有什么不同。然而，仔细观察就会发现，在坚持离婚这件事上，他比其他任何人都更坚定地实践了他的信仰。他的朋友胡适一直维持着婚姻关系，并对自己的风流韵事保密；他的同学郁达夫犯下重婚罪；鲁迅拒绝与一个女人圆房，却与另一个女人缔结了普通法意义上的婚姻。鲁迅和郁达夫接受了指责——尽管他们谴责一夫多妻制，但他们的私情其实是另一种形式的纳妾。徐志摩则一刀两断，以离婚结束包办婚姻。爱情是一种冲动，但毫无疑问，它帮助张幼仪成为一位现代女性。出身于成功的、成就卓然的家庭，离婚不会自动把她贬为尘埃。他们仍然是朋友，彼此通信更加频繁，而且比结婚时更友好。[19]

八九年后，徐志摩回首往事，他发现，虽然现在人们更加开明，但仍然可以看到相互不满的已婚夫妇。他写道，既然儒家礼教这顶巨大的"帽子"已经破旧不堪，足以让"各个人的头颅都在挺露出来，要求自由的享受阳光与空气"，"几千年不成问题"的选择（因为人们在别无选择的情况下，只是不假思索地按照习俗行事）"忽然成了问题，而且是大问题"，是个"狭义的婚姻以及广义的男女问题"。然而，人是迟钝的，太多人屈从于习惯和习俗，无法把他们得之不易的知识付诸实践，明知婚姻实际上是在扼杀自己，却还在维持着幸福婚姻的假象——如此"不自然的密切关系是等于慢性的谋杀与自杀"。结果，"这些组成社会的基本分子多半是不自然，弯曲，歪扭，疙瘩，怪僻，各种病态的男女！这分明不是引向一个更光明更健康更自由的人类集合生活的路子"。算上浪费的人力成本和精力，天知道"够造多少座的金字塔，够开多少条的巴拿马运河哩"。

因此，他继续道，要减少男女之间的冲突，必须首先普及心理学、生理学甚至性学的知识；其次，要充分利用这些知识来帮助我们建立或改良我们的实际生活；再者，对即将步入婚姻殿堂的夫妇提出更高要求，使走向婚姻的步骤更为严密、牢固；最后，使解除婚姻关系的方式更加简单和容易。他说，只有这样做才可以"把弯曲，疙瘩，疯颠，别扭的人等的数目，低减到少数特设的博物馆容留得下，而不再是触目皆是的常例。只有这样我们才可以希望成年的男女一个个都可以相当的享受健康，愉快，自然的生活"[20]。

从我之前讲述的情况来看，他自己离婚似乎很容易，但实际上并非一帆风顺。他的父母自然很不高兴，但他们并不是唯一谴责他行为的人。他的恩师梁启超听到这个消息非常难过，熬夜到凌晨三点给他写了一封长信。信中言辞恳切，但可以想象，寄信人与徐志摩存在代沟，收到这封信会让人感到不满。梁启超知道"恋爱神圣为今之少年所最乐道，吾于兹义固不反对"，但为什么要把这件事从其他事情中单拎出来呢？他补充说，情感丰富的人容易产生幻想，而这样的幻想很少会成真。"呜呼！志摩！"他叹了口气，"天下岂有圆满之宇宙？……当知吾侪以不求圆满为生活态度，斯可以领略生活之妙味矣。"[21]

梁启超在说这些话时，并不是作为一个曾想让自己儿子娶徐志摩爱过的女孩的男人，即使他是希望儿子的情敌"放手"，信中也没有传达出这一点。他真心实意地告诫徐志摩，不要把生命浪费在爱情这样虚幻的东西上。他说，徐志摩要扬名立万，现在正是时候。但是，如果徐坚持追逐梦境，一次又一次地失败，他会失去对生活的品位。在沮丧和默默无闻中死去是一回事，更可怕的是，徐志摩可能会陷入半死不活的状态，无力将自己从毁灭的边缘拉回来。"呜呼志摩！可无惧耶！可无惧耶！"

但是，无论年老的现实主义者和年轻的理想主义者在其他问题上如何协调，他们始终没有在这个问题上达成一致。年轻人最不需要的就是老人教他屈服于不完美，告知他要容忍并不总能从生活中得到想要的东西，但他一心追求的那种爱是另一种秩序，这一点在他给保护人的情绪激动的回信中说得非常清楚。他否认了他为了自己的幸福而伤害别人的指控。他写道，自己"冒世之不韪，竭全力以斗者"，是为了实现三件事："实求良心之安顿，求人格之确立，求灵魂之救度耳。"他接着说：

人谁不求庸德？人谁不安现成？人谁不畏艰险？然且有突围而出者，夫岂得已而然哉？

随后，徐志摩向所有挑战者发出了这样的声明：

我将于茫茫人海中访我唯一灵魂之伴侣；得之，我幸；不得，我命，如此而已。

这还不是全部。绝不能漏掉接下来出现的理想主义慨叹，"嗟夫吾师！我尝奋我灵魂之精髓，以凝成一理想之明珠，涵之以热满之心血，朗照我深奥之灵府"。[22]

梁启超只能认为徐志摩走火入魔了，他向儿子和未来的儿媳描述徐志摩的婚礼时，也是这么说的。听到父亲这样评价他们的挚友，他们大概只是会心一笑。梁启超认为他的弟子没有什么问题，他十分纯真。唯一的问题是他"发了恋爱狂——变态心理——变态心理的犯罪"。[23]

徐志摩确实有些特立独行，但他并没有与时代脱节。看看他写给张幼仪的离婚信，哪怕没有任何时间上的线索，我仍然可以推算它在五四时期。信中经常出现的"恋爱""自由离婚"，以及相当重要的"个性"等现代词汇，像感叹号一样引人注目。他在其他地方说过，除了互爱，相互"尊重人格"是婚姻幸福的必要条件。是的，他承认，夫妻之间应该互相尊重，中国人对此十分熟稔。他引用了古典文学中形容夫妻婚姻美满的一个常用词——"相敬如宾"。然而，徐志摩认为，其中的含义远不止于此：中国人强调礼仪和形式，而尊重人格包括尊重对方的全部个性。[24]

在第一种明确的五四女权主义表述中，"个性"与"个人主义"和"自由"联系在一起，并由中国女性解放的榜样娜拉指出。坚持自我并离开"玩偶之家"之前，娜拉被剥夺了充分发挥个性和个人主义的机会（后者具有自由意志和相伴而来的责任这两方面）。[25]

徐志摩就是以娜拉为例，敦促仍未离婚的陆小曼反抗家里的意见，离开当时的丈夫：

> 灵魂是要救度的，肉体也不能永久让人家侮辱踩蹭，因为就是肉体也含有灵性的。总之一句话：时候已经到了。你得——Assert your own Personality……灵与肉实在是不能绝对分家的。要不然Nora何必一定得抛弃她的家，永别她的儿女，重新投入

渺茫的世界里去？她为的就是她自己的人格与性灵的尊严。"[26]

　　主张"个性"是五四个人主义者的必修课，但徐志摩将个性当成做人的愿景。自由要求每个人都必须找到自己的理想。这些理想肯定不是中国人的理想。细想一下，现在中国人的性格标准有什么特点？中国人尊崇儒学，崇尚智慧、美德和勇敢。徐志摩一定想到了《论语》里的那句话："知者不惑，仁者不忧，勇者不惧。"[27]但是今天，环顾四周，你能看到的只是迟钝、愚蠢、残忍和懦弱。"每次有理想主义的行为或人格出现，这卑污苟且的社会一定不能容忍；不是拳打脚踢，也总是冷嘲热讽"。[28]

　　在他心目中，泰戈尔有着最理想的人格。徐志摩在一篇关于这位印度圣人的文章中说，泰戈尔"最伟大的作品就是他的人格"[29]，"人格是一个不可错误的实在"。这位印度圣人的著作《人格》（*Personality*）在1921年被译介到中国。徐志摩崇拜泰戈尔，并与他成了忘年交。[30] 1928年，他到访泰戈尔在印度的修行院，泰戈尔也曾回访他和陆小曼在上海的家。事实上，作为一个指责中国传统"扼杀真正的个性"的人，徐志摩与泰戈尔并没有太多共同之处，后者代表的东方智慧，反对了西方的机器文明。然而，对徐志摩来说，这无关紧要。当他的中国同胞们迫不及待地想赶上西方而用摒弃孔子的原因拒绝泰戈尔时，徐志摩没有这么做——他尊敬泰戈尔的全部品质，富有诗意的个性，对人类同胞的同情和爱。

　　1924年5月，徐志摩在北京火车站目送泰戈尔向中国东道主告

---

* "Assert your personality"意为"坚持你的个性"；"Nora"即《玩偶之家》女主人公娜拉。——编注

别，眼泪夺眶而出。泰戈尔的演讲激起了中国年轻人的强烈敌意，他不得不中断演讲。那些进步人士把他宣扬的东方招魂术视为一种让中国回归野蛮的呼吁，而这种野蛮正是他们当时极力反对的。徐志摩用拿破仑目睹自己曾经为之骄傲、而今却衣衫褴褛的士兵遭受俄罗斯蹂躏时的感觉比拟自己的挫败感。[31] 他也为与林徽因分开而感到伤心，当时林徽因一直陪伴着泰戈尔，但下个月，她就要和梁思成一起去美国，两人四年内都不会再见面了。他草草写了张字条，但还没来得及交给她，火车就开走了。还没写完的字条上写着："离别！怎么的能叫人相信？我想着了就要发疯。这么多的丝，谁能割的断？我的眼前又黑了……"[32]

林徽因与梁思成的婚姻十分美满，育有一儿一女，他们是毕生事业的搭档，用在美国学到的现代理念和方法来发掘、记录和保护中国的建筑遗产。她既是建筑师，也是诗人，她深知自己在徐志摩心中的地位。在关键时刻，她是他的缪斯。他自己也曾说过，深深的惆怅促使他开始写作，了解他在剑桥时期的人无人不知他曾为林徽因离开英国而怅惘。他死后，林徽因向胡适吐露，为什么她认为徐志摩的爱和失去也许并不是坏事。

> 我永是"我"……有过一段不幸的曲折的旧历史也没有什么可羞惭……我觉得这桩事人事方面看来真不幸，精神方面看来这桩事或为造成志摩为诗人的原因，而也给我不少人格上知识上磨炼修养的帮助。志摩 in a way 不悔他有这一段苦痛历史……志摩警醒了我，他变成一种 Stimulant 在我生命中，或恨，或怒，或 happy 或 sorry，或难过，或苦痛，我也不悔的，我也不 proud 我自己的倔强，我也不惭愧。[33]

1927年，她在费城求学，情绪低落、倍感孤独，就重读了他以

前写给她的情书,那是他从剑桥写给她的。她向前来宾夕法尼亚大学演讲的胡适吐露:

> 请你告诉志摩,我这三年来寂寞受够了,失望也遇多了,现在倒能在寂寞和失望中得着自慰和满足。告诉他我绝对的不怪他,只有盼他原谅我从前的种种的不了解,但是路远隔膜,误会是所不免的,他也该原谅我。我昨天把他的旧信一一翻阅了,旧的志摩我现在真真透彻的明白了。[34]

1931年12月7日,林徽因在一篇纪念文章中悼念了徐志摩。1935年他去世四周年时,她再次撰文悼念他。1931年,她还写信给胡适说:"这几天思念他得很,但是他如果活着,恐怕我待他仍不能改的。事实上太不可能。也许那就是我不够爱他的缘故,也就是我爱我现在的家在一切之上的确证。"她又补充道:"我的教育是旧的,我变不出什么新的人来。我只要'对得起'人——爹娘、丈夫(一个爱我的人、待我极好的人)、儿子、家庭等等。"[35]

对徐志摩来说,年轻时的爱意盈腔,难以忘怀,虽然他对林徽因一直都感到很亲近,但他承认,对一束光的感觉只停留于那一刻。在徐志摩最喜欢的一首轻快小诗《偶然》中,他尊称林徽因为一朵云,云掠过天空时,影子落在他身上:

> 我是天空里的一片云,
> 偶尔投影在你的波心——
> 你不必讶异,
> 更无须欢喜——
> 在转瞬间消灭了踪影。

> 你我相逢在黑夜的海上,
> 你有你的,我有我的,方向;
> 你记得也好,
> 最好你忘掉,
> 在这交会时互放的光亮! ³⁶

陆小曼无法与这种理想爱情相抗衡,它的本质是无法参透的。她很自卑:虽然她为两人没能早点相遇感到遗憾,但她不认为徐志摩会在她结婚前多看她一眼,因为那时他仍然深爱着林徽因。"我又那儿有她那样的媚人啊?"陆小曼想,"早四年他那得会来爱我……我从前不过是个乡下孩子罢了。"³⁷陆小曼从他们共同的一个朋友口中得知,林徽因和徐志摩起初都看不起她,这让她感到不安。她自然伤了自尊,但还是忍不住想,林徽因拒绝徐志摩的爱是对他的不公——因为通常是男人拒绝女人!³⁸他的朋友们毫不犹豫地告诉她:"志摩的爱徽是从没有见过的,将来他经(也)许不娶,因为他一定不再爱旁人,就是亦未必再有那样的情,那第二个人才倒梅(霉)呢!"³⁹陆小曼很清楚徐志摩对林徽因的爱,但她认为徐也爱自己,尽管是另一种爱。小曼想,她能更好地安慰他的孤独和挫败感。但是,假如他将来和林徽因旧情复燃,她,陆小曼,不就被晾在一边了吗?这些都是她在日记里倾诉的心事,而她是在徐志摩的建议下才开始写日记的,两人约定这本日记只给他看。

为了让她开始写日记,他建议她以写信的形式把这些条目写下来。她确实这么做了,但没有保持一致,"他"有时是她试图隐瞒的那个不具名的丈夫,有时是徐志摩,另一些时候她会用第二人称"你"来称呼后者。"你教会了我什么叫爱情,从那爱里我才享受了片刻的快乐——一种又甜又酸的味儿,说不出的安慰!"⁴⁰她在日记中写道,如果她没有遇到徐志摩,她可能永远不会知道爱。她会像以前的女孩一样，浑浑噩噩地度过一生。如果她没有鼓起勇气去反抗社会，她的天性就会被埋没。现在，乌云散了，露出了蓝天，为什么不生机勃勃地生活，非要冷漠度日呢？她的母亲不理解她，怎么能理解她呢？她们之间相差了20岁，这20年变化不可估量、进步飞速。她母亲反驳说，她是在自找麻烦——"好好的日子不过，一天到晚只是去模仿外国小说上的行为，讲爱情，说甚么精神上痛苦不痛苦，那些无味的话有甚么道理。"[41]

陆小曼在日记中吐露，她不认识"爱"这个字，"我是模糊的"，但现在她知道爱了，她再也回不到以前的样子了。[42]在她的日记里，她不时跳出不合语法的英语（"我很想念你……我把你的照片紧紧抱在胸前，和它一起入睡。我吻了它，我不知道吻了它多少次"*，这是她用英语说的一些较为完整的话）。

日记中不仅记录了陆小曼的绘画私教课，还记录了她情绪的起起伏伏。眼泪是家常便饭，也许就像那时娇弱的女孩常常落泪一样，但她的哭泣究竟是因为身体不好还是自怨自艾，很难说清。1925年，徐志摩如前所述在欧洲旅行，她有时会为分离和二人的绝望处境而哭泣。她似乎无法摆脱牺牲真爱的困境，母亲坚持要她维持无爱的婚姻，否则就会玷污她的家族声誉，更不用说给她自己带来的毁灭。对这位过度紧张的日记作者而言，死亡的念头未尝不可作为一种逃避，听起来如果不是由于她心悸的毛病未有加剧（她最终要用鸦片治疗这种异常的心跳过速），她早已经崩溃了。曾经有一次她病得特别严重，徐志摩从欧洲匆匆赶回，陪在她身边。

陆小曼迫切需要得到尊重，但人们对她的评价大体上较为冷漠，梁启超给他们的婚事泼冷水就是例证之一。尽管徐志摩给她的信总

---

* 原文为英文："I am longing for you... I hold your photo hard against my bosom and slept with it. I kissed it I don't know how many times"。——编注

是热情洋溢，但信中也透露出对她舞会、晚宴和肤浅享乐生活的鄙夷。这一点从徐志摩敦促她学习和自我提升的话语中可以看出。[43]

也许别人说她很漂亮就足以给她自信了。但当时的人认为她很漂亮，今天的人就不一定这么认为了。我很怀疑仔细研究之下人们是否还会如一位西方历史学家所引导的那样得出结论，认为她"美若天仙"。[44]当然，美的标准会随历史和文化的变化而变化，她的相貌在当时可能算得上是风华绝代。她当然知道如何保养自己的皮肤，并通过化妆和时髦的打扮展示自己的最佳优势，但即便如此，也很难看出她如何能做到脱颖而出。除非是因为他爱上了爱情本身，否则徐志摩在她身上看到什么实在让我很费解，尤其是他们还算不上心有灵犀。

后来我看到了她的画作，顿时转变了对她的刻板印象。这些画作随她的日记和他写给她的书信重新出版，令人叹为观止。[45]这些画作采用的是中国传统绘画中的工笔画法，要求一丝不苟的技巧和高度细致的笔触。显而易见，陆小曼十分精通绘画技巧，诚然，如果她单纯只是个画师的话，她不可能在色彩和构图方面如此有品位。在这些画中丝毫看不出她日记中那种小女子气。当然，这些作品是在徐志摩死后创作的，在此期间，陆小曼本可以成为一名更加成熟的艺术家，但即便如此，她从一开始就一定很有品位。看到她的作品样本后，徐志摩评价道，她很有才华，但不够勤奋。如果能坚持下去，她不必担心成不了名。[46]

陆小曼的日记只写了一年多，要想了解她嫁给徐志摩后的感受，能找到的依据很少，实际上只有徐志摩写给她的信可以作为参考。1931年他从北平写给她的信读来心酸，显然她对他已经冷淡了。最伤感的是他在7月8日寄给她的那封信，距他离世还有四个月。虽然他的热情不减，但她的感情已经明显冷淡了。他写道，经过漫长的离别，他们难道不应该表现出重逢的欣喜吗？然而，他刚走进他们在上海的房子，拥抱和亲吻的希望就破灭了，因为她甚至懒得从床上起来。"我这次回来，咱们来个洋腔，抱抱亲亲何如？这本是人情……我即不想你到站接我，至少我亦人情的希望，在你容颜表情上看得出对我一种相当的热意。"他回忆起过去的兴高采烈，觉得她并不是拘谨的人。他继续说，他不明白，为什么成为夫妻会让他们变得越来越疏远。"我有相当感情的精力，你不全盘承受，难道叫我用凉水自浇身？"[47]

爱情会褪色，或者至少深恋会消逝，但是像徐志摩这样的人很难接受这样的事实。他是一个怀着"血诚"、敢于去寻找"他唯一灵魂之伴侣"之人。他确实意识到"恋爱是一件事，夫妻又是一件事"，他和许多中国人一样引用了一句西方谚语："结婚是恋爱的埋葬。"他在评论伊丽莎白·巴雷特·勃朗宁（Elizabeth Barrett Browning）的44首爱情诗集《葡萄牙十四行诗》（*Sonnets from the Portuguese*）的文章中说，初恋漫过，"像是狂风像是暴雨"，但除了少数人，谁还能在婚后保持这样的爱情呢？徐志摩说，伊丽莎白·巴雷特·勃朗宁和罗伯特·勃朗宁就做到了，并称赞这两位英国诗人是一对典范，他们既是夫妻，又是恋人，还是灵魂伴侣。[48]不幸的是，他自己的妻子陆小曼并不是那种能实现这样理想的人，她甚至不喜欢他像过去一样的抒情化表达。[49]结婚不到五年，他用英文给她写信说："我可能不再像以前那样热烈地爱你，但我更真诚地爱你……愿这短暂的分离能让双方再次涌现炽热的爱。"*[50]

1925年8月，他写了一首诗献给他深爱的母亲（见第8章）。诗中说，20多年来，他一直真挚而忠诚地爱着母亲，但他自己却不知道："'爱'那个不顺口的字，那时不在我的口边……只是我新近懂

---

* 原文为英文："I may not love you as passionately as before but I love you all the more sincerely and truly...And may this brief separation bring about another gush of passionate love from both sides."——编注

得了爱,再不像原先那天真的童子的爱,这来是成人的爱了……生命,它那进口的大门是一座不灭的烈焰。"现在他已经领悟到了这一点,找到了个人肉体与灵魂的幸福,"你的儿,从今起能爱,是的,能用双倍的力量来爱你"。[51]

这和中国人自古以来所强调的孝道不是一回事。"孝,不是爱的全部"。在对爱和孝道进行区分时,徐志摩的诗让人想起鲁迅1919年在《我们现在怎样做父亲》一文中的类似言论。鲁迅说,"独有'爱'是真的",是自然秩序的一部分。他敦促以本能和无条件的方式重新定义亲子关系,而不是一种变质的、在道德上一方欠另一方的东西。徐志摩向西方思维模式又迈进了一步,他不仅将灵魂融入其中,还将孩子的爱与浪漫爱联系起来。

他比同时代的人走得更远,不仅在突出爱情这方面,还在于极端地相信中国传统扼杀了爱情:

> 爱……是万物中最有意义的。然而这一简单的真理在漫长病态的中国历史中,却从未被认识过。甚至今天,我的个人经历仍仅仅让我在这方面发现了两类人:藐视爱的愤世嫉俗者和害怕爱的胆小懦夫。[52]

他在名为"艺术与人生"的演讲中说,精神贫瘠的中国传统阻碍了人们最大程度地实现自我,因为它压制了生活的动力,因此,中国人的生活既没有爱,也没有艺术。中国传统可以进行一次文艺复兴(虽然现在正在经历的变革可能已经是了),并沿着柏拉图的道路走向精神的统一。他说,"对热烈的爱,热烈的宗教思想,我们确实太合乎理性了"。爱应该像柏拉图所说的那样,是一种"神圣疯狂",应该像天主教所说的那样,是一种圣餐。它是"超然和圣化的",但中国的习惯做法太过务实,无法提升到理想的精神境界。中国人偏好中庸和妥协,在徐志摩看来,这不过是懦弱、肤浅、平庸和懒惰,不利于增强生活的活力。[53]

相对于道德标准——中国人生活中最主要的部分,徐志摩将视线投射到审美上,认为追求美(正如我们在第3章中看到的,美对柏拉图的"爱的阶梯"至关重要)是至高无上的,"没有比变得美丽更好的方法来达到善"。这是柏拉图主义中美与善的对等关系,在意大利文艺复兴时期被柏拉图的追随者,即新柏拉图主义者传承下来。读者可能还记得,在新柏拉图主义的理论中,爱的最终目标是接近上帝——这种爱源于上帝,借由美在灵魂中激发出来。

在徐志摩的偶像雪莱和华兹华斯等19世纪浪漫主义诗人的诗歌中,新柏拉图主义思想清晰可见。新柏拉图主义的理想直接或间接地启发了徐志摩,他一定是在剑桥,或许是在同写过新柏拉图主义论文的高斯华绥·洛斯·狄更生的谈话中,首次探索新柏拉图主义。尽管徐志摩后来对年轻时的自己所信奉的观点感到尴尬,就像作家们通常对自己年轻时代的作品感到羞耻一样,新柏拉图主义的爱和美的愿景却从未背离他,他仍然是那一代人中最"深情"的,更倾向于精神之爱而非肉体之爱。灵魂之间的交合是别人赋予他的一个形象,它代表了相互理解的最高境界。[54] 然而,他并没有出于爱而将肉体柏拉图化。他在日记中写道:"爱的出发点不定是身体,但爱到了身体就到了顶点。"[55] 我前面也曾引用他关于肉体和精神不可分割的观点。

徐志摩在吸纳欧洲文化遗产的过程中,不可能没有受到基督教思想的影响。他的确从《圣经》中汲取灵感,不仅仅是文字和形象,还有"上帝""耶稣"和"卡尔佛里"(Calvary,卡尔佛里是耶稣在耶路撒冷被钉死在十字架上的地方,也是徐志摩一首诗的标题)等名字。1928年,他创办了一本文学杂志,取名为《新月》。在杂志中,徐志摩用英文写了一篇宣言,宣言开头引用了《创世记》(*Book of*

Genesis）中的一句话："上帝说，要有光，于是就有了光。"（第二句引语来自雪莱："冬天来了，春天还会远吗？"）*56

虽然在当代作家中，使用基督教词汇的并非只有他一人（他的同学郁达夫也会用），他与基督教在气质和审美上的共鸣让他有别于其他同辈。他不是基督徒，也很难说他是否相信基督徒所崇拜的上帝真实存在，但他有时会诉诸上帝，好像他确有信仰。他鼓励陆小曼挑战社会，行使将爱情作为生命核心体验的权利，并告诉她应当为之奋斗——这是她自己的责任，是她新发现的爱的责任，也是对上帝的责任。57 他还说："两个灵魂在上帝的眼前自愿的结合，人间再没有更美的时刻。"因为他们的心已经相会，即使被分开，他也没有理由抱怨，因为上帝的旨意无处不在，他对待罪人永远公正，我们永远无法批评，永远无法责怪。58

他在自己最长的一首诗《爱的灵感》中承诺了死亡的永恒和美丽，但他从未表示自己需要宗教的惯常安慰，也就是拥有来世。在这首诗中，一个濒死的女孩在男人的怀里供认，她无望地暗恋他多年，而他最终来到了她的身边：

> 死，我是早已望见了的。
> 那天爱的结打上我的
> 心头，我就望见死，那个
> 美丽的永恒的世界；死，
> 我甘愿的投向，因为它
> 是光明与自由的诞生。
> 从此我轻视我的躯体，

---

* 原文两句为英文 "And God said, Let there be light: and there was light——The Genesis." "If Winter comes, can Spring be far behind?"——编注

更不计较今世的浮荣,
我只企望着更绵延的
时间来收容我的呼吸,
灿烂的星做我的眼睛
我的发丝,那般的晶莹,
是纷披在天外的云霞,
博大的风在我的腋下
胸前眉宇间盘旋,波涛
冲洗我的胫踝,每一个
激荡涌出光艳的神明!
再有电火做我的思想,
天边掣起蛇龙的交舞,
雷震我的声音,蓦地里
叫醒了春,叫醒了生命。
无可思量,呵,无可比况,
这爱的灵感,爱的力量![59]

女孩结束了短暂的一生,爱的力量将她从被轻视的身体中释放出来,灿烂地与宇宙结合。人们期待以超越短暂生命的时长来面对死亡。

中国文学家们读到这些诗句时,没有什么比将它们与济慈《夜莺颂》中的一节进行比较更有启发性的了。这一节中有一句著名的诗句,"我几乎爱上了静谧的死亡",紧接着是,"死亡变得如此美好/在午夜停止呼吸而没有一丝痛苦……"徐志摩翻译和评论了这位英国浪漫主义诗人的许多作品。[60]他对颂歌中这个变形的时刻写道:"他乐极了,他的灵魂取得了无边的解脱与自由……这无形的消灭便是极乐的永生。"与有限的生命相比,徐志摩这样评价济慈的构想:

死是无限的，解化的，与无尽流的精神相投契的……一切的理想在生前只能部分的，相对的实现，但在死里却是整体的绝对的谐和，因为在自由最博大的死的境界中，一切不调谐的全调谐了，一切不完全的都完全了。[61]

死亡不仅仅是悲伤的原因，死亡中还有一种美、秩序与和谐，这是徐志摩从济慈、华兹华斯和柯勒律治等英国浪漫主义诗人的作品中汲取到的浪漫主义主题，他还翻译了华兹华斯的《葛露水》(Lucy Gray, or Solitude)和柯勒律治的《爱》(Love)。[62] 我说"汲取"时，我的意思是他已经把它代入到自己身上，不仅作为他美学信条的一部分，而且是他自身的一部分。在他向陆小曼供认自己与她殉情的打算时，我们不能将想象的生活与现实生活、诗人与人分开来看。"我说出来你不要怕，"他对她说，"我有时真想拉你一同情死去，去到绝对的死的寂灭里去实现完全的爱，去到普通的黑暗里去寻求唯一的光明。"[63] 对他来说，真爱是值得为之献身的爱，愿意自我牺牲是衡量真爱的标准。爱是"关生死超生死的事情——如其要到真的境界，那才是神圣，那才是不可侵犯"。[64]

1925年他在欧洲旅行期间给陆小曼的许多信都提到了他们的爱在死亡中圆满的话题。不难看出，他说的是二人在一场情死(Liebestod)*中的结合——这不是浪漫主义者钟爱的文学主题，而是要与陆小曼一起真正实践的命题！和往常一样，他引用的是欧洲的故事，而他所引用的两个爱之死案例也很寻常：理查德·瓦格纳的《特里斯坦与伊索尔德》和莎士比亚的《罗密欧与朱丽叶》。

---

* Liebestod，来自理查德·瓦格纳歌剧《特里斯坦与伊索尔德》中最后一个唱段的标题。——编注

他在1925年6月25日从巴黎写给陆小曼的信中说,昨天他去听瓦格纳的歌剧《特里斯坦与伊索尔德》。他说:"音好,唱都好,我听着浑身只发冷劲。"在第三幕中,伊索尔德"穿一身浅蓝带长袖的罗衫",来到奄奄一息的特里斯坦身边,徐志摩一度以为那是他的眉,"来搂抱我的躯壳与灵魂——那一阵子寒冰刺骨似的冷,我真的变了戏里的Tristan了!"他接着解释说,这是一部至高无上的"情死"剧,但他没有告诉陆小曼这个故事,只是说特里斯坦和伊索尔德的爱情注定要失败,因为他们生活的世界不允许他们这样做,"他们就死,到死里去实现更绝对的爱。""伟大极了,猖狂极了",他惊呼道:"真是'惊天动地'的概念,'惊心动魄'的音乐!"他很想有一天带陆小曼去看这部剧,和她详细谈谈,但现在他把剧本寄给她,她可以看一看——"不长"——因为一旦"你看懂这戏的意义,你就懂得恋爱最高,最超脱,最神圣的境界"。[65]

如果他告诉她这个故事,她会发现自己和伊索尔德之间有一个相似之处——她们的恋爱都是通奸。剧情一开始,特里斯坦带着伊索尔德去康沃尔,与叔叔马克国王(King Marke)缔结政治婚姻。但在喝下爱情药水后,两人扑进对方的怀抱,发出渴望的呻吟。

伊索尔德嫁给了马克,一天晚上,伊索尔德向特里斯坦示爱,被她的丈夫当场抓了个正着,歌剧中最长的爱情二重唱将这一行为推向了高潮。是特里斯坦的假朋友梅洛特(Melot)将伊索尔德与特里斯坦的奸情告诉了马克。在随后的战斗中,特里斯坦被梅洛特的剑刺中。这几乎是自杀,因为特里斯坦没有反抗。正当特里斯坦命垂一线时,伊索尔德匆匆赶来,不仅要与他团聚,而且要浇灭他对她的强烈渴望,与他一起幸福地死去。这一幕高潮迭起,震撼了徐志摩。从早于他的时代到我们的时代,无数的观众也都曾为这一幕所震撼。影片的结尾,伊索尔德唱着荡气回肠的咏叹调,世人都知道这首咏叹调就是《情死》,她希望自己化为乌有。这是歌剧史上最著名的时刻之一，音乐如此接近于对性高潮的描绘。[66]

徐志摩深受这部歌剧影响，首先源于瓦格纳音乐的魅力，其次是情死的理念，再之是它支撑着自己和陆小曼的禁忌之爱。从他1922年创作于英国并于次年在中国发表的长赞歌《听槐格讷（Wagner）乐剧》中可以明显看出，这些音乐对他而言是多么"惊心动魄"。继赞扬了音乐时而兴奋、时而舒缓的听感后，这首诗在第八节中指出瓦格纳的歌剧表现了一种"消灭金圣的性爱"。[67]

其次，他对爱情和死亡之间的联系很感兴趣，这在浪漫主义想象中是司空见惯的。在他向瓦格纳致敬后不久，他创作了一首题名为《情死》的诗歌。[68] 三年后，他才有理由考虑把这个想法扩展到书面文字之外。他认同特里斯坦，因为他对陆小曼的爱也受到了社会的阻挠，而特里斯坦和伊索尔德的爱则超越了客观世界的规范和传统。他看这部歌剧时正处于进退两难的境地，眼前没有任何解决办法：当时，陆小曼还没有违背传统道德，与丈夫离婚。他对她的思念折磨着他，就像特里斯坦对伊索尔德的思念一样；在双双情死的结局中，他在想象中瞥见了自己的解脱。

歌德笔下维特单相思的情死对他来说索然无味，任何通过否定欲望而获得的虚无解脱（涅槃）对他都毫无吸引力。因为《特里斯坦与伊索尔德》的灵感来自瓦格纳对叔本华形而上学的热情，以及与这位德国思想家相关的佛教思想，欲望的消亡本应是这对恋人通往救赎或涅槃的途径。然而，坦率地说，情死是一种情欲化的死亡，它与叔本华主义和佛教的救赎是最不可调和的！但后来瓦格纳选择让思想去适应他的理念，他以"这并没有使爱变得不可能"的方式改写了叔本华的哲学和佛教思想。[69] 他明确指出，他所说的爱不是指"任何抽象的人类之爱"，而是指从性爱的根源中生长出来的爱，也就是"从男女吸引中产生的爱"。[70]

徐志摩从《特里斯坦与伊索尔德》中得到的一个结论是，"大牺牲的决心是进爱情唯一的通道"。[71] 对他自己而言,爱与死亡的结合初看令人费解。这两者本应是对立的,因为爱创造了生命,死亡毁灭了生命,而他坚持认为热烈地爱就是活着——他自己就是这种态度的最好例证,他表现出的活力和强度,远远超越了停滞的死亡。寻求死亡似乎不是这样一个人的本性。然而与此同时,他又充分相信灵魂的概念,期待着他和眉在死后的结合。重述一下他之前引用过的评论:"两个灵魂在上帝的眼前自愿的结合,人间再没有更美的时刻。"但不要害怕死亡,他告诉陆小曼:"因为死就是成功,就是胜利。"[72]

另一场他欣赏的情死是莎士比亚的《罗密欧与朱丽叶》。他试图让陆小曼明白,爱情必须是,不仅仅是"The additional necessity"(加添的必要),而是一种绝对不可替代的东西。正因为罗密欧与朱丽叶的爱情是绝对的、不可改变的、不可替代的,所以它是不朽的、崇高的、美丽的。徐志摩说,要让爱情达到理想的高潮,莫过于一吻而亡,"他们俩死的时候,彼此都是无遗憾的,因为死成全他们的恋爱到最完全最完满的程度"。[73]

他自己的死终结了他的爱,如果不是在最完美的时刻,至少也是在咒语解除之前。人们不禁要问,在岁月的长河中,他的爱情将如何坚守下去。在朋友的回忆中,他"像是一把火炬把每个人的心都点燃"[74],"为人整个的只是一团同情心,只是一团爱"。[75] 谁也不知道他将如何发展自己下一阶段的人生,只能想象在未来,他将感到遗憾、沮丧,并越来越没有信心直视他无法再完全依赖的浪漫主义。他是否会认为这是一种衰退,而不是更好的改变?在对友人的悼念中,胡适一针见血地将他和易卜生同名戏剧中毫不妥协的人物布朗德(Brand)相提并论。布朗德的纯洁——也是他的错误——在于认为其他人能够达到他为自己设定的标准;他对自己和他人要求是毫无保留的。令人痛心的是,就像布朗德的理想主义一样,徐志摩对待恋人也选择了"全有或俱无"。

第 1 5 章

爱的背叛:张爱玲

看来,爱情不再能让她快乐,由此我推断,这才是真正的爱情。

——

安妮塔·布鲁克纳(Anita Brookner),《订婚规则》(*The Rules of Engagement*)

张爱玲，摄于1954年

张爱玲在自传体小说《易经》(The Book of Change)中谈道,"爱情是神圣的"是她母亲那一代"在刚发现爱情与西方世界"时的口号。[1] 她的母亲黄逸梵出生于1896年,确实是在五四运动对西方正热情高涨之时长大成人的。黄逸梵既是旧时代的淑女,又是五四时代的新女性,"裹着一对三寸金莲横跨两个时代"。[2] 她是中国的娜拉,迫不及待地要离开她的丈夫。她确实曾经尝试过两次,第一次是在女儿张爱玲四岁、儿子三岁的时候;第二次几乎是在法律刚通过的情况下,就和丈夫离了婚。

当她丈夫张志沂唯一的妹妹张茂渊(1901—1991)决定去英国学习时,她找到了第一次逃离的机会,黄逸梵主动提出作为监护人陪同她去英国。这对姑嫂成了知心朋友,一起在英国游玩;她们还一起去法国阿尔卑斯山滑雪,尽管黄逸梵还裹着小脚。这两位中国新女性走得很远——不只是空间意义上。

如果没有继承财富,获得经济保障,这样的独立自主是不可想象的。黄逸梵出身显赫,祖父是贵族,她的小姑子更是如此。张茂渊的母亲(张爱玲的祖母)是晚清名臣李鸿章的女儿。几乎所有关于19世纪中国历史的教科书都会提到李鸿章。这意味着张爱玲拥有贵族血统,同时她还和邵洵美是远房亲戚,邵洵美的伯父娶了李鸿章的另一个女儿。

两个家族都是高门大户,公认的门当户对。张爱玲的父母在孩提时候就订婚了。所有人都认为这是一对金童玉女,两人都来自上层阶级,据说她很可爱,而他"很秀气"。[3] 然而,这段婚姻如新娘所担心的那样变得不幸，除了吵架，张爱玲记不起父母一起出现的时候。母亲后来鼓起勇气对女儿说："我常想他要是娶了一个对他很好的人，他不会是今天这个样子。"[4]但黄逸梵不是这样一个人。她不能容忍他赌博、吸鸦片、嫖娼，而这些都是他那个阶层男人的特权。

实际上，如果张志沂拥有一份有收入的工作，可能会完全不一样。然而，他是中国人所说的"遗少"，是封建帝制的遗产，接受过传统的入仕教育，但在清朝灭亡后，就失去了存在的理由。于是，张志沂就在那里，作为一个已经不复存在的旧中国的残留物，虽然年轻，却早已过了保质期。张爱玲的短篇小说《花凋》中暗示，这些遗少中有某种发育不良、停滞不前的东西，她在她的故事中将其比作"酒精缸里泡着的孩尸"。[5]

虽然张志沂继承了家族的名望与财富，但他在未来将面临家产减少与省吃俭用的问题。贫困的威胁一直存在，眼看着钱只出不进，想必让人既恐慌又屈辱。张爱玲关于父亲的文字中最令人难忘的一句话是："他这一生做的事，好也罢坏也罢，都只让他更拮据。"[6]他就是那个可悲的"花花公子"，而不是一个"出手阔绰的人"。[7]

张志沂娶了一位姨太太，给她单独安置了一间小公馆，但后来随着手头日益捉襟见肘，他卖掉了那处别院，把她带回家。她只待在自己的卧室里，照堂子的规矩在里间活动。两个烧鸦片的仆人侍候着她和张志沂，端来端去，不久在仆人的房间里就有人低声说，这对夫妻中有一个会打针。这个消息传到了张氏家族其他成员的耳朵里，提到张志沂现在不仅抽大烟、注射吗啡，而且这位姨太太脾气非常暴躁，有一次还用痰盂砸破他的头。亲戚们谋划一番，当即把她赶出家门。姨太太确实走了，却是在满载了一车张家的家具与银器后才走的。[8]

张志沂自己也很不舒服。头破血流还不算什么，吗啡造成的伤害更大。他差点死于药物过量，打的吗啡够"毒死一匹马了"。[9]就在这时，他的妻子和妹妹回到了中国。他的妻子已经离开四年，如果不是他同意她回家的条件，时间原本会更长。她提出的条件是：第一，她将管理他的房子，照顾孩子，但不与他同床；第二，她可以容忍他到酒楼去，但决不允许他把妓女带回家；她还坚持要让他戒掉吗啡，但等到真正实施起来时，他的戒断反应十分严重，为了把他送进医院，她找来他姐夫的司机和保镖，几乎是把他绑去了医院。

为了重新开始，黄逸梵把家搬到了上海一栋英式的花园洋房里。黄逸梵旅英归来，生活极为西式：花园，宠物狗，书籍，钢琴，到处都是鲜花，圣诞节会放一棵布满挂饰和蜡烛的圣诞树。"家里的一切我都认为是美的顶巅。"她女儿这样写道。她开始喜欢上了这个名字：英格兰。[10]

一切都终止于夫妻在金钱上的争吵，二人抬高的音量和他拍桌的动静把幼时的张爱玲吓坏了。时值1930年，时代变化之下，中国妇女有了提出离婚的权利，而在此之前，她们不具备这方面的任何自由。张爱玲对读者说，离婚是一件"和家里有汽车或出了科学家一样摩登的事情"。[11]的确，随着1929至1931年《中华民国民法典》的通过，中国成为世界上离婚法最宽松的国家之一。"为什么她听说中国的离婚法律比英国的还进步"，张爱玲这样记述年轻时的自己。[12]她没听错，当时中国的离婚法超越了其效仿的德国和瑞士的离婚法，也超越了同时期英国、法国和美国的离婚法，除了常规的离婚理由，还规定了"无过错"前提下的双方同意条款。[13]

黄逸梵启程去法国，留下当时10岁的张爱玲，她再一次与母亲分离。但黄逸梵的世界并没有立即消失，因为爱玲每次去姑姑的"立体主义"现代公寓看望她时，都能再次体验那种感觉。[14]她的母亲和张茂渊十分亲密，在她的心目中，妈妈姑姑是一体的。就像她喜欢母亲房子里的一切一样,在她看来,姑姑的公寓里也拥有她认为生活中最美好的东西。

姑姑的房子与父亲的房子形成了鲜明的对比。父亲的房间里是"永恒的午后",阳光迷蒙,鸦片烟雾弥漫。爱玲知道他很孤独,他正是在孤独时才会对她温暖起来。至于她,她觉得父亲很可怜,有时甚至可笑。他再婚时,她参加了他的婚礼。他显得既难堪又尴尬,非要在所有人面前举办一场"又是伴娘又是婚戒的,只少了一顶高帽子"的欧式婚礼,这在她看来很可笑。[15]

娶一位同样嗜毒成瘾的新妻子,意味着张志沂永远不可能放弃自己的积习,也不可能改变原有的生活方式。深吸一口大烟,夫妻二人一起进入一种空虚而满足的梦幻状态。日子一天天过去,鸦片的价格不断攀升,他们不可能不知道钱也在烟雾中化为乌有。但他们这个阶层禁止谈钱——他们把这个问题留给新富们,所以他们会绕着这个词打转,而绝口不提这个词。[16]

她知道父亲生活在财政压力的恐惧中,十七岁的张爱玲在提出去英国学习的问题时,既紧张又害怕遭到拒绝。她的母亲已经决定让她到伦敦大学攻读学位,甚至将这件事写进了离婚合同,到时候将由父亲支付学费。现在被要求履行诺言,她的父亲觉得受到了侮辱。女儿可能会成为这位受过外国教育的母亲的翻版,这让他很生气,更不愿出这笔钱。他的第二任妻子语气尖刻地补充道:"你母亲离了婚还要干涉你们家的事。既然放不下这里,为甚么不回来?可惜迟了一步,回来只好做姨太太!"[17]

1937年,日本全面侵华。在某个被轰炸的一天,张志沂受到了敌意和暴力的折磨。他的仇恨与日俱增:黄逸梵刚刚回到上海,而张爱玲举止上的变化显示了她更愿意和母亲在一起,她已经去母亲和姑姑合住的公寓过夜了。她的继母借口张爱玲没有征得自己的同意就去姑姑家过夜,对自己不敬,找碴儿狠狠地扇了她一巴掌,于是张爱玲也只好还击。

"她打我！她打我！"继母尖叫着跑上楼去找张志沂。"你打人我就打你！"她丈夫一边喊一边扑向女儿。她的头在扇打之下左右偏转，她踉踉跄跄地倒在地板上，拳头和巴掌如雨点般落下。当仆人们终于让他平静下来后，她跑到浴室检查她的瘀伤，擦干眼泪。但是张志沂仍不解气，再次闯进张爱玲的房间，朝她扔了一个花瓶。花瓶嗖的一声从她耳边飞过，离她的头只有几英寸远，在地板上摔成了碎片。

如今什么也平复不了张志沂的心情，他妹妹更不可能。张茂渊第二天前来斡旋，他用鸦片烟斗打她，眼镜都打碎了，张茂渊不得不去医院接受治疗。[18] 家丑不可外扬，这场风波并没有诉诸警察。张爱玲的父亲几乎等于把女儿监禁起来，在接下来的日子里，她觉得自己几个星期就老了好几岁。她只想着逃跑——可是，守夜人听从她父亲吩咐，怎么能放她出来呢？与此同时，日军的进攻毫不留情。飞机从头顶飞过，她在阳台上看着，推测是敌机。她祈祷，要是他们投下一颗炸弹，引发大火，造成足够剧烈的破坏，让她逃出来就好了；或者如果这个要求太高的话，她希望他们击中房子和里面的每个人。除了望天，她只能看见前院的景色。一棵高大的玉兰树开出极大的花，她想，像污秽的白手帕，又像废纸。

她患痢疾病倒，父亲又不给她吃药，此时她如堕深渊，濒临死亡，她模糊地感到时间在流逝，不知道自己生活在哪年，在哪个朝代。然而，她聆听着大门的每一次打开或关闭，听着生锈的门闩被拉开时发出的吱吱声，听着铰链取下铁门打开发出的铿锵声，甚至在梦里也能听到这些声音。六个月的监禁足以养精蓄锐，张爱玲计划在大门看守换岗的时候逃走。她溜出房间，走进夜色中。她慢慢地一步一步地走着，紧紧地抱着墙，一直走到门口，打开了门闩。在外面，在街上，一旦她拐过弯，她就会跑向有轨电车车站。但就在这时，一辆黄包车出现了，载着她从父亲的房子前往母亲的公寓，她"任喜悦像逃窜的牛一样咚咚地撞击"。[19]

父亲已经和她断绝了关系，母亲将不得不资助她在伦敦大学的学习，她现在已经通过了伦敦大学的入学考试。张爱玲的亏欠感使她与母亲的关系更加复杂——她与这位美丽、迷人、西化的女人很少见面，似乎只有后者在浴室镜子前梳妆打扮或收拾箱子准备离开时才会看到她。

张爱玲很快意识到，她母亲不愿待在上海的其中一条原因，就是要和她所爱的男人分开。他显然不是中国人，而是她在国外认识的人。[20] "中国人不懂恋爱"是她母亲常说的话，张爱玲曾在公开场合多次引用这句话，以及母亲随之附上的一句："所以有人说爱过外国人就不会再爱中国人了。"[21]

随着第二次世界大战在欧洲爆发，张爱玲的英格兰之行泡汤了，于是她转到了香港大学，她的学业成绩十分优异，获得了两项奖学金。三年后，日军占领香港，她的学业因为英国殖民政府投降日本而中断。1942年她回到上海，在那里，几乎一夜之间，她发表的故事使她成为文坛新星。媒体小报开始报道她的八卦，而她另一个重要的成名标志则是一个记者根据他看到的她的照片，把她的长相（尤其是发型）与好莱坞明星洛丽泰·扬（Loretta Young）作比较。他写道："且看照片，密司张的样子倒蛮漂亮……有些像洛丽泰扬，好在'东方的洛丽泰扬'没有，密司张可以占领这个头衔。"[22]

她出版的小说、新闻报道、电影剧本、信件、自传和半自传作品，以及根据她的故事改编的电影，得到了文学评论家和历史学家广泛而深入的研究，她受到了全国各地和其他华语世界读者的狂热推崇。然而，我关注的不是文学，而是爱情，包括书写爱情的作家和那位恋爱中的女性。二者不可分割,就像真实的自我和自传的自我一样。我不知道她自己在写作和改写那三部死后才出版的自传体小说时是否能区分虚构和现实,包括英文的《雷峰塔》(*The Fall of the Pagoda*)、《易经》和中文的《小团圆》。

23岁的张爱玲出生于五四运动一年以后,她可以在1934年以一种历史的后见之明来总结这场运动,把它描述为一段"浮面的清明"时期,这并不完全公正。她在一本英文杂志《二十世纪》(*XXth Century*)上写道:

> 有一时期似乎各方面都有浮面的清明气象。大家都认真相信卢骚的理想化的人权主义。学生们热诚拥护投票制度,非孝,自由恋爱。甚至于纯粹的精神恋爱也有人实验过,但似乎不会成功。*23

当然,张爱玲所说的"纯粹的精神恋爱"是指被她的前辈们用不同的方式描述为"精神的""柏拉图式"或与"灵魂"有关的那种爱。它与同样从西方传入的观念相配,那就是爱情是"神圣的"(借用本章开头所引的那句张爱玲原话)。她认为它在中国的移植并不成功,而且她从母亲那里得知,人们错误地把"自由恋爱"理解为性自由。她自己说,"我们中国人至今不大恋爱,连爱情小说也往往不是讲谈恋爱"(见第1章),听起来像是她母亲那句"中国人不懂恋爱"的变形。[24]但张爱玲并没有因此得出她母亲的结论,即西方男人比中国男人更好。即便如此,毫无疑问,张爱玲是以西方的标准来评判爱情和爱情故事的。

---

* 此处节录自张爱玲对该文的中译转写版《更衣记》,摘自张爱玲《流言》,北京十月文艺出版社,2012年。——编注

不管有多爱，都不要上床，这是她母亲反复告诫她的。张爱玲想，她母亲也太"道德"了，不在离婚前和任何一个她爱的男人上床，那她父亲也不太可能被戴过绿帽子。[25]张爱玲的母亲不断强调，无论与男人多么相爱，都不应该发生性关系——"只要不越界，尽管去恋爱；一旦发生了肉体关系，那就全完了。"[26]直到很多年后，张爱玲才知道她母亲"越界"过很多次。年轻的张爱玲声称，她不会受母亲追求爱情的过程中所做的一连串事情困扰。毕竟，张爱玲读过乔治·伯纳德·萧伯纳（他反对婚姻制度）和赫伯特·乔治·威尔斯（H. G. Wells，自由爱情的倡导者）的书。[27]不，她讨厌的是她母亲对待那些追求她的男人的行为方式。

"困扰"张爱玲的是，使她母亲高兴的事物是多么微不足道。"廉价的裙子"，接到英国或法国男朋友打来的电话，"她的声音会变得安静甜美"，呼吸急促，发出"少女般的窃笑"。女人就那么低贱吗？[28]黄逸梵的羞怯让张爱玲觉得很不对劲，无论是以新的标准还是旧的标准：一方面，这不是一个获得解放的女人对男性喜好的回应；另一方面，在那些传统的圈子里，一个女人仅仅意识到别人的注意就进行庸俗的调情，这会被认为是非常低级的表现。[29]

她的母亲要求将爱和欲望分开，但我怀疑张爱玲是否将黄逸梵说过一遍又一遍的这些话放在心上：爱和身体是两回事，肉体的关系毁了一切。[30]甚至在她的虚构作品中，张爱玲也避免善与恶的绝对区分以及灵与肉的绝对冲突。[31]

张爱玲在十五六岁时就读过萧伯纳的所有戏剧序言，尽管后来她发现萧伯纳的一些观点幼稚可笑，但她仍然受到他的影响，认为没有什么是不可侵犯的——她用"没有圣牛这样东西"来形容爱情、性和婚姻。[32]在成年后的张爱玲看来，性压抑会给一个女人带来可怕的后果，尤其体现在她最受好评的中篇小说《金锁记》（1943）里怨毒的女主人公曹七巧身上。

一个女人是如何在被断绝了爱情与性满足后变得粗俗、扭曲甚至精神失常的？[33]曹七巧出身低微，高攀进了富裕的姜家，但这只是因为她的丈夫是个残疾，需要个妻子来伺候他——否则，丈夫的家人怎么会接受她？她的父亲只是个卖麻油的小贩。她现在觉得自己被困在了"金笼子"里，她的丈夫几乎坐不起来，滑下来时，看上去还没有她三岁的孩子高。所以真是不可思议，她对妯娌们感叹道，他是如何跟她生下两个孩子的。她粗鲁而直率，毫不掩饰对卧病在床的丈夫和他"没有生命的肉体"的憎恶。"你碰过他的肉没有？"她问丈夫的弟弟姜季泽，"就像人的脚有时发麻了，摸上去那感觉"。姜季泽是个挥霍无度的浪荡子，但她暗恋他。在这一段里，她在与他交谈时，把手放在他的腿上，他弯下腰捏她的脚，说"倒要瞧瞧你的脚现在麻不麻"，充满了越轨的情色意味。

她赢得了渴望的权力和金钱。丈夫死后，她分到了家产，搬出了姜家，住进了自己的房子。姜季泽想从她那儿骗取钱财，首先要玩弄她的心弦。他坦白说，这些年来，因为无法拥有她，他遭受了多大的痛苦。有那么一会儿，她陷入了幻想，自欺欺人地认为他们是天生的一对："当初她为什么嫁到姜家来？为了钱么？不是的，为了要遇见季泽，为了命中注定她要和季泽相爱。"幸福的幻象时而出现，时而消失。她断定他是虚伪的，控制住自己，把他赶走了。

她只剩下鸦片，还有无端的残忍。她利用自己新获得的权力打压他人，让儿子和女儿染上了鸦片瘾，毁掉了女儿嫁人的最后机会。故事接近尾声时，曹七巧半睡半醒地躺在鸦片榻上沉思：30年来，她一直戴着金锁，用它坚硬的边缘砍下了许多人。几十年后，张爱玲写道："每个人心中都有一把刀。当不能用在外人身上来养肥他的家人时，他就用在自己家人身上。"[34]她写下这些冰冷的文字时，心里想的是父亲，但她不可能没有想到她的继母。十几岁的时候，张爱玲曾发誓要报复继母，因此我们很难抵挡这样的推论：在塑造曹七巧这个令人讨厌的角色时,她做到了。

香港大学的一个同学曾经像女孩们经常谈论的那样问她,世界上是否有爱情这回事。"有。"张爱玲答道。[35]

十几岁时,她就想要那种在电影里看到的爱情。不仅西方电影影响了她,小说也影响了她。她不仅阅读英美作家的作品——有些与中国有关,如约翰·赫西(John Hersey)、斯黛拉·本森(Stella Benson)、赛珍珠和萨默塞特·毛姆,还有许多与中国无关,如托尔斯泰和阿尔道斯·赫胥黎——而且整个《纽约客》都是她想象的源泉。[36]她的脑子里充满了各种跨文化的联想,我不认为她可以讲得出自己所表达的关于爱情的观点是不是来自她的阅读、观察或经验。

她在23岁以前没有什么经验。有一次,她买完东西回到姑姑的公寓,感到一时空虚:"二十二岁了,写爱情故事,但是从来没恋爱过,给人知道不好。"[37]二十三岁时,她经历了初恋。她根据情人胡兰成(1906—1981)讲述的一个真实故事,写了一篇一页的短文,取名为《爱》。

这篇短文围绕胡兰成的第一任妻子的母亲展开,她是个妾。故事讲述了一个十五六岁的可爱的乡村女孩,在一个春天的晚上,手扶着桃树。一个她从未打过招呼、但住在对门的年轻人走上前来,轻声说:"噢,你也在这里吗?"他们站在那里,不说话,然后各走各的路。后来她被拐卖到一个遥远的小镇做妾,然后又被转卖了几次。尽管经历了这一切,那个春天的夜晚,那棵桃树,那个年轻人的记忆在她脑中挥之不去,年老时仍历历在目。

张爱玲在故事结尾的几句话带有一种浪漫的宿命论色彩:"于千万人之中遇见你所要遇见的人,于千万年之中,时间的无涯的荒野里,没有早一步,也没有晚一步,刚巧赶上了,那也没有别的话可说，惟有轻轻地问一声：'噢，你也在这里吗？'"[38]这几行字指出了爱情的偶然性，这种相遇（于千万年中，数千万人里）是极端不可能的，但也揭示了它发生的必然性——如果是不可避免的，那么也许是命运的。如果那个男孩当时没有不早不晚地遇上她，事情的发展将会多么的不同，女孩的记忆将会失掉多少意涵。

爱情就像一个人在蜿蜒的山路上看到的突然而短暂的风景。对张爱玲来说，这既不是需要，也不是占有，更不是以任何婚姻或经济支持的保证为条件——这里她打破了那个时代的常规看法。她在《易经》中说："在她看来，唯一真正的爱情是那种没有结果的爱情，不以结婚和一生的支持为目标，不要求任何东西，甚至不需要陪伴。"[39]这是一种高度理想化的观点。

她的爱情观也很夸张。有一次，有人批评她写的是男女关系，而不是战争和革命等更重大的主题，她辩护道："我以为人在恋爱的时候，是比在战争或革命的时候更素朴，也更放恣的。"[40]在情感方面，她接着说，战争、革命同爱情是相似的，它们应该像爱情一样，能够渗透到人整个的生命中，不受任何限制。一次，有人问她如果要写一部以爱情为主题的戏剧，她会如何表达。她回答说："需要激情的爱，不要平凡的、公式化的爱。"[41]

五四运动的影响是显而易见的。在张爱玲最受追捧的小说中，男人被认为是追求"精神恋爱"而不是肉体之爱的人，因为他似乎对与心上人的交谈更感兴趣，而不意于骗她上床。这对男女是《倾城之恋》（1943）中的人物，我将会详细讨论这部中篇小说，因为它是一面镜子，在中国人和西方人的眼中，爱情的倒影不尽相同。

这部被改编成电影、戏剧和电视剧的作品之所以如此受欢迎，不可忽视的一个原因在于，上海的女主人公白流苏得到了她的男人，而张爱玲的小说中的女性很少能做到这一点；即使她们做到了，也要付出巨大的代价。不可思议的是，白流苏得到了范柳原，因为范柳原看起来是一个典型的不负责任的男人,他足够富有,很多富家太太争相把女儿介绍给他。然而,白流苏这个外形平平的离婚女人却最终成为范柳原的妻子。为什么?在他们第一次独自外出的晚上,白流苏也很好地解释了这一点。二人只是聊天、开玩笑,甚至互相争吵,她评估了自己和范柳原未来成功的机会:

> 原来范柳原是讲究精神恋爱的。她倒也赞成,因为精神恋爱的结果永远是结婚,而肉体之爱往往就停顿在某一阶段,很少结婚的希望,精神恋爱只有一个毛病:在恋爱过程中,女人往往听不懂男人的话。然而那倒也没有多大关系。后来总还是结婚、找房子、置家具、雇佣人——那些事上,女人可比男人在行的多。[42]

她已经说到点子上了,自己却不知道。他想要的爱人是一个灵魂伴侣。简而言之,他想要的是爱,而且是相互的爱,那种上一代人称之为"灵肉一致"的爱。他当然够"洋"了——事实上是加倍的"洋",因为他父母是马来西亚华人,而他又在英国长大。如果其他华人觉得他有些奇怪,这是可以料得到的:尽管他认为自己回国后逐渐变得更像中国人了,但他仍然是西化的,因此对他们来说,他就像一个谜。

人们知道他继承了一大笔钱,他们听说或者认定这笔钱支付了他的衣着行头以及中国花花公子惯有的消遣,即嫖娼、赌博和饕餮飨宴,却不明白为什么"把女人看成他脚底下的泥"的范柳原会对一个离过婚的女人感兴趣,一个28岁的女人对32岁的他来说肯定太老了。白流苏自己也理解不了他:为什么这个所有人都认定如此有吸引力的人,日复一日地带她出去,却连她的手都没碰过?她不停地想,为什么他在她面前如此绅士,他是否戴着面具?直到她判定他追求的是精神之爱才不再疑惑。张爱玲曾在已发表的评论中告诉读者，她的故事是从白流苏的视角写的，因为白流苏从来都不了解范柳原，她作为作者也不需要那么了解他。[43]

自始至终，她追求的都是婚姻。她难以忍受的生活环境要求她这样做。她的父亲把家产都赌光了，她离婚后本想指望得到兄弟们的关照，可兄弟们用她的钱炒股，结果输得一塌糊涂，迫使她不得不依赖家族接济。与此同时，她还得忍受嫂子们的影射、侮辱、蔑视和纯粹的恶意，她们整天喋喋不休地提醒她，她的离婚给她自己和家庭带来的莫大耻辱。如果说在上海，离婚女人的生活是痛苦的，那么对于一个身无分文的离婚女人来说，痛苦是双倍的。白流苏希望再婚，既是为了获救，也是为了得到更好的承诺。然而她并不卑微，恰恰相反：在张爱玲的笔下，白流苏令人敬畏，她没有受过多少正规教育，却能说会道。

家里的一位朋友徐太太主动提出充当中间人，邀请她去香港，在那里她将与范柳原相遇。白流苏相貌可人（的确"美得不近情理"），她也很快就知道，她正是他喜欢的类型。范是个陈腐的男子，但也是个现代的西式华人，希望他的女人是个地道的中国人。白流苏低着头，只穿了一件老式的旗袍，看起来不够现代，不像上海人，甚至不像这个世界的人，但就他而言，这还不错。两人住在香港的同一家酒店，每天都见面。她意识到这是一种求爱，但令她惊讶的是，他没有提出任何性要求。

一天晚上，事情出现了转机。电话铃声把她从睡梦中惊醒，她把电话放在耳边，惊讶地听到他说："我爱你。"说完，他就挂了电话。他已经表白了，现在要求她对他说。安静了不到一分钟，电话又响了，这次他说："我忘了问你一声，你爱我么？"

她咳嗽了一声，回答道："你早该知道了，我为什么上香港来？"她隐瞒或回避了他想要的表白。

是的，他确实知道，她不爱他，只是想嫁给他。带着这样的想法，他回答道："我早知道了，可是明摆着的是事实，我就是不肯相信。流苏，你不爱我。"

他是对的，她确实不爱他，不是他这个近似洋人的人所理解的爱。"怎见得我不？"她问道，因为在她看来，她是爱他的——她想嫁给他，不是吗？但他说的不是婚姻，而是爱情，在他的字典中，这两者不是一回事。的确，如果他是张爱玲的话，他可能会说出前述所引的她的言论："唯一真正的爱情是那种没有结果的爱情，不以结婚和一生的支持为目标，不要求任何东西，甚至不需要陪伴。"

他没有解释为什么他认为她不爱自己，而是引用了《诗经》中的一首古诗。他认为这首诗很伤感，因为诗中说"死生契阔——与子相悦"。然而，"比起外界的力量，我们人是多么小，多么小！可是我们偏要说：'我永远和你在一起；我们一生一世都别离开。'——好像我们自己做得了主似的！"[44]

白流苏听了很生气，说："你干脆说不结婚，不就完了，还得绕着大弯子，什么做不了主？"如果像范柳原这样自由自在、无拘无束的人都不能自己做决定，那么还有谁能呢？

他对此的反驳是：她不爱他，也是她无法控制的事，这难道不是她做不了主的事实吗？他没有讲明，但他的意思是，爱是一种击中你的东西，不是你可以决定的东西。

任何一个认同"相互间的爱是婚姻的先决条件"观点的人都会为她接下来的话感到震惊。她问："你若真爱我的话，你还顾得了这些？"

范柳原当然惊呆了，难道要娶一个对他毫不关心、只会对他颐指气使的女人吗？他没有那么傻。再说，"那太不公平了"，对她也不公平，把她绑在一段无爱的婚姻上。但他接着说："也许你不在乎。根本你以为婚姻就是长期的卖淫。"

她被这些话激怒了，没等他说完，就砰的一声挂断了电话。我相信她从来没有这样想过婚姻，也没有听说过艾伦·凯。无爱的婚姻无异于卖淫，这是艾伦·凯的观点，想必大家还记得，五四追随者们对此深信不疑。范柳原并不是真的在说白流苏是这么想的，她只是认为无爱的婚姻没有错，她几乎认可了性与既得利益的交换。

　　两人经常在一起，酒店里的人都把他们当成了夫妻。当有人称呼她为"范太太"时，他开玩笑地对她说："你别枉担了这个虚名！"人们认定他们上过床，她心想，事实并非如此，他还没有得到她。既然还没得到，他可能会以更好的条件回来找她。她决定返回上海，同时一直考虑着不能把自己表现得太廉价。她的亲戚自然把她往最坏处想：一个卖了自己的女人，一个妓女，而且是两次下海做妓女，却似乎没有得到男人的一分钱。

　　最后，范柳原派人去接她，她第二次去了香港，但没有第一次所憧憬的希望，只有失败的感觉。在旅馆房间里，他吻了她，虽然这是第一次，但对他们来说都不像第一次——两人都曾多次想象过这样的场景，他渴望这样的场景，她担心这样的场景会发生。作者用优美的、视觉化的、感性的文字描绘了这场性爱，就好像她在为电影中的一个场景编写脚本，她用镜子作道具，反射出接吻的情侣，他们燃烧的激情在冰冷的表面上融化。读到作者电影式的演绎，我想起了张爱玲自传小说《小团圆》中的一段话。在这里，胡兰成吻了张爱玲本人，他事后观察道："你仿佛很有经验。"她笑着对他说："电影上看来的。"[45]

　　白流苏成了范柳原的情妇，或者说"包养的女人"更合适，范把她安置在一所公寓里。接下来，故事戏剧性地展开，张爱玲再也没有比这更出色的叙述了。1941年12月8日，历史以香港保卫战的形式介入。就在偷袭珍珠港的同一天上午，日本军队开始炮击香港，也就是故事标题中的"倾城"。张爱玲本人就在那里，当时一颗炸弹落在她在香港大学的宿舍旁,她撤退了出来,所以她对范柳原和白流苏挣扎于日军围攻下持续18天的机枪扫射和子弹横飞的描述读起来很真实。这场战争使两人只剩彼此。白流苏不再猜疑,范柳原也不再调情。她对他变得亲切,他对她也是一样。有那么一瞬间,他们害怕地蜷缩在一起,他伸手抓住了她的手,在那一瞬间,他们真切地看到了彼此。仅仅是一刹那的彻底的谅解,作者写道,然而这一刹那够他们在一起和谐地活个十年八年。

那晚范柳原给白流苏朗诵的那首诗,其实就是一个伏笔——世间没有必然,人类在"死生契阔"面前不过是一粒微尘。在战争的灾难中,人们失去依托,漂泊不定。张爱玲围困期间在空袭预防中心做志愿者时观察到,人们在焦虑中急于抓住一些坚实的东西时会选择结婚。[46]而这就是范柳原和白流苏正在做的。他的本意是让她成为自己的情妇,但香港的失败使她从被包养的女人一跃成为妻子——事实上,如果这是一场两性之战的话,她赢得了胜利。

但是爱情呢?张爱玲称她的小说是一个爱情故事。她以台下胡琴的哀鸣声作为故事的结尾,就好像这是一个传统说书人的故事。在传统的中国故事中,婚姻才是大团圆结局,而非"真爱"。没有一个中国男主人公会问女主人公爱不爱他。但《倾城之恋》是一部现代爱情小说,因此它有义务以爱的圆满结束,就像作者和读者在上海看到的几十部好莱坞电影一样。所以范柳原在求婚后说:"鬼使神差地,我们倒真的恋爱起来了!"——凭着角色的个性,他不经意地说了这句话。白流苏提醒他:"你早就说过你爱我。"他回答说,那不算,"我们那时候太忙着谈恋爱了,哪里还有工夫恋爱?"即使白流苏想知道他到底是什么意思,她也没有问出口。我猜,20世纪40年代的读者也不理解他,但他们总能把这归结到范柳原的外国身份上,作者明智而恰当地让他在英国长大。不管作者自己将范柳原的话视作什么意思,它们都使《倾城之恋》成了一个爱情故事——与她说的那些不是爱情故事的中国小说形成鲜明的对比。

中国的评论家严厉地批评范柳原，认为他是玩弄女主人公的花花公子。比如胡兰成就认为范柳原是一个颓废者。范柳原确实聪明机智，但对胡兰成来说，自己的文化框架和这部小说完全不搭调，范柳原缺乏热情，的确，"他的生命之火是已经熄灭了"。胡兰成说，结婚是需要虔诚的，而范柳原也缺乏虔诚，他之所以不向白流苏献殷勤，是因为他很狡猾。他还缺乏勇气，而结婚是需要勇气的。他还说，范柳原太胆小，意志薄弱。人们把他和白流苏看成是一对夫妻，这使他感到高兴，因为结婚的假象，即使是一种伪装，也弥补了他内心的空虚和厌世，因此他是值得同情的。他在电话里表白，并不是想惹白流苏生气，而是为了抒发自己的苦恼。[47]

胡兰成的观点更多地揭示了他自己，相信也更能反映他所处时代背景下的中国男人，而不是范柳原或他的创作者。我不知道中国的评论家们是否认为那通电话的场景值得我在上文大费笔墨，他们大概也不认为缺乏爱情是范柳原不把白流苏当作一个诚实女人的好借口。胡兰成只能得出结论：范柳原想要白流苏做妓女和朋友，而不是妻子。胡兰成这种人也不会想到，范柳原想从白流苏那里得到的可能是无私的爱。

如今，小说童话般的结局给人带来一种熟悉的感觉：中国谚语充满了"患难见真情"一类的说法，所以读者会认为这桩婚姻是一个故事十分自然的收场，就像久经考验的朋友、恋人通过"同甘共苦""患难之交"而"同心同德"。[48]在范柳原和白流苏之间，逆境加深了感情，这是中国读者可以认同的；另一方面，如果你一定要称之为真爱，他们在这方面也足够现代了。

奇怪的是，张爱玲用一种以《红楼梦》为代表的18世纪小说的白话风格来写这篇文章和她所有的故事。这是她的标志性特征，完全是她自己的风格，她之所以成为一位非凡的小说作家，是因为她用老式的散文表达了最现代的情感。张爱玲出生很晚,她已经把五四的反传统理念抛诸脑后,认为没有必要通过否定文言文来摆明立场。在她的文本中,新旧语言交织碰撞,现代的"我爱你"就是新语言的一个典型例子。我们今天读她的小说时,丝毫不会感到新旧语言之间的错位,这是她写作技巧的明证。然而,我得进入文学批评的范畴才能详细说明这一点,而这不是本章的目的,所以我要说的是,这某种程度上要感谢张爱玲同时生活在她父亲和母亲的世界里,这使得她的写作与传统既连续又断裂。

1943年,23岁的张爱玲坠入爱河。胡兰成是一个比她大14岁的文人。评论家一致对这段恋情表示遗憾,认为他是她不该爱上的男人,好像她能控制自己不坠入爱河似的。原因也很清楚:他是个通敌者,一个汉奸,背叛了自己的国家,也会背叛她。

当时的中国正处于与日本抗战的后期,东部沿海地区被敌人占领,其余地区也在对抗中撕扯。1940年,卖国贼汪精卫接受了日本的邀请,在南京建立了傀儡政府,势力范围遍及上海及周边地区。任何一个哪怕有一点爱国之心的人都会认为傀儡政权是可耻的,但胡兰成毫不犹豫地为之效劳,他有写作天分,因而被任命担任宣传部的一个高级职位,后来又担任宣传部在武汉主办的一家报纸的编辑。在此期间,他一直住在上海,就像连同汪精卫本人在内的其他许多汉奸一样。

在南京的某一天,他在一本杂志上读到张爱玲的短篇小说。他非常欣赏这个作品,甚至想马上见到作者。杂志编辑告诉他,张爱玲不愿见人,但他坚持去往张爱玲和姑姑合住的公寓,塞给她一张纸条。第二天,她到他家来找他,足足待了五个小时才告辞。他们发现彼此之间有很多话说,不过,大致可以猜测,多半是他在说话。

她完全不是他预想的那种人,他简直不敢相信这个瘦弱的姑娘居然是个作家。她看起来很年轻,就像一个十几岁的女学生,完全沉浸在自己的想法中,虽然她个头比他高,却给人一种还没长大的感觉。

张爱玲被他的长相和聪明才智迷住了——她非常高兴地告诉他,像他这么聪明的人,用上海的老话讲:"敲敲头顶,脚底板亦会响。"[49]这个能欣赏她作品的人,竟这样走进她的生活,简直让人难以置信。她惊奇地问他:"你的人是真的么?你和我这样在一起是真的么?"[50]后来,胡兰成写文章速度之快让张爱玲这个慢性子作家心服口服。

对他来说,她能一下子把他所有的先入之见都推翻,这使他感到惊奇。听到她坚定地说"不喜她的父母"时,他感到震惊,就像任何一个在传统环境中长大的中国人一样。她对别人的困境完全置身事外。一个明明如此敏感的人却缺乏同情心,这引起了他的兴趣。按照她听取旁人意见的数量来看,这世上基本也不剩什么人了。他不禁想:她是多么理性啊,像数学一样理性,仿佛感情的纯洁性就是把事情想清楚,直到把所有的个性和任何不可避免的感性反应都考虑在内。

理智上,他承认自己很有竞争力,但也承认失败,后来他坦白自己的写作风格受到了张爱玲的影响。与她对抗时,他反复摸索,想在她严厉的耳朵里敲出正确的音符,却失败了——"丝竹之音亦变为金石之声"。令他惊讶的不仅是她对中国古典文学的了解,还有她从字里行间解读甚至是最古老的诗歌的奇妙能力。你无法想象一个像她一样精通英语的人。然而,她装作自己学识浅陋的样子,以至于他这个喜欢炫耀自己学识的人只能得出这样的结论:她很谦逊。她确实很谦逊,甚至在自己的照片上题了一行字给他:"见了他,她变得很低很低,低到尘埃里,但她心里是欢喜的,从尘埃里开出花来。"[51]

她完全臣服于他，带着一种"情人眼里出西施"的情感，完全不关心他的政治立场和婚姻状况。收到邵洵美善意提醒她提防胡兰成的来信时，她没有理会。在情感上，她没有任何保留，至于她说（正如前几页所引述的）人们在爱情中比在战争或革命中更容易释放自己，大概指的就是她不设防的自我。对张爱玲来说，爱从来都不是经过算计的行为。她崇拜胡兰成，几乎不求回报，正如几十年后她小说中写的，"等于走过的时候送一束花"，或者像中世纪的骑士在典雅之爱的范式下爱慕他无法得到的女士一样。[52] 当然，她又写道，她并没有把这些中世纪的术语加在他身上，尽管在一封信中，他确实提到了"寻求圣杯"（那些圆桌骑士的浪漫故事将典雅之爱和骑士精神交织在一起）。

一天晚上，他问她："我们永远在一起好不好？"当然，在他和妻子——或者更准确地说，和妻子们——离婚之前，他们不存在结婚的问题。他结了很多次婚。第一任妻子在给他生下一个儿子后就去世了。第二任妻子为他生了四个孩子后，患上了精神疾病，但仍与他所谓的第三任"妻子"应英娣住在上海的同一个屋檐下，英娣非常年轻，曾是一名舞蹈教师。

上海公众喜欢八卦张爱玲，就像对所有名人一样。当时《申报》刊登了一则公告，宣布经双方同意胡兰成和应英娣终止夫妻关系，人们纷纷猜测胡、张即将举行婚礼。1945年6月1日，一位专栏作家写道，他的离婚一定是为了和另一个人结婚。有传言说，这个人只能是张爱玲。[53] 这位专栏作家是对的，尽管他对读者宣称即将举办的婚宴从未举行。相反，在1944年张爱玲24岁生日前的某天，她和胡兰成只是写下了他们自己的婚姻证明，各自撰写了一部分，没有正式的仪式；如果政治形势发生变化，这会给张爱玲一些豁免权：

  胡兰成张爱玲签订终身，结为夫妇，

愿使岁月静好，现世安稳。

作为证人签字的是张爱玲最亲密的朋友炎樱（Fatima Mohideen），一个半锡兰半中国血统的女孩，她曾在香港大学学习，现在回到了上海。

那年秋天，胡兰成离开上海前往武汉经营《大楚报》，这是一份由汪精卫傀儡政权主推的报纸。他住在县医院的房间里，在那里，他的目光很快落在了一个漂亮的17岁护士身上，她叫周训德。他打算把护士的事告诉张爱玲，但语气很含糊，她以为他们不过是在调情。事实上，他诱奸了周训德，甚至向她求婚。

8月15日，他在武汉闲逛时，听到了日本投降的消息。现在他成了重掌政权的蒋介石政府的叛徒，除了逃亡之外没有其他出路，一切都完了。他向泪流满面的周训德告别，向她保证，尽管没有举行仪式，但他们已经是夫妻了，他们将在一起度过漫长的日子。事实上，他再也没有见过她：后来她因通敌而被捕入狱，显然是因为他让她抄写了自己的文章，并把她放在报社的雇员名单里，彻底暴露了她。

他到了上海，和张爱玲只待了一晚，就开始长达数年的逃亡生活，用假名四处寻找掩护，在浙江老家四处躲藏。幸运的是，他在一位老同学的寡母家找到了避难所，她对他很好，什么也不问，但只比他大一岁的守寡的妾室范秀美待他更好。范秀美建议胡兰成前往温州藏身，那里有面向东海开放的港口，也曾是自己母亲居住过的地方。于是，两人共同前往温州。

在旅途中，胡兰成告诉范秀美关于他之前的妻子们，以及张爱玲和周训德的事情。对胡兰成来说，表白总是诱奸的前奏，因为他相信，只要人与人之间不设禁忌话题，他们就能走得更近。他只花了两天时间就和范秀美建立了所谓的"夫妻关系"，他说，这样做是出于感激,还有什么比用身体宣誓来表达感谢更好的呢?他承认自己利用她并非全无私心,但并不承认自己喜欢吃窝边草,也不承认自己面对女人时容易把持不住。

三个月后,张爱玲突然来到温州,他既不安又恼火。他习惯向他的女人们讲述彼此,但张爱玲不需要被告知他和范秀美是恋人——只要看到他们在一起的样子就清楚了。张爱玲觉得范秀美很漂亮,看起来更像中亚人,而不像中国人。作为一个曾经想成为画家的成熟艺术家,张爱玲坐下来为她画素描,却发现范秀美的五官越来越像她丈夫。她很伤心,不忍心完成这幅画。她想向模特解释为什么没有画下去,可她没有,也无法解释。

很明显,张爱玲还没有完全了解他的情事,除了担心和十分想念他之外,也是来询问那个被他留在武汉的护士的情况的。她和他一起沿着蜿蜒的小路散步,告诉他,他现在必须在她和范秀美之间做出选择。他提出抗议——按照她对这段对话的重述,他的回答是:"好的牙齿为什么要拔掉?要选择就是不好……"[54]他在自己的回忆录中记下了这段抗辩:"我待你,天上地上,无有得比较,若选择,不但于你是委屈,亦对不起小周。"所有人中,张爱玲应该最明白这一点,她是个不喜欢受委屈的人。[55]

他的话是一种迷惑,而在她的文学重构中,她对这些话嗤之以鼻,这甚至不是诡辩,更像是"疯人的逻辑"。她非常明白,他不可能只拥有一个女人。在他的回忆录中,他面对的是她的坚持:"你说最好的东西是不可选择的,我完全懂得。但这件事还是要请你选择,说我无理也罢。"但他仍然退缩着,她目睹这一切,看到了更远的未来,如他所说,这是不可兑现的。她深深地叹了口气,告诉他,如果她不能留下他,不能死,不能爱别人,她的心会枯萎。他送她上船回上海的那天,下起了雨。她郁郁寡欢地离开了,独自站在甲板上流泪,雨水从伞上滑落。在她的重述中,她只意识到自己已经走到了路的尽头。她写"灵魂过了铁",这是她在英文中学到的表达,却是第一次感受到它的意涵和苦涩。[56]

1947年6月,他收到了她的来信,这封信对他而言如同晴天霹雳,信上写道:"我已经不喜欢你了。你是早已不喜欢我了的。这次的决心,我是经过一年半的长时间考虑的,彼时唯以小吉故,不欲增加你的困难。你不要来寻我,即或写信来,我亦是不看的了。"像以前一样,她把钱放在信封里。他知道最好不要回信,而是写信给她的朋友炎樱。他并未指望得到回信,事实上也确实没有得到回复。[57]

胡兰成最终逃往日本,并于1959年在日本出版了回忆录《今生今世》。他在书中对张爱玲的描述以及他对自己其他恋情毫不避讳的叙述,重新点燃了大众对这对夫妇的浓厚兴趣,在台湾尤其如此。1974年,胡兰成获准进入台湾讲学,这本书也在台湾重新出版,引发阅读盛况。

在台湾,公众对张爱玲的生活和作品的迷恋一度达到白热化的程度,而张爱玲在美国过着某种程度上隐姓埋名的避世生活。与胡兰成形成鲜明对比的是,她一生都保持沉默,这本身就吸引了公众。在她被发现死于洛杉矶寓所里的14年后,2009年,她的回忆录小说《小团圆》出版,引发的轰动可想而知。这本书在台湾、香港和大陆被粉丝抢购一空,他们渴望了解她的故事。作者在世时曾要求她在香港的文学遗嘱执行人销毁手稿,这无疑增加了公众的好奇心。

这是一本影射小说。*虽然小说以虚构的名字指代胡兰成,但书中角色的真实身份是毋庸置疑的。在她与当时住在香港的上海朋友

---

* roman-à-clef,指以虚构形式对真实人物与事件包装后完成的作品。——编注

宋淇（张爱玲文学遗产的指定执行人）谈论《小团圆》相关的书信中，她明确提到了胡兰成的名字。此外，胡兰成和她的两段叙述都高度吻合。有趣的是，在一些信件中，他被称为"无赖人"，如果用上海话发音，这个词会与"胡兰成"构成精密的双关。

1975年夏天，张爱玲抛弃了早期的全部草稿，重写了《小团圆》，并于次年3月将完成的手稿寄给了宋淇和他的妻子邝文美。她预先提醒他们，书里"full of shocks"（充满惊人之事）。[58]其中之一就是赤裸裸的性描写。在对胡兰成笔下两人关系的驳斥中，《小团圆》的性描写显得格外突出；胡兰成的叙述则回避于此，更倾向于描写两人智识上的激烈交锋。

宋淇在回信中向她保证，"我们并不是prudes*"，但他仍然强烈反对以目前的形式出版这本书。他列举了个人和政治方面的原因：在书中，她看起来是一个完全不按常理出牌的女人，一个无条件地去爱的女人，不在乎她爱的男人是汉奸，也不在乎他身边有很多女人。她把自己塑造成一个冷漠无情的人物，尽管"少数读者"不会，但大多数人会这么认为。[59]胡兰成在台湾复出，试图通过演讲和写作来获得存在感，将《小团圆》公之于众，对胡兰成来说是一份礼物（宋淇以"肥猪送上门"来形容），他将通过公开对峙的方式来抓住聚光灯和自我夸耀，而这样的做法会损害张爱玲的声誉。因此，宋淇建议对人物进行大幅度改写，降低辨识度。

张爱玲没有也不能这样做，因为她的冲动就是将这本书自传化。事实上，她之所以开始创作《小团圆》，完全是因为台湾一个将胡兰成奉为名流的文学团体成员给她写信，提议在胡兰成的帮助下为她作传！[60]

---

* prudes，假正经的人、老夫子、假道学家，形容过分关注道德礼仪，谈性色变的人。——编注

如果有人一定要写一本关于张爱玲的书，张爱玲干吗不自己去写呢？她对宋氏夫妇说，"这种地方总是自己来揭发的好"，而不是让别人去做。她说，"我在《小团圆》里讲到自己也很不客气"[61]，她想，有些章节会让宋氏夫妇"窘笑"。[62] 宋淇认为这是她摆脱这段经历的一种方式。

过去不再是她一个人的事，《今生今世》使她不得不选择自传体写作。但从张爱玲的个人情感上看，她确实成功地澄清了事实。然而，这并不意味着她对自己和胡兰成恋爱过往的低调处理，更不是否认：《小团圆》描绘了一段波折的热烈情事，充满热烈与欢喜，对她来说则是尖锐的、持久的痛苦。她震惊于他的无能，如此阻挠一个现代女人的爱情，让她无法获得排他性的爱。她爱过也恨过。

但是，即使在她最痛苦的时候，她的讽刺意识也从来没有消失过。虽然她因此受到伤害，但她仍然觉得他的麻木是荒谬的。《小团圆》的标题本身就嘲弄了胡兰成希望三个女人都在他身边的愿望："大团圆"是一个俗语，指的是一段"才子佳人"爱情故事的圆满结局：男主角通过了科举考试，回到家与妻妾和睦团聚。只是，在胡兰成的情况下，与三个美人的重逢，就像张爱玲开玩笑说的那样，必须等到他不再是一个逃犯。而她，作为一个人，不能指望等待。一想到自己可能会被当作他的妾，她在后来的几十年里一直耿耿于怀，因为她在写给中国文学学者夏志清的信中写道："三十年不见，大家都老了——胡兰成会把我说成他的妾之一，大概是报复，因为写过许多信来我没回信。"[63]

读者可能还记得，我提到过《五四遗事》这本书的副标题是"以爱情来到中国时为背景的短篇小说"。这个故事讽刺了这样一个事实：在五四时期，尽管人们都在谈论为爱情而结婚，但中国男性仍然保留了一夫多妻制的积习。就这方面而言，还有比她前夫更好的现实案例吗？我已经指出，中文版的标题中有"五四"字样，其实它还包含了"罗文涛三美团圆"的副标题名,张爱玲正是用"三美团圆"来形容她与胡兰成结婚时生活中的三个女人。

在中国,一夫一妻制出现得很晚,无论你往哪儿看,都好像没有法律禁止纳妾一样。是的,胡兰成说过,"一夫一妻"确实是"人伦之正",但也会存在"好花开出墙外"的时候,这是他关于婚外情的一个经典比喻。[64]

此外,胡兰成会告诉张爱玲其他女人的情况,部分是出于信任,他相信张爱玲在了解了这些女人后会接受她们,但主要是出于一种自我满足感。[65]若能读到张爱玲因他提起护士周训德而内心受伤的那句"心里乱刀砍出来,砍得人影子都没有了"[66],他想必十分惊讶——甚至不是因为这两个女人,而是他会意识到如果自己和张爱玲在一起,她"永远不会有幸福",因为还会有其他女人。[67]多年以后,当她早已不再想他的时候,那种疼痛仍会无缘无故地突然袭来,像一股沸水一样烫伤和侵袭着她。[68]

这并不是说她认为不忠是错误的,这不是道德的问题。"并不是她笃信一夫一妻制,只晓得她受不了。她只听信痛苦的语言,她的乡音。"[69]她想要婚姻的忠诚却没有得到,可以将其简述为她不幸福的根源。再往下看,你会意识到,只有透过性爱的棱镜,她的痛苦才可以被恰当地理解。在《小团圆》中,她描述了自己第一次被吻时的想法:"这个人是真爱我的。"[70]以及后来的想法*:"他不爱我了。"[71]在她看来,他爱上护士意味着他不再爱自己,正是这一点使她痛苦。有一次,她听到他在问她的朋友炎樱是否认为一个人可以同时爱上两个人,张爱玲觉得天空好像突然变暗了。在她看来,你不可能爱上一个人的同时又爱上另一个人,爱在性和情感上都具有

---

* 这种想法在小说中出现的背景是:"次日一大早之雍来推醒了她。她一睁开眼睛,忽然双臂围住他的颈项,轻声道:'之雍。'……她看见他奇窘的笑容,正像那次在那画家家里碰见他太太的时候。"摘自张爱玲《小团圆》,北京十月文艺出版社,2012年。——编注

排他性，否则就不能称之为爱。像胡兰成这样拥有好几个女人的男人，他可能会声称爱她们所有人，但对张爱玲来说，他不是同时爱她们，而是逐个地爱她们，先爱一个，再爱另一个，一个也不放过。*[72]（"好的牙齿为什么要拔掉？要选择就是不好"。）

尽管他们在爱情这件事上心意相通，却存在着文化上的鸿沟。一句偶然的言论，不一定是关于爱情的，可能都会突然向张爱玲掀开这道鸿沟，她会觉得好像整个中原，那个孕育了中华文明的黄河流域，横亘在她和胡兰成之间，把他们隔得太远，远得他们的心都分开了。[73] 二人的差异之一，或许也是最深刻的差异，就是张爱玲透过中国和西方的视角看向一面双面镜，并在两者之间持续而微妙的参照下运作。而胡兰成在文化上并不是那么游刃有余，但这并不妨碍他用冠冕堂皇的词汇对东西方差异高谈阔论。有一个例子是他说张爱玲"是属于希腊的，同时也属于基督的"。是的，但既然并非所有的中国读者都知道西方文明起源于雅典和耶路撒冷，直接说她西化不就行了吗？[74]

他的另一个概括是："原来'恋爱'二字，中国人的与西洋人的根本不同。"对西方人来说，决定成败的是爱情本身，而不是它是否结出果实（他指的是婚姻）。[75] 的确，"西洋人的恋爱是不结果的，结婚是恋爱的坟墓"。他引用了这句众所周知的欧洲格言来提醒读者。他说，中国人不是这样，对他们来说，爱情是顺理成章的事，简单明了，没有什么可大惊小怪的。他从生活、民歌和通俗故事中汲取灵感并得出结论，对中国人来说，男女关系关乎人类存在的事情，和"圣灵与罪恶"的概念相去甚远。[76] 他认为，当他把自己和范秀美之间存在的"亲"本质化时，他是在将中国和西方划分开来。对他

---

* 她的原话是："要爱不止一个人——其实不会同时爱，不过是爱一个，保留从前爱过的。"摘自张爱玲《小团圆》，北京十月文艺出版社，2012年。

来说，这种感情就像来自同一个家庭的亲密感，在中国文化中比浪漫爱更重要。他还注意到，当中国人对一个人有好感时、当他们钦佩某人或觉得他/她很可爱时，他们往往懵懂到无法识别出爱的程度。[77]

他在谈到这些案例中的爱的措辞与他描述张爱玲的措辞截然不同。与张爱玲分手后，他在写给炎樱的信中说道："她是以她的全生命来爱我的，但是她现在叫我永远不要再写信给她了……"[78]这种遭遇背叛的爱是张爱玲痛苦的根源。这样的爱情使《小团圆》有资格被称为一个"爱情故事"（按照我前述所引用的她的观点，中国一般爱情故事中的爱情配不上这个名字），她在写给宋氏夫妇的信中就是这么称呼《小团圆》的。她解释说，写这本书是因为"我想表达出爱情的万转千回，完全幻灭了之后也还有点什么东西在"[79]。

伤痛是因为她爱，这是她描述自己与母亲关系的方式，她写道，除了胡兰成，母亲是唯一一个让她真正痛苦的人。[80]当她还是个孩子的时候，她很崇拜不怎么陪在她身边的母亲，对女儿来说，她是一个浪漫的人物，直到近距离观察到母亲，张爱玲"像一个戏迷在后台承认自己的幻灭"[81]。大约18岁时，张爱玲告诉自己她不再爱母亲了，她对此的描述与对胡兰成的描述完全一样，就像"一条很长的路走到了尽头"[82]。当张爱玲得知母亲在一次打麻将中随手输掉了她的800美元时，她这根亲情线突然崩断了——这笔钱是香港大学的一位英语讲师对经济拮据的张爱玲的资助，以帮助她在获得奖学金前渡过难关。[83]

没有回报的爱是压倒恶性关系的最后一根稻草。她的母亲曾经讲过一个关于谋杀的梦，张爱玲怀疑她母亲黄逸梵，是否潜意识里认为张爱玲想要她死。"但我从来不想让她死，"女儿想，"我只想远离她，这样才能活着，保持理智。反正她总是要走的。如果她能享受和我在一起的时光就好了，而不是只想让我从她的陪伴中获益，以弥补失去的时间,安抚她的良心。她不喜欢我,我也不喜欢那些不喜欢我的人。"[84]

张爱玲的感情混杂着单恋、排斥感和深深的伤害,这一点在母女的对话中表露无遗:

(母亲):"我知道你父亲深深地伤害了你,但你知道我不一样……"

不!女儿想大叫,但没有大声说出来。他怎么会伤害我呢?"我从来没有把他当回事。"[85]

女儿认为母亲误解了她:"她认为是那些男人(母亲的情人们)让我和她反目成仇。但我要怎么告诉她根本不是这样的。那是什么?我就是不喜欢她?不,最好让她以为是男人的问题吧。作为中国人,她会认为我有这种感觉是理所当然的。她会认命的。"[86]

如果张爱玲没有永远离开中国,她和胡兰成的关系以及她在日军占领期间为亲日期刊写作的做法,都会被视为通敌。1952年7月,她离开上海前往香港,从此再也没有回来。随后在1955年2月移民到美国。她再也没有见过1953年在上海去世的父亲,也没有见过1957年在英国去世的母亲。

1956年,她嫁给了比她大近30岁的德裔美国编剧、小说家和记者斐迪南·赖雅(Ferdinand Reyher)。在给她的密友宋淇夫妇的信中,她写道,赖雅和她一样"penniless"(身无分文),比她更没有前途。他除了哈佛大学的学位,"没有什么值得吹嘘的"。她没有想到要补充说,赖雅倾向于马克思主义,是贝托尔特·布莱希特最亲密的美国朋友和合作者。她在信中进一步写道,她把这个消息告诉朋友炎樱时，附上了这样的评论："这是一段不明智的婚姻，但它并不是没有激情。"[87]

1967年，赖雅去世后，张爱玲陷入了越来越深的隐居状态，尽管她在台湾和香港声名再起。她对美国只字未提，美国是她的常居地，但对像张爱玲这样长期处于心理过渡期的人来说，她没有把美国当成她的家。她生前最后一篇发表的短篇小说《色，戒》，于1979年出版。故事的男主人公是为汪精卫傀儡政权工作的汉奸，许多读者在他身上看到了胡兰成的影子。将《色，戒》改编成电影的著名导演李安说，张爱玲多年来一直在修改这个故事，回到故事中，就像罪犯回到犯罪现场，又像受害者重演创伤，只有通过改变和重新构想痛苦才能获得快乐。[88]

与此同时，胡兰成本人迫于民众压力离开台湾。1976年，他回到日本，5年后去世，终年75岁。如果张爱玲没有在1995年9月（也就是她75岁生日前几周）去世，她也能刚好活到这个岁数。张爱玲的确切死亡日期不详，她在洛杉矶的寓所里去世几天后才被公寓楼的管理员发现。1995年9月13日，《纽约时报》发表的讣告中对她做出了中肯的评价："孤独是她生命的主题。"

第 16 章

爱情的凋亡

革命青年承认恋爱对于革命有下列各种不可免的危险的疑问；

（一）是减少革命性；（二）是变节……（恋爱与革命）互相仇视。

因此革命青年反对恋爱。

——

高山，1926年《新女性》

1930年,《到莫斯科去》的封面

20世纪20年代上半叶,爱情处于至高地位。经过了十年的发展进步,现如今是革命的年代。革命热情中涌动的热血如同深恋时的怦然心动。但是,如果两者只能容得下其一,中国的一些左派人士认为,应当祛魅的是爱情。1927年,《新女性》杂志的一位撰稿人评论道:"恋爱者在此社会中只有自己与对方两人",而不认识其他人——"也没有父母,也没有子女,也没有国家,也没有人类,只以自己与爱人充满了世界。"[1]

此外,浪漫爱不仅是人类大爱的敌手,更是资本主义支撑核心家庭的工具。它适合一夫一妻制的核心家庭,这有助于稳定资本主义。[2]对这位马克思主义者来说,群体或阶级而非个人,构成了社会的基本单位。因此,他对以爱情为基础的核心家庭的内倾与个人主义精神感到厌恶,并用"布尔乔亚"(资产阶级)这个绰号来指代,将其视为资本主义制度的产物,而资产阶级家庭将和它所建立的私有财产共同消亡。对革命的关注不只是纸上谈兵。中国青年生活在动荡的时代,国家被地方军阀割据得四分五裂。那些思考爱情与革命能否相容的青年,他们盼望着在中国发动一场如俄国布尔什维克那样的十月革命。1921年夏,在共产国际的支持下,中国共产党在上海秘密成立。

共产党志存高远:实现国家统一,消灭帝国主义势力。换句话说,他们的目标是打倒军阀,驱逐西方势力。当然,共产党也希望联合城市无产阶级进行社会主义革命,但首要任务是在思想和军事上确立强大的地位,以抗衡国内军阀和西方帝国主义。斯大林确信,国共两党合作可以实现这一目标。彼时正巧英、法、美都拒绝支持国民党，只有苏联适时向国民党提供军事援助。已成为军事领袖的蒋介石被邀请到莫斯科接受指导和思想灌输。斯大林没有料到，蒋介石离开莫斯科后，会对共产主义产生持久的憎恶。

民族主义是当时主导中国政治舞台的巨大力量，在还未认清状况的斯大林看来，它将消弭国共两党的分歧。斯大林推动新成立不久的共产党与国民党结盟，因此，1926年，国民革命军在国共合作的旗帜下开始了北伐战争。在蒋介石的指挥下，北伐军队高举反帝反封建的旗帜，国民党从广东一路向北征战，逐一抗击军阀。

就在广州革命风起云涌的时候，自1926年4月21日起，《广州民国日报》上刊登了大量关于爱情与革命的评论文章。一篇引发这场争论的文章指出，掀开资本主义制度下夫妻之爱的面纱，便发现这种关系是建立在"金钱纽带"上的，而获得真爱的唯一途径是革命，即废除私有财产和儒家礼教，并在新的经济关系的基础上，为每个人最大限度地开发自己的潜力、实现自由与平等创造条件。只有这样，真爱才会开花，而且是自然而然地开花。

许多读者对此表示赞同。一些认为爱情会妨碍革命的人命令革命青年放弃眼前错误的爱情，以便在未来赢得真爱。"国家大义与儿女私情不可兼得"是一句有力的宣言，强烈的情感跃然纸上。但是，也有读者对按捺情爱的观点有所保留，因为性冲动是无法被遏制的。再者，爱情非但不会阻碍或延缓革命，反而有望成为"革命成功之母"。因为真正的革命者不会轻易移心，所爱之人的鼓励无疑可以激励他继续前进，从而提高革命成功的可能性——当然，前提是所爱之人必须富有革命精神。[3]

对马克思主义者而言，以爱情为基础的婚姻是为了巩固资本主义的统治。一旦未来进入了无阶级的社会，其他一切都会迎刃而解。国民党派社会学家洪瑞钊也相信爱情问题会得到解决，而他与马克思主义者的不同之处在于，他认为这个问题的解决并不是为了实现一个无阶级的社会理想，而是为了迎来教育、经济和政治上真正的自由与平等。洪瑞钊在1928年的专著《革命与恋爱》中与共产党的作风划清界限，这在他看来是一种与革命时代格格不入的过度自由。在这样的时代，爱必须被重新定义。这么做很重要，因为"革命与恋爱热的消长与利害影响着我们党和国家的前途命运"[4]。尽管洪瑞钊不是马克思主义者，但他仍然被当时高涨的革命情绪感染，将革命工作置于个人私情之上。

洪瑞钊发表此番言论之时，国共统一战线已经破裂。1927年4月12日，蒋介石在上海发动反革命政变，血腥屠杀共产党员。[5]这场大清洗摧毁了共产主义运动，迫使共产主义者离开城市，去往农村。在国民党捕杀共产党人的白色恐怖期间，数以万计的共产党员和共产主义支持者被判处死刑或被杀害。

革命是一管兴奋剂，作家和出版商很快发现，将现实革命的紧迫感与浪漫爱主题结合起来的小说销量惊人，因为它们满足了读者的幻想。这类小说遵循一种"革命加爱情"的流行文学公式，讲述男女主人公因第一时间响应（或拒绝）革命的号召而终成眷属（或无疾而终）的故事。在大多数情况下，这两个主题元素结合得十分巧妙，以至于读者不禁从这些故事中得出结论：主人公投身共产主义，是因为他或她爱上了一个"康敏尼斯特"（"共产主义者"的中文音译名）。

其中一个故事是26岁的胡也频（1903—1931）创作的中篇小说《到莫斯科去》[6]。他赋予主人公洵白（意为"真正的纯洁"）巨大的革命魅力，他是一位从日本留洋归国的留学生，也是个英俊的"有思想，有智慧，有人格的'康敏尼斯特'"。年轻美丽的女子素裳爱上了他，请他教她日语，这样她就可以阅读所有苏联的作品，因为他告诉她这些作品已经全部被翻译成日文了。这是一段跨越阶级的爱情,她是资产阶级,他是工人阶级;这还是一场婚外恋——倒不像人们想象得那么严重,因为她已不再爱她的丈夫;此外,她还是一名新女性,所以她认为自由恋爱无可指摘。

然而,她那资产阶级丈夫与她的观念相去甚远。由于他是国民党政府的高层官员,自然心狠手辣,也正是他策划了对这位共产主义英雄的逮捕和处决。尽管这个故事没有童话般的结局,但结尾并非充满悲剧色彩。事实上,小说带着一种乐观的基调,让政治上觉醒的素裳走出了婚姻,转向了共产主义。这也不是一种娜拉式的困境——素裳出走时,她清楚地知道目的地在何处。为什么这么说?因为正如书名所示,她要奔赴莫斯科!

胡也频没料到的是,自己笔下主人公的处境竟预示着他自己的命运。他在1929年完成了这部小说,并于1930年出版。同年,他加入了中国共产党。作为一位不出名的作家,胡也频获得了比他的文学造诣更高的声誉,一是因为他被追授为共产主义烈士,二是因为他是著名小说家丁玲(1904—1986)的爱人兼丈夫。

1931年2月7日,国民党当局在上海龙华(今上海南郊)处决了24名共产党员,胡也频也在其中。这些烈士是蒋介石政变后白色恐怖的受害者。因此,1949年中华人民共和国成立后,这24名青年烈士的遗骸被转移到如今的龙华烈士陵园。苏联风格的工人雕塑巨石坐落在陵园正门,袒露着壮实的胸肌迎接游客。远处矗立着一座半埋在地下的巨石雕像,一只巨手伸向天空,前方燃烧着一束永不熄灭的火焰。其中有5名烈士与中国左翼作家联盟有关,这是一个由中国共产党发起的文学组织。左翼作家联盟在一份公开信中披露了国民党的此次秘密处决,海内外文人纷纷提出抗议。其中之一是来自美国的马克思主义诗人兼作家马尔科姆·考利(Malcolm Cowley),他在自己编辑的美国报刊《新共和》(*The New Republic*)中写道:

胡也频已经成为一名共产党员。他开始与像他一样的作家们交往……他们自视甚重，感到肩负着建立新中国的重担。1月17日，他们在上海国际租界内的东方旅社召开秘密会议。共有24名共产党员出席，其中有5位作家，包括胡也频在内……他们均被英国警方逮捕，并移交中国当局法院进行审判和处决。[7]

几乎可以肯定的是，这次秘密会议出现了内鬼，有人把消息泄露给了上海租界的英国警察。毫无疑问，胡也频不是作为一位危险的煽动家而被处决的，他的政治观也尚未成熟。读完他的小说——一部左翼分子诚挚却尚未成熟的作品后，我的第一个念头是希望那时有人能对处决他的人说："他还年轻，只是很年轻。"那时，他刚从鲁迅和冯雪峰（1903—1976）译自日文的著作中学到了马克思主义文学理论。他方才熟悉了马克思的"唯物主义"——所有的思想都是属于人的思想，每种思想都与某种特定的社会状况相关，而这种社会状况又是在人与特定的物质（或经济）条件的关系中产生的。他的作品销量一般，缺乏影响力。读一读《到莫斯科去》就能发现，他的作品难以说服那些经验老到的人。我现在提议大家仔细去看这部小说，并不是出于它的任何文学价值——事实上它几乎没有——而是因为其中的情节与本书的主题有十分紧密的联系。

首先，当时的中国作家借助西方文学构建起的故事结构线索讲述他们自己的生活、爱情和政治，以及他们笔下的人物。贯穿素裳故事的主线是古斯塔夫·福楼拜的《包法利夫人》。在胡也频的小说中，这部描写19世纪资产阶级生活的现实主义巨著是女主人公阅读的第一本书。这部家庭剧描写了爱慕虚荣、自我中心、贪图享乐、心胸狭隘的艾玛·包法利及其对奢华生活和浪漫刺激的向往，无法想象胡也频会在阅读福楼拜这本书之前创作出《到莫斯科去》。

我们早就知道，艾玛·包法利是素裳最不喜欢的文学人物。然而，素裳与艾玛的情况有很多相似之处：她们都被困在物质丰盈的婚姻里，她们的男人也都令她们生厌和鄙视；她们都渴望过上一种与众不同的生活，但艾玛在婚外情中寻求幸福，在恋爱中寻找她期望而又很快令人失望的幸福，素裳则相对幸运，不仅在真爱中找到幸福，还在共产主义的同志情谊中找到归属。但在这一切发生之前，还要挨过乏味的日子，在白日梦中消磨时光；而胡也频也很幸运有福楼拜这样的引路人，因为英国小说家 A. S. 拜厄特（A. S. Byatt）在这本书的序言中写道，"没有比《包法利夫人》更伟大的研究厌烦的作品了"，而"厌烦"是"现实主义小说的伟大主题之一"。下面是拜厄特在《包法利夫人》序言中谈到的更多内容：

> （《包法利夫人》）打开了一幅无意义和空虚的景象，更令人惊恐的是，这里到处都是东西，衣物、家具、房间和花园。最糟糕的是，书籍成了最隐秘的毒药。[8]

对胡也频来说，问题在于素裳是一个上流社会的女人，丈夫给她提供了"贵族"的生活，而胡也频必须让她厌恶那些"东西、衣物、家具、房间和花园"，同时他又醉心于对这些物品的描绘，模仿福楼拜对细节的精益求精。素裳和丈夫住在北京的一幢洋房里，这是胡也频本人或其他人从未亲眼见过的。小说以素裳的生日派对拉开序幕，客人们悠闲地坐在客厅里，沙发上铺着印有硬币图案的印度锦缎，墙纸上满是玫瑰色和散发着金色光泽的希腊图案，壁炉中火焰轰腾，壁炉上矗立着一尊维纳斯石像，黑色古董花瓶里插着一朵白花。在一幅画作中，伊卡洛斯（Icarus）长出了巨大的翅膀，受到女神们的爱惜。雪茄和香烟的雾气缭绕，意大利红酒在杯中晃动，天花板上的三条银链悬挂着华丽的吊灯，整个房间熠熠生辉。作者受缚于这幅他认为装腔作势的画面，而他本应严厉谴责它的粗俗。

那么，他要如何传达素裳对她优越的上流社会生活的厌恶，以及那种促使她转向马克思主义的强烈不满呢？当然，她的丈夫野心勃勃，沉迷于构建政治网络和对国民党的大肆宣扬，这让她很厌烦。他整天都在开会，回家就只顾睡觉和打鼾，留她一个人独自用餐——但一个人吃饭是多么孤单，多么的"贵族"。将红烧蹄膀（穷人梦寐以求的食物）作为每餐必备的菜肴是多么令人生厌啊。她那种上流社会的生活太过无趣，只有"寂寞，闲暇，无聊！"当然，她花了很多时间读书，但那只是"消极的抵抗，无聊的表现罢了"。此外，"在无聊中看书只是个人主义的消遣，不能算是一种工作"。工作——没有被给出明确的定义，但她肯定不是指流汗的劳动，而是能给她空虚的生活带来意义的工作和爱。

因此，她不再阅读福楼拜、屠格涅夫、莫泊桑和阿纳托尔·法朗士（Anatole France）的作品（这些都是胡也频安排给她的作家），而是转向了"历史唯物主义"和马克思主义经济学理论的书籍，特别是那本广受欢迎的尼古拉·布哈林（Nikolai Bukharin）著的布尔什维主义教科书《社会主义入门》（*The ABC of Communism*）。正是因为施洵白指引她走向真理，她才知道自己必须在"历史唯物主义"的道路上前进。当她把自己奉献给"痛苦的同胞们"时，她感到自己被一种新的存在唤醒了，这是唯一重要和有意义的生活方式。她将"踏着血路——也就是充满着牺牲者的路"，即使在实现目标之前牺牲了，"那也不是什么损失，因为我至少是向着这路上走去的"。她知道，那一刻的幸福里，当然有一部分是爱。

艾玛·包法利喜欢阅读，爱情小说是"潜藏最深的毒药"，激发了她对幸福和激情的渴望。现实并不符合她的幻想，她没有得到她所梦想的童话般的结局，最终服毒自杀了。"如果条件允许，她想要更多的东西，更强烈的体验，更广阔的视野"，艾玛未能实现这一点。[9] 素裳实现了，她投身于共产主义，实现了超越自身资产阶级属性的更大价值。她想不通，为什么像福楼拜这样的大师级作家会用一整本书来讲述艾玛·包法利这样一个心性狭隘的女人。

在这部小说中，素裳多次被称为新女性。她的确名副其实。作为20世纪20年代末的产物，她的性解放程度更高，也比六七年前有抱负的新女性更加"左倾"。小说开始的生日派对上，大家都在谈论亚历山德拉·柯伦泰（Alexandra Kollotai），这位布尔什维克女权主义者以宣扬自由恋爱的价值观而广为人知。

人们觉得易卜生笔下的娜拉已是老生常谈，甚至连艾伦·凯也将被历史尘封。娜拉只是离开了她的丈夫，艾伦·凯把性道德建立在肉体和精神结合的爱情上，但柯伦泰认为，在多种婚姻和非婚姻的结合中自由交换性伴侣，无论其中是否有爱，都比资产阶级婚姻中那种充满占有欲、控制欲和排他性的配对更适合社会主义乌托邦。她拥护一种面向新派苏联男女的新式爱情，在这种爱情里，伴侣之间的所有权和排他性将会消失，从长远来看，家庭也将消失，对伴侣的爱将从属于对集体的爱。的确，拥有多段未全身心投入的关系，能让一个人在集体中投入更多情感能量。

了解柯伦泰的背景有助于我们理解她的性政治理论对她的国家和国际社会产生了怎样的影响。柯伦泰首先放弃了她自由派贵族的家庭背景，随后又放弃了她的婚姻和家庭生活，成为一名革命活动家，致力摧毁资产阶级的特权。在争取权利的运动中，她把妇女和性问题作为重点。在这一点上，她自相矛盾地展现出自己与马克思主义不符的部分，因为经典的马克思主义理论将妇女解放问题归结为阶级或财产问题，认为压迫的根源在于经济，既然无产者（不论男女）的革命将结束资产阶级的剥削，那么妇女就没有必要推进自己的事业。柯伦泰这一主张无异于分裂和反革命。难怪她在1917年

10月布尔什维克革命后短暂崛起（她被任命为社会福利委员，是革命政府中的第一位女性）不久，便被流放到了牧场。

《三代的恋爱》（*The Loves of Three Generations*, 1923）的作者柯伦泰也出现在胡也频的小说中，她正是凭借这部小说在中国声名鹊起。[10] 外祖母玛丽亚、母亲奥尔加和女儿吉尼亚，这三代人对性关系的态度逐渐朝着更自由、更开放的方向发展。玛丽亚是一个民粹派，是19世纪俄罗斯民粹主义社会思潮的资产阶级拥护者。她按照自己的意愿嫁给了一个男人，却因爱上另一个男人而离开了前者；当第二个男人为了一位挤奶女工背叛她时，她带着和他生下的女儿离开了；但她始终爱着他，并在后半生中一直忠诚于他。

玛丽亚的女儿奥尔加是一名马克思主义者，与革命伙伴康斯坦丁缔结了婚姻。他们是相爱的，但在丈夫流亡期间，她意外地爱上了一位已婚的工程师M，一个富有的自由派资产阶级典型。奥尔加憎恶M的政治观和他家庭生活中"过饱的幸福"，鄙夷这种幸福中资产阶级的自大与轻浮。但这丝毫没有减弱她对M的热情，狂热的性爱为他们带来了女儿吉尼亚，两人由此达到了幸福的顶峰。然而，她同时爱着康斯坦丁，毕竟他们在政治和精神上都很合拍。因此她拒绝与这两个男人中的任何一方决裂，这让她母亲大为光火。最终，这两段恋情都没有逃过内战与革命的危机和分离。她逐渐对一般的男人失去兴趣，直到她遇到了比她年轻许多的无产者安德烈，并与他一起到莫斯科生活。

就像她的母亲无法理解她一样，奥尔加如今也被女儿吉尼亚惊呆了。当吉尼亚开始和奥尔加与安德烈一起生活时，她已经20岁了，比起母亲，她和继父的年龄更接近。女儿和继父生活在同一个屋檐下，在奥尔加长期离家工作期间，他们成了恋人。当吉尼亚发现自己怀孕并请求母亲帮她堕胎时，她无法告诉惊慌失措的母亲孩子的父亲是谁：可能是安德烈，也可能是一个同时跟她有染的同志，但她计划离开这个同志,因为他"变得太无趣了"。此外,她还有过其他男人,当她上前线护理伤员时,她曾与他们发生过短暂的性关系——时间不够,她说,还有那么多工作等着要做。她谁也不爱,不爱安德烈,也不爱其他有可能是孩子父亲的男人。

吉尼亚可以如此若无其事地"坠入爱河",这是最让她母亲痛苦和困惑的地方。但吉尼亚毫不怀疑地说:"我永远不会像母亲那样去爱。一个人这样失去自我,还怎么工作呢?"同时,由于安德烈爱的不是她而是奥尔加,吉尼亚认为她和安德烈上床并没有从母亲那里夺走任何东西。那么奥尔加为什么要介意呢?吉尼亚对母亲说,把安德烈拴在自己身上是"一种占有的私欲,外婆的资产阶级训导就是这么说给你听的"。

奥尔加落伍了吗?还是吉尼亚的性行为太不检点?哪一种形式的两性关系更符合共产主义社会的关系:是排他性还是柯伦泰所说的"多边恋爱"(many-sided love)?故事的结尾模棱两可,作者没有谴责吉尼亚,这让评论家们认为,柯伦泰自己对爱情和性的看法就像她笔下的女主人公一样随性。他们还指责柯伦泰向苏联青年宣扬滥交的危险行为,这些青年当时正因视性本身为目的而受到谴责。柯伦泰的一句名言被政治对手们抓住了把柄:"性行为不应被视为耻辱和罪恶,而是与健康身体的其他需求(如饥饿或口渴)一样自然的行为。"与普遍看法相悖的是,她这番话并非提倡"杯水主义"的性理论,即性行为应该像饮水解渴一样方便地获得和满足。但在列宁痛斥这一理论完全有悖马克思主义学说之后,人们总是把这个理论与她联系在一起。杯水主义"被贬同为'只管去做',并在20世纪20年代被援引于几乎每一次对性许可的重点攻击中",尽管她实际上是希望通过将性"自然化",从而"把性的概念从资产阶级的价值体系中移除出来"[11]。

在小说中,胡也频安排笔下的一个女性角色(素裳的朋友)践行了柯伦泰的理念。在那次生日聚会上，素裳取笑她在性方面如此开放，可以算作"第四代"了。朋友告诉素裳："昨夜我是和第八个——也许是第九个男人发生关系啊。"我们都知道，即便素裳"对于这一个性欲完全解放的女朋友，是完全同情的"，但她自己还没有那么自由开放，因为她看不起大多数男人：她对他们提不起兴趣。她的结论是："男人永远是恋爱的落伍者，至少中国的男人是这样。"不过，素裳显然不是因为害怕怀孕才压抑性本能：她不屑于压抑性本能的恋爱，并称之为"中庸主义"。在被问及对《三代的恋爱》的看法时，她宣称："谁愿意怎样就怎样。在恋爱和性交的观念上，就是一个人，也常常有变更的：最好是自己觉得是对的便做去好了。"

然而，她不是吉尼亚，后者在繁忙的革命工作中腾不出时间去爱。诚然，工作将给素裳身为革命者的新生活赋予新的意义。但毋庸置疑，"爱情在我的工作里面"，它会激励人重拾信心，慰藉疲惫或受挫的心。尽管胡也频确实将革命与爱情并置，但他并没有像吉尼亚那样把两者对立起来。也许因为他是五四精神的继承者，自己并不那么浪漫。因此，他的小说揭示了两种爱情观之间的矛盾，也就是理想化的爱情与柯伦泰所提倡的非单一、非排他和非占有的爱情。当胡也频的妻子爱上冯雪峰时，他不得不在小说之外的现实生活中解决这种矛盾。关于这一点，我将在后文重点探讨丁玲时再展开。

与此同时，柯伦泰的作品成了中国左派圈子的必读书目，在1928年至1934年间，她的一连串作品被译为中文。这些作品曾在日本风行一时，译者主要是那些从日本归国的左翼人士——其中不仅有《三代的恋爱》，还有《赤恋》(Red Love)、《姐妹》(Sisters)、《伟大的爱》(A Great Love) 等小说及她的几篇论文，其中最著名的是《恋爱与新道德》(Love and the New Morality, 1919)。《三代的恋爱》有四个不同的中文译本，最早的译本出自剧作家兼编剧夏衍

（1900—1995）之手。在日本无产阶级文学运动如日中天之时，夏衍留学日本，并在政治上积极投身于该运动的日本成员之中。1927年，蒋介石开始"清理门户"，迫害共产党员，并对日本左翼作家及其出版物进行干扰，夏衍被迫离日。回到上海后，他为中国共产党地下组织工作和写作。

夏衍除了翻译柯伦泰的作品外，还翻译了德国社会主义者奥古斯特·倍倍尔（August Bebel）的著作《妇人与社会》（Women and Socialism），这部作品与《恋爱之路》（Paths of Love）一同被誉为"两本现代青年男女底必备之书"。[12]除了恩格斯，倍倍尔关于妇女问题的马克思主义观点也得到了柯伦泰的赞同。倍倍尔主张通过建立公共厨房和托儿所，将妻子和母亲从家务劳动中解放出来，同时将教育和医疗保健等社会化，并使妇女在性与情感满足上和男性一样自由不受限。

夏衍基于林房雄的《三代的恋爱》日译本进行了汉译。林房雄是一位马克思主义小说家和评论家，支持无产阶级文学运动（但他后来否认了自己对共产主义的同情，转而支持日本民族主义）。夏衍将这个故事与林房雄的一篇关于柯伦泰的性理论文章，再加上小说《姊妹》，共同收录到1928年出版的《恋爱之路》合集中。[13]尽管林房雄的文章旨在向日本读者及阅读译本的中国读者阐明吉尼亚的行为，这篇文章却让中国读者更困惑了。其实，文章的概念模糊与其要怪林房雄，不如说柯伦泰的原文就深奥难解——她的《恋爱与新道德》是林房雄的主要参考资料，而它本身就很难解读。

例如，我们该如何理解她所说的"游戏之爱"（game-love）？在书中，她提议以其取代过去的"挚爱"（grand amour）。中国读者除了把它理解为"玩弄爱情"和"调情"，又是如何理解这个概念的呢？这种行为与社会主义显然不相称。然而奇怪的是，柯伦泰却推崇这一说法，她认为，"游戏之爱"绝非儿戏，它需要"足够的体贴、精神层面的了解以及真诚与回应的敏感度"。[14]

事实上，这个见解非她独创，而是由另一位女权主义作家、奥地利犹太裔的格蕾特·梅塞尔-赫斯（Grete Meisel-Hess）提出的，她是19世纪末柏林激进团体的成员，主张从金钱利益中解放出性行为。柯伦泰的小册子实际上是对梅塞尔-赫斯1909年在德国首次出版的《性危机》(*The Sexual Crisis: A Critique of Our Sex Life*) 一书的评论。该书的英译本中有一章的标题为"爱的玩乐"（The Sport of Love），书中写道："轻浮之爱（sportive love）的内涵在于，投身其中不会被性体验束缚、压迫得粉身碎骨。"梅塞尔-赫斯认为，"爱情是一场竞技游戏，牵扯到许多严肃的问题"，如果太较真，玩家的"情感会落入悲剧，生活变得一团乱麻"。如果太"轻浮"，则会"沦落得像马戏表演，甚至不堪入目"。梅塞尔-赫斯认为，与"崇高的爱情"相比，"轻浮之爱"少了自我中心主义。作者心目中的两个角色是古希腊的高级妓女和意大利文艺复兴时期有老主顾的宫廷情妇。[15]

柯伦泰为何推崇"游戏之爱"呢？因为她反对以财产和继承权为基础的资产阶级婚姻和家庭制度。身为一名共产主义者，她坚信这些制度使得财产权的概念更加宽泛，会扩展到对婚姻伴侣的情感和精神层面的占有。现代恋人都崇尚自由，他们不仅要求爱人保持身体上的忠诚，还要求"精神"上的不渝，以此来缓解自身的孤独感。柯伦泰反对将彻底的"我"与"一切自我臣服于伴侣"。人们认为，"恋爱"使他们有权利触及对方的自我或"灵魂"。柯伦泰对"爱神的致命一箭"——也就是对深恋并不同情，她把深恋等同于对他人自我的暴力攻击。她坚信"游戏之爱"更好，它不会让人太过"堕落"，也不会让人"在激情的浪潮中丧失自我"。[16]

此外，并不是每个人都能体验到"挚爱"。那么，难道我们只能面对无爱的婚姻或商业化的性交易吗？柯伦泰告诉读者，梅塞尔-

赫斯提供了一个替代方案："游戏之爱"，可以充当"挚爱"学徒期的"性友谊"。柯伦泰说，建立在"挚爱"基础上的一夫一妻制仍然是理想的，但这不是一种永久的或固定的关系，与之并存的还有两性之间其他各种形式的"性友谊"。是时候打开大门、迎接"多面人生"了，一种新型的"单身女性"已经出现，她们接受了教育，认识到爱情不是生活的全部。

如果中国读者意识到古希腊和文艺复兴时期的交际花是游戏之爱的典范，他们也许能更好地理解这个概念，因为中国历史上不乏这样的女性，比如风华绝代的名妓柳如是。但是林房雄把游戏之爱与吉尼亚联系起来，就让人百思不得其解。在吉尼亚身上，游戏之爱所要求的"足够的体贴、精神层面的感知力、真诚与积极回应的敏感度"体现在哪里呢？她的时间只够与多个伴侣快速地发生关系，却没有长期的、专一的爱情。一位中国读者认为，"游戏之爱"是把爱情当作游戏，玩弄爱情，这种做法无异于勾引与调情，而爱情是"美好的"。[17]

《新女性》杂志上的一系列文章和读者来信表明了人们对柯伦泰和"三代人"的浓厚兴趣。读者对吉尼亚的迷恋是显而易见的，同样明显的是他们不怎么同情无爱的性——这不正是中国传统包办婚姻的问题所在吗？吉尼亚没有那么多借口，因为她不是被迫陷入无爱生活的。她不像中国传统婚姻里不自由的伴侣，缔结婚姻时根本不考虑性伴侣之间是否有感情。与此相反，每个人都应该自由地去做自己喜欢的事。既然自由是现代爱情的神圣所在，那么很难从读者的角度对吉尼亚做出评价了。

吉尼亚声称她从未爱过任何一个与她有过亲密关系的男人，这引发了很多争论。一位读者认为，她不可能不爱安德烈，因为她说过自己喜欢他的陪伴，和他在一起时感到愉悦欢乐，这难道不是爱吗？无可避免地，争论的焦点之一是爱的本质，以及如何广义或狭义地定义爱的范畴——说吉尼亚对床伴毫无爱意,肯定是限制了爱的定义。一位读者评论说,起初,爱对中国人而言不是问题,只是把它上升到如此高的高度,将它神圣化,缩小它的定义,这才产生了问题。[18]将爱情视为神秘的、神圣的、属于灵魂的东西,这是"历史唯心主义"的观点,而这必然遭到一个马克思主义者的反对,因为唯物史观要求他从社会阶级和经济条件的角度来看待人际关系。

爱受制于特定的社会阶层和历史时期,这与我们熟悉的关于爱情的普遍性和永恒性的主张恰恰相反。因此,在马克思主义里,一旦资本主义被废除,资产阶级婚姻中典型的专有性的、排他性的爱情,就会让位于自由、开放、平等的同志关系组成的新的无产阶级性道德,这是历史的必然。恩格斯认为正是资产阶级的兴起将他所定义的"性爱"带入了婚姻,一些读过恩格斯的著作的读者并不会质疑这一观点的历史准确性。正如我们所看到的,他在著作《家庭、私有财产和国家的起源》(1884)中提出了四个阶段:第一阶段是原始社会的群婚,第二阶段是母系配对婚姻,第三阶段是父系氏族,最后是资产阶级的单配偶制。恩格斯的历史体系与中国人的说法十分吻合,即从"一妻多夫"发展到"一夫多妻"和"一夫一妻"制度。[19]

在恩格斯的体系设定中,这些阶段是由经济和社会变化驱动的,中国读者也正是将"三代人"的爱情与这些变化联系在一起——外祖母玛丽亚属于资产阶级自由主义时代,母亲奥尔加属于过渡阶段,女儿吉尼亚是无产阶级道德的新时代。在第一代中,爱是占有性和排他性的;在第二代中,爱情在肉体和灵魂(M和康斯坦丁)之间纠结撕扯;而到了第三代,"游戏之爱"占据了支配地位。一位评论家认为,中国人还停留在外祖母的第一阶段,甚至或许还没有达到那个阶段。另一位评论者,也是故事的译者之一,似乎更为乐观。他提出,柯伦泰接替了艾伦·凯和爱德华·卡彭特,充实了中国人的爱情话题，这已是一种进步。[20]

对艾伦·凯而言，要判断婚姻或性行为是否道德，要问的不是"这是否合法？"而是"他们是否彼此相爱？"中国人在反对无爱的包办婚姻时，把她的这句话谨记在心。但现在人们以柯伦泰拥护他们认定的"性自由"。艾伦·凯的新道德在当时已经很前卫，但和柯伦泰或可称为"新新道德"的观念相比，就显得有些老掉牙了。艾伦·凯提倡的爱情是肉体与精神的结合，但一位辩论者抗议道，这无疑是一种歪曲，因为"恋爱的现象是平凡的，普通的"，不是神圣的，更不是至高无上的。他指出，把爱情作为结婚或同居的先决条件，就像让爱情依凭"父母之命，媒妁之言"一样无理。这绝对行不通，他完全反对有爱才有性的观点。他坚持道，历史证明男女关系随着时代的发展而演变和进步，鉴于此，在新时代到来之际，没有什么爱情的金科玉律是无可撼动的。为了让读者明白他对旧观念的摒弃，他把自己的文章命名为《恋爱至上感的抹杀》。[21]

夏衍忧心忡忡地告诫读者，虽说柯伦泰呼吁对性持自由主义态度，我们还是不要想了。由于担心在中国左派同人眼中性放纵的景象会给苏联抹黑，他特意在一篇文章中强调，任何自由主义都限于极少数处于革命阵痛中的激进派。它是由动荡的特殊环境所决定的，绝不代表无产阶级的性理想。如果列宁对"杯水主义"持宽容态度，他就不会抨击它了。由于中国已经掀起讨论柯伦泰思想的热潮，为了进一步说明问题，夏衍于1929年在上海出版了他翻译的《恋爱与新道德》。[22]

柯伦泰对新型爱情的提议是苏联早期关于新生活形式的实验思想的一部分。布尔什维主义者期望家庭在健全的社会主义体系中消亡，柯伦泰也设想了未来的乌托邦，在这里，所有社会和个人的问题都将迎刃而解：全民在男女同校的宿舍里居住，在公共食堂用餐，在公共托儿所养育孩子，在公共洗衣房洗衣，等等。妇女从照顾儿童和家务劳动中解放出来后，可以与男子平等地进入劳动力市场。在1922年中国共产党第二次全国代表大会上，这些设想都得到了认真的审议。[23] 20世纪50年代，这些想法在中国的人民公社制度下付诸实践。但无论是在中国还是在苏联，公共食堂和托儿所都没能成功取代家庭生活，也没能将妇女从家务中解放出来。

然而，家庭生活和女性的命运受到了从苏联引进的其他思想的影响，诞生了一部有关婚姻和离婚的全新法典。它没有在全国范围内实施，而仅限于共产党领导的中华苏维埃共和国范围内。在蒋介石发动"四一二政变"的期间，中华苏维埃共和国是共产党在东南地区省份建立起的对抗国民党的根据地。从根本上说，1931年颁布的《中华苏维埃共和国婚姻条例》为妇女描绘了摆脱传统家庭束缚的前景，例如，夫妻可以单方提出离婚，这一法规直到20世纪六七十年代才被西方发达国家采用。[24] 对于此前悲惨的包办婚姻受害者而言，这简直是一线曙光。胡也频也在他的短篇小说《同居》（1930）中写道：

> 现在的情景是大不相同的了……（妇女们）从前都没有出息地关在贫苦的家庭里弄饭，洗衣，养小孩、喂猪，象犯人关在监狱里一样，看不见她们自己的光明。现在她们是好象在天上飞的鸟儿了。她们的生活自由了，没有压迫，没有负担。并且也不害怕丈夫了。她们可以随自己的意思和男子们结识。她们还可以自由地和一个"同志"跑到县苏维埃去签字，便合式地同居起来。她们生下来的儿女也有"公家"来保育，不要自己来担心。[25]

1934年颁布的《中华苏维埃共和国婚姻法》承认了同居关系或未婚同居的"事实婚姻"地位，规定"凡男女实行同居者不论登记与否均以结婚论"。这些规定同恩格斯关于完全废除婚姻的论点是一致的,但他不明白为什么当感情结束或新的激情来临时,夫妻不是简单地同意分居,而仍需"蹚过离婚的无用泥潭"。[26]毫无疑问,中华苏维埃政府受到了纪律松散的污名化。国民党的军队一再包围和试图摧毁中华苏维埃政府,还散布谣言说该根据地是淫乱的温床,男人被迫"共妻"。

实际上,这里并不像国民党散播的言论那样——能够在性方面完全自由。实际情况是,苏维埃政府希望所有人都能找到配偶,特别是在旧制度下无力娶妻的底层贫困农民和工人。当时颁布了一项法令,让未婚男女自由地、快速地找到伴侣。人们急于成双成对,不可避免地导致了某种程度的无序联姻。[27]但农村的性规范并非一开始就那么严格:20世纪20年代,毛泽东在湖南的农村老家中调查发现,三角或多角性关系常见于最贫穷的农民中。

1934年,国民党军队对共产党的军队发动了第五次"围剿",迫使红军进行长征,一年后中央红军到达延安,而"延安"这个名字也在中国革命史上垂名。在延安时期,可以看出另一种明显的趋势:从性解放转向道德保守。这一方面是为了使妇女解放这一进步的城市理想与周围更保守的农村传统相适应,另一方面是由于红军在到达延安后的几年内必须进行抗日战争,战时的紧迫性要求军人纪律严明,自我克制。[28]

在民族解放斗争以及在共产党人看来与之相伴的必要的革命斗争中,爱情排在政治理想和献身精神之后。关于择偶的标准,党中央也确实能发挥引导作用,告诫同志们把性关系建立在伴侣思想意识的吻合度上,而不只是个性的契合。1942年,毛泽东在《在延安文艺座谈会上的讲话》中谈到了爱情:

> 马克思主义的一个基本观点,就是存在决定意识,就是阶

级斗争和民族斗争的客观现实决定我们的思想感情。但是我们有些同志却把这个问题弄颠倒了，说什么一切应该从"爱"出发。就说爱吧，在阶级社会里，也只有阶级的爱，但是这些同志却要追求什么超阶级的爱，抽象的爱，以及抽象的自由、抽象的真理、抽象的人性等等。这是表明这些同志是受了资产阶级的很深的影响。应该很彻底地清算这种影响，很虚心地学习马克思列宁主义。[29]

在建立起社会主义国家后的20年里，单一模式化的情况愈发明显——比如去性别化，中性的着装风格抹去了性别差异。直到20世纪90年代初，外国游客自认抵达中国的时刻，就在目光淹没于男女同款的蓝色制服汪洋里那一瞬间。

在延安，"政治纯洁性"成为择偶的重要标准（其他标准是年龄相仿，外貌匹配，乐于互相帮助，包括补袜子和补鞋）。浪漫爱甚至还算不上是这些标准的附属品。至于离婚，男性总是以妻子在政治上的落后为借口，这证明了要实现男女平等确实任重道远。

我们可以从丁玲身上洞悉这一切。她在胡也频被处决后，于1937年在延安加入了共产主义阵营。[30] 作为小说家，爱情和女性性欲望曾是丁玲的拿手主题。而她在1931年宣布："我以后绝不再写恋爱的事情了。"[31]

丁玲和胡也频是一对模糊了婚姻、同居和自由结合界限的爱侣。在这一点上，两人都是时代的投射与产物。丁玲出生较晚，思想独立，主张自由与自我取悦。她20岁左右就和胡也频在北京的一间阁楼里同居，他们是快乐的解放者，享受着专属于他们的爱情。丁玲笔下的小说人物道出了她和同时代人的心声："尤其是讲到旧式婚姻中的女子，嫁人也便等于卖淫。"[32]她总是为人们把她和胡也频当作夫妻而感到好笑。对两人自己来说，他们就是一对天真的夫妇，爱情是自然又轻松的，既没有不安，也没有幻想，更没有痛苦。她写道："我们像一切小孩般好像用爱情做游戏。"

1927年冬天，一位朋友的朋友出现在他们的生活中，丁玲第一次坠入爱河。他叫冯雪峰，是一名共产党员，他的名字曾在这本书中出现过一次，是胡也频学习的马克思主义作品的日语译者。丁玲早就想学日语，而冯雪峰在北京大学旁听时多少自学了一些，于是有人把冯雪峰推荐给她。她爱上了这位信仰共产主义的老师，这与素裳在《到莫斯科去》一书中的经历极为相似，因此小说绝非纯粹虚构。丁玲多年后在一次采访中回忆道，那是她第一次爱上一个男人。[33]那份感情在她心里熊熊燃烧，从那以后，再没有别的爱情经历能与之相比。

冯雪峰曾发表过一些新诗，但这些作品的主要贡献是推动了革命文学创作。至今，人们还记得他是鲁迅的忠实弟子，鲁迅也对他爱护有加，也许是因为冯雪峰不仅才智过人，而且勤奋好学。有一张广为流传的照相馆布景照，拍摄于1931年的上海，照片中一同出现的鲁迅和冯雪峰比起师徒更像是家族友人，两人各自的妻子与孩子都参与了拍摄。这是我见过的唯一一张鲁迅露出笑容的照片，在这张合影中，28岁的冯雪峰显得有些严肃，身着西式外套，打着领带，看起来很帅气；他盘腿坐在地板上，专注地盯着镜头。

丁玲说，冯雪峰既高兴又诧异，他不敢相信自己一个普通的乡下人，竟然会得到她这样的现代女性的爱。他们的恋情保密了几十年，1931年丁玲写给他的激情四溢的信件在两人分手后以《不算情书》为题发表，其中冯雪峰一直是匿名的。丁玲在信里的署名是"德娃利斯"（tovarisch），这是俄语"同志"的中文音译。在一次采访中，她承认了这段关系，但没有指名道姓，她说，自己没再写信，只想着一件事,就是听这个男人说一句"我爱你"。[34]

　　与冯雪峰相识后不久,丁玲就告诉胡也频自己要离开他了,因为她现在尝到了爱情的滋味。她在写给冯雪峰的情书中承认,自己也爱胡也频,但即使"在和也频的许多接吻中","我常常想着要有一个是你的就好了"。她热烈地爱着冯雪峰,"只有这个男人燃烧过我的心",渴望被他拥入怀中,"你的手放在我心上"。仅仅是对他的幻想也能"使我的血沸腾"。[35]

　　三角恋就此形成。他们三个人同去杭州找房子,但还不能确定是否要建立一个三人行的家庭。痛不欲生的胡也频独自一人回到了上海。他跟朋友诉苦,那朋友却劝他回去。不久,第三者冯雪峰离开了杭州,为这段三角关系画上了痛苦的句号。想知道这三个人在分手前发生了什么,就得读一读胡也频在1929年发表的短篇小说《三个不统一的人物》,这本书讲述了一个女人和两个男人的故事。虽然只是小说,人物名字也有所改动,但情节显然大同小异。

　　故事以二人书信的形式展开,其中那个男人是胡也频的化身(故事人物名为旋玻),没有太多的伪装,另一个女人琳,她的语气听起来很像丁玲,不可能是别人。小说中的胡也频为自己的失恋感到悲伤,但他并不恨琳,他对冯雪峰的化身说:"是真的,因为她和我的恋爱既然只等于一个游戏的公式,那末她现在爱你,无论是否真实的爱,总是意料中的。"这番话激怒了琳,她坚称自己确实爱胡,而胡"把我们的恋爱抹煞去,也像从玻璃上抹去灰尘一样"是残忍的。她对冯的爱并没有剥夺胡的任何东西,他想从她那里得到的一切,他仍然可以拥有。在他们所生活的社会中,"一个女人爱了两个男人,又在同一的时候",这是无人能理解的,对此她提出抗议:

　　　　然而我自己却非常清白。我并没有错。这也不是一件神秘的事。一个女人爱着两个男人,如其可以比喻,和一个男人爱上两个女人,是一样的。倘若不否认这人间有一种真人性,为什么要我把我的恋爱看做罪恶?

　　我不能承认这恋爱是一种错误。但是为了你的爱我,为了你的占有心,为了你的单纯恋爱的观念,更为了你的痛苦,我终于伤心了。[36]

　　冯雪峰退出了三角关系,与其说是因为丁玲指责他缺乏勇气,不如说是他没有能力或不愿违背自己的感情。小说中的冯雪峰说,"我并不把两个男人和一个女人在同等的关系上过一样的生活当做希奇的事",但实际上他不愿这么做。他说,"当我一看见她,有时只一想,便立刻在她的身边站着一个男人",而"我也是一个人类中最平凡的人",他实在"做不出超人的举动",克服"属于恋爱的嫉妒心"。他还说,"除非这人类变成另一种人类"。

　　冯雪峰似乎下定决心要一刀两断,显然丁玲很难割舍。在她的幻想中,她看到自己和他一起离开,去上海,去日本,想象着他们分手后他仍然关心她,这有助于减轻她的孤独感。她说,只要能听到他说出那句"我爱你",她愿意放弃一切!她相信他会对她的感情有所回应——"你是爱我的,你不必赖",但也许还没有达到想把她从胡也频身边夺走的程度。从她的信中可以看出这一点:

　　你为什么在那时不更爱我一点,为什么不想获得我?你走了,我们在上海又遇着,我知道我的幻想只能成为一种幻想,我感到我不能离开也频,我感到你没有勇气,不过我对你一点也没有变……每每当我不得不因为也频而将你的信烧去时,我心中填满的也还是满足,我只要想着这世界上有那末一个人,我爱着他,而他爱着我,虽说不见面,我也觉得是快乐。

但有一次他们偶遇时,冯雪峰无视了她,就像她是个陌生人。丁玲伤心地写道:"你又愿意忘记我,你同另外的女人好了。"另一方面,她仍幻想着:"我可以又长长的躺在你身边,你抱着我的时候,我们再尽情的说我们的,深埋在心中,永世也无从消灭的我们的爱情吧。"[37]同时,她希望冯雪峰能把她当作一个男人,他不应该认为她会像其他女人那样累人地抗议打扰他。她保证说:"我们现在纯粹是同志。"

作为受委屈的一方,胡也频虽然希望洗脱任何资产阶级占有欲和排他性的指控,但他也只能设想一下柯伦泰对社会主义者提出的那种开放式的爱。在现实生活中,他远没有达到如此进步的程度。不过,意识形态是另一回事,读一读小说《到莫斯科去》就会发现,胡也频对非排他性的爱情是完全同情的。书中的次要情节涉及了一桩大学丑闻,讲述了一位女生、她的男友(据说和她上过床)和她的新恋人(法语系的一名教员)之间的三人关系。"三人行"被认为是不道德的事情。教室内外的流言蜚语和学生内在的传统观念浮现出来,有人指名道姓骂她为"野鸡",有人提出要开除这个女生。所有人都坚称,一个女人不能同时爱上两个男人,如果她这样做,就违背了爱情的神圣。

学生们自以为是地把自己扮演为道德仲裁者。有一位学生站在了女生一边,为她的遭遇发声。在他为女生的坚决辩护中,我们也察觉到作者自己的思考痕迹:

> 她的同时爱两个人是可能的,至少她的这种恋爱不是什么暧昧的行为。并且他认为何韵清爱法文教员也决不是陈仲平的耻辱。他觉得一个女人——或者男人——在同时爱上两个人是很自然的,因为一个人原来有爱许多人的本能。并且他觉得恋

爱是完全自由的，旁人更没有干涉的权利。

胡也频自己也无法应付三角关系，但这并不是说他不相信自己能从占有欲中逐渐解脱。他在《三个不统一的人物》中让琳说出的话，比起丁玲，更像是他自己要说的话："我不窃取革命者的口号，然而这'独一'恋爱的观念是应该根本动摇的，为全人类的幸福应该这样。"认为把爱情给予唯一一个人就已经耗尽能量，这是一种吝啬的爱情观——事实上，这就像资本家把所有资产都据为己有一样卑鄙。胡也频把他的思想意识融入到丁玲的态度中，他让琳开口说："倘若爱上一个人就等于恋爱的终点，那末神圣的恋爱就和资本家的财产没有异样的。恋爱的生活决不是如此的单纯，这正如其他的欲望一样。既然这人间肯定了各种欲望都可以达到最多的满足，为什么——多可笑的事——单单不使恋爱发展到丰富的极致？"让恋爱发展到丰富的极致，就是毫无保留地让它走得更远，而不是只被一个人占有。从理论上讲，这是胡也频的立场，但付诸实践却极其困难。

"历史唯物主义"是一种信仰，胡也频也必然认为男女关系是分阶段发展的，首先是封建主义，然后是资本主义，最后是社会主义，这为人们在个人和经济生活层面的经验设定了框架。时代精神激励他产生了这种信念。马克思和恩格斯给他的同代人带来了"一夫一妻"制的观念，从而取代了"一夫多妻"制。人们接受这种（马克思主义）观点，即排他性的核心家庭基本上是一种与阶级社会携手发展的财产关系。当然，人们反对核心家庭，因为他们反对单配偶制和情感排他性所产生的嫉妒和占有欲。

在《新女性》杂志中不断普及的一种观点是：任何历史，甚至是中国历史也会发展到这样一个阶段——爱一个人并不一定要结束与另一个人的性关系。胡也频的同代人说，看看奥尔加，她已经超越了她母亲那一代，成为一个同时拥有两个男人的女人。《新女性》

杂志的一位撰稿人评论道,奥尔加知道,"恋爱的异性对象不一定只允许一个,她已把爱的范围扩大"[38]。但奥尔加无法让她母亲那代人认为爱是神圣的,也无法让她们明白"两种激情是可能同时存在的,一方面是在精神上对康斯坦丁的深情爱慕与绝对认同,另一方面是对M的强烈欲望,但这当中既没有爱也没有尊重"。她无法离开M,但她鄙视他的政治主张,蔑视他后来在金融界和工业界的飞黄腾达。

如果M有危险,她愿意为他献出生命,所以她对他的感情不仅仅是肉体上的欲望,她对母亲说,"这不仅仅是欲望",而她母亲只会这样来看。"这就是爱,一种不同的爱。"但那是怎样的一种爱呢?《新女性》的读者也和她母亲一样,没有把握住它的本质。一位撰稿人所下的定义是"灵肉两元论",康斯坦丁和M把爱情之瓜分为了精神纽带和炽热激情。[39]

鄙视一个男人,却又爱得心烦意乱,这正是丁玲最著名的小说《莎菲女士的日记》(1928)中的女主人公所处的困境。[40]这篇以自我剖析、全盘托出的日记体形式创作的小说,在当时读来令人震惊,又撩人心弦。莎菲的情感,一部分是仇恨,一部分是轻蔑,还有很大一部分是难以抑制的渴求,连她最恶毒的诋毁者也不及她自己对这些缺点的暴露。她迷恋的男人身材高大(他的身高被反复提及),相貌堂堂,头发柔顺,皮肤光滑,还有让莎菲渴望亲吻上去的红润嘴唇。他是一位来自新加坡说英语的华裔,既像中国人,又算不上中国人;不完全是白人,又足以让莎菲想起中世纪的欧洲骑士形象(在十页纸里有三次)。读者会产生一种不可遏制的想法:因为他是西方文化的化身,所以她觉得他很诱人。

他让她欲火焚身,就像她幻想着,如果他把她搂在怀里,吻得她透不过气来,她就会扑倒在他身上哭喊:"我爱你呵!我爱你呵!"

她一度对爱情感到疑惑:"(这)便是所谓爱吗?"一定得要爱情才有这种力量。她想占有他,又怀疑这种"自私的占有"、这种"无味的嫉妒"是不是爱情。她为什么不承认她在恋爱呢？因为她不可能爱上一个如此肤浅、唯利是图的人，因为他热衷于"演讲辩论会、网球比赛、留学哈佛、做外交官、公使大臣、或继承父亲的职业、做橡树生意、成资本家"。然而，尽管她瞧不起他，但如果没有他，她会感到生命的意义被剥夺了。

他终于吻了她，她的胜利感只持续了片刻，就被厌恶和自嘲取代。渴望并屈服于一个她所鄙视的男人的怀抱，这有损她的傲气和自尊，她得出了结论：一个人最大的敌人实际上是自己。故事的结尾，她想方设法摆脱困境，离开了他，也结束了她在北京的生活。

让男性成为性客体，让女性成为欲望的主体，丁玲颠覆了通常所描绘的男性和女性体验爱情的方式。她在现实生活中也是如此，尝试与两个男人的多角恋，试图颠覆惯常的"一夫多妻"模式。

在中国现代女性的演变过程中，《莎菲女士的日记》就像文学史家所说的那样是一座里程碑，而丁玲本人也是人们心目中伟大的女权主义者。但这部作品在某种程度上只是昙花一现，因为她在1932年加入共产党后就背离了年轻时燃烧的激情。她紧紧拥抱党内的集体，做出了妥协，把自己转变为党所认可的姿态。在胡也频和冯雪峰之后，她有过不止两段婚姻，或者说关系。但在工作和生活中，她一直被敦促学习冯雪峰这位左派文学评论家的冷静笔触，走上像他所说的正道，并将爱情的追求与革命的社会力量联系在一起。冯雪峰说，丁玲在完成《莎菲女士的日记》后面临着一个危机，或者说是一个转折点：究竟是继续沿着这样感伤的与虚无主义的脉络写下影响力逐渐减弱的作品，还是与时俱进，将创作与群众的革命热情结合起来。[41]

在冯雪峰看来，追求热烈的爱是时代的召唤，而从五四运动中解放了的青年需要回应这一召唤。所以，它本质上是革命性的，从它到革命的过渡是完全自然和完全正确的。他所说的"革命性"当然是有道理的,所有那些要求废除"封建"的尝试都不应该是徒劳。旧观念脱胎换骨,新思想破土而出。不过,如果大团圆结局意味着爱情永远是"神圣的"和"极致的",那么"真爱访华"则是一个没有大团圆结局的故事。

第 17 章

笔落长思

我们的问题是救国,救这衰病的民族,救这半死的文化。在这件大工作的历程里,无论什么文化,凡可以使我们起死回生、返老还童的,都可以充分采用,都应该充分收受。

——

1930年,胡适

20世纪20年代末,上海的西式双重婚礼

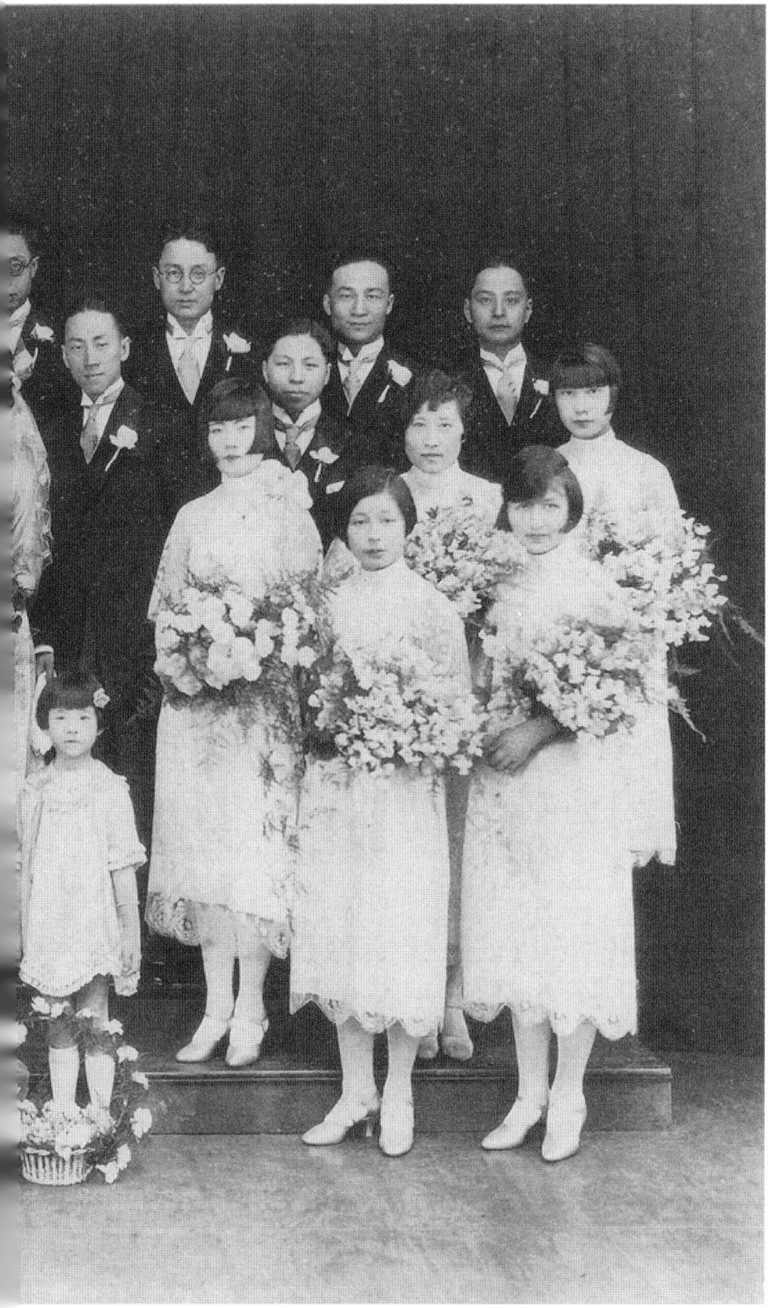

广义上来看，从某种意义上讲，浪漫爱在世界各地都是一样的，就像人性一样。而我所说的"某种意义"是经过深思熟虑的，因为正如本书前几章所指出的，不是每个人，也不是每个时代，都对"浪漫爱"有着相同的理解。诚然，"浪漫爱"应该加上引号，因为它在任何中文语境下都没有一个一一对应的词语。一个人感觉到了什么，这种感觉某种程度上需要用语言来定义。你明白自己感受到的苦痛、激动和渴望都是"爱"，因为社会早已给这些感觉贴上了标签。但是，在不同的社会中，同一件事物的定义可能完全不同。

为了形象地说明这一点，可以想象两个相交的圆，大的在左，小的在右。大圆代表西方人对浪漫爱的认知，小圆代表中国人的看法。大小的差异反映了西方思考爱情的次数和复杂程度都要大得多，也反映了爱情在西方生活和文化中的地位要高得多。两圆重叠的区域代表了中西方观念的共同之处。从中还可以分为性吸引、深恋和性依恋。虽然"深恋"这个词在汉语中没有完全对应的词，但"痴情"或者"痴恋"一词与之相近。毫无疑问，文学作品中有许多相思病的典例，因此中国文化是认可恋爱和被爱的。

大圆中未重叠的区域由"浪漫爱"组成，这部分在中国的语境下并不存在；其中，中国人在20世纪初最感兴趣的是：爱情对婚姻的不可或缺性，还有爱情的理想化、崇高性和排他性。

我在第8章讲述了两位神的故事，他们的任务是为有情人牵线搭桥，促成命中注定的姻缘。中国传说中的嫦娥和月下老人发现，他们的生意不如从前那样红火了，因为年轻的情侣们不再请求神灵，而是自由地恋爱结合。1922年，中国已经成为现代意义上的共和国，年轻人开始摒弃传统老旧的恋爱方式。在他们看来，即使用"情"这个字（而不是"恋爱"或"爱情"）也都让爱情看起来不那么"彻底"。[1]

这种爱情不够彻底，原因在于，首先，它在两人的婚姻结合中起不到任何作用。因此，如果把人们应该为爱结婚当作浪漫爱思想的信条之一，那么中国人并不浪漫，除非他们能选择和自己所爱之人结婚。若有人将爱情排在凭父母之命择偶的孝道之前，并将其置于人生首位，这才可以说是跨越了旧式的"情"，抵达了新式的"恋爱"，后者往往与作为前缀或后缀的"自由"一词搭配使用，从而彰显它的底色。其目的在于使儿女摆脱"父母之命"，成就自我。以爱情为基础的婚姻与自由相关联，这使得这种婚姻不仅具有现代性，还具有道德上的优越性。

中国文明如何摆脱落后？它不仅存在于这个国家的经济和社会结构中，也存在于人际关系中，这对爱情的命运至关重要。对大部分中国人而言，家庭关系都位列这些关系中的首位。欧洲的爱情观就像一根棒槌，冲击了中国式的关系。

1934年，当胡适回顾过去20年的日新月异时，他认为这一变化比中国历史上任何时期所取得的成就都要大，他欢欣鼓舞，旧式家庭及其依托的一切都土崩瓦解了。他说，随之而来的还有妇女地位在社会中的提高与婚姻制度的改革。[2] 这20年间，无论"父母之命，媒妁之言"还是个人选择，婚姻方式都发生了巨大变化。胡适、郭沫若、郁达夫和徐志摩之间的年龄相差不到6岁。如果他们在1934年结婚，而不是分别在1917、1912、1920和1915年结婚，他们可能都会自己选择妻子，为爱情而结合。一项研究表明，截至1937年，中国年轻人的婚姻有一半以上是由父母包办的，确切地说是54.72%。这似乎说明，年轻人的自由度非常低，但如果我们再往前推20年，

第 17 章　笔落长思

也就是1917年,这个比例高达100%。³

本章的题词引用了胡适的名言,无论什么文化,凡可以使他的时代取得伟大成就的,都可以充分借鉴与采纳——如我们所见,他借鉴的是易卜生。艾伦·凯是中国年轻人心目中的权威人士,上海的报刊里遍布着她的宣言:"没有爱情的婚姻是不道德的,葆有爱情的婚姻才是道德的。"在中国,一些艾伦·凯思想的重要传播者认为,恋爱自由是女性问题的核心。他们相信,只要一个人去爱,自由和平等就已经尽在掌握。

若要让爱情成为夫妻结合的必要条件,不仅需要爱情出现在更多的生活领域中,还要使爱情在中国人的价值观念中占据高位。如果爱情不是包罗万象的,不是"神圣的"和"至高的",这就很难说得通。如果时间允许,用一种崇高的口吻反复声称爱情是"神圣的"和"至高的",可能会让它的价值保留在高处。欧洲花了几百年时间才把爱情捧上神坛,但在中国,它的拥护者只用了不到20年时间。胡适认为,中国人是幸运的,"无论在智识上,道德上,国民精神上,国民人格上,社会风俗上,政治组织上,民族自信力上,这20年的进步都可以说是超越以前的任何时代"。⁴

但是历史并没有站在爱情这一边。虽然婚姻是中国人生活的核心体验之一,但爱情至上的理想从来都不是。中国人对爱情的重视程度远不及西方,西方至少从18世纪开始就尤为重视婚姻中的爱情占比。因此,德尼·德·鲁热蒙等学者得出结论:中国人从未真正考虑爱情。

然而,在20世纪20年代出现了一个问题。比起西化爱情观及为之造势,这个问题来得更晚。在西方,爱情难道不是婚姻的必要条件吗?爱不是征服了一切吗?难道它不是神圣的、独一无二的、与欲望有所区别的吗?中国的爱情却与此完全不同,也不可能与西方相同。西方的爱情观源于柏拉图和基督教教义,是经过了几个世纪才发展起来的理想。对于20世纪头20年发现这些理想的中国人来说，这些观念的冲击力是巨大的。然而，把这些理想化为己有则要另当别论了。

首先，它得有个新名字——那就是"恋爱"。"恋爱"属于形而上学的二元论，它把精神和肉体对立起来，与"浪漫爱"完全吻合。在被译介过来的欧洲文学的影响下，鸳鸯蝴蝶派的流行写作中出现了一种理想化的"精神之爱"，这是一种新式的中文写作，而另一方面又出现了一种倒退，即对欧洲公认"精神之爱"的对立面"肉体欲望"的反感。周瘦鹃等代表人物将自身与西方传统相结合，而这一传统可以追溯到典雅之爱，它将最高形式的爱与肉体的超脱联系在一起。

后来，艾伦·凯进入了大众视野，她希望欧洲读者能摆脱基督教会遗留下来的反性爱态度，她将两者调和在一起，主张在美满的爱情中获得精神与肉体的交融。她的中国读者将"灵肉一致"作为真爱的定义，如同日本人将其视为艾伦·凯的定义。这个定义也给他们造成了一些困扰，即便确切知道何为肉体，对"精神"却难以界定，把它重新定义为"人格"也无济于事。由于使用了日语新词，中国人就得承担日语原词里所有模棱两可的含义，有些人只能把所谓的"人格之爱"理解为那种有短暂的性吸引却没有情感的爱。

此外，还出现了另一个难题，即使真正的"恋爱"是精神和肉体的结合，但如果要忠实于西方的爱情模式，灵魂就必须战胜性。正如安东尼·吉登斯所指出的，"崇高之爱的因子往往压倒了性激情"。要达到崇高的境界，爱情必须提升（通过升华）到一种崇高的纯洁程度。大多数中国人都不知道如何在性满足的同时达到这一境界。在本书提到的人物当中，只有徐志摩一人接受了这个观点。人们更不能理解爱情是救赎的理念。如果你爱上别人，你的罪过就能被宽恕（就像茶花女那样），中国人对此是无法理解的。既然中国人的骨子里没有基督教的概念,这又怎么能怪他们呢?

总的来说,真爱来到中国仅有80余年的历史——"浪漫爱"是20世纪20年代中国进步人士的理解,它是自由的,区别于肉欲的,是肉体和精神的统一。我们已经看到了五四进步人士对这些思想的热情拥护。他们不大会反对西方思想,还对西方文学非常感兴趣。歌德与柯伦泰、叔本华与但丁、福楼拜与小仲马等众多作家争相吸引着他们的目光。日本人在明治和大正时期大量采纳了欧洲思想,为中国人提供了借鉴。尽管如此,在如此短的时间内,这些爱情捍卫者消化了这么多自相矛盾的学说,却没有变得迷茫,这倒颇令人惊奇。

他们的精神遗产并不是短暂浅显的,它的影响力仍在蔓延。爱情在当今中国的地位这一话题超出了本书讨论的范围,我的兴趣仅限于历史层面。然而,当今的思想和情感中不可避免地留存了早期视角和经历的残余,这也是不应忽略的部分。

随着20世纪80年代开始中国重新融入全球,实行改革开放,学界对中国城市的爱情、求爱和婚姻展开了大量的社会学和人类学研究。中国的一位学者朋友给我推荐了北京著名作家史铁生(1951—2010)于1995年出版的一本随笔集,书中讲述了一个真实的故事,这个故事很好地诠释了爱情在西式改造过程中留下的痕迹,我对故事情节稍作回顾。[5]

这是一个关于现代女人的故事。女人觉得自己陷入了困境,因为丈夫和其他女人发生关系,她没有反对,只要他单爱她一个人("只要他对别人不是爱,他只爱我")。但随着男人的婚外情对象不断增加,她突然冒出了一个不安的想法,她无从得知丈夫是否还爱自己,如果爱她,体现在哪里呢?她并不认为这是嫉妒心作祟,她也不忧心于他的婚外情。要是她对丈夫的自由性行为感到不安,这就显得她不够开明了。她痛苦万分,无从了解在他眼里自己和其他女人的差别。她是否和其他女人一样，只是他的另一个性伴侣？她问，什么才能证明爱情？一如既往的关心、体贴、爱护和帮助——在她的脑海里，所有这些都只是父母、兄弟姐妹和友谊层面的爱。她想，真爱不应该区别于这些爱吗？

可怜的女人啊，要是她生活在另一个时代，比如20世纪20年代之前，她就不会陷入这样的困境。首先，她不会试图用"爱或不爱"的框架来左右自己的情绪。我不禁想起第3章所引用的里奥·费雷罗对自己提出的问题："这到底是不是爱？我是真的爱这个女人吗，还是喜欢她而已……我是爱上了她，还是爱上了爱情？"如果她生活在更早的年代，她也不会相信现代和开明就代表着对自由性行为的容忍。事实上，她纵容着丈夫的婚外情，因为她相信即便丈夫有其他的性伴侣，还是只爱她一个人。这种信仰是建立在爱与欲望、精神与肉体、神圣与世俗的分离之上的，我在前述章节中已追溯过典雅之爱和新柏拉图主义。

但她想知道被爱意味着什么，当她承受着那种不被她视为嫉妒心作祟的痛苦时。她告诉自己，爱情不同于持续的关怀、关切、牵挂等等。她这样做实际上是把爱"掏空"，把它简化为"虚无"和"不存在"。[6]对于她要求证明爱情的诉求，许多人立刻提到性忠诚。但这不是她的回应，也不是在历史上找到的最佳理由。她认为自己将爱情与肉体分开来看的想法是进步的，完全没有意识到她实际上是在纵容一夫多妻制——即使不是名义上的，也已经是现实了。正如我们所看到的，直到20世纪下半叶的中国，一夫一妻才得以全面实现。

性和情感的排他性是爱情的固有特征，但这一观点在爱情的中国式改造里没有得到应有的重视。这并不是说中国人从来都不认为"非他不嫁"或"非她不娶"才能满足内心的渴望，而是因为他们只在乎妻子的贞洁——父权制下别无他法，否则丈夫怎么能确定妻子给他生下的是亲生骨肉呢？一心一意是指婚姻的单方面忠诚，而非爱情。要实现此生不渝，即使将爱情纳入其中，贞洁依然不够稳固，因为爱情是如此的善变。爱情就是单恋，或者，借用安德烈亚斯·卡佩兰纳斯的爱的准则之一，"真正的恋人除了他的爱人，不渴望与其他任何人坠入爱河"[7]，这种观念是非主流的。

在20世纪上半叶，一夫多妻制在中国根深蒂固。现在的情况呢？从报纸报道和中国妇联收到的投诉来看，自20世纪90年代末以来，包养情妇、开放式的三人同居的现象激增。[8]为此辩护的人把这种关系比作西方都市社会核心家庭的延伸，包括离婚、再婚、旧情复燃、开放式婚姻和所谓的"多配偶制"。他们说的不无道理，但中国案例的不同之处在于，在有关这个问题的报道和讨论中，几乎没有提到爱情。人们认为这些纠缠都是利益驱使，要不就是淫乱四方，很少有人相信存在着不可抗拒的激情。

1919年，胡适试图在中国传播爱的排他性这一观点，当然没有对不同的爱情进行区分。但爱情排他性的中国化从来没有成功过，哪怕是今天也没有成功过。关于这一点，我咨询了社会学家詹姆斯·法雷尔（James Farrer）。自20世纪80年代中国改革开放以来，法雷尔一直对中国城市年轻人的婚姻状况进行民族志学研究。

他发现，排他性是一种有意识的决定，也许是出于道德上的原因，也许只是出于现实的原因，它有助于维持一段长期关系。更令人惊讶的是，中国男人比女人更愿意许诺一段长期的关系或婚姻，这与人们想象的刚好相反。在通俗文学中，所谓的承诺恐惧症患者往往是男性。法雷尔对此的解释是，在富有的中国男人的心目中，婚姻并不能排除他们爱上其他女人的可能性，也并不意味着要为了一个女人而放弃其他所有女人，这种想法在富家公子中尤为普遍。因此，他们在进入婚姻殿堂时，对任何潜在的婚外情都暗暗地留有余地。[9]

至于今天爱情在婚姻中的地位，坊间证据表明，它并不像西方那样处于中心地位。在上海，或许有人会告诉你，中国人的婚姻是一种精细的算计，在择偶方面，实用主义胜过激情。法雷尔说，实际上还远不止于此。简而言之，人们既想要爱情，又想要钱财，如果能够鱼与熊掌兼得，就是喜上加喜。使情况更加复杂的是，性和婚姻不再像过去那样不可分割。今天的性伴侣可能明天就成为妻子或丈夫，但在更普遍的情况下，他们只会保持原样，维持暂时的性伴侣关系。换句话说，性亲密关系越来越多地与婚姻脱钩，更多的无承诺亲密关系被赋予了更大的自由。[10]

几十年来，市场经济和消费主义取得了巨大成果，而爱情、求爱和婚姻方面的巨变足以让中国社会科学家们称之为性革命。在我看来，与其说这是一场革命，不如说是一种复原，这个早已开始的进程被"文化大革命"打断了。法雷尔也谈到了20世纪90年代浪漫主义的"复兴"和"重生"。他说，从婚前性行为发生率等衡量标准来看，中国的变化速度比大多数社会都要快。他与日本作了比较，大致说来，日本在20世纪80年代的变化同样迅速，但随后渐趋平缓。[11]

法雷尔将当今的中国描述为"性自由的社会"。[12]中国和西方的社会学家们对性自由界限新的不确定性展开了研究，婚外性行为已经越来越多地摆脱了早期习俗所划定的界限。但他们针对的是不断变化着的目标。现实总是比研究者们领先一到两步，尽管学者们有时会肆意妄言。

注　释

Note: Brackets enclose translated titles supplied by the author while parentheses enclose existing translated titles.

Chapter 1 Love's Entrée

Epigraph: Chen Guangding, 'Ruhe ke shi shilian de zhiyu' [How to heal the loss of love?], *Funü zazhi* (The Ladies' Journal), vol. 12, no. 7, 1926, 209.

1. Shi Heng, *Zhongguo funü wenti taolun ji* [Collected discussions of the question of Chinese women], vol. 4. Xin wenhua shushe, 1923, 73–81.
2. *Funü zazhi* (The Ladies' Journal): 'Divorce,' vol. 8, no. 4, 1922; 'Mate Selection,' vol. 9, no. 11, 1923; 'Love,' vol. 12, no. 7, 1926.
3. Eileen Chang, 'Stale Mates,' *The Reporter*, 15, no. 4, September 20, 1956, 34–37, reprinted in Zhang, *Sequel*, 1988, 255–73. 'Chang' and 'Zhang' are the same surname spelled differently. Her published writings are listed in the References under 'Chang' if they are in English and 'Zhang' if in Chinese.
4. Zhang, 'Wusi yishi: Luo Wentao san mei tuanyuan,' reprinted in Zhang, *Sequel*, 255–73.
5. Virginia Woolf, 'Mr Bennett and Mrs Brown,' Hogarth Press, 1924.
6. Zhou Zuoren, 'Ren de wenxue' (Humane Literature), *Xin qingnian* (New Youth), vol. 5, no. 6, 1918.
7. See Chen Hui, 'Wusi shiqi xianjin zhishifenzi guanyu lian'ai wenti de tantao' [Exploration of the question of love by progressive intellectuals in the May Fourth period], *Journal of Neijiang Normal University*, vol. 28, no. 9, 2013, 82–84.
8. Fan Yanqiao, *Xiaoshuo hua* [On fiction], in Rui et al., vol. 1, 1926, 42.
9. See Soong, 2010, note 50, 84.
10. See Rui et al., vol. 1, 39.
11. Stendhal, 61.
12. Armstrong, *Love*, 93.
13. Tennov, 15.
14. Quoted in Gilda Carle, 'Is it Love ... or Limerence?' www.match.com/magazine/article/ 12710/Is-It-Love-Or-Limerance. Accessed July 5, 2012.
15. Fisher in Jankowiak, 25.
16. Helen E. Fisher, Arthur Aron, Debra Mashek, Haifang Li and Lucy L. Brown, 'Defining the Brain Systems of Lust, Romantic Attraction, and Attachment,' *Archives of Sexual Behavior*, vol. 31, no. 5, October 2002, 413–19. H. E. Fisher, 'Brains Do It: Lust, Attraction, and Attachment,' *Cerebrum: The Dana Forum on Brain Science*, 2, January 1, 2000, 34–42.
17. See Jonathan Gottschall and Marcus Nordlund, 'Romantic Love: A Literary Universal?' *Philosophy*

and Literature, vol. 30, no. 2, October 2006, 450–71.
18. Armstrong, *Love*, 6.

Chapter 2   Confucius and Freud

Epigraph: *The Analects of Confucius* 16.7, Legge, 312–13.

1. *Analects* 1.7, Leys, 4.
2. *Analects* 4.23, Leys, 17.
3. *Analects* 17.22, Legge, 329.
4. *Analects* 2.2, Legge, 146.
5. 'Out in the Bushlands a Creeper Grows,' no. 94, Waley, *Songs*, 75.
6. 'Wild and Windy,' no. 30, Waley, *Songs*, 27.
7. 'In the Field There Is a Dead Doe,' no. 23, Goldin, 25.
8. Ibid., 73.
9. Lines of *Songs of Songs* quoted in Miles, 334–35.
10. 'The Ospreys Cry,' no. 1, trans. Goldin, 12.
11. Ibid., 17.
12. Ibid., 64.
13. Wen and Zhang, 21.
14. Chen Wen, 28.
15. '*Shijing* de xingyu guan' [Views of sexual desire in the *Book of Songs*], in Wen Yiduo, 1.
16. Ibid., 'Shuo yu' [On fish], 66–91.
17. Shaughnessy, 233.
18. Lü, passim.
19. Pan Guangdan, 1–66.
20. Colour plate in Wen and Zhang, unpaginated front matter.
21. Sang, 278.
22. Pan Guangdan, 701.
23. Ibid., 700.
24. Ibid., 597.
25. West and Idema, 179. The play's other English titles are *The Story of the Western Wing* and *The Romance of the Western Chamber*.
26. Pan Guangdan, 619–20.
27. Guo Moruo in Zhao Shanlin, 71–76.

Chapter 3   Love in the Western World

Epigraph: Paglia, 35.

1. Waley, *Hundred*, 18.
2. Liu and Lo, xvii–xviii.
3. Lewis, *Allegory*, 22.
4. Hazzard, *Greene*, 139.

5. Birrell, *Love*, 1.
6. Waley, *Hundred*, 17.
7. Ibid., 18.
8. Ovid, *Love*, passim.
9. Dai, 1. Dai translated it from the French.
10. Lewis, *Allegory*, 2.
11. Warner, 150.
12. Reddy, 44. I am much indebted to this exceptionally illuminating book.
13. Ibid., 45.
14. Andreas Capellanus, 135–36.
15. Ibid., 122.
16. Ibid., 123 and 197.
17. Zhou Zuoren, 'Ren de wenxue' (Humane Literature), *Xin qingnian* (New Youth), vol. 5, no. 6, 1918. The English translation of Lucka's book by Ellie Schleussner was published under the title *Eros: The Development of the Sex Relation Through the Ages* by G. P. Putnam's Sons in New York and London in 1915. This is the edition on which the Japanese edition (entitled *The Evolution of Love*) is based. I am much indebted to Miho Kinnas for help with acquiring a copy of the Japanese edition. Kuriyagawa refers to Lucka's book as *The Three Stages of Love (Eros)*.
18. 'Jindai de lian'ai guan' (Modern Views of Love) by Wu Juenong writing as Y. D., *Funü zazhi* (The Ladies' Journal), vol. 8, no. 2, 1922.
19. See under Kuriyagawa. I read the revised, ninth edition of 1934 online at http://book.ynlib.chaoxing.com/ebook/detail_11336654.html
20. Xia's preface to his translation of Kuriyagawa, 1.
21. Dante, 17. The *Vita Nuova* came out in a Chinese translation by Wang Duqing (published by Guangming shuju) in 1934.
22. Lucka, 231.
23. The first partial Chinese translation of Engels's work appeared in the newspaper *Tianyi bao* (Natural Justice) in 1907. Portions of the work translated by Yun Daiying saw print in the periodical *Dong fang zazhi*, nos. 17, 19 and 20 in 1920.
24. Engels, 37.
25. See *Exhibition of Chinese History: An Illustrated Catalogue*, Morning Glory Publishers, Beijing, 1998.
26. Letters 1 and 2 in the periodical *Xinyue yuekan* (Crescent Moon Monthly), vol. 1, no. 8, 1928; then in book form in 1928. I first learned of this from Bai Liping, 'Babbitt's Impact in China: The Case of Liang Shiqiu,' *Humanitas*, vol. XVII, nos. 1 and 2, 2004, 46–68.
27. de Rougemont, 74.
28. Radice, 82.
29. Ibid., 68.
30. Ibid., 53.
31. Ibid., 86.
32. The Temple Classics edition of 1901 was the fourth edition of a version by John Hughes published by J. M. Dent in 1914. The French version on which this was based was itself a paraphrase rather than a faithful translation of the original Latin text. Hughes's version was reprinted in 1901 and ran through ten editions before it went out of print in 1945. See Radice, l. My citations from this edition are taken from the 1901 version digitally reproduced by www.sacred-texts.com. This has a preface

by the editor, H. Morton. Liang Shiqiu's version includes his translation of 'the editor's preface to the English version.' Comparing this to Morton's reveals the source preface to be Morton's.
33. Hughes's version, 73.
34. Ibid., 46.
35. Babbitt, 101.
36. Ibid., 51.
37. Quoted in Brown, 202.
38. Ibid., 412.
39. Ibid., 422.
40. May, 99.
41. Bruckner, 169.
42. Hughes's version, 56.
43. Ibid., 46.
44. Ibid., 54.
45. Gospel According to St. Matthew 19:12; Radice, 82.
46. Radice, 82.
47. Gao Shan, 'Jinyu zhuyi he lian'ai ziyou' [Asceticism and freedom of love], *Xin nüxing* (The New Woman), no. 4, 1926, 233–37.
48. See Tian Pu, 'Ai zhi yanjiu' [Researches into love], *Funü zazhi* (The Ladies' Journal), vol. 12, no. 7, May 1927, 111.
49. I owe much of my understanding of 'Christian love' to Simon May.
50. 1 John 4:8 and 16.
51. Lewis, *Four*, 127.
52. May, 18.
53. Ibid., 239.
54. Lewis, *Four*, 9.
55. Ibid., 109 and 110–11.
56. May, 260, note 38.
57. See Zheng Zhenduo, *Xila Luoma shenhua yu chuanshuo zhong de lian'ai gushi* [Love stories in Greek and Roman mythology and folklore], first published in 1929 in Shanghai. An early outing of Cupid was in the cover design of the Chinese translation, *Chun de xunhuan*, of Rabindranath Tagore's *The Cycle of Spring*, published by the Commercial Press of Shanghai in 1921.
58. Cahill, 30.
59. Lewis, *Four*, 91–92.
60. Ibid., 106; Wang Yongmei, 90.
61. Gill's introduction to Plato, *Symposium*, x.
62. Among other texts Chinese had the *Symposium*'s and *Phaedrus*'s doctrine of love explained to them by 'Bolatu de lian'ai guan' [Plato's conception of love] in *Lian'ai de lishi guan* [Concepts of love in history], Weiai congshu she, 1929, 46–50. This was a paraphrase of an essay by Bernhard A. Bauer, an Austrian gynaecologist and the author of an encyclopaedic study of women and love. Another explanatory text is 'Ai de lishi' [A history of love], *Funü zazhi* (The Ladies' Journal), vol. 12, no. 7, 1926.
63. Waterfield's introduction to Plato, *Phaedrus*, xi–xii.
64. Jacobs, 9.
65. Panofsky, 144, note 51.

66. Ibid., 150–53.
67. *Xin nüxing* (The New Woman), no. 38, 1928, 1387.
68. Ibid.
69. Shih, 147.
70. Berlin, 139.
71. The best known of the Chinese translations of Rousseau's *Confessions* was the version brought out by Zhang Jingsheng (1889–1970), a Peking University professor of philosophy who had studied in France and who got into trouble with the authorities in China for his promotion of sex education and for his book *Sex Histories*. The first version of *Confessions*, a partial translation, came out in 1928, while a full version was published the following year and reprinted five times. See Jing Wang, 47.
72. May, 169.
73. Ibid., 160.
74. May, 154.
75. In his book *Désepoirs*, cited by de Rougemont, 71.
76. Lewis, *Allegory*, 4.
77. Bloch, 8.
78. Charles Lindholm, 'Romantic Love and Anthropology,' *Etnofoor*, vol. 19, no. 1, 2006, 11.
79. Mead, 74.
80. See Macfarlane.
81. This and other citations may be found in his book; see Chapter 3, 'Romantic Love and Other Attachments,' Giddens, 37–48.
82. Fisher, 51–52.
83. William R. Jankowiak and Edward F. Fischer, 'A Cross-Cultural Perspective on Romantic Love,' *Ethnology* 31, 1992, 149–55.

Chapter 4   Keywords

Epigraph: Feng, *Anatomy*, Chapter 7, 149.

1. *Si* standardly appears in the compound word *xiangsi*, literally 'mutual longing.'
2. Chang and Saussy, 59.
3. Birrell in Hegel and Hessney, 45–46.
4. Rouzer, *Ladies*, 130.
5. Rouzer, *Dream*, 73.
6. Paz, 26 and passim.
7. *Analects* 9.18 and 15.13.
8. *Mencius* Book VI, Part A, 4.
9. Confucius has famously pronounced on those airs (heard in the state of Zheng) that voice desire in the anthology: 'The songs of Zheng are licentious.' *Analects* 15.11.
10. Lewis, *Allegory*, 4.
11. 'The Trial of Lady Chatterley's Lover: Regina v. Penguin Books Ltd. 1960,' in Bedford, 143.
12. Wang Shifu, 138; West and Idema, 118.
13. For Jin's annotations and editorial comments, see Church.
14. For the sources of the two quotations, see Church, 345.

15. 'Still not' or 'not yet' expressed versus 'expressed' is how Tang Chun-I renders the two terms in his chapter, 'The Development of the Concept of Moral Mind from Wang Yang-ming to Wang Chi,' in de Bary, 94. I have opted for 'yet unstirred' and 'stirred' to make them tally with John Minford's translations in a passage I quote from *The Story of the Stone* in my Chapter 5.
16. *Doctrine of the Mean*, I.4 and I.5. I have slightly modified Legge's translation, 384.
17. Martin W. Huang, 'Sentiments of Desire: Thoughts on the Cult of *Qing* in Ming-Qing Literature,' *Chinese Literature: Essays, Articles, Reviews*, 20, 1998, 153–84.
18. Feng, *Anatomy*, Chapter 1: 'Chastity,' 23.
19. Jonathan D. Spence calls it that in 'The Energies of Ming Life,' in Spence, *Roundabout*, 106.
20. Feng, *Anatomy*, first preface, 1; Mowry, 13.
21. Ibid.
22. Feng, *Anatomy*, 'Wang of Luoyang,' 143.
23. Feng, *Anatomy*, 'Transformed into a Woman,' 235.
24. Ovid, *Metamorphosis*, 221.
25. Feng, *Anatomy*, 'Young Sun from Wusong,' 206.
26. *Tang Jieyuan fang gujin huapu* [Tang Yin's book on the art of painting: after ancient and contemporary masters], a woodblock-printed book in seven volumes with illustrations by the great painter Tang Yin (1470–1524). Reprint, Wenwu chubanshe, 1981.
27. Wei, *Wu Jianren*, 166.
28. A Ying, 174.
29. Armstrong, 76.
30. James Liu, 125.
31. I read this story not in Feng but in James Liu, 96–97.
32. See Li, 54.
33. Kang-I Sun Chang, 34.
34. Ibid., 126.

Chapter 5   Two Great Works on Love

Epigraph: Sternberg, 87.

1. The two works have appeared under other titles: *The Dream of the Red Chamber* as *The Story of the Stone* and *The Peony Pavilion* as *The Soul's Return*. Both were banned books in history.
2. Ko, 82.
3. Tang, 1.
4. The scholar is C. T. Hsia, and the citations are from his chapter, 'Time and the Human Condition in the Plays of T'ang Hsien-tsu,' in de Bary, 277.
5. The translation is Chang Hsin-chang's, 298.
6. Ibid., 298–99.
7. The scholar is Chang Hsin-chang, 299.
8. Birch, *Peony*, 60; Tang, 59 (Scene 12).
9. 'Knead her into flakes' is Chang Hsin-chang's translation, 299.
10. The passage is rendered by John Minford as follows: 'Before the emotions of pleasure, anger, grief and joy stir within the human breast, there exists the "natural state" of love; the stirring of these emotions causes passion. Our kind of love, yours and mine, is the former, natural state. It is like a

bud. Once open, it ceases to be true love.' Cao, 1262; Minford, vol. 5, 211.
11. For Tang's criticism of meditation and disagreement with Daguan, I am indebted to Lou Yulie, 'Tang Xianzu zhexue sixiang chutan' [A preliminary discussion of Tang Xianzu's philosophical thought]. http://www.guoxue.com/discord/louyl/007.htm, 2000. Accessed July 3, 2011.
12. Chang Hsin-chang, 267.
13. The translation of these four lines is mine.
14. Tang, 47 (Scene 10).
15. Plato, *Symposium*, 191–92.
16. Spence, *Roundabout*, 107.
17. Birch, *Scenes*, 142.
18. Ibid.
19. Tang, 120.
20. Cao, 52; Hawkes, vol. 1, 32.
21. Hawkes, vol. 2, 376.
22. Ibid., vol. 1, 178.
23. Ibid., vol. 1, 146.
24. Matthew 5:28. The analogy is solely mine.
25. Cao, Chapter 5, 88.
26. See Faure.
27. May, 180.
28. Wang Guowei et al., 1–38.
29. May, 186.

Chapter 6 The Camellia Lady

Epigraph: Dumas *fils* in Coward's translation, 17.

1. Huters, 106.
2. Ibid., 107.
3. Pollard, *Translation*, 6.
4. Waley, 'Notes on Translation,' *The Atlantic Monthly*, 100th anniversary issue, 1958.
5. Zou Zhenhuan, 122–24. Lin Shu's translation is listed in the References with the name of his collaborator, a returnee from Paris called Wang Shouchang.
6. Dumas *fils* in Coward translation, 199.
7. Ibid., 186.
8. Ibid., 86.
9. Ibid., 60–61.
10. Ibid., 17.
11. Ibid., 122.
12. Ibid., 146.
13. Ibid., the four examples are on pages 128, 71, 131 and 67 respectively.
14. Ibid., 147.
15. Zeng, 221.
16. Xu Zhenya, Chapter 22.
17. C. T. Hsia, 234.

18. Leo Lee, 44–45.
19. The three editions are dated March 21, March 24, and March 26, 1937 respectively.
20. In Chinese the films' names are *Ye cao xian hua* (directed by Sun Yu, 1930) and *Chahua nü* (directed by Li Pingqian, 1938).
21. Yu Hua, 46.
22. Wang Dianzhong, 26.
23. Ibid., 273.
24. The phrase in French is on page 118 of Le Livre de Poche edition; in English on page 87 of Coward's translation; in Chinese on page 129 of Wang's translation.

Chapter 7 Joan Haste and Romantic Fiction

Epigraph: Pan Shaw-Yu, 42.

1. Haggard, 156.
2. Ibid., 233.
3. Ibid., 368.
4. Ibid., 130.
5. Ibid., 73.
6. Yin Bansheng, 'Du Jiayin xiaozhuan liang yibenshu hou' [After reading the two translations of *Joan Haste*], *Youxi shijie*, no. 11, 1907. Reprinted in *Ershi shiji Zhongguo xiaoshuo lilun ziliao* [Materials on theories of twentieth-century Chinese fiction], vol. 1, Beijing daxue chubanshe, 1997, 228–30.
7. Haggard, 91.
8. Yin Bansheng in article cited in note 6 above.
9. Jin Tianhe writing under his courtesy name Songcen, 'Lun xieqing xiaoshuo yu shehui zhi guanxi' [On the relationship between romantic fiction and society], *Xin xiaoshuo* (New Fiction), no. 17, 1905.
10. Yin Bansheng in article cited in note 6 above.
11. Pan Shaw-Yu, 163.
12. See Zou.
13. Frye, 186.
14. Pan Shaw-Yu, 1, quoting Mao Dun.
15. Quoted in Pan Shaw-Yu, 82. I am indebted to Pan's dissertation for most of my information on Zhou Shoujuan.

Chapter 8 The Clump

Epigraph: Hazzard, *Fire*, 188.

1. Haggard, 150.
2. Barthes, 147.
3. Orsini, 293, 294, 301.
4. 'What Makes a Great Tenor?' BBC4, June 1, 2010.

5. Haggard, 369.
6. *Analects* 1.5, Leys, 4.
7. 'To the Tune of He man zi,' in Li Yi, ed., *Huajian ji* (Among the Flowers), Sichuan wenyi chubanshe, 1986, 231.
8. Bao Zhao (414–466), 'Dai Jing Luo pian,' in *Yu tai xin yong* (New Songs from a Jade Terrace), Huaxia chubanshe, 1998, 139.
9. Birrell, *Love*, 287.
10. 'To the Tune of Cai sang zi,' *Renditions Special Issue on T'zu*, no. 11 and 12, 1979, 108.
11. John 3:16; and Matthew 22:37 respectively.
12. These are quotes from Xu Zhimo's poem, 'For Mother,' 1925, reproduced in Xu Zhimo, *Himself*, 21–22.
13. Instead of *aiqing*, the more established term and the one used in the Chinese translation of *La Dame aux Camélias* was where the two syllables, *ai* and *qing*, were combined in the reverse order, as *qingai*. In the Chinese scheme of things, that counts as a different word. In any case it went out of fashion, and while the two terms, *aiqing* and *qingai*, coexisted in writing for a while, presently it was *aiqing* that Butterfly authors favoured and made their own.
14. From the story entitled 'Du Zichun san ru Chang'an' [Du Zichun thrice enters Chang'an], Feng, *Words*, 438.
15. In Chinese the novel is entitled *Kong gu jiaren* [The beauty in the empty valley], Shangwu yingshuguan (Commercial Press), 1907.
16. Xu Zhenya, Chapter 23.
17. Ibid., Chapter 19.
18. Wei, *Wu Jianren*, 197 and 128.
19. From Du Mu's 'Farewell Poem,' in A. C. Graham's translation, *Poems of the Late T'ang*, Penguin Books, 1965, 134.
20. Gunn, 63.
21. Lippert, 62.
22. Tong, 22.
23. Lippert, 57–66.
24. Yokota-Murakami, 41.
25. Kuriyagawa in Xia's translation, 10.
26. Yokota-Murakami, 87.
27. Ibid. Kitamura was his surname but it is customary to refer to him by his given name—actually pen-name.
28. Qi, Chapter 6, 101.
29. 'Lian'ai wenti de taolun' [A discussion of the problem of love], *Funü zazhi* (The Ladies' Journal), vol. 8, nos. 9 and 10.
30. Orsini, 32 and 163.
31. Quoted in Leith Morton, 'The Concept of Romantic Love in the Taiyō Magazine 1895–1905,' *Japan Review*, no. 8, 1997, 84.
32. Yokota-Murakami, 41.
33. Leith Morton in the article cited in note 31 above, 84.
34. Suzuki, 9.
35. Yuan, *Singing of Life*, 144.
36. 'Lian'ai zashuo' [Sundry remarks on love], *Xin nüxing* (The New Woman), vol. 17, 1927, 511.

37. Ibid., 'Xin lian'ai wenti' [Questions on the new love], vol. 36, 1928, 1349, 1357.
38. 'Lian'ai wenti de taolun' [A discussion of the problem of love], *Funü zazhi* (The Ladies' Journal), vol. 8, nos. 9 and 10.
39. 'Chang'e zishu' [Chang'e as told by herself], in Yuan, *Scene Sealed in Dust*, 13–18.

Chapter 9   Two Ways of Escape

Epigraph: italics mine. *Mencius* Book III, Part B, D. C. Lau translation, 108.

1. 'Nuola zou hou zenyang?' [What happens to Nora after she leaves home?], in Lu Xun, *Tomb*, 127–34.
2. Dabhoiwala, 360–61.
3. Bruckner, 83.
4. Orsini, 33 and 179.
5. Lan and Fong, 80.
6. Pollard, *True*. It is as well to note that since Lu Xun's real name was Zhou Shuren, he bore the same surname as his two younger brothers, who appear as Zhou Zuoren and Zhou Jianren in this book.
7. Haiyan Lee sees Lu Xun as pioneering a 'self-Orientalizing project,' one that 'would continue to define the self-perception of Chinese intellectuals for generations to come.' See Haiyan Lee, 231.
8. The words 'love alone is true' evoke the Romantic age. They are, for example, the very ones that Werther utters in Act 3 of Jules Massenet's opera *Werther* (1887). 'How to Be a Father Today' is in Lu Xun, *Tomb*, 106.
9. Quoted in Pollard, *True*, 127.
10. *Xin qingnian* (New Youth), vol. 6, no. 1, 1915.
11. McDougall, 40.
12. One of three compositions she published between December 1925 and February 1926, this text can be found on numerous Chinese websites, e.g., http://baike.baidu.com/view/ 901216.htm, accessed August 18, 2012. See also Pollard, *True*, 96.
13. Lu Xun and Jing Song, 278.
14. 'Shang shi' (Regret for the Past), in Lu Xun, *Fiction*, 113–38.
15. McDougall, 58.
16. Egan and Chou, 129 and 166. I could not have written this account of Hu Shi's private life without this marvellous study.
17. *A Doll's House* was jointly translated into Chinese by Hu Shi and Luo Jianlun. The impact of Hu Shi's essay 'Ibsenism,' published in *Xin qingnian* (New Youth), vol. 4, no. 6, 1918, was second to none.
18. The script was published in *Xin qingnian* (New Youth), vol. 6, no. 3, 1919.
19. On his betrothal, see his own memoir: Hu Shi, *Himself*. On the firecrackers, see Chiang, 87–88, and Egan and Chou, 122.
20. Egan and Chou, 11.
21. Ibid., 14.
22. Hu Shi, *Works*, 16–17.
23. Chiang, 76.
24. Grieder, 12.
25. Guo Wan, 32.

26. Chiang, 60.
27. Hu Shi, *Works*, 305.
28. Egan and Chou, 173.
29. Chiang, 93.
30. Ibid., 66.
31. Letter dated September 26, 1933. Egan and Chou, 241.
32. Ibid.
33. Chiang, 123.
34. Ibid., 121.
35. Guo Wan, 262.
36. Chiang, 129.
37. Ibid., 342.
38. Guo Wan, 163.
39. Egan and Chou, 428.
40. Chiang, 131.
41. Quoted in Egan and Chou, 217.
42. Guo Wan, 280.
43. Grieder, 40.

Chapter 10 Faust, Werther, Salome

Epigraph: Act 3 of *Werther*, lyric drama (after Goethe) by Jules Massenet.

1. Zong, Tian and Guo, 51–52.
2. For Guo Moruo's wedding and difficulties with parents, I have drawn on Xiaoming Chen, 11–15.
3. Chen Jihong, 'Lun wan Qing fanyi xiaoshuo de yingxiang' [On the influence of late Qing translated fiction], *Journal of Nanjing University of Science and Technology*, vol. 14, no. 5, October 2001.
4. Hulse's introduction to his translation of Goethe's *Werther*, 16.
5. I have relied heavily on Armstrong, *Goethe*.
6. Zong, Tian and Guo, 83.
7. Ibid., 30.
8. Ibid., 30–31.
9. Ibid., 32–33.
10. Ibid., 45. Letter to Guo Moruo, dated February 9, 1919.
11. Ibid., 16.
12. Ibid., 54–55. The letter is undated.
13. Tong, 58–59.
14. Guo's preface in Zong, Tian and Guo, 5.
15. Zong, Tian and Guo, 88–89.
16. Ibid., 107.
17. Armstrong, *Love*, 1.
18. For this and other pieces of information on the Chinese reception of *Werther*, I am indebted to Terry Yip.
19. Wang Fan.
20. Yip, 170.

21. Ye, 267–68.
22. Goethe, *Werther*, 54.
23. Ibid., 86.
24. Ibid., 54.
25. Guo Moruo's preface to his translation of Goethe, *Werther*, 4.
26. Ibid., 5.
27. Yip, 44–45.
28. Armstrong, *Goethe*, 59–60 and 62.
29. Goethe, *Werther*, 64.
30. Ibid., 97.
31. Bruckner, 94.
32. Zhou Zuoren quoted in Yip, 74.
33. Cited in Armstrong, *Goethe*, 71–72.
34. Goethe, *Werther*, 112.
35. Ibid., 128.
36. Ibid., 112.
37. Ibid., 118.
38. Xiaomei Chen, 'Reflections on the Legacy of Tian Han: "Proletarian Modernism" and Its Traditional Roots,' *Modern Chinese Literature and Culture*, vol. 18, no. 1, Spring 2006, 155–215.
39. He records being introduced to Ellen Key by Honma Hisao's work (which he names in Chinese), *Xing de daode zhi xin qingxiang* [New trends in sexual morality], in his article 'Mimi lian'ai he gongkai lian'ai' [Loving in secret and loving in the open], *Shaonian Zhongguo* (The Journal of the Young China Association), vol. 1, no. 2, 1919, 34. The Japanese work appeared in a Chinese translation in *Funü zazhi* (The Ladies' Journal), vol. 8, no. 4, 1922. For Honma Hisao's work on Oscar Wilde, see Yoko Hirata, 'Oscar Wilde and Honma Hisao,' *Japan Review*, 21, 2009, 241–66.
40. Qi Chen, 210–11.
41. It was first published in *Shaonian Zhongguo* (The Journal of the Young China Association), vol. 2, no. 9, 1921. The 2013 illustrated edition is listed in the References under Tian Han.
42. Quoted in Chinese by Qi Chen, 281.
43. *Shanghai huabao* (Shanghai Pictorial), no. 73, September 14, 1929, 3.
44. *Liangyou* (The Young Companion), October 1929.
45. Paglia, 563.
46. Qi Chen, 280–81.
47. Xiaomei Chen (see note 38 above), 180.
48. Online entry on Yu Shan, http://baike.baidu.com/view/1256210.htm.
49. Xiaomei Chen (see note 38 above), 174.
50. Luo Liang, 'Modern Girl, Modern Men, and the Politics of Androgyny in China,' *Michigan Quarterly Review*, vol. XLVII, no. 2: *China*, University of Michigan, Spring 2008.
51. Xu Zhimo, 'Guanyu nüzi' [About women], *Xinyue yuekan* (Crescent Moon Monthly), vol. 2, no. 8, 1929, 1–18.
52. Zhang Xichen, *Funü zazhi* (The Ladies' Journal), vol. 8, no. 9, 1922.
53. Havelock Ellis's introduction to Key, *Love*, xv.
54. Key, *Love*, 15.

Chapter 11　Ellen Key

Epigraph: *Funü zazhi* (The Ladies' Journal), vol. 12, no. 7, 1926, 131.

1. Key, *Love*, 15.
2. The phrase in Chinese is *lingrou yizhi*. Key, *Love*, 93.
3. See Pan Shaw-Yu, 173.
4. Ibid., 170.
5. Qian, 23.
6. Suzuki, 66, and passim. I shall follow custom in calling her Raichō rather than Hiratsuka.
7. The cover design is reproduced in 'The Taisho Era: When Modernity Rules Japan's Masses' by Michael Hoffman in *The Japan Times*, July 29, 2012.
8. Suzuki, 13.
9. Suzuki, 69.
10. Tian Han circulated Key's ideas in China by airing them in an essay 'Mimi lian'ai he gongkai lian'ai' [Loving in secret and loving in the open] that he published in *Shaonian Zhongguo* (The Journal of the Young China Association), vol. 1, no. 2, 33–35.
11. *Xin qingnian* (New Youth), vol. 4, no. 1, 1918.
12. *Funü zazhi* (The Ladies' Journal), vol. 5, no. 2, 1919.
13. Mao Dun's abridged translation of *Love and Marriage* appeared in *Funü zazhi* (The Ladies' Journal), vol. 6, no. 3, 1920. A full translation by Zhu Xunqin was published by Shehui gaijinshe in 1923.
14. *Funü zazhi* (The Ladies' Journal), vol. 7, no. 2, 1921, 24.
15. Key, *Love*, 98–99.
16. I owe the date to Miho Kinnas' research (personal communication).
17. Zhou Zuoren, 'Ren de wenxue' (Humane Literature), *Xin qingnian* (New Youth), vol. 5, no. 6, 1918. An earlier appearance of the phrase was in his translation of Yosano Akiko, 'On Chastity,' *Xin qingnian* (New Youth), vol. 4, no. 5, 1918.
18. Hong Jun, 'Maoxian de lian'ai guan' [A risky view of love], *Xin nüxing* (The New Woman), no. 37, 1928, 65.
19. Zhang Xichen, 'Weiba yiwai zhi xu' [Beyond the tailpiece, continued], *Xin nüxing* (The New Woman), no. 32, 1928, 888.
20. Gao Shan, 'Lian'ai de ling de fangmian he rou de fangmian' [The soul aspect and flesh aspect of love], *Xin nüxing* (The New Woman), no. 12, 1927, 1209.
21. Zhang Xichen, 'Weiba yiwai' [Beyond the tailpiece], *Xin nüxing* (The New Woman), no. 30, 1928, 884.
22. The quote is on page 16 of the digital version of Carpenter's book at sacred-texts.com. Huang Shi, 'Lian'ai yu qingyu' [Love and passion], *Xin nüxing* (The New Woman), no. 30, 1928, 624.
23. Mao Yibo, 'Zai lun xing'ai yu youyi' [Sexual love and friendship revisited], *Xin nüxing* (The New Woman), no. 35, 1928, 1248–58.
24. *Xin nüxing* (The New Woman), no. 29, 1928, 520. Anarchism, which advocates the abolition of capitalism and private property (just as communism does), was in vogue at the time.
25. Ibid., 1250.
26. Reported by Mao Yibo, 'Fei lian'ai de you yisheng' [A love naysayer speaks once more], *Xin nüxing* (The New Woman), no. 39, 1929, 329.
27. Shanghai was rich in graphic artists and designers but it is beyond the scope of this book to examine

their treatment of love.
28. Bernhardt's piece, 'Routi de ai he jingshen de ai,' appears in *Lian'ai zhexue* [A philosophy of love], Weiai congshu she, 1929, 20–21. Bauer's piece was published in the same series. See note 62 of Chapter 3 for the full reference.
29. Pan Guangdan, vol. 8, 65.
30. Tian Pu, 'Ai de yanjiu' [Research on love], *Funü zazhi* (The Ladies' Journal), vol. 12, no. 7, 1926, 112.
31. Lucka, 234. The reference to Werther is on page 242.
32. *Jinkaku* was a Japanese neologism coined in 1889 to stand for 'personality.' In Japanese usage it took on meanings, from moral character to individual dignity, not conveyed by the English word. Its imprecision is no doubt why the meaning of *ren'ge*, the Chinese loan (and pronunciation) of the Japanese *jinkaku*, is so hard to pin down. Some scholars choose to translate *ren'ge* as 'personhood' rather than 'personality.' I have not so chosen because I have even less grasp of the meaning of 'personhood' than of *ren'ge*.
33. Lucka, 232.
34. Ibid., 120.
35. Ibid., 120, 262.
36. See Y. D., 'Jindai de lian'ai guan' (Modern Views of Love), *Funü zazhi* (The Ladies' Journal), vol. 8, no. 2, 1922, 7–12. This is an excellent précis of Kuriyagawa's treatise. 'Y. D.' was the pseudonym of Wu Juenong (1897–1989), a tea expert who, at the time of his studies in Japan, was extremely interested in the woman question.
37. Suzuki, 6.
38. Martel, 125. Francis Mathy's 'Kitamura Tōkoku: Essays on the Inner Life,' *Monumenta Nipponica* 19, 1964, 66–110, has been a useful source.
39. May, 164.
40. Armstrong, *Love*, 49–50 and 53.
41. de Botton, 138.
42. Lucka, 286.
43. See note 10 above.
44. Leith Morton, 'The Concept of Romantic Love in the Taiyō Magazine 1895–1905,' *Japan Review*, no. 8, 1997, 84, 92, 98.
45. Zhang Xichen, 'Ailun Kai nüshi yu qi sixiang' [Ellen Key and her ideology], *Funü zazhi* (The Ladies' Journal), vol. 7, no. 2, 1921, 25.
46. Mao Dun, 'Liang xing jian de daode guanxi' [The moral relationship between the sexes], *Funü zazhi* (The Ladies' Journal), vol. 6, no. 7, 1920.
47. Zhang Xichen, 'Jindai sixiangjia de xingyu yu lian'ai guan' [Modern thinkers' views of sexuality and love], *Funü zazhi* (The Ladies' Journal), vol. 6, no. 10, 1920.
48. Mao Dun, 'Xing daode de weiwu shiguan' [The historical materialist view of sexual morality], *Funü zazhi* (The Ladies' Journal), vol. 11, no. 1, 1925.
49. Key, *Love*, 128.
50. Key, *Morality*, 16.
51. Key, *Love*, 38.

Chapter 12 One and Only

Epigraph: Zhou Jianren writing as Ke Shi, 'Lian'ai yu zhencao' [Love and chastity], *Shenghuo zhoukan* (Life Weekly), vol. 8, no. 15, April 1933.

1. Hu Shi, 'Zhencao wenti' [The question of chastity], *Xin qingnian* (New Youth), vol. 5, no. 1, 1918.
2. See Elvin, 302–51.
3. Brownell and Wasserstrom, xiii.
4. Wei, *Wu Jianren*, 128 and 197.
5. Feng, *Anatomy*, 23.
6. Ibid., 343.
7. Pratt and Chiang's translation, 29.
8. Shen, 4.
9. Ibid., 8.
10. Ibid., 35.
11. The play's Chinese title, *Lian xiang ban*, has also been rendered as *The Love of the Perfumed Partner* and *Two Belles in Love*, the latter given to an operatic production of it staged in Beijing in 2010. The Beijing production has been reviewed by Xu Peng, 'The Essential Li Yu Resurrected: A Performance Review of the 2010 Beijing Production of *Lian Xiang Ban* (Women in Love),' CHINOPERL (The Conference on Chinese Oral and Performing Literature) Papers No. 30, 2011.
12. McMahon, 304–20.
13. Mann, 123–24.
14. Pratt and Chiang, 9.
15. Pan Guangdan, *Zhongguo jiating wenti* [The problem of the Chinese family]. First published by Xinyue shudian (Crescent Moon Bookstore) in 1928. Reprinted in Pan, 115–16.
16. For this paragraph and the next two, I am indebted to two papers by Lisa Tran, 'Sex and Equality in Republican China: The Debate over the Adultery Law,' *Modern China*, vol. 35, no. 2, March 2009, 101–223; and 'The ABC of Monogamy in Republican China: Adultery, Bigamy and Conjugal Fidelity,' *Twentieth-Century China*, vol. 36, no. 2, July 2011, 99–118.
17. Bernhardt, 208.
18. Quoted in Jonathan Hutt, 'La Maison D'or—The Sumptuous World of Shao Xunmei,' *East Asian History*, no. 21, June 2001, 113.
19. Sheng, 51.
20. Hahn, *Letters*, 5.
21. Hahn, *China*, 15.
22. Quoted in Cuthbertson, 140.
23. Jonathan Hutt, see note 18 above, 122.
24. Hahn, *China*, 9.
25. Quoted in Cuthbertson, 163.
26. Ibid., 140.
27. Ibid., 147.
28. Sheng, 182.
29. Ibid., 192.
30. Hahn, *China*, 9.
31. Ibid., 12.
32. Cuthbertson, 146.

33. Hahn, *China*, 59.
34. Hahn, *Letters*, 46–49.
35. Ibid., 52.
36. Hahn, *China*, 158.
37. Ibid., 165.
38. Shao, 273.
39. Shao, *Xinyue* (Crescent Moon), vol. 3, no. 10, August 1931. Reprinted in Shao, 215.
40. Zhou Zuoren, 'Zhencao lun' (On Chastity), *Xin qingnian* (New Youth), vol. 4, no. 5, 1918.
41. Lu Xun, another to enter the fray, called them a 'deformed morality' in 'Wo zhi jielie guan' (My Views on Chastity), *Xin qingnian* (New Youth), vol. 5, no. 2, 1919.
42. Hu Shi, 'Zhencao wenti' [The question of chastity], *Xin qingnian* (New Youth), vol. 5, no. 1, 1918. Reprinted in Hu Shi, *New Life*, 221–20.
43. *Analects* 15.24.
44. 'Hu Shi Answers Lan Zhixian,' *Xin qingnian* (New Youth), vol. 6, no. 4, 1919. Reprinted in Hu Shi, *New Life*, 221. 'Lan Zhixian Answers Hu Shi' and 'Lan Zhixian Answers Zhou Zuoren,' *Xin qingnian* (New Youth), vol. 6, no. 4, 1919, 333–59.
45. Lan Zhixian, ibid., 353. As Lan's '*ren'ge*-love' excludes feelings (*ganqing* in Chinese), it would not work to translate it as 'personality-love.'
46. Hu Shi, *New Life*, 222.
47. Tagore, *Stray Birds*, 73.4, 1916. Quoted in Shen Guangding, 'Ruhe ke shi shilian de zhiyu' [How to heal the loss of love?], *Funü zazhi* (The Ladies' Journal), vol. 12, no. 7, 1926, 210.
48. Paz, 107.
49. Zhou Jianren writing as Ke Shi. Chapter 1 of *Lian'ai yu zhencao* [Love and chastity], edited by Shenghuo shudian (Life Bookstore) Editorial Department, 1933, 1–6.
50. See, for example, *Xin nüxing* (The New Woman), no. 35, 1926, 1264.
51. Hong Jun, 'Hunzhansheng zhong' [A cry from amidst a melee], *Xin nüxing* (The New Woman), vol. 35, 1928, 1263–68.
52. Zou Taofen, 'Xinxiang zhencao' [Letters on chastity], in *The Collected Writings of Zou Taofen*, vol. 1, Joint Publishing, 1955.
53. Hu Shi, *New Life*, 221–27.
54. *Funü zazhi* (The Ladies' Journal), vol. 7, no. 2, 1926, 26.
55. Key, *Love*, 13.
56. Key, *Love*, 22–23.
57. George Sand's words are quoted, for example, by Jiao Songzhou, 'Ruhe ke shi lian'ai de chengli' [How to establish love], *Funü zazhi* (The Ladies' Journal), vol. 12, no. 6, 1926, 204. Zhang Xichen also cites them in *Xin nüxing* (The New Woman), vol. 32, 1928, 876.
58. This according to Mao Dun, see Chen Hui, 'Wusi shiqi xianjin zhishifenzi guanyu lian'ai wenti de tantao' [Exploration of love by progressive May Fourth intellectuals], *Journal of Neijiang Normal University*, vol. 28, no. 9, 2013, 81–84.
59. Just one example out of many can be found in *Funü zazhi* (The Ladies' Journal), vol. 12, no. 7, 1926, 182.

Chapter 13   Looking for Love: Yu Dafu

Epigraph: Diary entry on February 17, 1927, in Yu Dafu, *Self-Account*, 227.

1. The italicization indicates that the words are in English in the text. The story is *Chenlun* (Sinking) and is collected in Yu Dafu, *Autobiographical*, 20–66.
2. Tong, 70, 49.
3. 'Xueye' [Snowy night], in Yu Dafu, *Self-Account*, 58.
4. 'Yi feng xin' [A letter], ibid., 159.
5. Ibid., 157.
6. Xu Zidong, 102–3.
7. 'Boundless Night,' or *Mangmang ye* in Chinese, is in Yu Dafu, *Classics*, 75–96.
8. Yu Dafu interpolates Edith Wharton's statement in English in the text of his essay, see Chen and Wang, 288.
9. 'Late-Flowering Osmanthus' (*Chi guihua*) is collected in Yu Dafu, *Classics*, 168–93.
10. 'Silvery Grey Death' (*Yinhuise de si*) is in Yu Dafu, *Autobiographical*, 1–19.
11. Yu Dafu wrote about Dowson in 'Jizhong yu Huang mian zhi de renwu' [The people clustered around the Yellow Book], in *Chuangzao zhoubao* (Creation Weekly), nos. 20, 21, 1923. The essay is collected in 'Bi zhou ji,' *Yu Dafu quanji* [The complete works of Yu Dafu], vol. 5, 1721–40.
12. Yu Dafu, *Self-Account*, 75.
13. Paglia, 233.
14. Yu Dafu's words of commendation come from his essay 'Lusuo de sixiang he ta de chuangzuo' [Rousseau's thought and his writings], in 'Bi zhou ji,' *Yu Dafu quanji* (The Complete Works of Yu Dafu), vol. 5, 396.
15. Yu Dafu, *Works*, 311 and 341.
16. Xu Zidong, 149.
17. Quoted in Tong, 89. Yu is quoting Max Stirner, the German author of a work known in English as *The Ego and Its Own* (1845).
18. Yu Dafu, *Works*, 311.
19. 'Ling yu zhe de zijue' (A Superfluous Man), in Yu Dafu, *Works*, 168–74.
20. 'Nanxing zaji' [Record of a journey south], in Yu Dafu, *Self-Account*, 171.
21. Preface to 'Niaoluo ji' (Wisteria and Dodder), 1923, in Chen and Wang, 5.
22. Yu Dafu, *Self-Account*, 219–20.
23. Ibid., 190.
24. Ibid., 171.
25. Jiang, 45.
26. Preface to *Jilei ji* [Chicken ribs], 1927, in Yu Dafu, *Self-Account*, 69.
27. 'Niaoluo xing' (Wisteria and Dodder), 1923, in Yu Dafu, *Self-Account*, 79–93.
28. 'Yi feng xin' [A Letter], in Yu Dafu, *Self-Account*, 157.
29. 'Niaoluo xing' (Wisteria and Dodder), in Yu Dafu, *Self-Account*, 89.
30. Ibid., 91.
31. Diary entry for January 12, 1927, in Yu Dafu, *Self-Account*, 209.
32. An account Wang Yingxia wrote of her life with Yu Dafu, 'Bansheng zishu' [Half my life as told by myself], was published in 1982 and excerpted in Yu Dafu, *Self-Account*, 289.
33. Quoted in diary entry for April 16, 1927, in Yu Dafu, *Self-Account*, 272.
34. Letter (1927) may be found in Yu Dafu, *Works*, 391–95.

35. Diary entry for February 28, 1927, Yu Dafu, *Self-Account*, 235.
36. Letter, March 4, 1927. For source reference see note 34 above.
37. Preface to *Jilei ji* (Chicken Ribs), 1927, in Yu Dafu, *Self-Account*, 69.
38. Diary entry for March 26, 1927, in Yu Dafu, *Self-Account*, 256.
39. Diary entry for February 27, in Yu Dafu, *Self-Account*, 233.
40. Jiang, 276.
41. Ibid., 344.
42. Wang Yingxia makes these complaints in her memoir (see note 32 above), excerpted in Yu Dafu, *Self-Account*, 303.

Chapter 14   Exalting Love: Xu Zhimo

Epigraph: Letter to Lu Xiaoman, March 10, 1925, in Xu Zhimo, *Himself*, 321–22.

1. Hu Shi, 'Zhuidao Xu Zhimo' [In memoriam: Xu Zhimo], first published in *Xinyue* (Crescent Moon), vol. 4, no. 1, August 1932, reprinted in Hu Shi, *Works*, 97.
2. Quoted in Spurling, 192.
3. Ibid., 193. Actually he was not northern Chinese, his birthplace being Zhejiang province to the south of the Yangtze. Buck could have been following 'deep southerners' like the Cantonese in making a *relative* distinction.
4. Chiang, 176.
5. Xu Zhimo, 'Xiyan yu wenhua' [Smoking and culture], in Xu Zhimo, *Himself*, 78.
6. Wood, 193.
7. Quoted in Hu Shi, *Works*, 98, see note 1 above.
8. I reckoned the 'ten years' from the date (1912) of publication of *Jade Pear Spirit*, a novel which links love and freedom, see Chapter 8.
9. Xu Zhimo, *Supplement*, vol. 1, 1.
10. Xu Zhimo, 'Wo suo zhidao de Kangqiao' [The Cambridge I know], 1926, collected in Xu Zhimo, *Himself*, 80–89.
11. Chen Xinhua, 68.
12. Quoted from a letter he wrote to Jiang Dongxiu, see Egan and Chou, 185.
13. The guest was the painter Liu Haisu, see Chen Xinhua, 120.
14. Ibid., 120–21.
15. Xu Zhimo, *Himself*, 234.
16. Letter to Hu Shi dated January 7, 1927, in Hu Shi, *Himself*, 360–61.
17. Su Xuelin, in preface to Lu Xiaoman, *Flowers*, 8.
18. Ibid., 6.
19. Hu Shi notes this in his essay (see note 1 above), 98.
20. 'Xing shi yinyuan xu' (Preface to *Marriage Destinies to Awaken the World*), Xu Zhimo, *Supplement*, vol. 3, 396–415.
21. Hu Shi quotes from Liang's letter of January 1923, in Hu Shi, *Works*, 98–99.
22. Ibid., 99.
23. Quoted in Chen Xinhua, 121.
24. Xu Zhimo, *Supplement*, 413, see note 20 above.
25. The airing is owed to Hu Shi's 1918 essay in *New Youth* on Ibsenism, reprinted in *Works*, 14.

26. Letter from Xu Zhimo dated March 3, 1925, in Lu Xiaoman, *Flowers*, 145.
27. *Analects* 9.28.
28. Xu Zhimo, 'Jiushi da po le tou, ye haiyao baochi wo linghun de ziyou' [I must preserve my freedom of spirit even if I was to have my heads broken], *nuli zhoubao*, no. 39, January 28, 1923; reproduced in Xu Zhimo, *Himself*, 158.
29. Xu Zhimo, 'Taige'er lai Hua' [Tagore comes to China], September 10, 1923, *Xiaoshuo ribao*, vol. 14, no. 9, September 10, 1923; in Xu Zhimo, *Himself*, 244.
30. 'Taige'er' [Tagore], *Chenbao fukan*, May 15, 1924; in Xu Zhimo, *Himself*, 253.
31. Letter to May dated March 11, 1925, in Lu Xiaoman, *Flowers*, 151.
32. Quoted in Chen Xinhua, 88.
33. Ibid., 111–12.
34. Ibid., 90–91.
35. Ibid., 106.
36. Quoted in Hu Shi, *Works*, 102–3. Translation is based on Michelle Yeh's.
37. Diary entry for March 18, 1925, Lu Xiaoman, *Diaries*, 188.
38. Diary entry for March 15, 1925, ibid., 186.
39. Diary entry for March 25, 1925, ibid., 197–98.
40. Letter dated July 17, 1925, Lu Xiaoman, *Flowers*, 133–34.
41. Letter dated March 22, 1925, ibid., 110–11.
42. Letter dated July 17, 1925, ibid., 133–34.
43. Diary entry for March 15, 1925, Lu Xiaoman, *Diaries*, 186.
44. Spence, *Gate*, 177.
45. Xu Zhimo, *Innocent*.
46. Letter dated April 1, 1931, Lu Xiaoman, *Flowers*, 217.
47. Letter dated July 8, 1931, ibid., 233.
48. Xu Zhimo, 'Bailangning furen de qing shi (er)' [Mrs Browning's love poetry (2)], *Xinyue* (Crescent Moon), vol. 1, no. 1, 1928.
49. Letter dated June 16, 1931, Lu Xiaoman, *Flowers*, 228.
50. Letter dated March 7, 1931, Xu Zhimo, *Innocent*, 195.
51. Xu Zhimo, 'Gei muqin' [For mother], composed on August 1, 1925; in Xu Zhimo, *Himself*, 20–23.
52. Xu Zhimo, 'Art and Life,' first published in *Chuangzao jikan* (Creation Quarterly), vol. 2, no. 1, 1923; reproduced in Xu Zhimo, *Supplement*, vol. 3, 441.
53. Ibid., 433–59.
54. For example, in letter to May from Paris dated June 25, 1925, Xu Zhimo, *Himself*, 329, 330, 331; and in diary entry dated August 9, 1925, in Xu Zhimo, *Works*, 362.
55. Diary entry for January 6, 1927, excerpted in Xu Zhimo, *Innocent*, 261.
56. Xu zhimo, *Xinyue* (Crescent Moon), March 1928, in Xu Zhimo, *Works*, 344.
57. Letter dated March 3, 1925, Lu Xiaoman, *Flowers*, 142–45.
58. Letter to May, August 14, 1925; Xu Zhimo, *Works*, 366.
59. Extract from Xu Zhimo, 'Ai de linggan' [Love's inspiration], *Works*, 203; very finely translated into English by Cyril Birch in his paper 'English and Chinese Metres in Hsü Chih-mo,' *Asia Major*, vol. 8, Part 2, 1960, 285–86.
60. For an example, see 'To Fanny Brawne,' Xu Zhimo, *Supplement*, vol. 1, 213–15.
61. Excerpted from Cyril Birch's translation in the paper cited in note 59 above, 288.
62. Xu Zhimo, *Supplement*, vol. 1, 184–89 and 203–13.

63. Letter dated March 10, 1925, Lu Xiaoman, *Flowers*, 149.
64. Diary entry for August 11, 1925, Xu Zhimo, *Works*, 363.
65. Lu Xiaoman, *Flowers*, 167.
66. Rieger, 68.
67. Xu Zhimo, 'Ting Huaigene (Wagner) yueju' [Listening to Wagner's music dramas], first published in 1923, collected in Xu Zhimo, *Supplement*, vol. 1, 4–8. The poet Shelly Bryant has richly added to my appreciation of this poem by translating it into English.
68. 'Qing si' (Liebestod), in Xu Zhimo, *Works*, 11–12.
69. Rieger, 108. The idea of redemption through *love*, too deeply ingrained in the cultural DNA of the West to be thrown over, is at the core of Wagner's other operas, notably *The Flying Dutchman*. For its untranslatability to another culture, see Chapter 6.
70. Ibid., 108.
71. Letter dated June 25, 1925, Lu Xiaoman, *Flowers*, 167.
72. Letter dated March 3, 1925, Lu Xiaoman, *Flowers*, 144.
73. Diary entry for August 14, 1925, Xu Zhimo, *Works*, 366.
74. Leo Lee, 149.
75. Hu Shi, *Works*, 101.

Chapter 15 Love Betrayed: Eileen Chang

Epigraph: Brookner, 149.

1. Eileen Chang, *Change*, 25.
2. Zhang, *Reflections*, 22.
3. Eileen Chang, *Pagoda*, 106.
4. Ibid., 131.
5. 'Hua diao' [A withered flower], Zhang, *Stories*, 463.
6. Eileen Chang, *Pagoda*, 140.
7. Ibid., 283.
8. 'Siyu' (Whispers), in Zhang, *Water*, 145–46.
9. Eileen Chang, *Pagoda*, 130.
10. Zhang, *Water*, 147.
11. Eileen Chang, *Pagoda*, 131.
12. Ibid., 184.
13. Bernhardt, 188.
14. 'Cubist' is what would be termed 'art deco' years later. Eileen Chang, *Pagoda*, 212.
15. Ibid., 157.
16. Ibid., 200.
17. 'Siyu' (Whispers), in Zhang, *Water*, 150.
18. Eileen Chang, *Change*, 70.
19. Eileen Chang, *Pagoda*, 261.
20. Eileen Chang, *Change*, 27.
21. Ibid., 26; Zhang, *Reunion*, 236.
22. The paper was *Libao*, August 24, 1944, quoted in Xiao, 23.
23. Eileen Chang, 'Chinese Life and Fashions,' in *XXth Century*, vol. 4, 1943, 59.

24. Eileen Chang, *Reunion*, 128, 236.
25. Eileen Chang, *Pagoda*, 201, 132.
26. Eileen Chang, *Change*, 3–4.
27. Eileen Chang, *Reunion*, 288; and *Change*, 108.
28. Eileen Chang, *Change*, 54.
29. Eileen Chang, *Pagoda*, 264.
30. Zhang, *Reunion*, 138.
31. Zhang, *Water*, 23.
32. Zhang, *Reunion*, 288.
33. Zhang, *Stories*, 150–202.
34. Eileen Chang, *Pagoda*, 283.
35. Zhang, *Reunion*, 57.
36. Ibid., 49.
37. Ibid., 162.
38. Zhang, *Water*, 75; Xiao, 129.
39. Eileen Chang, *Change*, 269.
40. Zhang, 'Ziji de wenzhang' (Writing of My Own), in Zhang, *Water*, 22.
41. Liu Chuan'e, 128.
42. Kingsbury, 141; Zhang Ailing, *Stories*, 228. In Chinese the title is 'Qingcheng zhi lian.' Hong Kong falls to the Japanese in the story but as the words *qing cheng*, 'city-toppling,' are usually used of a woman beautiful enough to cause the fall of a city, Eileen Chang intended 'Love in a Fallen City' to be open also to an alternative interpretation: 'A Love that Fells a City.'
43. Xiao, 41–42.
44. Kingsbury, 149.
45. Zhang, *Reunion*, 171.
46. Zhang, 'Jing yu lu' (From the Ashes), 1944, in Zhang, *Water*, 47.
47. Hu Lancheng, 'Lun Zhang Ailing' [Zhang Ailing: an appraisal], 1944; in Hu Lancheng, *Literature*, 210–11.
48. In Chinese the stock phrases are *tong xin tong de* (of one heart and mind), *tong gan gong ku* and *huannan zhi jiao* (sharing weal and woe or going through thick and thin together).
49. Hu Lancheng, *Life*, 154.
50. Zhang, *Reunion*, 228.
51. Hu Lancheng, *Life*, 146.
52. Zhang, *Reunion*, 165.
53. Xiao, 53–54.
54. Zhang, *Reunion*, 273.
55. Hu Lancheng, *Life*, 245–46.
56. Zhang, *Reunion*, 274.
57. Hu Lancheng, *Life*, 274.
58. Letter dated January 25, 1976, in the preface to Zhang, *Reunion*, 6.
59. Letter from Soong to Zhang dated April 28, 1976, ibid., 13.
60. Peter Lee, 'Eileen Chang's Fractured Legacy,' *Asia Times Online*, April 29, 2009.
61. Letter from Zhang to Soong dated July 18, 1975, in the preface to Zhang, *Reunion*, 4.
62. Letter from Zhang to Soong dated September 18, 1975, ibid., 5.
63. Quoted in Kao, 151.

64. Hu Lancheng, *Life*, 193.
65. Zhang, *Reunion*, 237.
66. Ibid., 234.
67. Ibid., 234, 310.
68. Ibid., 324.
69. Ibid., 277.
70. Ibid., 167.
71. Ibid., 257, 306.
72. Her words are: 'To love more than one is actually not to love them at the same time; it's really to love only one but to hold on also to the former loves simultaneously.' Zhang, *Reunion*, 236–37.
73. Zhang, *Reunion*, 188.
74. Hu Lancheng, *Literature*, 209.
75. Ibid., 75, 76.
76. Hu Lancheng, *Life*, 185.
77. Hu Lancheng, *Literature*, 74.
78. Zhang, *Reunion*, 310.
79. Letters dated January 25, 1976; March 14, 1976; April 22, 1976; in the preface to Zhang, *Reunion*, 6, 10.
80. Ibid., 138.
81. Eileen Chang, *Change*, 54.
82. Zhang, *Reunion*, 23.
83. Eileen Chang, *Change*, 100.
84. Ibid., 103.
85. Ibid., 107.
86. Ibid., 108; Zhang, *Reunion*, 288.
87. Letter dated July 31, 1956, in Soong, 157.
88. Ang Lee's afterword to 'Lust, Caution' ('Se, jie'), in Eileen Chang, *Lust*, 59.

Chapter 16   Love's Decline and Fall

Epigraph: Gao Shan, 'Jin yu zhuyi he lian'ai ziyou' [Asceticism and freedom of love], *Xin nüxing* (The New Woman), vol. 1, no. 4, 1926, 237.

1. Qian Di, 'Lianai Zhencao Xinlun' [The New Discussion of Love and Chastity], *Xin nüxing* (The New Woman), no. 21, 1927, 530.
2. Ibid., 517, 520.
3. *Guangzhou minguo ribao* [Canton Republican Daily], April 21 to June 16, 1926. For coverage of the debate, see 'Lian'ai yu geming wenti de taolun ji dui "geming jia lian'ai" chuangzuo de yingxiang' [Discussions of the question of love and revolution and its influence on 'revolution plus love' writing] at http://blog.sina.com.cn/wind1007, dated July 20, 2009.
4. Quoted in Bryna Goodman, 'Appealing to the Public: Newspaper Presentation and Adjudication of Emotion,' *Twentieth-Century China*, vol. 31, no. 2, 2006, 65.
5. The classic account of the Guomindang–communist split is Isaacs's.
6. Hu Yepin, 'Dao Mosike qu' (Bound for Moscow), Guanghua shuju, 1930. I read it at http://www.millionbook.com/xd/h/huyepin/001/001.htm.

7. Quoted in Tsi-an Hsia, 167–68, with Hu's name changed into pinyin by me.
8. A. S. Byatt, 'Scenes from a Provincial Life,' *The Guardian*, July 27, 2002. Reading this greatly helped my understanding of the novel.
9. Ibid.
10. In Kollontai's collection *A Great Love*, read online at marxists.org.
11. Carleton, 40.
12. Li Jin, 'Keluntai he Sulian de xing wenxue' [Kollontai and the sex literature of the Soviet Union]. Zhongguo wenxue wang [Chinese Literature Site], http://www.literature.org.cn, accessed September 28, 2013.
13. Xia Yan published it under his real name, Shen Duanxian, *Lian'ai zhi lu* [Paths of love], Shanghai Kaiming shudian, 1928. Hayashi Fusao's essay was translated by one Mozhi under the Chinese title, 'Xin lian'ai dao' [New way of love]. This first saw print in *Xin nüxing* (The New Woman), no. 33, 1928. The same issue carried a Chinese translation of 'The Loves of Three Generations' by one Zhi Wei, no doubt a pseudonym. Apart from Xia Yan's, two other Chinese translations appeared in book form. One, by Li Lan, came out under the title *Weida de lian'ai* (A Great Love) in 1930; published by Shanghai Xiandai shuju, this included three stories, 'A Great Love,' 'Sisters,' and 'The Loves of Three Generations.' The other translation, by Wen Shengmin, was brought out under the title *Lian'ai zhi dao* [Ways of love] by the publisher Qizhi shuju the same year and included only 'Three Generations' and 'Sisters.'
14. Kollontai, *Morality*, 23.
15. Meisel-Hess, 128, 129.
16. Kollontai, *Morality*, 23. The previous quote is on page 25.
17. Zhu Mei, 'Lian'ai de xianzai yu jianglai' [Love now and in the future], *Xin nüxing* (The New Woman), no. 36, 1928, 1373–74.
18. Jing Yuan, 'Lian'ai zhishanggan de mosha' [Writing off the 'love is best' sentiment at a stroke], *Xin nüxing* (The New Woman), no. 36, 1928, 1385.
19. Ibid. The translator Wen Shengmin also makes this point in his preface to *Ways of Love*, see note 13 above.
20. Wen Shengmin, preface to *Ways of Love*, see note 13 above.
21. Jing Yuan, see note 18 above. The quote in this paragraph is from *Mencius*, see the epigraph to Chapter 9.
22. Li Jin, see note 12 above.
23. See Chen Hsiang-yin.
24. Huang, 239.
25. Quoted in Spence, *Gate*, 229, with a slight modification to the translation.
26. Quoted in Wei Xu, 132.
27. Chi-hsi Hu's paper, 'The Sexual Revolution in the Kiangsi Soviet,' *The China Quarterly*, no. 59, July–September 1974, 477–90, has been invaluable.
28. Wei Xu, 157, 170.
29. This speech is reproduced in full at www.marxists.org/reference/archive/mao/selected…3/mswv3_08.html
30. A translation into English of Ding's essay, 'Thoughts on March 8, International Women's Day, 1942,' may be found in Barlow and Bjorge, 318.
31. Quoted in Spence, *Gate*, 242.
32. Qin, 54.

注释

33. Alber, 192.
34. Ibid.
35. 'Bu suan qingshu' [Not love letters] in Ding, 266, 265.
36. Hu Yepin, 'San ge bu tongyi de renwu' [Three disunited people], *Honghei zazhi* [Red and black magazine], no. 3, 1929, 19–35.
37. Letter from Ding Ling to Feng Xuefeng dated January 5, 1932, in Ding, 270. This paragraph's other quotation (about being comrades) is from a letter that she wrote on August 11, 1931, in Ding, 267.
38. Jing Yuan, see note 18 above, 1928, 1389.
39. Yao Fangren, 'Guanyu "San dai de lian'ai" de fenxi guancha' [An analysis of 'The Loves of Three Generations'], *Xin nüxing* (The New Woman), no. 36, 1928, 1385, 1365.
40. 'Shafei nüshi de riji' (Miss Sophia's Diary), in Ding, 43–81.
41. Qin, 72 and 96.

Chapter 17   Afterthoughts

Epigraph: Hu Shi, 'Jieshao wo ziji de sixiang' [Introducing my own thinking], 1930, in Hu Shi, *Works*, 372.

1. Yuan, see Chapter 8, note 39 above.
2. Hu Shi, 'Xie zai Kongzi danchen jinian zhi hou' [Written after Confucius's anniversary], 1934. Reprinted in Hu Shi, *Works*, 308.
3. Hou, 91.
4. Hu Shi, as in note 2 above, 305.
5. See Shi. I owe my discovery of this essay to Ni Yibin.
6. The words in inverted commas are my translation of Ni Yibin's; he gave me his thoughts in an e-mail dated December 23, 2013.
7. Andreas Capellanus, 185.
8. Jianfu Chen, 430.
9. James Farrer, interview on December 29, 2013. See James Farrer and Sun Zhongxin, 'Extramarital Love in Shanghai,' *The China Journal*, no. 50, July 2003, 1–36.
10. James Farrer in Davis and Friedman.
11. James Farrer, Gefei Suo, Haruka Tsuchiya and Zhongxin Sun, 'Re-embedding Sexual Meanings: A Qualitative Comparison of the Premarital Sexual Scripts of Chinese and Japanese Young Adults,' *Sexuality & Culture*, vol. 16, no. 3, July 2012, 263–86.
12. James Farrer, interview, December 29, 2013.

参考文献

Note: Brackets enclose translated titles supplied by the author while parentheses enclose existing translated titles.

Alber, Charles J. *Embracing the Lie: Ding Ling and the Politics of the People's Republic of China*. Praeger, 2006.

Andreas Capellanus. *The Art of Courtly Love*. Translated by John Jay Parry. Columbia University Press, 1960.

Armstrong, John. *Conditions of Love*. Penguin Books, 2003.

———. *Love, Life, Goethe: How to Be Happy in an Imperfect World*. Penguin Books, 2007.

A Ying. *Wan Qing xiaoshuo shi* [A history of late Qing fiction]. Zhonghua shuju, 1973.

Babbitt, Irving, trans. *The Dhammapada*. New Directions Publishing, 1965.

Barlow, Tani E., and Gary J. Bjorge. *I Myself Am a Woman: Selected Writings of Ding Ling*. Beacon Press, 1989.

Barthes, Roland. *A Lover's Discourse: Fragments*. Translated by Richard Howard. Vintage Books, 2002.

Bedford, Sybille. *As It Was: Pleasures, Landscapes and Justice*. Sinclair-Stevenson, 1990.

Berlin, Isaiah. *The Roots of Romanticism*. Princeton University Press, 1999.

Bernhardt, Kathryn. 'Women and the Law: Divorce in Republican China.' In Kathryn Bernhardt and Philip C. C. Huang, eds., *Civil Law in Qing and Republican China*. Stanford University Press, 1994.

Birch, Cyril, trans. *The Peony Pavilion*. Bloomington: Indiana University Press, 1980.

———. *Scenes for Mandarins: The Elite Theatre of the Ming*. Columbia University Press, 1995.

Birrell, Anne. 'The Dusty Mirror: Courtly Portraits of Woman in Southern Dynasties Love Poetry.' In Robert E. Hegel and Richard C. Hessney, eds., *Expressions of Self in Chinese Literature*. Columbia University Press, 1985.

———, trans. *Chinese Love Poetry, New Songs from a Jade Terrace: A Medieval Anthology*. Penguin Books, 1986.

Bloch, Howard. *Medieval Misogyny and the Invention of Western Romantic Love*. Chicago University Press, 1991.

Brookner, Anita. *The Rules of Engagement*. Penguin Books, 2004.

Brown, Peter. *The Body and Society: Men, Women and Sexual Renunciation in Early Christianity*. Faber and Faber, 1989. Reprint, 1991.

Brownell, Susan, and Jeffrey N. Wasserstrom, eds., *Chinese Femininities/Chinese Masculinities: A Reader*. University of California Press, 2002.

Bruckner, Pascal. *The Paradox of Love*. Translated by Steven Rendall. Princeton University Press, 2012.

Cahill, Suzanne E. *Transcendence and Divine Passion: The Queen Mother of the West in Medieval China*. Stanford University Press, 1993.

Cao Xueqin. *Honglou meng* (The Dream of the Red Chamber), vols. 1 and 2. Zhonghua shuju, 2010.

Carleton, Gregory. *Sexual Revolution in Bolshevik Russia*. University of Pittsburgh Press, 2005.

Carpenter, Edward. *Love's Coming of Age: A Series of Papers on The Relations of the Sexes*, 1896. Reprinted M. Kennerley, 1911.

Chang, Eileen. *Lust, Caution*. Translated by Julia Lovell, with Afterword by Ang Lee and Special Essay by James Schamus. Originally published as *Se, jie*. Anchor Books, 2007.

———. *The Book of Change*, 1968. Hong Kong University Press, 2010.

———. *The Fall of the Pagoda*, 1968. Hong Kong University Press, 2010.

Chang, Hsin-chang. *Chinese Literature: Popular Fiction and Drama*. Edinburgh University Press, 1973.

Chang, Kang-I Sun. *The Late-Ming Poet Ch'en Tzu-lung: Crisis of Love and Loyalism*. Yale University Press, 1991.

Chang, Kang-I Sun, and Haun Saussy. *Women Writers of Traditional China: An Anthology of Poetry and Criticism*. Stanford University Press, 1999.

Chen, Hsiang-yin. 'The Origin of the Family, Public Ownership and the Communist State: Producing and Transmitting Kollontai's *Communism and the Family*.' In James St. André and Hsiao-yen Peng, eds., *China and Its Others: Knowledge Transfer Through Translation, 1829–2010*, Rodopi, 2012.

Chen, Jianfu. *Chinese Law: Context and Transformation*, Koninklijke Brill, 2008.

Chen, Qi. 'Oscar Wilde and East Asian Empire, Nation-State and the Globalization of Aestheticism.' PhD dissertation submitted to Royal Holloway, the University of London, 2011.

Chen Wen. *Wen Yiduo*. Hebei jiaoyu chubanshe, 2000.

Chen, Xiaoming. *From the May Fourth Movement to Communist Revolution: Guo Moruo and the Chinese Path to Communism*. State University of New York Press, 2007.

Chen Xinhua. *Lin Changmin, Lin Huiyin* [Lin Changmin and Lin Huiyin]. Wenxu wenhua shiye (Taipei), 2002.

Chen Zishan, and Wang Zili. *Maiwen maishu: Yu Dafu he shu* [Selling words, buying books: Yu Dafu and books]. Joint Publishing, 1995.

Chiang Yung-chen. *Xingxing, yueliang, taiyang: Hu Shi de qinggan shijie* [Stars, moons, sun: The emotional world of Hu Shi]. Expanded edition, New Star Press, 2012.

Church, Sally Kathryn. 'Jin Shengtan's Commentary on the *Xixiang ji* (The Romance of the Western Chamber).' PhD dissertation. Harvard University, 1993.

Cuthbertson, Ken. *Nobody Said Not to Go: The Life, Loves, and Adventures of Emily Hahn*. Faber and Faber, 1998.

Dabhoiwala, Faramerz. *The Origins of Sex: A History of the First Sexual Revolution*. Penguin Books, 2013.

Dai Wangshu. *Aijing* [Ovid's *The Love Poems*]. Guangming ribao chubanshe, 1996.

Dante Alighieri. *Vita Nuova*. Translated by Mark Musa. Oxford University Press, 1992. Reprint, 2008.

de Bary, Theodore W., and the Conference on Ming Thought. *Self and Society in Ming Thought*. Columbia University Press, 1970.

de Botton, Alain. *Essays in Love*. Picador, 1994.

de Rougemont, Denis. *Love in the Western World*. Pantheon Books, 1956. Paperback edition, Princeton University Press, 1983.

Ding Ling. *Ding Ling zuopin xinbian* [A new edition of Ding Ling's works]. Renmin wenxue chubanshe, 2010.

Dumas *fils*, Alexandre. *La Dame aux camélias*, 1848. Le Livre de Poche, 1973. Reprint, 2003. ———. *La Dame aux Camelias*. Translated by David Coward. Oxford University Press, 2008.

Egan, Susan Chan, and Chih-p'ing Chou. *A Pragmatist and His Free Spirit: The Half-Century Romance of Hu Shi and Edith Clifford Williams*. The Chinese University Press, 2009.

Eifring, Halvor, ed. *Love and Emotions in Traditional Chinese Literature*. Brill, 2004.

Elvin, Mark. *Another History: Essays on China from a European Perspective*. Wild Peony (Australia), 1996.

Engels, Friedrich. *The Origin of the Family, Private Property and the State*, 1884. Online version: Marx/Engels Internet Archive (marxists.org), 2010.

Farrer, James. 'Love, Sex, and Commitment: Delinking Premarital Intimacy from Marriage in Urban China.' In Deborah Davis and Sara Friedman, eds., *Wives, Husbands, and Lovers: Marriage and Sexuality in Hong Kong, Taiwan, and Urban China*. Stanford University Press, 2014.

Faure, Bernard. *The Red Thread: Buddhist Approaches to Sexuality*. Princeton University Press, 1998.

Feng Menglong. *Qing shi leilüe* (The Anatomy of Love). Zhejiang guji chubanshe, 1998.

———. *Xing shi heng yan* (Lasting Words to Awaken the World). Illustrated edition, Yuelu shushe, 2006.

Fisher, Helen. *Anatomy of Love*. Random House, 1992.

———. 'The Nature and Evolution of Romantic Love.' In William Jankowiak, *Romantic Passion: A Universal Experience*? Columbia University Press, 1995.

Frye, Northrop. *Anatomy of Criticism*. Princeton University Press, 1957.

Giddens, Anthony. *The Transformation of Intimacy: Sexuality, Love and Eroticism in Modern Societies*. Polity Press and Blackwell Publishers, 1992.

Goethe, Johann Wolfgang von. *The Sorrows of Young Werther*. Translated by Michael Hulse. Penguin Books, 1989.

Goldin, Paul. *The Culture of Sex in Ancient China*. The University of Hawai'i Press, 2002.

Goody, Jack. *The Development of the Family and Marriage in Europe*. Cambridge University Press, 1983.

Grieder, Jerome B. *Hu Shih and the Chinese Renaissance: Liberalism in the Chinese Revolution, 1917–1937*. Harvard University Press, 1970.

Gunn, Edward. *Rewriting Chinese: Style and Innovation in Twentieth-Century Chinese Prose*. Stanford University Press, 1991.

Guo Moruo, trans. *Shaonian Weite zhi fannao* (The Sorrows of Young Werther). Chuangzao she chubanbu, 1926.

———. '*Xixiang ji* yishu shang de pipan yu qi zuozhe de xingge' [Artistic critique of *Romance of the West Wing* and the character of its author]. In Zhao Shanlin, *Xixiang miao ci* [Critiques of *Romance of the West Wing*]. Jiangxi jiaoyu chubanshe, 1999.

Guo Wan. *Hu Shi: Ling yu rou zhi jian* [Hu Shi: Between soul and flesh]. Sichuan wenyi chubanshe, 1995.

Haggard, H. Rider. *Joan Haste*. Reprinted Wildside Press, 2003.

Hahn, Emily. *China to Me: A Partial Autobiography*, 1944. First e-reads publication, 1999.

———. *Love, Mickey: Letters to Family from Emily Hahn*. The Lilly Library, Indiana University Libraries, 2005.

Hawkes, David, trans. *The Story of the Stone*, vols. 1–3. Penguin Books, 1973. For vols. 4–5, see John Minford.

Hazzard, Shirley. *Greene on Capri*. Virago Press, 2001.

———. *The Great Fire*. Virago Press, 2004.

Hou Yanxing. *Shanghai nüxing zisha wenti yanjiu* [A study of suicides among women in Shanghai, 1927–1937]. Shanghai cishu chubanshe, 2008.

Hsia, C. T. 'Hsu Chen-ya's *Yu-li hun*: An Essay in Literary History and Criticism.' *Renditions*, nos. 17 and 18. The Chinese University of Hong Kong, Spring and Autumn 1982.

Hsia, Tsi-an. *The Gate of Darkness: Studies on the Leftist Literary Movement*. University of Washington Press, 1968.

Hu Lancheng. *Zhongguo wenxue shihua* [A history of Chinese literature]. Yuan-Liu Taipei, 1991.

———. *Jin sheng, jin shi* (This Life, These Times). Zhongguo shehui kexueshe, 2003.

Hu Shi. *Hu Shi zishu* [Hu Shi as told by himself]. Edited by Li Yanzhen. Tuanjie chubanshe, 1996.

———. *Hu Shi zuopin xinbian* (A New Edition of Hu Shi's Works). Edited by Hu Ming. Renmin wenxue chubanshe, 2009.

———. *Xin shenghuo* (New Life). Changjiang wenyi chubanshe, 2012.

Huang, Philip C. C. *Chinese Civil Justice, Past and Present*. Rowman and Little Publishers, Inc., 2010.

Huters, Theodore. *Bringing the World Home: Appropriating the West in Late Qing and Early Republican China*. University of Hawai'i Press, 2005.

Isaacs, Harold R. *The Tragedy of the Chinese Revolution*. Stanford University Press, second revised edition, 1961.

Jacobs, Michael. *Mythological Painting*. Phaidon Press; Mayflower Books, 1979.

Jiang Zengfu, ed. *Zhong shuo Yu Dafu* [People's opinions of Yu Dafu]. Zhejiang wenyi chubanshe, 1996.

Jin Shengtan. *Jin Shengtan piben* Xixiang ji [Jin Shengtan's Commentary on *The Romance of the Western Chamber*]. Edited by Zhang Guoguang. Shanghai guji chubanshe, 1986.

Kao Chuan Chih. *Zhang Ailing xue* (Eileen Chang Reconsidered). Rye Field Publications, 2008.

Key, Ellen. *Love and Marriage*. With a Critical and Biographical Introduction by Havelock Ellis. G. P. Putnam's Sons, 1911. Reprint, Forgotten Books, 2012.

———. *The Morality of Woman and Other Essays*. Translated by Mamah Bouton Borthwick. The Ralph Fletcher Seymour Co., 1911. Project Gutenberg ebook, 2010.

Kingsbury, Karen S., trans. *Love in a Fallen City and Other Stories* by Eileen Chang. Penguin Books, 2007.

Ko, Dorothy. *Teachers of the Inner Chambers: Women and Culture in Seventeenth-Century China*. Stanford University Press, 1994.

Kollontai, Alexandra. *A Great Love*. Translated by Lily Lore. The Vanguard Press, 1929.

———. *Sexual Relations and the Class Struggle: Love and the New Morality*. Translated by Alix Holt. The Falling Wall Press, 1972.

Kuriyagawa, Hakuson. *Kindai no ren'ai kan* [Modern views of love]. Translated by Ren Baitao as *Lian'ai lun* (Doctrine of Love). Xueshu yanjiu hui zong hui, 1923. Ninth revised edition. Guangzhi shuju, 1934.

———. *Kindai no ren'ai kan* [Modern views of love]. Translated by Xia Mianzun as *Jindai de lian'ai guan*. Kaiming shudian, 1928.

Lan, Hua R., and Vanessa L. Fong, eds. and trans. *Women in Republican China: A Sourcebook*. M. E. Sharpe, 1999.

Lee, Haiyan. *The Revolution of the Heart: A Genealogy of Love in China 1900–1959*. Stanford University Press, 2007.

Lee, Leo Ou-fan. *The Romantic Generation of Modern Chinese Writers*. Harvard University Press, 1973.

Legge, James, trans. *Confucius: Confucian Analects, The Great Learning and the Doctrine of the Mean*. Clarendon Press, 1893. Dover edition, 1971.

Lewis, C. S. *The Allegory of Love: A Study in Medieval Tradition*. Oxford University Press, 1936, reprinted 1977.

———. *The Four Loves*. Harcourt, Brace, 1960. Reprint, 1991.

Leys, Simon, trans. *The Analects of Confucius*. W. W. Norton, 1997.

Li, Wai-yee. 'The Late Ming Courtesan: Invention of a Cultural Ideal.' In Ellen Widmer and Kang-I Sun Chang, eds., *Writing Women in Late Imperial China*. Stanford University Press, 1997.

Liang Shiqiu, trans. *The Love Letters of Abelard and Heloise*. Chiu Ko Publishing (Taipei), 1988.

Lin Shu with Wang Shouchang. *Bali chahua nü yishi* (*La Dame aux Camélias*), 1899. Shanghai zhixin shuju, 1930. Taiwan edition, Commercial Press, 1966.

Lin Shu with Wei Yi, trans. *Jiayin xiaozhuan* (Joan Haste), vols. 1 and 2. Shanghai shangwu yinshuguan (Commercial Press, Shanghai), 1905, 1906 (three impressions), 1913, 1914.

Lippert, Wolfgang. 'Language in the Modernization Process: The Integration of Western Concepts and Terms into Chinese and Japanese in the Nineteenth Century.' In Michael Lackner, Iwo Amelung and Joachim Kurtz, eds., *New Terms for New Ideas: Western Knowledge and Lexical Change in Late Imperial China*. Brill, 2001.

Liu Chuan'e. *Chuanqi wei wan: Zhang Ailing 1920–1995* [Unfinished romance: Eileen Chang 1920–1995]. Beijing chubanshe, 2007.

Liu, James J. Y. *The Chinese Knight-Errant*. Routledge and Kegan Paul, 1967.

Liu Wu-chi, and Irving Yucheng Lo, eds. *Sunflower Splendor: Three Thousand Years of Chinese Poetry*. Anchor Books, 1975.

Lucka, Emil. *The Evolution of Love*. Translated by Ellie Schleussner. George Allen and Unwin, 1922.

Lu Xiaoman. *Lu Xiaoman wei kan riji moji* [Lu Xiaoman's unpublished diaries]. Shanxi chubanshe, 2009.

———. *Wu yuan sheng sheng hua li zhu* [Would that I lived among flowers]. Xin shijie chubanshe, 2012.

Lu Xun. *Fen* [Tomb]. Renmin wenxue chubanshe, 1973.

———. *Zipou xiaoshuo* [Self-analyzing fiction]. Shanghai wenyi chubanshe, 2012.

Lu Xun, and Jing Song (Xu Guangping). *Liang di shu* (Letters between Two). Renmin wenxue chubanshe, 2006.

Lü Wenhao. *Zhongguo xiandai sixiang shi shang de Pan Guangdan* [Pan Guangdan in the history of modern Chinese thought]. Fujian jiaoyu chubanshe, 2009.

Macfarlane, Alan. *The Culture of Capitalism*. Oxford University Press, 1987.

Mann, Susan. *Precious Records: Women in China's Long Eighteenth Century*. Stanford University Press, 1997.

Martel, James R. *Love Is a Sweet Chain: Desire, Autonomy, and Friendship in Liberal Political Theory*. Routledge, 2001.

May, Simon. *Love: A History*. Yale University Press, 2011.

McDougall, Bonnie S. *Love Letters and Privacy in Modern China: The Intimate Lives of Lu Xun and Xu Guangping*. Oxford University Press, 2002.

McMahon, Keith R. 'Shrews and Jealousy in Seventeenth and Eighteenth-Century Vernacular Fiction.' In William J. Peterson, Andrew H. Plaks and Ying-shih Yü, eds., *The Power of Culture: Studies in Chinese Cultural History*. The Chinese University Press, 1994.

Mead, Margaret. *Coming of Age in Samoa*, 1928. Mentor Books, 1949.

Meisel-Hess, Grete. *The Sexual Crisis: A Critique of Our Sex Life*, 1909. Translated by Eden and Cedar Paul. The Critic and Guide Co., 1917.

Mencius. Translated by D. C. Lau. Penguin Books, 1970.

Miles, Jack. *God: A Biography*. Simon and Schuster, 1995. Touchstone edition, 1998.
Minford, John, trans. *The Story of the Stone*, vols. 4–5. Penguin Books, 1982 and 1986.
Mount, Ferdinand. *The Subversive Family: An Alternative History of Love and Marriage*. The Free Press, 1992.
Mowry Li, Hua-yuan. *Chinese Love Stories from the 'Ch'ing-shi.'* Archon Books, 1983.
Orsini, Francesca, ed. *Love in South Asia: A Cultural History*. Cambridge University Press, 2006.
Ovid. *The Love Poems*. Translated by A. D. Melville. Oxford University Press, 1990.
———. *Metamorphosis*. Translated by Mary M. Innes. Penguin Books, 1995.
Paglia, Camille. *Sexual Personae: Art and Decadence from Nefertiti to Emily Dickinson*. Yale University Press, 1990; Vintage Books edition. 1991.
Pan Guangdan. *Pan Guangdan wenji* [Collected works of Pan Guangdan]. Beijing daxue chubanshe, 1993.
Pan Shaw-Yu. 'Qingmo minchu fanyi yanqing xiaoshuo yanjiu: yi Lin Shu yu Zhou Shoujuan wei zhongxin' (Late Qing and Early Republican Period Chinese Translations of Foreign Love Stories: A Case Study of Lin Shu and Zhou Shoujuan). MA dissertation. National Taiwan University, 2008.
Panofsky, Erwin. *Studies in Iconology*. Oxford University Press, 1939; Icon Edition, 1972.
Paz, Octavio. *The Double Flame: Essays on Love and Eroticism*. The Harvill Press, 1996.
Plato. *The Symposium*. Translated by Christopher Gill. Penguin Books, 1999.
———. *Phaedrus*. Translated by Robin Waterfield. Oxford University Press, 2002. Paperback reissue, 2009.
Pollard, David, ed. *Translation and Creation: Readings of Western Literature in Early Modern China, 1840–1918*. John Benjamin's Publishing Company, 1998.
———. *The True Story of Lu Xun*. The Chinese University Press, 2002.
Pratt, Leonard, and Chiang Su-hui, trans. *Six Records of a Floating Life* (Fu sheng liu ji) by Shen Fu. Penguin Books, 1983.
Qi Rushan. *Qi Rushan huiyi lu* [Qi Rushan's memoirs]. Zhongguo xiju chubanshe, 1998.
Qian Zhongshu (Ch'ien Chung-shu). *Fortress Besieged* (Wei cheng). Translated by Jeanne Kelly and Nathan K. Mao, 1979. Reprint, Foreign Language Teaching and Research Press, 2007.
Qin Linfang. *Ding Ling pingzhuan* [A critical biography of Ding Ling]. Nanjing daxue chubanshe, 2012.
Radice, Betty, trans. *The Letters of Abelard and Heloise*, 1974. Revised by M. T. Clanchy. Penguin Books, 2003.
Reddy, William M. *The Making of Romantic Love: Longing and Sexuality in Europe, South Asia and Japan, 900–1200 CE*. The University of Chicago Press, 2012.
Rieger, Eva. *Richard Wagner's Women*. Translated by Chris Walton. The Boydell Press, 2011.
Rouzer, Paul. *Writing Another's Dream: The Poetry of Wen Tingyun*. Stanford University Press, 1993.
———. *Articulated Ladies: Gender and the Male Community in Early Chinese Texts*. Harvard University Press, 2001.
Rui Heshi, Fan Boqun, Zheng Xuetao, Xu Sinian and Yuan Cangzhou, eds., *Yuanyang hudie pai wenxue ziliao* [The Mandarin Duck and Butterfly School: Literary materials], vols. 1 and 2. Fujian renmin chubanshe, 1984.
Sang, Tze-lan Deborah. 'Translating Homosexuality: The Discourse of Tongxing'ai in Republican China.' In Lydia H. Liu, ed., *Tokens of Exchange: The Problem of Translation in Global Circulation*. Duke University Press, 2000.
Shao Xunmei. *Xunmei wencun* [Collected writings of Shao Xunmei]. Edited by Chen Zishan. Liaoning jiaoyu chubanshe, 2006.

Shaughnessy, Edward L. *Before Confucius: Studies in the Creation of the Chinese Classics*. State University of New York Press, 1997.

Shen Fu. *Fu sheng liu ji* (Six Chapters of a Floating Life). Jiangxi renmin chubanshe, 1981.

Sheng Peiyu. *Sheng shi jiazu, Shao Xunmei yu wo* [The Sheng clan, Shao Xunmei and I]. Renmin wenxue chubanshe, 2004.

Shih, Shu-mei. *The Lure of the Modern: Writing Modernism in Semicolonial China, 1917–1937*. University of California Press, 2001.

Shi Tiesheng. *Aiqing wenti* [The problem of love]. Jiangsu wenyi chubanshe, 1995.

Soong, Roland, ed. *Zhang Ailing siyu lu: Zhang Ailing, Song Qi, Song Kuang Wenmei* [Words exchanged in confidence: Eileen Chang, Stephen Soong and Mae Soong]. Crown Publishing, 2010.

Spence, Jonathan D. *The Gate of Heavenly Peace: The Chinese and Their Revolution*. Faber and Faber. 1982.

———. *Chinese Roundabout*. Norton, 1992. Paperback edition, 1993.

Spurling, Hilary. *Burying the Bones: Pearl Buck in China*. Profile Books, 2010.

Stendhal. *Love* (*De l'Amour*). Translated by Gilbert and Suzanne Sale. Penguin Books, 1975.

Sternberg, Robert J. *Cupid's Arrow: The Course of Love through Time*. Cambridge University Press, 1998.

Suzuki, Michiko. *Becoming Modern Women: Love and Female Identity in Prewar Japan*. Stanford University Press, 2010.

Tang Xianzu. *Mudan ting* (The Peony Pavilion). Zhonghua shuju, 1976.

Tennov, Dorothy. *Love and Limerence: The Experience of Being in Love*. Stein and Day, 1979.

Tian Han, trans. *Salome* (Shalemei). Anhui renmin chubanshe with Shidai chuban chuanmei, 2013.

Tong Xiaowei. *Riben yingxiang xia de chuangzao she wenxue zhi lu* (Literary Journey of the Creation Society under the Influence of Japan). Shehui kexue wenxian chubanshe, 2011.

Waley, Arthur. *A Hundred and Seventy Chinese Poems*. Alfred A. Knopf, 1919.

———, trans. *The Book of Songs: The Ancient Chinese Classic of Poetry*. Grove Press, 1996.

Wang Dianzhong, trans. *Chahua nü* (La Dame aux Camélias). Hunan wenyi chubanshe, 2011.

Wang Fan, trans. *Shaonian Weite de fannao* (The Sorrows of Young Werther). Wanjuan chuban gongsi, 2009.

Wang Guowei, et al. *Wang Guowei, Cai Yuanpei, Lu Xun dianping* Honglou meng [Critique of *The Dream of the Red Chamber* by Wang Guowei, Cai Yuanpei and Lu Xun]. Tuanjie chubanshe, 2004.

Wang, Jing M. *When 'I' Was Born: Women's Autobiography in Modern China*. The University of Wisconsin Press, 2008.

Wang Shifu. *Xixiang ji* (The Romance of the Western Chamber). Shanghai guji chubanshe, 1978.

Wang Yongmei. *Si zhong ai* (The Four Loves). Huadong shifan daxue chubanshe, 2007.

Warner, Marina. *Alone of All Her Sex: The Myth and Cult of the Virgin Mary*. Pocket Books, 1978.

Wei Shaochang. *Yuanyang hudie pai yanjiu ziliao* [Research materials on the Mandarin Duck and Butterfly School]. Shanghai wenyi chubanshe, 1962.

———, *Wu Jianren yanjiu ziliao* [Research materials on Wu Jianren]. Shanghai guji chubanshe, 1980.

Wen Lipeng, and Zhang Tongxia. *Wen Yiduo*. Renmin meishu chubanshe, 1999.

Wen Yiduo. *Shijing yanjiu* [Researches into the *Book of Songs*]. Bashu shushe, 2002.

West, Stephen H., and Wilt L. Idema, eds. and trans. *The Moon and the Zither: The Story of the Western Wing*. University of California Press, 1992.

Wood, Frances. *The Lure of China: Writers from Marco Polo to J. G. Ballard*. Yale University Press, 2009.

Xiao Jin. *Jiu wen xin zhi Zhang Ailing* [Old news and new knowledge on Eileen Chang]. Huadong shifan daxue chubanshe, 2009.

Xu, Wei. 'From Marriage Revolution to Revolutionary Marriage: Marriage Practice of the Chinese Communist Party in Modern Era, 1910s–1950s.' PhD dissertation. The University of Western Ontario, 2011.

Xu Zhenya. *Yu li hun* (Jade Pear Spirit). Zhejiang chuban lianhe jituan, 2013.

Xu Zhimo. *Xu Zhimo quanji bupian* [Supplement to the complete works of Xu Zhimo], vol. 1 Poetry, vol. 2 Fiction and Drama, vol. 3 Essays. Shangwu yinshuguan (Commercial Press Hong Kong), 1993.

———. *Xu Zhimo zishu* [Xu Zhimo as told by himself]. Edited by Liu Wei. Tuanjie chubanshe, 1996.

———. *Dui ni de ai shi tianzhen de* [My love for you is innocent]. Changjiang wenyi chubanshe, 2012.

———. *Xu Zhimo zuopin* [Xu Zhimo's works]. Changjiang wenyi chubanshe, 2012.

Xu Zidong. *Zhang Ailing, Yu Dafu, Xianggang wenxue* [Eileen Chang, Yu Dafu and Hong Kong literature]. Renmin wenxue chubanshe, 2011.

Ye Lingfeng. *Ye Lingfeng sanwen* [Essays by Ye Lingfeng]. Zhejiang wenyi chubanshe, 2003.

Yeh, Michelle. *Modern Chinese Poetry: Theory and Practice since 1917.* Yale University Press, 1991.

Yip, Terry Siu-han. 'Goethe in China: A Study of Reception and Influence.' PhD dissertation. University of Illinois at Urbana–Champaign, 1985.

Yokota-Murakami, Takayuki. *Don Juan East/West: On the Problematics of Comparative Literature.* State University of New York Press, 1998.

Yu Dafu. *Yu Dafu zixu* [Yu Dafu's self-account]. Tuanjie chubanshe, 1996.

———. *Yu Dafu zuopin xinbian* [A new edition of Yu Dafu's works]. Renmin wenxue chubanshe, 2010.

———. *Yu Dafu xiaoshuo jingdian* [Classics of Yu Dafu's fiction]. Ershiyi shiji chubanshe, 2011.

———. *Yu Dafu zixu xiaoshuo* [Yu Dafu's autobiographical fiction]. Shanghai wenyi chubanshe, 2012.

Yu Hua. *China in Ten Words.* Translated by Allan H. Barr. Pantheon Books, 2011. Anchor Books edition, 2012.

Yuan Jin, ed. *Yuanyang hudie pai sanwen daxi 1909–1949* [Series of essays of the Mandarin Ducks and Butterfly School, 1909–1949]. A series of four: *Yongtan rensheng* [Singing of life]; *Dushi meili* [Metropolitan glamour]; *Chen feng de feng jing* [Scene sealed in dust]; *Yi hai tan you* [Sounding the depths of the sea of literature]. Dongfang chuban zhongxin, 1997.

Zeng Pu. *Nie hai hua* [Flowers in a sea of karma]. Zhejiang guji chubanshe, 2011.

Zhang Ailing. *Zhang Ailing duanpian xiaoshuo ji* [An anthology of Eileen Chang's short stories]. Crown Publishing, 1968. Reprint, 1977.

———. *Liu yan* (Written on Water). Crown Publishing, 1968. Eighteenth edition, 1989.

———. *Xu ji* (A Sequel). Crown Publishing, 1988.

———. *Dui zhao ji: kan lao zhaoxiang bu* (Mutual Reflections: Looking at My Old Photo Album), 1990. Reprinted 2010.

———. *Se, jie* (Lust, Caution). Beijing Shiyue Wenyi chubanshe, 2007.

———. *Xiao tuanyuan* (Little Reunion). Crown Publishing, 2009.

Zhang Ailing. See Eileen Chang.

Zong Baihua, Tian Han and Guo Moruo. *San ye ji* (Cloverleaf). Anhui chuban jituan, 2006.

Zou Zhenhuan. *Yingxiang Zhongguo jindai shehui de yibai zhong yizuo* [A hundred translated works that influenced modern China]. Zhongguo duiwai fanyi chuban gongsi, 1996.